ANDRÉ

Avusturya asıllı Fransız gazete
lında Viyana'da doğdu.

Gorz, *Les Temps Modernes* dergisinde, Jean Paul Sartre'ın çevresinde oluşan ekibin içinde yer aldıktan sonra, yirmi yıl süreyle Fransa'nın ünlü haftalık dergisi *Le Nouvel Observateur*'de çalıştı. Dergide çıkan araştırma-inceleme yazılarında olduğu gibi, felsefi ve kuramsal eserlerinde de geleceğin gündemini sorgulamaya yöneldi. *Le Nouvel Observateur*'den emekli olduktan sonra kendini bütünüyle kitap yazmaya verdi. Fransa'da, Herbert Marcuse ve Ivan Illich'in düşüncelerinin tanınıp yaygınlaşmasında önemli bir rol oynayan André Gorz'un başlıca eserleri şunlardır:

Le traître (1957, Jean Paul Sartre'ın Önsözü'yle), *La morale de l'histoire* (1959), *Stratégie ouvrière et néocapitalisme* (1964), *Le socialisme difficile* (1967), *Réforme et Révolution* (1969), *Critique de la division du travail* (1973), *Critique du capitalisme quotidien* (1973); *Écologie et Politique* (1975); *Fondements pour une morale* (1977); Écologie et liberté (1977), *Adieux au prolétariat* (1980 ; *Elveda Proletarya,* çev.: Hülya Tufan, Afa Yayınları, 1986); Les chemins du paradis (1983 ; *Cennetin Yolları*, çev.: Turhan Ilgaz, Afa Yayınları, 1985), *Métamorphoses du travail-Quête du sens-Critique de la raison économique* (1988, *İktisadi Aklın Eleştirisi-Çalışmanın Dönüşümleri-Anlam Arayışı*, çev.: Işık Ergüden, Ayrıntı Yayınları, 1995), *Capitalisme Socialisme Écologie/Désorientations-Orientations* (1991 ; *Kapitalizm Sosyalizm Ekoloji/Yönelim Bozuklukları-Arayışlar*, çev: Işık Ergüden, Ayrıntı Yayınları, 1993), *Misères du présent, richesse du possible* (1997; *Yaşadığımız Sefalet-Kurtuluş Çareleri,* çev.: Nilgün Tutal, Ayrıntı Yayınları, 2001), *L'immatérial* (2003), *Lettre à D. Histoire d'un amour* (2006)

Ayrıntı: 109
İnceleme dizisi: 57

İktisadi Aklın Eleştirisi
Çalışmanın Dönüşümleri-Anlam Arayışı
André Gorz

Fransızcadan çeviren
Işık Ergüden

İngilizce çevirisinden yayıma hazırlayan
Tuncay Birkan

Çeviride kullanılan metinler
Metámorphoses du travail - Quête du Sens
Critique de la raison économique
Éditions Galilée/1988

Critique of Economic Reason
İngilizceye çevirenler: Gillian Handyside / Chris Turner
Verso/1989

Kapak illüstrasyonu
Asuman Ercan

Kapak düzeni
Arslan Kahraman

Düzelti
Asaf Taneri

Baskı ve cilt
Sena Ofset (0 212) 613 38 46

Birinci basım *1995*
İkinci basım *2007*

Baskı adedi *2000*

ISBN 975-539-085-5

AYRINTI YAYINLARI
www.ayrintiyayinlari.com.tr & info@ayrintiyayinlari.com.tr
Dizdariye Çeşmesi Sk. No.: 23/1 34400 Çemberlitaş-İst. Tel.: (0 212) 518 76 19 Faks: (0 212) 516 45 77

André Gorz

İktisadi Aklın Eleştirisi

Çalışmanın Dönüşümleri
Anlam Arayışı

AYRINTI

İ N C E L E M E   D İ Z İ S İ

ŞENLİKLİ TOPLUM/I. Illich ◢ YEŞİL POLİTİKA/J. Porritt ◢ MARKS, FREUD VE GÜNLÜK HAYATIN ELEŞTİRİSİ/B. Brown ◢ KADINLIK ARZULARI/R. Coward ◢ FREUD'DAN LACAN'A PSİKANALİZ/S. M. Tura ◢ NASIL SOSYALİZM? HANGİ YEŞİL? NİÇİN TİNSELLİK?/R. Bahro ◢ ANTROPOLOJİK AÇIDAN ŞİDDET/Der: D. Riches ◢ ELEŞTİREL AİLE KURAMI/M. Poster ◢ İKİBİN'E DOĞRU/R. Williams ◢ DEMOKRASİ ARAYIŞINDA KENT/K. Bumin ◢ YARIN/R. Havemann ◢ DEVLETE KARŞI TOPLUM/P. Clastres ◢ RUSYA'DA SOVYETLER (1905-1921)/O. Anweiler ◢ BOLŞEVİKLER VE İŞÇİ DENETİMİ/M. Brinton ◢ EDEBİYAT KURAMI/T. Eagleton ◢ İKİ FARKLI SİYASET/L. Köker ◢ ÖZGÜR EĞİTİM/J. Spring ◢ EZİLENLERİN PEDAGOJİSİ/P. Freire ◢ SANAYİ SONRASI ÜTOPYALAR/B. Frankel ◢ İŞKENCEYİ DURDURUN!/T. Akçam ◢ ZORUNLU EĞİTİME HAYIR!/C. Baker ◢ SESSİZ YIĞINLARIN GÖLGESİNDE YA DA TOPLUMSALIN SONU/J. Baudrillard ◢ ÖZGÜR BİR TOPLUMDA BİLİM/P. Feyerabend ◢ VAHŞİ SAVAŞÇININ MUTSUZLUĞU/P. Clastres ◢ CEHENNEME ÖVGÜ/G. Vassaf ◢ GÖSTERİ TOPLUMU VE YORUMLAR/G. Debord ◢ AĞIR ÇEKİM/L. Segal ◢ CİNSEL ŞİDDET/A. Godenzi ◢ ALTERNATİF TEKNOLOJİ/D. Dickson ◢ ATEŞ VE GÜNEŞ/I. Murdoch ◢ OTORİTE/R. Sennett ◢ TOTALİTARİZM/S. Tormey ◢ İSLAM'IN BİLİNÇALTINDA KADIN/F. Ayt Sabbah ◢ MEDYA VE DEMOKRASİ/J. Keane ◢ ÇOCUK HAKLARI/Der: B. Franklin ◢ ÇÖKÜŞTEN SONRA/Der: R. Blackburn ◢ DÜNYANIN BATILILAŞMASI/S. Latouche ◢ TÜRKİYE'NİN BATILILAŞTIRILMASI/C. Aktar ◢ SINIRLARI YIKMAK/M. Mellor ◢ KAPİTALİZM, SOSYALİZM, EKOLOJİ/A. Gorz ◢ AVRUPAMERKEZCİLİK/S. Amin ◢ AHLÂK VE MODERNLİK/R. Poole ◢ GÜNDELİK HAYAT KILAVUZU/S. Willis ◢ SİVİL TOPLUM VE DEVLET/Der: J. Keane ◢ TELEVİZYON: ÖLDÜREN EĞLENCE/N. Postman ◢ MODERNLİĞİN SONUÇLARI/A. Giddens ◢ DAHA AZ DEVLET DAHA ÇOK TOPLUM/R. Cantzen ◢ GELECEĞE BAKMAK/M. Albert - R. Hahnel ◢ MEDYA, DEVLET VE ULUS/P. Schlesinger ◢ MAHREMİYETİN DÖNÜŞÜMÜ/A. Giddens ◢ TARİH VE TİN/J. Kovel ◢ ÖZGÜRLÜĞÜN EKOLOJİSİ/M. Bookchin ◢ DEMOKRASİ VE SİVİL TOPLUM/J. Keane ◢ ŞU HAİN KALPLERİMİZ/R. Coward ◢ AKLA VEDA/P. Feyerabend ◢ BEYİN İĞFAL ŞEBEKESİ/A. Mattelart ◢ İKTİSADİ AKLIN ELEŞTİRİSİ/A. Gorz ◢ MODERNLİĞİN SIKINTILARI/C. Taylor ◢ GÜÇLÜ DEMOKRASİ/B. Barber ◢ ÇEKİRGE/B. Suits ◢ KÖTÜLÜĞÜN ŞEFFAFLIĞI/J. Baudrillard ◢ ENTELEKTÜEL/E. Said ◢ TUHAF HAVA/A.Ross ◢ YENİ ZAMANLAR/S. Hall-M. Jacques ◢ TAHAKKÜM VE DİRENİŞ SANATLARI/J.C. Scott ◢ SAĞLIĞIN GASPI/I. Illich ◢ SEVGİNİN BİLGELİĞİ/A. Finkielkraut ◢ KİMLİK VE FARKLILIK/W. Connolly ◢ ANTİPOLİTİK ÇAĞDA POLİTİKA/G. Mulgan ◢ YENİ BİR SOL ÜZERİNE TARTIŞMALAR/H. Wainwright ◢ DEMOKRASİ VE KAPİTALİZM/S. Bowles-H. Gintis ◢ OLUMSALLIK, İRONİ VE DAYANIŞMA/R. Rorty ◢ OTOMOBİLİN EKOLOJİSİ/P. Freund-G. Martin ◢ ÖPÜŞME, GIDIKLANMA VE SIKILMA ÜZERİNE/A. Phillips ◢ İMKÂNSIZIN POLİTİKASI/J.M. Besnier ◢ GENÇLER İÇİN HAYAT BİLGİSİ EL KİTABI/R. Vaneigem ◢ CENNETİN DİBİ/G. Vassaf ◢ EKOLOJİK BİR TOPLUMA DOĞRU/M. Bookchin ◢ İDEOLOJİ/T. Eagleton ◢ DÜZEN VE KALKINMA KISKACINDA TÜRKİYE/A. İnsel ◢ AMERİKA/J. Baudrillard ◢ POSTMODERNİZM VE TÜKETİM KÜLTÜRÜ/M. Featherstone ◢ ERKEK AKIL/G. Lloyd ◢ BARBARLIK/M. Henry ◢ KAMUSAL İNSANIN ÇÖKÜŞÜ/R. Sennett ◢ POPÜLER KÜLTÜRLER/D. Rowe ◢ BELLEĞİNİ YİTİREN TOPLUM/R.Jacoby ◢ GÜLME/H. Bergson ◢ ÖLÜME KARŞI HAYAT/N. O. Brown ◢ SİVİL İTAATSİZLİK/Der.: Y. Coşar ◢ AHLÂK ÜZERİNE TARTIŞMALAR/J. Nuttall ◢ TÜKETİM TOPLUMU/J. Baudrillard ◢ EDEBİYAT VE KÖTÜLÜK/G. Bataille ◢ ÖLÜMCÜL HASTALIK UMUTSUZLUK/S. Kierkegaard ◢ ORTAK BİR ŞEYLERİ OLMAYANLARIN ORTAKLIĞI/A. Lingis ◢ VAKİT ÖLDÜRMEK/P. Feyerabend ◢ VATAN AŞKI/M. Viroli ◢ KİMLİK MEKÂNLARI/D. Morley-K. Robins ◢ DOSTLUK ÜZERİNE/S. Lynch ◢ KİŞİSEL İLİŞKİLER/H. LaFollette ◢ KADINLAR NEDEN YAZDIKLARI HER MEKTUBU GÖNDERMEZLER?/D. Leader ◢ DOKUNMA/G. Josipovici ◢ İTİRAF EDİLEMEYEN CEMAAT/M. Blanchot ◢ FLÖRT ÜZERİNE/A. Phillips ◢ FELSEFEYİ YAŞAMAK/R. Billington ◢ POLİTİK KAMERA/M. Ryan-D. Kellner ◢ CUMHURİYETÇİLİK/P. Pettit ◢ POSTMODERN TEORİ/S. Best-D. Kellner ◢ MARKSİZM VE AHLÂK/S. Lukes ◢ VAHŞETİ KAVRAMAK/J.P. Reemtsma ◢ SOSYOLOJİK DÜŞÜNMEK/Z. Bauman ◢ POSTMODERN ETİK/Z. Bauman ◢ TOPLUMSAL CİNSİYET VE İKTİDAR/R.W. Connell ◢ ÇOKKÜLTÜRLÜ YURTTAŞLIK/W. Kymlicka ◢ KARŞIDEVRİM VE İSYAN/H. Marcuse ◢ KUSURSUZ CİNAYET/J. Baudrillard ◢ TOPLUMUN McDONALDLAŞTIRILMASI/G. Ritzer ◢ KUSURSUZ NİHİLİST/K.A. Pearson ◢ HOŞGÖRÜ ÜZERİNE/M. Walzer ◢ 21. YÜZYIL ANARŞİZMİ/Der.: J. Purkis & J. Bowen ◢ MARX'IN ÖZGÜRLÜK ETİĞİ/G. G. Brenkert ◢ MEDYA VE GAZETECİLİKTE ETİK SORUNLAR/Der.: A. Belsey & R. Chadwick ◢ HAYATIN DEĞERİ/J. Harris ◢ POSTMODERNİZMİN YANILSAMALARI/T. Eagleton ◢ DÜNYAYI DEĞİŞTİRMEK ÜZERİNE/M. Löwy ◢ ÖKÜZÜN A'SI/B. Sanders ◢ TAHAYYÜL GÜCÜNÜ YENİDEN DÜŞÜNMEK/Der.: G. Robinson & J. Rundell ◢ TUTKULU SOSYOLOJİ/A. Game & A. Netcalfe ◢ EDEPSİZLİK, ANARŞİ VE GERÇEKLİK/G. Sartwell ◢ KENTSİZ KENTLEŞME/M. Bookchin ◢ YÖNTEME KARŞI/P. Feyerabend ◢ HAKİKAT OYUNLARI/J. Forrester ◢ TOPLUMLAR NASIL ANIMSAR?/P. Connerton ◢ ÖLME HAKKI/S. İnceoğlu ◢ ANARŞİZMİN BUGÜNÜ/Der.: Hans-Jürgen Degen ◢ MELANKOLİ KADINDIR/D. Binkert ◢ SİYAH 'AN'LAR I-II/J. Baudrillard ◢ MODERNİZM, EVRENSELLİK VE BİREY/Ş. Benhabib ◢ KÜLTÜREL EMPERYALİZM/J. Tomlinson ◢ GÖZÜN VİCDANI/R. Sennett ◢ KÜRESELLEŞME/Z. Bauman ◢ ETİĞE GİRİŞ/A. Pieper ◢ DUYGUÖTESİ TOPLUM/S. Mestroviç ◢ EDEBİYAT OLARAK HAYAT/A. Nehamas ◢ İMAJ/K. Robins ◢ MEKÂNLARI TÜKETMEK/J. Urry ◢ YAŞAMA SANATI/G. Sartwell ◢ ARZU ÇAĞI/J. Kovel ◢ KOLONYALİZM POSTKOLONYALİZM/A. Loomba ◢ KREŞTEKİ YABANİ/A. Phillips ◢ ZAMAN ÜZERİNE/N. Elias ◢ TARİHİN YAPISÖKÜMÜ/A. Munslow ◢ FREUD SAVAŞLARI/J. Forrester ◢ ÖTEYE ADIM/M. Blanchot ◢ POSTYAPISALCI ANARŞİZMİN SİYASET FELSEFESİ/T. May ◢ ATEİZM/R. Le Poidevin ◢ AŞK İLİŞKİLERİ/O.F. Kernberg ◢ POSTMODERNLİK VE HOŞNUTSUZLUKLARI/Z. Bauman ◢ ÖLÜMLÜLÜK, ÖLÜMSÜZLÜK VE DİĞER HAYAT STRATEJİLERİ/Z. Bauman ◢ TOPLUM VE BİLİNÇDIŞI/K. Leledakis ◢ BÜYÜSÜ BOZULMUŞ DÜNYAYI BÜYÜLEMEK/G. Ritzer ◢ KAHKAHANIN ZAFERİ/B. Sanders ◢ EDEBİYATIN YARATILIŞI/F. Dupont ◢ PARÇALANMIŞ HAYAT/Z. Bauman ◢ KÜLTÜREL BELLEK/J. Assmann ◢ MARKSİZM VE DİL FELSEFESİ/V. N. Voloşinov ◢ MARX'IN HAYALETLERİ/J. Derrida ◢ ERDEM PEŞİNDE/A.MacIntyre ◢ DEVLETİN YENİDEN ÜRETİMİ/J. Stevens ◢ ÇAĞDAŞ SOSYAL BİLİMLER FELSEFESİ/B. Fay ◢ KARNAVALDAN ROMANA/M. Bakhtin ◢ PİYASA/J. O'Neill ◢ ANNE: MELEK Mİ, YOSMA MI?/E.V. Welldon ◢ KUTSAL İNSAN/G. Agamben ◢ BİLİNÇALTINDA DEVLET/R. Lourau ◢ YAŞADIĞIMIZ SEFALET/A. Gorz ◢ YAŞAMA SANATI FELSEFESİ/A. Nehamas ◢ KORKU KÜLTÜRÜ/F. Furedi ◢ EĞİTİMDE ETİK/F. Haynes ◢ DUYGUSAL YAŞANTI/D. Lupton ◢ ELEŞTİREL TEORİ/R. Geuss ◢ AKTİVİSTİN EL KİTABI/R. Shaw ◢ KARAKTER AŞINMASI/R. Sennett ◢ MODERNLİK VE MÜPHEMLİK/Z. Bauman ◢ NIETZSCHE: BİR AHLÂK KARŞITININ ETİĞİ/P. Berkowitz ◢ KÜLTÜR, KİMLİK VE SİYASET/Nafiz Tok ◢ AYDINLANMIŞ ANARŞİ/M. Kaufmann ◢ MODA VE GÜNDEMLERİ/D. Crane ◢ BİLİM ETİĞİ/D. Resnik ◢ CEHENNEMİN TARİHİ/A.K. Turner ◢ ÖZGÜRLÜKLE KALKINMA/A. Sen ◢ KÜRESELLEŞME VE KÜLTÜR/J. Tomlinson ◢ SİYASAL İKTİSADIN ABC'si/R. Hahnel ◢ ERKEN ÇÖKEN KARANLIK/K.R. Jamison ◢ MARX VE MAHDUMLARI/J. Derrida ◢ ADALET TUTKUSU/R.C. Solomon ◢ HACKER ETİĞİ/P. Himanen ◢ KÜLTÜR YORUMLARI/Terry Eagleton ◢ HAYVAN ÖZGÜRLEŞMESİ/P. Singer ◢ MODERNLİĞİN SOSYOLOJİSİ/P. Wagner ◢ DOĞRUYU SÖYLEMEK/M. Foucault ◢ SAYGI/R. Sennett ◢ KURBANSAL SUNU/M. Başaran ◢ FOUCAULT'NUN ÖZGÜRLÜK SERÜVENİ/J. W. Bernauer ◢ DELEUZE & GUATTARI/P. Goodchild ◢ İKTİDARIN PSİŞİK YAŞAMI/J. Butler ◢ ÇİKOLATANIN GERÇEK TARİHİ/S.D. Coe & M.D. Coe ◢ DEVRİMİN ZAMANI/A. Negri ◢ GEZEGENGESEL ÜTOPYA TARİHİ/A. Mattelart ◢ GÖÇ, KÜLTÜR, KİMLİK/I. Chambers ◢ ATEŞ ve SÖZ/G.M. Ramírez ◢ MİLLETLER VE MİLLİYETÇİLİK/E.J. Hobsbawm ◢ HOMO LUDENS/J. Huizinga ◢ MODERN DÜŞÜNCEDE KÖTÜLÜK/S. Neiman ◢ ÖLÜM VE ZAMAN/E. Lévinas ◢ GÖRÜNÜR DÜNYANIN EŞİĞİ/K. Silverman ◢ BAKUNIN'DEN LACAN'A/S. Newman ◢ ORTAÇAĞDA ENTELEKTÜELLER/J. Le Goff ◢ HAYAL KIRIKLIĞI/Ian Craib ◢ HAKİKAT VE HAKİKATLİLİK/B. Williams ◢ RUHUN YENİ HASTALIKLARI/J. Kristeva ◢ ŞİRKET/J. Bakan ◢ ALTKÜLTÜR/C. Jenks ◢

İçindekiler

Birinci Bölüm

Çalışmanın dönüşümleri

İkinci Bölüm

İktisadi aklın eleştirisi

İleriki sayfalarda önerdiğim şey, insanlık durumunu en yakın deneyimlerimiz ve kaygılarımız açısından ele almaktır. Bu kuşkusuz bir düşünce meselesidir ve zamanımızın en temel özelliklerinden birinin düşüncesizlik olduğu kanısındayım. Dolayısıyla, önerdiğim şey çok basit: Yaptığımız şeyi düşünmeliyiz.

Hannah ARENDT

Dorine'e

Giriş

Bizim işimiz modernliğin kriziyle değil; biz, modernliğin dayandığı önermeleri modernleştirme zorunluluğuyla uğraşıyoruz. Günümüzdeki kriz Aklın krizi değil, uygulanmış olan akılcılaştırmanın (*rationalisation*) artık bariz hale gelmiş olan akıldışı güdülerinin krizidir.

Günümüzdeki kriz, modernleşme sürecinin bir açmaz yaşadığı ve geri dönmenin zorunlu olduğu anlamına gelmez. Bu kriz, modernliğin kendini *modernleştirmesi* ve kendi hareket alanına düşünümsel olarak katılması zorunluluğuna işaret etmektedir: *Akılcılığı akılcılaştırma* zorunluluğuna.[1]

1. Düşünümsel akılcılaştırma düşüncesini Ulrich Beck'ten alıyorum, *Risikogesellschaft,* Frankfurt-am-Main, 1986.

Gerçekten de, modernleşmeyi yaşam alanlarının kültürel farklılaşması ve bu alanlardaki faaliyetlerin laikleşmesi olarak tanımlarsak, o zaman sürecin tamamlanmaktan uzak olduğu görülür. Bugüne kadar geliştiği biçimiyle modernleşme süreci, kendi mitoslarını yarattı ve kanıta dayalı araştırmadan ve akılcı eleştiriden muaf yeni bir "amentü"yü korudu. Böylece akılcılaştırmaya dayattığı sınırların savunulacak yanı kalmadı. "Postmodernler"in modernliğin sonu ve Aklın krizi olarak gördükleri şey, gerçekte, artık savunulacak yanı olmayan bir evren kavrayışının ve bir gelecek görüşünün taşıyıcısı olan, sanayileşmecilik denen bu seçmeci ve kısmi akılcılaştırmanın üzerinde yükseldiği kısmen dinsel, akıldışı içeriklerin krizidir.

Bu görüşle sınırlı kaldığımız sürece geçmiş inançlarımızı yıkan değişimlere bir yönelimin damgasını vuramadan, bir yön veremeden, ödlekçe, geçmişe dönük nostaljilere ve kişisel uğraşlarımıza kapanmaya devam edeceğiz.

Bu saptamalarla, akılcılaştırmanın hâlâ kendisinden kaçar gözüken şeyleri kapsamak için sürekli olarak yayılabileceğini veya yayılması gerektiğini kastetmiyorum. Tersine: Akılcılaştırmanın ontolojik, varoluşsal sınırları olduğunu ve bu sınırların, sadece, akılcılaştırmayı tersine çeviren akıldışı sözde-akılcılaştırmalarla aşılabileceğini göstereceğim.

Akılcılaştırılabilir olanın alanının sınırlarını belirlemek bu denemenin belli başlı hedeflerinden biri olacaktır. Başlangıç noktası olarak, sınırlarının darlığının bilincinde olmayan, iktisadi akılsallık (*rationalité*) dediğimiz o özgül akılsallığın krizini farkında olmadan bize gösteren bir metnin yorumunu ele alacağım ve ardından bu akılsallığın uygulanabilir olduğu pratik alanın dışına yayılmasını mümkün kılmış ideolojik ve etik önermelerin incelenmesine geçeceğim.

Egemen iktisadi düşüncenin tipik makalelerinden birinde Lionel Stoleru şöyle yazmaktadır:

> Bir teknolojik ilerleme dalgası bir dizi çalışmayı gereksiz kılmakta ve başka yerde başka işler yaratmadan, istihdamı çok büyük ölçüde azaltmaktadır... [Bu dalga] daha az insanın çabasıyla daha fazla ve daha iyi üretmeyi sağlayacaktır: Maliyet fiyatlarında ve çalışma zamanında sağlanacak zorunlu tasarruflar alım gücünü arttıracak ve *ekonomi içerisinde başka bir yerde (ancak boş vakit faaliyetlerinde olsa da)* yeni faaliyet alanları yaratacaktır.[2]

Stoleru, bu yeni faaliyetlerin, o zamana kadar anlaşıldığı biçimiyle "çalışma" olmasa da *ücretli* faaliyet, *iş* olduğunu iyice belirtmek için bu son noktaya daha ilerde tekrar dönecektir: "İnsan emeğinin yerini robotların ve bilgisayarlı iletişimin alması (...) önceden ödenen ücretlerden daha büyük bir değerin açığa çıkmasını sağlar. (...) Bu değer, *işini kaybetmiş olanı ücretlendirmek için* kullanılabilir. İşsizlik, işin ortadan kaldırılmasından çok, faaliyetin yer değiştirmesidir."

Görünüşte iktisatla ilgili bu metnin önemi, bir araya gelen açık ve kapalı anlamlarının zenginliğinde yatmaktadır. Her şeyden önce, patron savunucularının ve politik yöneticilerin çoğundan farklı olarak Stoleru, mevcut teknik değişimin, sadece işletme ölçeğinde değil, *toplum ölçeğinde* de çalışma zamanından tasarruf yaptığını inkâr etmemektedir: Bu değişim daha az çalışma saati ve daha az sermayeyle daha fazla ve daha iyi üretmeyi sağlar; ücret maliyetini ve de ürün başına sermaye maliyetini düşürmeyi sağlar.[3] Demek

2. Lionel Stoleru, "Le chômage de prospérité," *Le Monde*, 31 Ekim 1986. (a.b.ç.)

3. *İş başına* sabit sermayenin sanayide ve sanayileşmiş hizmetlerde hızla artma eğiliminde olduğu ve iş sayısının aniden düşmediği belirtilerek bu tespite itiraz ediliyor. Oysa, ne her iş başına düşen sabit sermaye ne de iş sayısı, ekonomi tarafından emilen iş miktarının gelişme tarzını açıklayabilir: Sadece, ekonomin bütününde bir yıl içinde çalışılan saat toplamı, yani "çalışma hacmi" anlamlıdır.
Bu konuda, (Fransız istatistiklerinden farklı olarak) bu yıllık hacmi düzenli olarak ölçen Batı Alman istatistikleri aşağıdaki verileri elde etmişlerdir: 1955-1985 yılları arasında Alman GSMH'sı 3,02 artmıştır; bu dönem boyunca yıllık çalışma hacmi % 27 azalmıştır. 1982'den 1986'ya bir milyar saatten biraz daha fazla, yani 600 000 iş gününe denk, azalmıştır. 1984'ten Haziran 1986'ya, 350 milyon saatlik, yani 200 000'den fazla iş gününe denk bir çalışma hacmi azalmasına rağmen, istihdam edilen insan sayısı 200 000 artmıştır. Çalışan nüfustaki bu artış sözleşmeli çalışma süresindeki indirime ve yarım gün süreli iş sayısındaki artışa bağlıdır.
Bu şu anlama gelmektedir ki, tekrarlıyorum, işsiz sayısını ve istihdam edilen kişi

ki bilgisayarlaşma ve robotlaşma, özellikle *iktisat yapma* kaygısıyla, üretim unsurlarını mümkün olan en etkili biçimde kullanmakla belirlenen iktisadi bir akılsallıktır. Bu tür akılsallığı ileride daha ayrıntılı olarak inceleyeceğiz. Şimdilik, hedefi "iktisadi unsurlar"dan *tasarruf yapmak* olan bir akılsallığın, bu unsurların kullanımının *ölçülebilir, hesaplanabilir, tahmin edilebilir* olmasını ve dolayısıyla, yapıları ne olursa olsun, aynı ölçü birimi içinde ifade edilebilmelerini gerektirdiğini saptamak yeter. Bu ölçü birimi, ürün birimi başına "maliyet"tir; ürünün gerektirdiği çalışma zamanına (çalışılan saat miktarına) ve ürünü üretmekte kullanılan araçlara (kabaca, birikmiş çalışma demek olan sermayeye) bağlı olan maliyet.

İktisadi akılsallık açısından, uygulamaya konulan araçların artan etkinliği sayesinde, toplum ölçeğinde tasarruf edilen çalışma zamanı, daha fazla zenginlik üretimi için kullanılabilir çalışma zamanıdır. Stoleru'nun ısrarla –çünkü bu konuya iki kez dönmektedir– bize söylediği de budur. Tasarruf edilen çalışma zamanı, diye yazmaktadır, başka bir iktisadi faaliyet için kullanılarak veya o zamana kadar ücretlendirilmemiş, ekonominin parçası olarak kabul edilmemiş faaliyetleri ücretlendirerek, "işini kaybetmiş olanları ücretlendirmeye yarar." "Ekonomi içerisinde başka alanlarda" yeni işler yaratmaya imkân verir; ve Stoleru ekler: "Bu da ancak boş zaman faaliyetlerinde mümkündür."

Demek ki, üstü kapalı olarak hedeflenen model, çalışma zamanı geçmişte ekonominin birer parçası olan alanlarda özgürleşirken yeni faaliyet alanlarını massetmeye devam eden bir ekonomi modelidir. Bununla birlikte, ekonomi alanının bu genişlemesi, kendi akılsallığına uygun olarak, yeni zaman tasarruflarına yol açacaktır. İktisadileştirmek, yani hâlâ iktisadın dışında olan alanları iktisadın içine katmak; zaman tasarrufu yaratan iktisadi akılcılaştırmanın yeni alanlar kazanacağı ve giderek daha fazla kullanılabilir zaman ortaya çıkaracağı anlamına gelir.

Bu durum, sık sık "yeni bir büyüme" sağladığı iddia edilen yönelimler konusunda görülür: Bir yandan, ev işi uğraşlarının bilgisa-

---

sayısını içeren rakamlar ne üretkenlik değişimini ne de ekonomi tarafından kullanılan çalışma miktarı değişimini ölçmeye olanak tanır.

yarlaştırılması ve robot kullanımı ("telefonla alışveriş", bilgisayar tarafından programlanabilir otomatik mutfak, elektronik ev, vs) ve diğer yandan yemek, temizlik, vücut bakımı, öğrenim, çocuk bakımı vb hizmetlerinin en azından kısmen sanayileşmesi ve bilgisayarlaşması bu yönelimlere örnektir. Böylece, iktisadi akılcılaştırma, ücretlendirilmediği gibi dikkate bile alınmayan ve çoğunlukla harcanan zaman açısından değerlendirilmeyen ev içi çalışmanın hâlâ baskın olduğu yeniden "üretim" alanına girmeye aday olur. Zaman tasarrufu, özellikle kadınların veya temizlikçilerin ev işi çalışmalarından kurtulması önerilen yeniliklerin açık hedefidir.

Yeniliklerin "iş yaratacağını" söylemek, bu yeniliklerin onaylanmasına da hizmet eden iktisadi akılsallığı inkâr etmenin paradoksal biçimidir: "Fast food"ların, robot hizmetçilerin, ev içi bilgisayarların, hızlı kuaför salonlarının, vs, amacı *iş sağlamak* değil, çalışmadan tasarrufta bulunmaktır. Adamakıllı bir ücretlendirilmiş çalışma (yani iş) gerektirseler de, ücretlendirilen çalışma miktarı tasarruf edilen ev içi çalışma miktarından çok düşük olacaktır. Durum böyle olmasaydı, bu ürünler ve hizmetler insanların büyük çoğunluğu için mali olarak ulaşılmaz ve ilgiye değmez olurdu: Ortalama bir ücretli bir saatlik boş zaman kazanmak için bir saatlik veya daha fazla çalışma ücretini harcamak zorunda kalırdı; erkek veya kadın ücretli, bir saat fazla serbest zaman elde etmek için en azından bir saat daha fazla çalışmak zorunda kalırdı; ev işi görevlerinden kazanılan bütün zaman, fabrikada veya büroda çalışmakla geçerdi (veya ilâveten çalışılmalıydı), vs. Oysa, ev işi malzemelerinin ve sanayileşmiş hizmetlerin kullanım değeri, tersine, bu malzeme ve hizmetlerin sağladıkları *net* zaman tasarrufuna özellikle bağlıdır ve değişim değerleri de, saat başına düşen yüksek üretkenliklerine bağlıdır: Kullanıcı, bu ürünlere veya hizmetlere ödeyecek miktarı kazanmak için, bu hizmetleri kendisi yaptığında harcayacağından çok daha az zamanı çalışarak geçirir. Söz konusu olan, zamanın toplum ölçeğinde serbestleşmesidir.

Sorun, bu serbest zamana hangi anlamın ve hangi içeriğin verilmek istendiğini bilmektir. İktisadi akıl, temelde, bu soruna cevap veremez. Stoleru'nun yaptığı gibi, bu serbest zamanın "ekonominin içerisinde başka yerde, (ancak boş vakit faaliyetlerinde olsa da)" yürütülen faaliyetler tarafından doldurulacağını kabul etmek, o zamana kadar iktisat alanından dışlanmış faaliyetleri iktisadileştirmek için geleneksel iktisadi faaliyetler kullanıldığında, bu yönelişin sonucunun ek zaman tasarrufları olacağını unutmak olur. Çalışma zamanından tasarrufun mümkün kıldığı iktisadi akılsallık alanının genişlemesi, o zamana kadar çalışma olarak kabul edilmemiş faaliyetlerde bile zaman tasarruflarına yol açar. Böylece, "teknolojik ilerlemeler" kullanılabilir zamanın içeriği ve anlamı sorununu kaçınılmaz olarak ortaya atar; dahası: Serbest zamandaki genişlemenin, çalışma zamanının genişlemesine büyük ölçüde üstün geldiği ve sonuç olarak, iktisadi akılsallığın herkesin zamanını yönetmeye son verdiği bir uygarlığın ve bir toplumun doğası sorusunu da ortaya atar.

Boş zaman faaliyetlerini iktisat alanına dahil etmek ve boş zamanlardaki artışın yeni iktisadi faaliyetler doğuracağını öne sürmek bu sorundan yan çizmenin ilk bakışta paradoksal bir biçimidir. Gerçekte, boş zaman faaliyetlerinin iktisadi faaliyetlere ters bir akılsallığı vardır: Bunlar serbest zaman üretmez, tüketirler; zaman kazanmayı değil, zaman harcamayı hedeflerler. Tatil zamanı, israf zamanı ve kendinden başka amacı olmayan keyif verici faaliyet zamanıdır bunlar. Kısacası, bu zaman hiçbir şeye yaramaz, kendinden farklı hiçbir amacın aracı değildir ve araçsal akılsallık kategorileri (etkinlik, verimlilik, başarı) ona uygulanamaz; sadece baştan çıkartır.

Stoleru'nun yaptığı gibi, boş zamanların ücretlendirilmiş yeni faaliyetler doğurduğunu, hattâ gerektirdiğini öne sürmek, toplumu bir birlik olarak değil, iktisadi bir ikilik olarak kabul etmek koşuluyla, yine de tamamıyla saçma değildir. Ve birçok yazarın yaptığı da budur. Bunların düşüncesine göre toplum kaçınılmaz olarak bölünmeye devam edecektir. Bu bölünmenin nedeni, çalışma zamanından tasarrufun çok eşitsiz dağılımı olacaktır (ve şimdiden öyledir): Giderek sayıları artan bazı insanlar iktisadi faaliyet alanından kovulmaya devam edilecek veya bu alanların etrafında tutulacaklardır. Buna karşın diğerleri, şu andaki kadar veya daha fazla çalışacaklar ve başarıları veya yetenekleri nedeniyle, artan oranda iktisadi gelir ve iktidardan yararlanacaklardır. Çalışmalarının bir bölümünü ve işlerine bağlı imtiyaz ve güçleri geri vermek istemeyen bu profesyonel seçkinler, boş zamanlarını ancak üçüncü şahıslardan kendi serbest zamanlarını feda etmelerini isteyerek artırabileceklerdir. Dolayısıyla, bu üçüncü şahıslardan, herhangi bir kişinin yapabileceği şeyleri, özellikle "yeniden üretim" çalışmaları denen işleri kendi yerlerine yapmalarını isteyeceklerdir. Ve zaman kazanmalarını sağlayacak hizmetler ve donanım satın alacaklardır; *bu hizmet ve donanımların üretimi ortalama bir kullanıcının sağlayacağı tasarruftan daha fazla zaman gerektirse de*. Dolayısıyla, yararlananlara kazandırmayı garanti ettiğinden daha fazla çalışma zamanı gerektirdiğinden toplum ölçeğinde iktisadi akılsallıktan yoksun olan ve sadece kendi satabileceğinden çok daha düşük bir fiyata zaman satın alabilme yeteneğindeki bu profesyonel seçkinlerin özel çıkarına denk düşen faaliyetler gelişecektir. Bu faaliyetler, bunları yerine getiren insanların statüsü ve ücretlendirilme tarzları ne olursa olsun, *hizmetçilik* faaliyetleridir.

Toplumun, bir yandan, iktisadi alanda aşırı faal sınıflara ve diğer yandan iktisadi alandan dışlanmış veya marjinalleşmiş bir kitleye bölünmesi, iktisadi seçkinin, özel çıkarı için, düşük ücretle, kendi yerine üçüncü şahısları çalıştırarak boş zaman satın aldığı bir alt-sistemin gelişimine imkân tanır. Kişisel hizmetçilerin ve kişisel hizmet sağlayan işletmelerin çalışması, bu seçkin için zaman yaratır ve yaşamını süsler; iktisadi seçkinlerin boş zamanları, iktisat alanından kovulmuş kitlelerin bir bölümüne genellikle geçici ve boğaz tokluğuna işler sağlar.

Stoleru bu bölünmeyi dikkate almaz; ama Edmond Maire bunu aşağıdaki tahlilinde örtük de olsa kısmen kabul eder:

> Giderek daha az sanayi ürünü satın alacağız: Nicelik olarak değil, değer olarak daha az, çünkü otomatikleşmeyle birlikte bu ürünlerin çoğunun fiyatı düşecektir. Böylece elde edilen ve gelecekteki büyümenin sonucu olacak alım gücü, bir tür mahalli hizmetlerin yayılmasını finanse etmeyi sağlayacaktır... Daha şimdiden, kimi kullanıcılar bunu yapabilecekleri bir satın alma gücüne sahiptirler.[4]

4. Edmond Maire, "Sıfır işsizlik mümkündür," *Alternatives économiques*, 48, Haziran 1987.

Bu tahlilde ifade edilenler, söylenmemiş olan şu şeye bağlıdır: Otomatikleşme, fiyatları düşürmeye yarar, *çünkü ücret maliyetlerini azaltır,* başka deyişle: Ücretli işçi sayısını düşürür. Fiyat azalması sayesinde ilave bir alım gücünden yararlanacak olanlar elbette üretimden kovulmuş veya dışlanmış emekçiler değil, sürekli ve iyi ücretli bir işi koruyanlardır. Dolayısıyla, Edmond Maire'in "milyonlarca iş" beklediği, mahallelerdeki pazarlama hizmetlerini satın alabilecek olanlar *sadece onlardır.* Demek ki, ücretliler, dolaylı veya dolaysız olarak, otomatikleşmeden yararlanan imtiyazlı tabakaların hizmetinde olacaklardır.

İktisadi alandaki çalışmanın eşitsiz dağılımı ve teknik yeniliğin özgürleştirdiği zamanın eşitsiz dağılımı, böylece, bazılarının diğerlerinden ek bir boş zaman satın alabilmelerine ve boş zamanlarını satanların birincilerin hizmetine girmek zorunda olmasına yol açar. Toplumun bu tabakalaşması, sınıflar halinde tabakalaşmadan farklıdır. Sınıfsal tabakalaşmadan farklı olarak, bu tabakalaşma, ücretlilere olduğu kadar, sermaye yöneticilerine ve işletme idarecilerine de kişisel olmayan talepler dayatan iktisadi bir sistemin işleyişine içkin yasaları yansıtmaz; bu kez, kişisel hizmet yükümlüsü işçilerin en azından bir bölümü için, hizmet ettikleri insanlar karşısında kişisel bir itaat ve bağımlılık söz konusudur. Sanayileşmenin İkinci Dünya Savaşı'ndan sonra yıkmış olduğu bir "köle" sınıfı yeniden doğuyor.

Bu akıl almaz toplumsal gerilemeyi, "iş yaratma" imkânı yarattığı, hattâ hizmetçilerin efendilerinin iktisadi açıdan aşırı üretken faaliyetlere ayırdıkları zamanı artırdığı gerekçesiyle tutucu hükümetler ve hatta sendikalar meşru görür ve destekler. Sanki "küçük işler" yapanların üretken veya yaratıcı bir işe yetenekleri yokmuş gibi; sanki başkalarının hizmetinden yararlananlar, gün boyu, yeri doldurulamaz biçimde yaratıcı ve yeteneklilermiş gibi; sıcak ayçöreklerini, gazete ve pizzalarını eve teslim etmek üzere çağırdıkları gençlerin iktisadi katılım ve toplumsal bütünleşme şanslarını ortadan kaldıran şey sanki bu seçkinlerin işlerini ve haklarını kavrayış biçimleri değilmiş gibi; nihayet, iktisadi görevlerin farklılaşması toplumun kaçınılmaz olarak, bir yanda uygulayanlar kitlesi ve diğer yanda görevlerini yerine getirmek için kişisel hizmetlerini görecek bir yığın yardımcıya ihtiyacı olan yeri doldurulamaz bir karar vericiler ve teknisyenler sınıfı halinde katmanlaşmak zorunda olduğu bir uzmanlaşma düzeyini gerektiriyormuş gibi.

Kuşkusuz, günümüzde köle bir sınıfın varlığı, hali vakti yerinde sınıfların sürekli olarak çok sayıda —İngiliz sayımlarında ("uşak ve kişisel hizmetçi" sütunu) 1851'den 1911 tarihine kadar istihdam edilen nüfusun % 14'ünü temsil ediyordu— hizmetçi kullandıkları dönemlerdeki kadar belirgin değildir. Çünkü günümüzde kişisel hizmetler büyük oranda toplumsallaştırılmış veya sanayileştirilmiştir: Hizmetçilerin çoğunluğu özel şahıslara sömürecekleri (geçici, kısmi süre kullanılan, götürü usulü ücret verilen) el emeğini kiralayan hizmet işletmeleri tarafından istihdam edilir. Ama bu gerçekte bir şey değiştirmez: Bu insanlar hizmetçilik, yani hayatlarını iyi kazananların, kişisel avantajları için ve üretkenlik kazancı olmadan, ekonomi içinde işi olmayan insanlara aktardıkları bir iş yaparlar.

Demek ki, serbest zamanı ne bölüştürmeyi, ne yönetmeyi ne de kullanmayı bilen; serbest zamanı artırmak için her şeyi yaparken büyümesinden de korkan; ve sonuç olarak, her yöntemle onu paraya çevirmekten, yani monetaristleştirmekten, o zamana kadar ücretsiz ve özerk olduğu için anlamlı olabilecek faaliyetlere kadar her şeyi giderek daha özelleşen hizmet malları biçiminde iktisadileştirmekten başka varılacak yer bulamayan toplumsal bir sistemde bulunuyoruz.

Sıkça yapıldığı gibi, mevcut akılcılaştırma ve teknikleştirme tarafından yaratılan serbest zaman toplamının, iktisadi alanın sınırsız yayılması sayesinde, "ekonomi içinde başka yerlerde" yeniden kullanılabileceğini ileri sürmek, istihdam yaratan, ücretli hizmete dönüştürülebilecek faaliyetlerin sınırı olmadığını; başka deyişle, herkesin veya hemen hemen herkesin, sonunda, başkalarına özel bir hizmet satmak ve satmadığı her şeyi onlardan satın almak zorunda olacağını; piyasadaki zaman mübadelesinin (değer yaratmaksızın) hayatın bütün alanlarını içerebileceğini ve bunu yaparken de, karşılıksız ve kendiliğinden olan, özünde hiçbir şeye *hizmet etmeyen* faaliyetlerin ve ilişkilerin anlamını bozmayacağını, zarar vermeyeceğini ileri sürmektir.

Hannah Arendt şöyle yazıyordu:

> Bu, çalışma zincirlerinden kurtarılacak bir emekçiler toplumudur ve bu toplum, bu özgürlüğü kazanma çabasına değen daha yüksek ve daha zenginleştirici faaliyetlere ilişkin hiçbir şey bilmemektedir... Karşımızdaki tablo, çalışmayan emekçiler, yani kendilerine kalan tek faaliyetten yoksun bırakılmış bir emekçiler toplumudur. Bundan daha kötü bir şey hayal edilemez.[5]

Belki daha kötüsü şudur: Özel faaliyetlerin, boş zaman faaliyetlerinin çalışma ve iş haline gelmesi. Bu durum pek uzağımızda değildir, bu konuya tekrar döneceğim.

Bu krız, gerçekte, iktisadi bir krizden ve toplumun krizinden temelde farklıdır. İki yüzyıldan beri sanayi toplumlarını şekillendirmiş ütopya çökmüştür. Ütopyayı, çağdaş felsefenin bu terime verdiği anlamda kullanıyorum: Bir uygarlığın tasarılarını düzenlediği, ideal hedeflerini ve umutlarını üzerinde kurduğu gelecek görüşü. Bir ütopya çöktüğünde toplumsal dinamiği düzenleyen bütün değerlerin dolaşımı ve faaliyetlerin anlamı krize girer. Yaşadığımız kriz budur. Sanayileşmeci ütopya bize üretici güçlerin gelişmesinin ve iktisadi alanın yayılmasının insanlığı kıtlıktan, adaletsizlikten ve rahatsızlıktan kurtaracağını; insanlığa, doğaya hâkim olmanın egemen gücüyle birlikte, kendi kaderini belirlemenin egemen gücünü de vereceğini; ve çalışmanın, her insanın benzersiz gerçekleşmesinin herkesin özgürlüğüne -hak ve ödev olarak- hizmet edeceğinin kabul edildiği demiurgosvari ve *öz-poietik** bir faaliyet haline geleceğini vaat etmişti.

Bu ütopyadan geriye bir şey kalmadı. Bu, artık her şeyin boş olduğu ve olayların akışına boyun eğmekten başka çaremiz kalmadı-

5. Hannah Arendt, *La condition de l'homme moderne,* Paris, Calmann-Lévy, 1961, s. 11-12. [*İnsanlık Durumu,* Çev. Sina Bahadır Şenel, İletişim Y., 1994]

* Poiesis: İnsanın yaratma, yapma faaliyeti anlamındadır; "poetik" vb. de bu kelimeden türemiştir. (ç.n.)

ğı anlamına gelmez. Bu, yeni bir ütopya bulmamız gerektiğini ifade eder; çünkü, çökmekte olanın tutsağı olarak kaldığımız sürece, mevcut değişimin içerdiği kurtuluş potansiyelini algılamaktan ve bu değişime yön vererek, ondan yararlanmaktan uzak kalırız.

Birinci Bölüm

Çalışmanın dönüşümleri

I

Çalışmanın icadı

"Çalışma" olarak adlandırdığımız şey modernliğin bir icadıdır. Çalışmayı tanıma, uygulama, bireysel ve toplumsal hayatın ortasına yerleştirme tarzımız, sanayileşmeyle birlikte icat edilmiş, ardından genelleştirilmiştir. Çağdaş anlamıyla "çalışma", ne herkesin yaşamını sürdürmesi ve üretmesi için kaçınılmaz olan, günden güne tekrarlanan işlerle; ne bir bireyin, ne kadar zorunlu olursa olsun, hedefi ve yararlanıcısı kendisi veya etrafındakiler olan bir görevi gerçekleştirmek için harcadığı çabayla; ne de harcadığımız zamanı ve çabayı hesaba katmadan, sadece kendi gözümüzde önemi olan ve bizim yerimize kimsenin yapamayacağı bir hedefte kendi başımıza yaptığımız işle karıştırılmalıdır. Kimi zaman bu faaliyetlerden "çalışma" –"ev içi çalışma", "sanatsal çalışma", kendini yenileme "çalışması"– diye söz etsek de bu, toplum tarafından, hem başlıca araç hem de en yüksek amaç olarak toplumun varlığının özüne yerleştirilen çalışmadan temelde farklı bir anlamdadır.

Çünkü, –"sahip olduğumuz," "aradığımız", "başkalarına sunduğumuz"– bu çalışmanın temel karakteristiği başkaları tarafından istenen, tanımlanan, yararlı görülen ve bu sıfatla onlar tarafından ücretlendirilen ve *kamusal* alandaki bir faaliyet olmasıdır. Kamusal alana karşılığı ödenen çalışma (ve daha özel olarak ücretli çalışma) aracılığıyla dahil olur, toplumsal bir varlık ve kimlik (yani bir "meslek") ediniriz; kendimizi başkalarına göre değerlendirdiğimiz ve başkalarına olan görevlerimiz karşılığında onlar üzerinde haklar edindiğimiz bir ilişkiler ve değişim ağına dahil oluruz. Karşılığı toplumsal olarak verilen ve belirlenen çalışma, –çalışmayı arayanlar, ona hazırlananlar veya işi olmayanlar için bile– en önemli toplumsallaşma unsuru olduğu içindir ki sanayi toplumu kendini bir "emekçiler toplumu" olarak görür ve bu sıfatla kendinden önceki toplumlardan ayrılır.

Toplumsal bağdaşıklığın ve yurttaşlığın üzerinde temellendiği çalışmanın, antropolojik bir kategori olan "çalışma"ya veya insanın kendi geçimini "alnının teriyle" sağlaması için gerekli olan "çalışma"ya indirgenemeyeceği böylece kanıtlanır. Gerçekten de, geçim için gerekli olan bu çalışma, asla bir toplumsal bütünlük unsuru olmadı. Bu, daha çok bir dışlama ölçütüydü: Bu işi yapan kadın ve erkekler, modern-öncesi bütün toplumlarda aşağı kabul edilmişlerdi: İnsanlık alanına değil, Doğa alanına aittiler. Zorunluluğun kölesiydiler, dolayısıyla, onları, sitenin faaliyetleriyle ilgilenmeye yetenekli kılacak ruhsal gelişim ve yarar gözetmemek gibi özelliklerden yoksundular. Hannah Arendt'in özellikle Jean-Pierre Vernant'ın çalışmalarına dayanarak, uzun uzadıya gösterdiği gibi[1], Antikçağda yaşamsal ihtiyaçların tatmini için zorunlu çalışma, bu işi yapan kadın ve erkekleri, yurttaşlığın, yani kamusal işlere katılımın dışında tutan kölece bir uğraştı. Çalışma kadınlara ve kölelere ayrıldığı için yurttaşa yakışmıyor değildi; tam tersine, "çalışmak, zorunluluğa kölelik etmek" olduğundan kadınlara ve kölelere ayrıl-

1. Hannah Arendt, *La condition de l'homme moderne,* bölüm 3.

mıştı. Ve bu köleliği, sadece, köleler gibi, yaşamayı özgürlüğe tercih etmiş ve köle ruhunu kanıtlamış olan kabul edebiliyordu. İşte bu yüzden Platon köylüleri kölelerle birlikte sınıflandırmış, işte bu yüzden zanaatçılar, site için ve kamusal alanda çalışmadıkları ölçüde, tam anlamıyla yurttaş sayılmamışlardı: "Esas ilgileri meslekleriydi, kamusal alan değil." Özgür insan zorunluluğa boyun eğmeyi reddeder; ihtiyaçlarının kölesi olmamak için gövdesine hâkim olur ve eğer çalışırsa, bu sadece hâkim olamadıklarına asla bağımlı olmamak içindir, yani bağımsızlığını sağlamak veya güçlendirmek için.

Özgürlüğün, yani insani alanın, "zorunluluk alanının ötesinde" başladığı ve insanın eylemlerinin, bedensel ihtiyaçlarını ve çevreye bağlılığını ifade etmekten çıkıp, sadece kendi egemen belirleniminden kaynaklandığı andan itibaren insanın ahlâki kaygılarıyla davranabildiği düşüncesi; bu düşünce Platon'dan günümüze değişmedi. Bu düşünce, özellikle Marx'ta, *Kapital*'in III. cildindeki ünlü bölümde yeniden karşımıza çıkar; Marx diğer yazılarıyla görünüşte karşıtlık içerisinde, "özgürlük alanını" iktisadi akılsallığın ötesine yerleştirir burada. Marx, kapitalizm tarafından "üretici güçlerin geliştirilmesinin" "maddi çalışmaya ayrılmış zamanda çok büyük oranda bir azalma durumunun tohumu"nu yarattığını belirtir ve ekler: "Gerçekte, özgürlük alanı, yoksulluk veya dış amaçlar tarafından belirlenen çalışma artık olmadığında başlar; dolayısıyla, doğası gereği, maddi üretim alanının ötesine uzanır... Kendi kendisinin amacı olan insan enerjisinin açılımı, gerçek özgürlük alanı ancak bu ötede başlar."[2]

Yunan felsefesinde olduğu gibi, Marx da bu bölümde, yaşamın zorunlu maddi temellerini üretmek ve yeniden üretmekten oluşan çalışmayı özgürlük belirtisi olarak kabul etmiyordu. Bununla birlikte, kapitalist toplumdaki çalışma ile antik dünyadaki çalışma arasında temel bir farklılık vardır: Birincisi kamusal alanda gerçekleştirilirken ikincisi özel alana hapsedilmiş kalır. Antik sitede *ekonominin* en büyük bölümü piyasada, kamusal alanda hiç gerçekleşme-

2. Karl Marx, *Qeuvres économiques*, II, Paris, Gallimard, "La Pléiade", s. 1486-1488.

yen, ama aile alanında yapılan özel bir faaliyettir. Bu faaliyetin örgütlenmesi ve hiyerarşisi geçim ve üreme ihtiyaçları tarafından belirleniyordu. "Doğal aile topluluğu zorunluluktan doğuyordu ve ailedeki tüm faaliyetler zorunluluğun hükmü altındaydı."[3] Özgürlük, ailenin özel, *iktisadi* alanının dışında başlıyordu; özgürlük alanı kamunun, polis'in alanıydı. "*Polis*, sadece 'eşitleri' kabul etmesiyle aileden ayrılıyordu, aile ise en katı eşitsizliğin merkeziydi." *Polis*, özgürlük alanı, yani çıkar gözetmeksizin kamu yararının ve iyi hayatın arandığı alan olabilsin diye aile, "yaşamın zorunluluklarını üstlenmek" zorundaydı.

> Bütün Yunan filozofları, polis yaşamına ne kadar karşı çıkarlarsa çıksınlar, özgürlüğün yalnızca politik alanda bulunduğunun açıkça ortada olduğunu, zorunluluğun özellikle özelleşmiş aile örgütlenmesini niteleyen politika-öncesi bir olgu olduğunu ve bu aile alanı içinde, zorunluluğa egemen olmanın (örneğin köleleri yöneterek) ve özgürleşmenin tek araçları olarak gücün ve zorun temize çıktıklarını kabul ediyorlardı... Şiddet, dünyadaki özgürlüğe girmek için yaşamın zorlamalarından kurtulma biçimindeki politika-öncesi edimdir. [H. Arendt]

Böylece, ailenin özel alanı, iktisadi zorunluluğun ve çalışmanın alanıyla iç içe giriyordu, oysa ki özgürlüğün alanı olan kamusal, politik alan zorunlu veya yararlı faaliyetleri "insani işler" alanından kesin olarak dışlıyordu. Her yurttaş birbirinden titizlikle ayrılmış bu alanlara, sürekli olarak birinden diğerine geçerek, aynı anda ait oluyordu ve yaşamın zorunluluklarının yükünü, bir yandan kölelerine ve karısına yükleyerek, diğer yandan azla yetinen bir yaşam disipliniyle ihtiyaçlara egemen olarak ve sınırlandırarak, asgariye indirmeye çalışıyordu. "Emekçi" olarak yurttaş düşüncesinin kendisi bile bu tarihsel koşullarda kavranılamaz bir şeydi: Köleliğe ve evden hiç dışarı çıkmamaya adanmış "çalışma", kişiye "toplumsal bir kimlik" vermek şöyle dursun, özel yaşama ait görülüyor ve "çalışma"nın kölesi olanların kamu alanından dışlanmasına yol açıyordu.

3. Hannah Arendt, *La condition de l'homme moderne*, s. 40-41.

Gerçekte, çağdaş anlamda çalışma fikri ancak imalat kapitalizmiyle ortaya çıkar. O zamana, yani XVIII. yüzyıla kadar, "çalışma" terimi (*labour, Arbeit, lavoro*) tüketim maddeleri veya yaşamak için gerekli olan ve ertesi güne bir şey bırakmadan gün be gün yenilenmesi gereken hizmetleri üreten serflerle gündelikçi işçilerin yaptıkları işi belirtiyordu. Buna karşın, satın alanların genellikle kendilerinden sonraki nesillere devrettikleri dayanıklı, biriktirilebilir nesneler imal eden zanaatçılar "çalışmıyorlar", "uğraşıyorlardı" ve "uğraş"larında kaba işleri yerine getirmek için çağrılmış, ağır işler gören vasıfsız kimselerin "emeği"ni kullanabiliyorlardı. Sadece gündelik ve vasıfsız işçiler "çalışmaları" karşılığı ücret alıyorlardı; zanaatkârlar, birlik ve lonca denen mesleki sendikalar tarafından belirlenen bir barem üzerinden "eserleri" karşılığında ücret alıyorlardı. Bu loncalar, bütün yenilikleri ve her türlü rekabet biçimini sert biçimde yasaklıyordu. XVII. yüzyılda Fransa'da, yeni teknik veya makinelerin, dört tüccar ve dört dokumacı tarafından oluşturulan yaşlılar konseyi tarafından onaylanması, sonra da yargıçlarca izin verilmiş olması gerekiyordu. Gündelik işçilerin ve çırakların ücretleri birlik tarafından belirlenmişti ve üzerlerinde pazarlık yapılması mümkün değildi.

Demek ki "maddi üretim", tamamıyla, iktisadi akılsallık tarafından yönetilmiyordu. Ticari kapitalizmin yayılmasıyla bile bir şey değişmeyecektir. 1830'a kadar İngiltere'de ve XIX. yüzyılın sonuna kadar Avrupa'nın geri kalanında imalat kapitalizmi, ardından sanayi kapitalizmi, büyük bölümü ev işçileri tarafından gerçekleştirilen tekstil üretiminde ev içi sanayi ile birlikte var olur. Dokumacılık –köylülerde toprak ekimi gibi–, evdeki dokuma işçisi için sadece basit bir geçim kapısı değil, kapitalist tüccarların bile saygı gösterdiği geleneklerin –iktisadi açıdan akıldışı olsa da– yönlendirdiği bir *yaşam biçimidir*. Karşılıklı çıkarları düzenleyen bir yaşam sisteminin para kazanan tarafları olan tüccarlar, evde çalışan dokuma işçilerinin *çalışmasını* akılcılaştırmayı, onları birbirleriyle rekabete sokmayı, akılcı ve sistemli olarak en büyük kârı elde etmeyi akıllarına bile getirmiyorlardı. Bu konuda Max Weber'in evde üretim sistemi ve ardından bu sistemin fabrika sistemi tarafından yıkılması üzerine yaptığı tarifi aktarmak yerinde olur:

> Geçen yüzyılın ortalarına kadar bir dağıtıcının yaşamı, en azından kıta Avrupası'ndaki tekstil endüstrisinin birçok dalında, bugünkü anlayışımıza göre oldukça rahattı. Şöyle bir gelişim süreci düşünülebilir: Köylüler dağıtıcının yaşadığı kente geliyorlardı ve tekstil ürünlerini ona getiriyorlardı -(ketende olduğu gibi) hammadde esas olarak veya bütünüyle köylünün kendisi tarafından üretiliyordu- ve titiz, çoğunlukla resmi bir kalite denetiminden sonra malları için alışılmış parayı alıyorlardı. Dağıtıcının müşterileri, bütün uzak pazarlar için gelen aracılardı; bunlar numune bakmaya değil, alışık oldukları kalite için gelirler ve dağıtıcının deposunda ne bulurlarsa satın alırlardı, yeter ki uzun süre önce sipariş edilmiş, bu siparişler de köylülere aktarılmış olsun. Müşteriler kişisel iş yolculuklarına çok seyrek çıkarlardı. Yazışma yeterliydi ve zamanla numune gönderimi de gelişti. Çalışma saatleri çok azdı -belki günde 5-6 saat, zaman zaman epeyce daha az, yoğun satış dönemlerinde ise daha fazla. Doğru dürüst bir yaşam sürebilecek ve iyi zamanlarda da bir köşeye para koyabilecek kadar kazanılıyordu. Rakipler genelde, işin temelleri üzerinde anlaşarak iyi ilişkiler sürdürüyorlardı. "Meyhanede" gün geçirmek, orada akşamüstleri kafa çekmek, arkadaşlarla bir araya gelmek yaşamı rahatlaştırıyordu.
>
> Müteşebbisin tamamıyla ticari bir faaliyet içinde olmasına; aynı şekilde, iş alanına aktarılan sermayenin kullanımının kaçınılmaz oluşuna ve son olarak iktisadi sürecin nesnel yanının ya da muhasebenin akılcı olmasına bakıldığında, örgütlenmenin *biçiminin* her bakımdan "kapitalist" olduğu görülür. Fakat müteşebbisi harekete geçiren ruh dikkate alınırsa, bunun "geleneksel" bir iktisadi faaliyet olduğu görülür; geleneksel yaşam biçimi, kârın geleneksel artış hızı, geleneksel çalışma miktarı, iş ilişkilerinin geleneksel akışı, işçilerle ilişkiler ve temelde geleneksel olan, müşteri çevresiyle ilişkiler ve yeni müşteri kazanma biçimleri; tüm bunların bu müteşebbis çevresinin "ethos"unun temelinde yattığı söylenebilir rahatlıkla.
>
> Bir ara, bu rahatlık birdenbire yıkıldı ve çoğunlukla da kapalı işletmeye, mekanik dokumacılığa geçişte olduğu gibi, örgütlenme biçiminde temel bir değişiklik olmadan oldu. Olan şundan ibaretti: Kentteki dağıtıcı ailelerinden birine mensup genç bir adam köylere gider, gereksinim duyduğu dokumacıları titizlikle seçer, onların bağımlılığını artırıp üzerlerindeki denetimi sıkılaştırırdı, onları köylü olmaktan çıkarıp işçi yapardı. Diğer yandan, tüketicilerle mümkün olan en dolaysız ilişkiye

girerek satış yöntemlerini değiştirirdi. Perakende ticareti tamamen eline alır ve müşterileri bizzat kendisi çeker; onları her yıl düzenli olarak ziyaret eder ve ürünlerin kalitesini müşterinin zevkine ve ihtiyaçlarına göre uyarlardı. Aynı zamanda, fiyatları düşürmek ve ciroyu yükseltmek ilkesine göre hareket ederdi. Böyle bir akılcılaştırma sürecinin alışılmış sonucu ortaya çıkmakta gecikmedi: Ayak uyduramayanlar elendi. Rekabetin ilk darbeleriyle idil çöktü; faize değil girişime yatırılan önemli servetler oluştu. Eski rahat ve yapmacıksız yaşam tarzı, yerini acımasız bir ölçülülüğe bıraktı. Bazıları bu ölçülülüğe ayak uydurup öne çıkıyorlardı, çünkü tüketmek değil kazanmak istiyorlardı, oysa eski gelenekleri sürdürmek isteyenler, masraflarını kısmak zorundaydılar.

Genel olarak, bu devrim bir nakit para akışına değil, -ailelerden ödünç alınan birkaç milyon markın yeterli olduğu durumlar biliyorum- yeni bir *ruha* bağlıydı: "Kapitalizmin ruhu" iş başındaydı.[4]

Evde üretim sisteminin yıkıntıları üzerinde fabrika sistemini yerleştirmekten başka yapacak bir şey kalmamıştı. Bunun da kolay bir iş olmadığını göreceğiz.

Kapitalist tüccarları, üretimi soğuk ve kaba bir mantıkla akılcılaştırmak için gelenekle bağlarını koparmaya yönelten temeldeki güdülenimler sorununa daha sonra tekrar döneceğim. Şimdilik bu güdülenimlerin, Max Weber'e göre, sahip olduğu belirleyici önemi çoğunlukla küçümsenen "akıldışı bir unsur"[5] içerdiklerini belirtmek yeter. Kapitalist tüccarların dokumacılığı akılcılaştırma, maliyetini denetleme ve bütün unsurlarının nicelikselleştirilmesi ve standartlaştırılması sayesinde bu maliyeti kesin olarak hesaplanabilir ve öngörülebilir kılmayı *çıkarlarına* uygun görmelerinde yeni hiçbir şey yoktu. Yeni olan şey, müteşebbislerin bu çıkarı, o zamana kadar bundan çekinmişlerken, belli bir anda üreticilere dayatmaya girişmeleridir. Max Weber bu çekimserliğin nedeninin hukuki, teknik veya iktisadi olmadığını, ideolojik ve kültürel olduğunu inandırıcı biçimde gösterir: "Akılsallık üzerine bütün incelemelerin başına çok basit ama genellikle unutulan şu ilkeyi koymak gerekir:

4. Max Weber, *L'éthique protestante et l'esprit du capitalisme*, [*Protestan Ahlâkı ve Kapitalizmin Ruhu*, Çev. Z. Aruoba, Hil Y., 1985], Paris, Plon/Agora, 1985, s. 68-71.

5. Max Weber, *a.g.e.* ..., s. 80.

Hayat, farklı temellere dayanan bakış açılarına ve son derece farklı yönlere göre akılcılaştırılabilir." "Kapitalizmin ruhu"nun yeniliği, hesaplanabilirlik dışındaki her türlü düşünceye ilgisiz olan tekboyutlu darlığıdır; kapitalist müteşebbis, bu sayede, iktisadi akılsallığı aşırı sonuçlarına vardırır:

> Kesin bir hesaba dayanan akılcılaştırma, tahmin edilen sonuca doğru öngörü ve ihtiyatla yönelen bireysel kapitalist girişimin temel özelliğidir. Köylünün günübirlik yaşamıyla, eski lonca zanaatkârının rutini ve ayrıcalıklarıyla veya maceracının kapitalizmiyle taban tabana zıttır bu... Bununla birlikte, kişisel mutluluk açısından düşünüldüğünde, insanın işi için yaşadığı (tersi değil) bu hayatın ne kadar *akıldışı* olduğunu ifade eder.[6]

Başka deyişle, iktisadi akılsallık, uzun süre sadece gelenek tarafından değil, başka akılsallık biçimleri, aşılamayacak sınırlar getiren başka hedefler ve başka çıkarlar tarafından da engellendi. Sanayi kapitalizmi, iktisadi akılsallık bütün diğer akılsallık ilkelerinden kurtulduğu ve onları diktatörlüğü altına aldığı andan itibaren atılım gösterebildi.

Marx ve Engels, başka bir bakış açısına göre ifade etmiş olsalar da, *Komünist Manifesto*'da farklı bir şey söylememişlerdi: Onlara göre, burjuvazi o zamana kadar toplumsal ilişkilerin *hakikatini* maskelemiş olan örtüyü nihayet yırtmıştı: "Feodal insanı doğal üstlerine bağlayan bütün karmaşık ve değişken bağları acımadan kopardı. İnsanlar arasında duygusuz çıkardan başka bir bağ bırakmadı. Dinsel ve politik yanılsamaların maskelediği sömürünün yerine, açık, yüzsüz, dolaysız ve acımasız bir sömürü yerleştirdi..." "Aile ilişkilerini kuşatan duyguların ve heyecanların peçesini yırttı ve onları basit birer para ilişkisine indirgedi... İnsan faaliyetinin neye yetenekli olduğunu ilk gösteren burjuvazi oldu..." "Egemenliğini kuralı daha yüzyıl bile olmadığı halde, bütün geçmiş kuşakların yaptığından daha fazla miktarda ve daha büyük üretici güçler yarattı." Oysa ki,

6. Max Weber, *a.g.e.* ..., s. 78-79, 83.

> Eski üretim tarzının değişmeden korunması, önceki bütün sanayici sınıflar için, varoluşun ilk koşuluydu (...) Burjuvazi üretim araçlarını ve onlarla birlikte toplumsal ilişkiler bütününü sürekli olarak kökten değiştirmeden var olamaz... Bütün geleneksel ve donmuş toplumsal ilişkiler, eski ve kutsal düşünce ve önyargılar sürüsüyle birlikte eriyorlar; onların yerini alan tüm toplumsal ilişkiler daha kemikleşmeye fırsat bulamadan eskiyiveriyor. Katı olan her şey buharlaşıyor, kutsal olan her şey kutsal olmaktan çıkıyor ve insanlar yaşam koşullarına ve birbirleriyle ilişkilerine nihayet bilinçle bakmak zorunda kalıyorlar. [Komünist Manifesto]

Kısacası, iktisadi akılsallığın kapitalizme özgü tekboyutlu indirgeciliğinin, iktisadi açıdan akıldışı bütün değerleri ve amaçları kökünden silip atmasıyla ve bireyler arasında sadece para ilişkileri, sınıflar arasında sadece güç ilişkileri, insanla doğa arasında sadece araçsal bir ilişki bırakmasıyla, bu şekilde tamamen mülksüzleştirilmiş, sürekli olarak birbirinin yerine geçebilir bir işgücü olmaya indirgenmiş, artık savunacak hiçbir özel çıkarları olmayan bir işçi-proleter sınıfın doğmasına yol açmasıyla, potansiyel olarak özgürleştirici bir sonucu vardır:

"Proleterlerin çalışması tüm çekiciliğini kaybetti... Emekçi, makinenin basit bir aksesuarı haline geldi; ondan çok basit, çok çabuk öğrenilen, son derece monoton işlerden başka bir şey istenmiyor." "Üretimin çavuşlarının ve subaylarının mutlak hiyerarşisinin gözetimi altına yerleştirilmiş sanayinin bu sıradan askerleri" insanlığından yoksun bırakılmış ve ancak toplumun üretici güçlerinin tümünü ele geçirerek –bu da toplumu tepeden tırnağa değiştirmek anlamına gelir– insan olabilecek bir insanlığı temsil ederler. Marx'a göre, soyut emek tohum halindeki evrensel insanı içerir.

Dolayısıyla, Marksist bakış açısında, bir yandan, makineleşmeyle, insanın doğayla demiurgosvari, poietik ilişkisini yaratan ve diğer yandan emeği ve emekçiyi her türlü insani nitelikten yoksun bırakan bir emek örgütlenmesi üzerinde üretici güçlerin "devasalığını" yaratan bu tek ve aynı akılcılaştırma sürecidir. Doğa üzerinde makineleşmiş egemenliğin ve insanlığın *öz-poiesis*'inin dolaysız failleri, bireysel yetenekleri "cılız bıraktırılmış" ve "sakatlanmış", çalışmanın serseme çevirdiği, hiyerarşinin baskı altına aldığı ve hizmet ettikleri makinelerin tahakkümü altına girmiş bir proletarya sınıfıdır. Tarihin anlamı ve motoru olması gereken çelişki buradadır: Çalışma, kapitalist akılcılaştırma sayesinde, bireysel bir faaliyet ve doğanın zorunluluklarına boyun eğme olmaktan çıkar; ama tam da sınırlı ve köle niteliğinden kurtulup *poiesis* olduğu, evrensel gücü onayladığı zaman çalışanları insanlıktan çıkarır. Hem doğal zorunluluklar üzerindeki muzaffer egemenlik hem de bu egemenliği kurmayı sağlamış olan araçlar kaşısındaki (insanın doğa karşısındaki eski itaatkârlığından daha sınırlayıcı olan) boyun eğme anlamına gelen sanayi çalışması, ekonomi biliminin büyük klasiklerinde olduğu gibi Marx'ta da, asla gözden kaçırılmaması gereken bir karşıtların birliğini oluşturur. Marx'ta ve içimizden çoğunda görülen ve Hannah Arendt'i yanıltan[7] karşıtlıkları açıklayan şey bu karşıtların birliğidir. Bunu daha yakından tahlil etmemiz gerekir.

Çalışmanın iktisadi akılcılaştırılması sanayi kapitalizminin gerçekleştirmesi gereken en güç amaçtı. Marx, *Kapital*'in I. cildinde ilk sanayici kapitalistlerin karşılaştıkları ve uzun süre aşılamayan direnişleri anlatan geniş bir literatüre başvurur. Bu kapitalistlerin işletmelerinde çalışma maliyetinin hesaplanabilir olması ve önceden kesin olarak bilinmesi zorunluydu, çünkü ancak bu koşulla üretilen malların hacmi, fiyatı ve öngörülen kâr hesaplanabiliyordu. Bu tahmini muhasebe olmadığında yatırım riske sokulamayacak kadar rastlantısal kalıyordu. Oysa çalışma maliyetini hesaplanabilir kılmak için verimliliğini de hesaplanabilir kılmak gerekiyordu. Verimliliği, niceliksellleştirilebilir maddi bir büyüklük olarak ele alabilmek gerekiyordu; başka deyişle, onu kendi başına, bireysellikten ve emekçinin güdülenimlerinden ayrı, bağımsız bir şey olarak ölçebilmek gerekiyordu. Ama bu, emekçinin kişiliğinden ve özelliklerinden, hedeflerinden ve arzularından sıyrılarak, herhangi bir başka emekçinin işgücüyle değiştirilebilir ve karşılaştırılabilir basit bir işgücü olarak, kendisine yabancı ve hiçbir anlam ifade etmeyen hedeflere hizmet ederek üretim sürecine girmesini de gerektiriyordu.

7. Hannah Arendt (*La condition de l'homme moderne*) Marx'ın çalışmayı, hem bir uğraş olarak kabul ederek hem de ortadan kalkacağını öngörerek *emeğe* indirgediğini iddia eder. Özellikle bkz. s. 98-100, 118, 132, 147.

Sanayi çalışmasının bilimsel örgütlenmesi, niceliklendirilebilir iktisadi kategori olarak çalışmayı emekçinin canlı kişiliğinden sürekli olarak koparma çabasıydı. Bu çaba, başlangıçta, çalışmanın değil, emekçinin kendisinin mekanikleştirilmesi biçimini, yani, dayatılan ritim veya çalışma hızıyla verimliliği zorlama biçimini aldı. Gerçekte, iktisadi olarak en akılcı biçim olabilecek verimliliğe göre ücretin uygulanamaz olduğu başlangıçtan itibaren ortaya çıkmıştı. Çünkü XVIII. yüzyıl sonu işçileri için "çalışma" atadan kalma yaşam ritmine bağlı sezgisel[8] bir hünerdi ve daha fazla kazanmak için kimse çabasını yaygınlaştırmak veya derinleştirmek fikrinde değildi. İşçi, "mümkün olduğunca fazla çalışarak günde ne kadar kazanabilirim diye değil, bugüne kadar kazandığım ve gündelik ihtiyaçlarımı karşılayan 2.5 markı kazanmak için ne kadar çalışmalıyım, diye soruyordu."[9]

İşçilerin sürekli tam gün çalışmayı istememeleri ilk fabrikaların çökmesinin temel nedeni oldu. Burjuvazi bu isteksizliği "tembelliğe" ve "uyuşukluğa" bağlıyordu. Bunu alt edebilmenin çok düşük ücretler ödemekten başka yolunu göremediklerinden işçi, tüm bir hafta boyunca geçimini sağlamak için günde tam on saat sıkıntı çekmek zorunda kalıyordu. Örneğin J. Smith 1747'de şöyle yazar:

> İhtiyaçlarını haftanın üç günü çalışarak sağlayan işçinin haftanın geri kalanında işsiz ve sarhoş olması çok rastlanan bir durumdur... Yoksullar, asla haftalık safahatlarını karşılayacak ve beslenmelerine yetecek olandan daha fazla çalışmayacaklardır... Yün fabrikalarındaki ücret indiriminin ülke için hayırlı bir iş ve avantaj olduğunu ve yoksullara gerçek bir haksızlık yapılmadığını çekinmeden söyleyebiliriz.[10]

Doğmakta olan sanayi, sürekli işgücü ihtiyacını karşılamak için, sonunda, en pratik çözüm olarak çocuk emeğine başvurdu. Çünkü, Ure'nin belirttiği gibi, "Çiftçilikten veya zanaatçılıktan gelen insanları, buluğ çağını geçince iyi birer fabrika işçisine dönüştürmek

8. Bu, bir çıraklık dönemini gerektirmediği anlamına gelmez, bu çıraklığın biçimselleştirilmiş standart bir bilgi gerektirmediği anlamına gelir.
9. Max Weber, *L'éthique protestante...*, s. 61.
10. J. Smith, "Memoirs of Wool"; André Gorz (der.), *Critique de la division du travail*, Paris, Le Seuil, 1973, s. 71'de Stephen Marglin tarafından aktarılıyor.

pratik olarak imkânsızdı. Uyuşukluk veya gevşeklik alışkanlıklarını yenmek için bir süre mücadele ettikten sonra ya işlerini kendiliğinden bırakıyorlardı veya dikkatsizlikleri yüzünden ustaları tarafından işten atılıyorlardı."[11]

Dolayısıyla, çalışmanın iktisadi akılcılaştırılması, sadece önceden var olan üretici faaliyetleri hedeflerine daha iyi uyarlamakla ve daha yöntemli kılmakla kalmadı. Bir devrim oldu; bu, yaşam tarzının, değerlerin, toplumsal ilişkilerin ve doğayla ilişkinin altüst oluşu, daha önce asla var olmamış bir şeyin kelimenin gerçek anlamıyla icat edilmesiydi. Üretken faaliyet, anlamından, güdülenimlerinden ve hedefinden kopup basit bir ücret kazanma aracı haline geldi. Hayatın bir parçası olmaktan çıkıp "hayatını kazanma"nın *aracı* oldu. Çalışma zamanı ve yaşama zamanı birbirinden ayrıldı; çalışma, aletleri, ürünleri emekçininkinden farklı bir gerçeklik kazanıyordu ve başka biri tarafından alınan kararlarla yönlendiriliyordu. Birlikte "uğraşmanın" tatmini ve "yapmanın" zevki sadece paranın satın alabileceği tatminler yararına ortadan kaldırılmıştı. Başka deyişle, ancak işçi/üreticinin işçi/tüketiciye, yani tükettiği hiçbir şeyi üretmeyen, ürettiği hiçbir şeyi de tüketmeyen toplumsal bireye dönüştürülmesi sayesindedir ki somut emek Marx'ın "soyut emek" dediği şeye çevrilebildi. Bu birey için çalışmanın esas amacı bütün olarak toplumsal makine tarafından üretken ve tanımlanan malları satın alabilecek kadar kazanmaktır.

Dolayısıyla, çalışmanın iktisadi akılcılaştırılması, eski çağın özgürlük ve varoluşsal özerklik düşüncesinin yerini alacaktır. Çalışmasında yabancılaşmış olduğundan tüketiminde ve ihtiyaçlarında da zorunlu olarak yabancılaşmış olacak birey ortaya çıkaracaktır. Kazanılabilen ve harcanabilen para miktarının sınırı olmadığı için, paranın elde etmeyi sağladığı ihtiyaçların ve para ihtiyacının da sınırı olmayacaktır. Bu ihtiyaç, toplumsal zenginlikle birlikte büyür. Çalışmanın ve ihtiyaçların parasallaştırılması, çeşitli yaşam felsefelerinin çalışmaya ve ihtiyaçlara yüklediği sınırları en sonunda ortadan kaldıracaktır.

11. Andrew Ure, *Philosophy of Manufacturers* (Fransızca çevirisi, Brüksel, 1836, *Philosophie des manufactures*), Marx tarafından *Kapital* cilt I'de aktarılır.

II

Marx'ta çalışma ütopyası

Marx bu gelişmeleri, "*çalışma*" gibi, (eğer kullanımı başka türlü kararlaştırılmamışsa "emekçi" olarak çevirmek gereken "*Arbeiter*") "işçi" kavramının da "sermayenin ürünleri" olarak sunuldukları *1844 Elyazmaları*'nda fark etmiştir[1]; çalışma, "genel olarak ça-

1. "İşçi sermayeyi üretir, sermaye işçiyi üretir, dolayısıyla işçi kendini üretir ve *işçi* olarak, *meta* olarak insan tüm bu döngünün ürünüdür, artık *işçiden* başka bir şey olmayan insandır... İşçi, *kendisi için* sermaye olarak var olduğunda ancak işçi olarak vardır ve bir sermaye *onun için* var olduğunda ancak *sermaye* olarak vardır. Sermayenin varlığı işçinin varlığıdır, *yaşamıdır*, yaşamını ilgisiz biçimde belirlese de... Sermayenin işçi için var olmaması düşüncesi oluştuğunda işçi de artık kendisi için yoktur, işi *yoktur*, dolayısıyla ücreti yoktur..." Karl Marx, *1844 Elyazmaları* (altını çizen K.Marx).

lışma", herhangi bir çalışmadır; işçinin her zaman yabancı olduğu, "rastlantısal" belirlenimlerden bağımsız çalışmadır. İşçinin artık toplumda belirli, "doğal" bir yeri ve dolayısıyla özel çıkarı yoktur. İşçinin çalışması, "*evrensel* bağımlılığı, bireylerin evrensel işbirliğinin bu doğal biçimini" yansıtır ve Marx'a göre, bireylerin evrenselliğinin tohumu bu çalışmanın ve onun tanımladığı bireylerin soyutlanmasındadır. Çalışmanın kişiyle ilgisiz, "rastlantısal" bir nitelik taşıyan, birbirinin yerine geçebilir çok sayıda işe bölünmesi (bu artık doğal değil toplumsal bir bölünme olarak görülür), "insanların doğayla olan sınırlı ilişkilerini" ve "birbirleriyle olan sınırlı ilişkilerini" ortadan kaldırır ve "üretici güçlerin evrensel gelişimi", "insanlar arasında evrensel bir alışveriş" yarattığı ölçüde, "mahalli bireyler yerine, *evrensel tarihe bağlı* ve ampirik olarak evrensel bireyler ortaya çıkar."[2]

Kuşkusuz, daha *1844 Elyazmaları*'nda Marx, J.-B. Say'i izleyerek şunu belirtiyordu: "İşbölümü *kullanışlı* ve *yararlı* bir araçtır, insan gücünün toplumsal zenginliğin artırılması için ustaca kullanımıdır, ama tek tek ele alındığında *her bir insanın kapasitesini* azaltır."[3] Marx, bu saptamayı *Alman İdeolojisi*'nde daha da kesinleştirir:

> Hiçbir geçmiş dönemde üretici güçler bireylerin birey olarak girdikleri alışverişler karşısında bu denli kayıtsız kalan bir biçim almamışlardı, çünkü bu alışverişin kendisi sınırlıydı. Diğer yandan, bu üretici güçler karşısında bireylerin çoğunluğu bulunur; bu bireyler bu üretici güçlerden kopmuştur ve her türlü yaşamsal içerikten yoksundurlar ve soyut bireyler haline gelmişlerdir... Üretici güçlerle ve kendi varoluşlarıyla hâlâ kurdukları tek ilişki olan *çalışma, onlarda bütün kişisel faaliyet görünümünü kaybetmiştir* ve ancak bitki gibi yaşayarak ayakta kalırlar.[4]

Grundrisse'de ve ardından *Kapital*'de sanayi çalışmasının doğası ve sakatlayıcı niteliği üzerine daha sert tanımlamalar bulunur. Ama özel üreticilerin, zanaatkârların yerine "genel emekçiler"i, proleter-

2. Karl Marx, *Alman İdeolojisi.*
3. Altını çizen Marx.
4. Altını ben çizdim.

leri koyduğu; ve böylece *çalışmayı*, içerikleri toplumun *bütün olarak* işleyişine göre belirlenen dolaysız *toplumsal* çalışma olarak kabul eden ve dolayısıyla, tüm toplumsal üretim sürecini ele geçirmeyi yaşamsal ve zorunlu önemde gören bir sınıf doğurduğu ölçüde insanı insanlıktan çıkaran, sakatlayan, aptallaştıran ve bitkin düşüren bu çalışma, Marx için de nesnel bir ilerlemedir.

Marx'ın 1846'dan itibaren proletaryayı potansiyel olarak evrensel, her türlü özel çıkardan soyunmuş ve dolayısıyla toplumsal üretim sürecini sahiplenmeye ve akılcılaştırmaya elverişli bir sınıf olarak nasıl kavradığını daha iyi anlayabilmek için en iyisi, Marx'ın *Grundrisse*'de,[5] özel faaliyet olarak ticari üretime ayırdığı çok daha açık bölüme öncelikle başvurmak gerekir. Marx burada, bir bireyin pazar için ürettiği ürünün, ancak değişebilirlik kazandığı *toplumsal* üretim sürecinde bir yer bulmak koşuluyla değişim değeri elde ettiği ve üreticisi için bir çıkar sağladığı olgusu üzerinde uzun uzadıya durur. Oysa, diye ekler Marx, eğer bu ürün değişebilir hale geliyorsa, bu bütün olarak toplumsal üretime katkıda bulunan *genel bir çalışma*'nın, başkalarına yararlı, özel yoğunlaşması olduğu içindir. Üretici çalışma, toplumsal olarak, her birinin doğası ve içeriği bütün olarak toplumun işleyişiyle (*gesellschaftlichen Zusammenhang*) belirlenen, birbirlerine bağımlı, çok sayıda tamamlayıcı ticari üretime bölünmüştür. Ama bu işbölümü, bu tamamlayıcılıkların bağlantısı pazarda karşı karşıya gelen bireyler için "dışsal ve rastlantısal" bir şey olarak kalır.

> Bağımsız bireylerin karşılaşmasının sonucu olan ve onlara hem maddi bir zorunluluk ve hem de dışsal bir bağ olarak görünen toplumun işleyişi (*Zusammenhang*) tam da *bireylerin bağımsızlıklarını* temsil eder; *bu bağımsızlık için toplumsal varoluş bir zorunluluktur, ama sadece bir araç olarak ve bu yüzden de bireyler toplumsal varoluşa dışsal bir şey olarak bakarlar.*[6]

Genel kolektif çalışmaya doğrudan hizmet eden ve kolektif emekçiler olarak birleşmeleriyle, toplumsal işbölümünün yerine gönül-

5. Almanca baskı, s. 908 ve devamı.
6. Aynı tahlil Émile Durkheim'da da bulunur, *De la division du travail social*, Paris, 1930, s. 242 ve devamı.

lü işbirliğini koyarak, toplumsal üretim sürecini ortak denetimlerine tabi kılmakta dolaysız çıkarları olan proleterlerin durumu çok başkadır. Dolayısıyla, üreticilerin proleterleştirilmesi, potansiyel olarak özgürleştirici, şaşaalı bir girişimin, toplumsal sürecin akılcı bir biçimde birleştirilmesi girişiminin bir parçası olmayı vaat eder.

Sonuç olarak, geriye dönerek, "fabrikaları yakarak, ortaçağ zanaatkârının kaybettiği konumu yeniden elde etmeye çabalamak"[7] söz konusu değildir; tersine, önemli olan, nihayet "sınırlı ilişkiler"inden kurtulmuş ve "insanlar arasındaki evrensel alışveriş"e doğrudan girişmiş bireylerin, artık bir hiç olduklarından, nasıl her şey olabileceklerini, artık hiçbir özel faaliyete girişmediklerinden, nasıl bütünsel bir faaliyetin evrensel özneleri olabileceklerini görmektir.

Marx'ı bu diyalektik tersyüz oluşa yönelten felsefi bağlam ve muhakeme tarzı burada pek önemli değil. Burada önem taşıyan sadece ütopik içeriği; çünkü işçi hareketine nüfuz etmiş olan ve klasik solda ortak olan çalışma ideolojisini günümüzde hâlâ besleyen bu ütopik görüştür. Dolayısıyla önce Marksist ütopyanın sürekli çekiciliğini borçlu olduğu içerikleri, sonra da bu içeriklerin hangi ölçülerde güncelliklerini ve başlangıçtaki anlamlarını koruduklarını kavramamız gerekiyor.

1845-1846 yılları arasında Marx, *Alman İdeolojisi*'nde formüle ettiği ütopik düşüncesine, komünizme, akılsal olarak zorunlu bir tutarlılık vermekte görünür güçlüklerle karşılaştı. Gelecek toplum görüşleri etik zorunluluklardan kaynaklanan düşünceleri ifade eden ütopistlerden farklı olarak Marx, komünizmin, gerçekleşmek için, proleterlerin bilincinde önceden var olmak zorunda olmadığını göstermeye çalışır: Komünizmin bizzat kendisi "gerçeğin hareketi"dir. Marx, 1856'dan itibaren savunacağı gibi, komünizmin zorunluluğunu kapitalizmin gelişiminin iç çelişkileri üzerinde kurmamaktadır henüz; komünizmi, devrimin proleterler için bir ayakta kalma zorunluluğu olduğu veya olacağı olgusu üzerinde temellendirir. Proleterlerin, sadece "yaşamlarını garanti etmek" amacıyla,

---

7. Marx ve Engels, *Komünist Manifesto.*

eski toplumu yıkmak için karşı karşıya oldukları "mutlak, acımasız zorunluluk", bir anlamda nihai zaferlerinin aşkın güvencesi olarak hizmet eder. Komünist devrimin zorunluluğu düşüncesi, öz olarak, en aşırı sefalete mahkûm işçi kitlelerinin yaşam hakkı adına ayaklandıkları bir döneme denk düşer.

Bununla birlikte, bu işçi kitleleri arasında, zanaat sisteminin, özgürlüğün ve çalışmanın haysiyetinin hatırasını taşıyan, varını yoğunu kaybetmiş zanaatçılar ve eski ev işçileri de önemli bir oranı korur. Demek ki, komünist ütopyanın işçilere sadece "maddi varoluşu" değil, kapitalist akılcılaştırmanın çalışmayı yoksun bıraktığı özerklik ve haysiyeti de garanti etmesi gerekir. Yine de, çalışma özerkliği ve haysiyetinin, iktisadi akılsallığa karşıt, bireysel ve öznel bir etik gereklilik adına *onarılmaması* gerekir. Tersine, kapitalist akılsallığın sınırlı bir akılsallık olduğunu ve kaçınılmaz olarak, kendi hedeflerine ters ve kontrol etmekten aciz olduğu genel sonuçlar ürettiğini göstermek gerekir. Hakiki akılsallık ise çalışmayı "kişisel faaliyet"e dönüştürür; ama bunu, kapitalist işbölümünün yerine bireylerin "gönüllü birliği" aracılığıyla "gönüllü işbirliği"nin yerleşeceği ve toplumsal üretim sürecinin birleşmiş üreticilerin denetimine gireceği bir üst düzeyde gerçekleştirir. Her birey, "birey olarak", gönüllü işbirliği aracılığıyla, üretici güçlerin toplamına sahip olacaktır, her bireyin "çalışması", "bütünlüklü bireyin özerk faaliyeti" (*Selbsttätigkeit*) haline gelecektir.

Hannah Arendt'in kafasını karıştıran çelişki ortadan kalkmıştır: Bir önceki bölümde belirttiğimiz anlamıyla "çalışma" (*Arbeit*) bireylerin akılcı ve toplumsal işbirliğiyle ortadan kalkacaktır (*beseitigt*); bu çalışmanın yerini, seri üretimin parçası olmuş ve uzmanlaştırılmış bireylerin emeği değil, bilinçli ve yöntemli olarak işbirliği yapan bireylerin özerk faaliyeti olan bir kolektif poiesis alacaktır. Özyönetim ve "işçi denetimi"; ("işçi iktidarı" olarak çevrilmesi daha doğru olan "*workers' control*"); çalışmanın ve yaşamın birliği; ve bireyin bütünlüklü gelişimi olarak meslęki faaliyet; günümüze kadar canlı kalan ütopya burada tekrar karşımıza çıkar.

Bununla birlikte, Marx tarafından tasarlanan toplumsal işbirliğinin akılcılaştırılması, hem imkânları açısından ve hem de dayandığı politik ve varoluşsal postulatların akılsallığı açısından incelenmelidir.[8]

Bu akılcılaştırmanın temel ütopik içeriği, proletaryanın, Aklın birliği olarak gerçeğin birliğini gerçekleştirmekle görevli olduğudur: Her türlü çıkardan ve özel meslekten yoksun bireyler, işbirliklerini akılcı ve gönüllü kılmak için evrensel olarak bir araya gelecekler ve bir arada, aynı ortak praksisle, tamamen kendilerine ait olacak bir dünya yaratacaklardır: Bu dünyada onlardan bağımsız hiçbir şey var olamayacaktır. Aklın birliğinin bu zaferi, modernleşmenin onları birbirleri karşısında özerk (bağımsız anlamına gelmez) kılıncaya kadar farklılaştırdığı varoluşsal ve toplumsal boyutların birleştirilmesini de kuşkusuz içerir. Çünkü, "bireylerden bağımsız var olan her şeyi imkânsız kılmak" şu anlama gelir: Bireylerin denetiminin dışına çıkmış bir hukuk ve üretim aygıtı olarak devletin ortadan kaldırılması; toplumsal faillere dayatılan yasalarıyla ekonomi politiğin ortadan kaldırılması; ve "bireyleri sınırlı bir alete köle ettikçe" her bireyi sınırlı bir işleve mahkûm eden, dola-

8. *Alman İdeolojisi*'nin "zorunlu" kolektif temellük ve gönüllü işbirliği sorununa ayrılmış temel bölümü, Marx'ın (çalışmayı da içeren) üretici güçlerin "bireylerden tamamen bağımsız ve ayrı ortaya çıktıkları"nı gösterdiği bir kesimin sonunda gelir, çünkü bireyler kolektif olarak yaratmış olmalarına rağmen üretici güçler üzerinde hiç etkisi olmayan seri üretimin parçası olarak dağılmışlardır. "Olaylar günümüzde öyle bir noktaya geldi ki," diye devam eder Marx, "bireyler sadece kişisel faaliyetlerini geliştirebilmek için değil, öz olarak, yaşamlarını sağlamak için de üretici güçlerin tümüne sahip olmalıdırlar... Bu güçlere sahip olmak, özünde maddi üretim aletlerine denk düşen bireysel yeteneklerin gelişiminden başka bir şey değildir. *Üretim araçlarının toplamına sahip olma, bu nedenle, bireylerin kendilerindeki yetenek toplamının da geliştirilmesidir...*
"Bundan önceki bütün devrimci mülk edinmeler sınırlıydı: Kişisel faaliyeti, sınırlı bir üretim aletiyle sınırlı bireyler bu alete sahip oluyor ve bunun sonucu yeni bir sınırlama oluyordu...; *Proletaryanın kendine mal etmesinde, bir üretim aletleri yığını her bir bireye ve mülkiyet de herkese bağlı olmalıdır.*" Özellikle "her türlü kişisel faaliyetten tamamen dışlanmış olduklarından" "günümüzün proleterleri *bütün kişisel faaliyetlerini doğrudan doğruya gerçekleştirirler ve üretici güçlerin toplamını sahiplenirken sınır tanımazlar*"; bu sahiplenme "evrensel bir birlik" gerektirir.
"*Kişisel faaliyet maddi yaşamla* bu düzeyde çakışır, bu da *bireylerin bütünlüklü bireylere dönüşmesine* ve her türlü doğal unsurdan yoksun kalmaya cevap verir ve böylece, *çalışmanın kişisel faaliyete dönüşümü* ... kendine denk düşer." *Oeuvres philosophiques*, c. VI, Paris, Alfred Costes, 1953, s. 241-243. (Altını ben çizdim.) Bkz. ayrıca *Grundrisse*, Almanca baskının 505. sayfası (*Oeuvres économiques*, c. II, La Pléiade, s. 289).

yısıyla onları gönüllü işbirliği içinde evrensel birlik yoluyla toplumsal üretimi bütün olarak kavramaktan ve ona egemen olmaktan aciz "sınırlı bireyler" yapan toplumsal işbölümünün ve toplumsal uzmanlaşmanın ortadan kaldırılması. Böylece, maddi üretimin genelleştirilmiş özyönetimi, sadece ayrı bir yönetim, idare ve koordinasyon aygıtını değil, politikanın kendisini de gereksiz kılar. "Birleşmiş bireyler"in evrensel ve gönüllü işbirliği, doğrudan ve açık gibi kabul edilir; ne bir aracı ister ne de buna izin verir, çünkü her birey, "bütünlüklü birey" olarak, toplumsal üretimin bütününü kişisel görevi olarak üstlenir. Bu görev, herkesin evrensel özne saygınlığına yükselmesine ve tüm yeteneklerinin gelişmesiyle kişiliğinin bütünlüklü açılımına imkân tanır.

Bu ütopyanın iki temel varsayımı şunlardır:

1. *Politik düzeyde*, toplumsal makinenin katılıklarının ve fiziksel zorlamalarının ortadan kaldırılabileceği. Bireysel davranışlara ilişkin bütün hukuksal düzenleme ve kanunların ortadan kaldırılabileceği; bireysel eylem ve etkileşimler toplamının yaşanmış bir anlaşılırlığa ve anlama yeniden kavuşabileceği ve dolayısıyla, bireylerin akılcı olarak anlaşma ve işbirliği yapma güdülenimine dayanabileceği. Marx bu önvarsayımı –Habermas'ın terminolojisiyle, "özerkleşmiş iktisadi sürecin sistemsel kısıtlamalarının" ortadan kaldırılması ve "yaşam dünyasıyla yeniden bütünleşme"[9]– sonuçta *Kapital*'in III. cildinde kesin olarak reddedecektir. Bu konuya tekrar geleceğiz.

2. *Varoluşsal düzeyde*, özerk kişisel faaliyetle toplumsal çalışmanın bir ve aynı şey haline gelme ölçüsünde çakışabilecekleri varsayılır. Her birey, çalışması dolayısıyla ve çalışmasında, herkesin bölünmez bütünüyle ("üretken kolektif emekçi" ile) kişisel olarak özdeşleşebilmeli ve bu özdeşleşmede bütünlüklü kişisel tamamlanışını bulabilmelidir. Öz olarak, kişisel varoluşun bütünlüklü toplumsallaşması (*Vergesellschaftung* anlamında; "*Sozialisierung*"

9. Jürgen Habermas, *Theorie des kommünikativen Handelns,* c. II, Frankfurt, 1981, s. 500. Bundan sonra bu eserin adını TKH kısaltmasıyla ve *Théorie de l'agir communicationnel,* Paris, 1987, çevirisini de TAC kısaltmasıyla anacağım.

anlamında değil) toplumsal varoluşun bütünlüklü kişileşmesine, toplumun her bireyinin bilinçli özne olduğu ve herkesin toplumu herkesle birleştiği yer olarak kabul ettiği bütün topluluğa denk düşmelidir.

Böylece Marksist ütopya, yani komünizm, kendini akılcılaştırmanın tamamlanmış biçimi olarak sunar: Aklın bütünsel zaferi ve Bütünsel Aklın zaferi; Doğa üzerinde bilimsel egemenlik ve bu egemenlik süreci üzerindeki bilimsel düşünümsel hâkimiyeti. Bu işbirliği gönüllü olmadığından o zamana kadar "rastlantıya bırakılmış" toplumsal işbirliğinin kolektif sonucu "birleşmiş bireylerin gücüne bırakılmış" olmakla kalmayacak; "gönüllü işbirliği"ndeki birlikleri de her bireyin akılcı iradesi üzerinde temellenecek ve herkesin irade birliğini, bireysel emekçiyle kolektif emekçinin çakışmasını sağlayacaktır.

Aklın bu zaferi elbette bireysel varoluşun bütünsel akılcılaştırılmasını, aklın ve yaşamın birliğini gerektirir. Ve diğer yandan bu bütünsel akılcılaştırma da bireysel bir çileyi gerektirir; bu çile, bazı açılardan püriten çileciliğini hatırlatır: Çıkar, özel bağlılık ve beğenilerden arınmış evrensel bireyler olarak herkes, hayatının ve tarihin anlamının hakiki birliğine ulaşacaktır.

> Tene tapmanın ve diğer insan varlıklarına her türlü *kişisel* bağlanmanın sert biçimde mahkûm edilmesi insanın enerjisini farkında olmadan nesnel (gayrişahsi) faaliyet alanına doğru yöneltir... Hıristiyan... kutsal amaçlara göre hareket eder ve bu amaçlar sadece gayrişahsi olabilir. Bu çileci ahlâkta... insanlar arasındaki saf biçimde duygusal -dolayısıyla akılsallıktan yoksun- bütün kişisel ilişkilerin tene tapınma olmasından kolaylıkla kuşkulanılabilir. Örneğin aşağıdaki uyarı yeterince açık değil mi? "Bir insanı aklın izin verdiğinin ötesinde sevmek *akılla* donanmış bir yaratığa uygun düşmeyen akıldışı bir edimdir (...) Bu genellikle insanların ruhuna Tanrı'ya olan aşklarını engelleyecek kadar hâkim olur." (Baxter, *Christian directory*, VI, s.253).

Max Weber'den yapılan bu alıntıda[10] "Hıristiyan" yerine "komünist", "tene tapınma" yerine "küçük burjuva bireyciliği", "kutsal amaçlar" yerine "tarihin anlamı", vs konulduğunda tarihsel olarak

10. Max Weber, *L'éthique protestante...*, s. 122.

Stalincilikte, Maoculukta ve Castroculukta gelişen komünist ahlâkın iyi bir tanımlanışını elde ederiz. Püriten etikle komünist ahlâkın bu benzerliği, özünde, yaşam tarzının tüm olarak akılcılaştırılması hem bu yaşam tarzının Tanrı tarafından istenen dünyanın düzene konmasıyla (püritanizm) uyum içinde olmasını ve hem de her bireyin davranışının kolektif yararlılığını ve tarihin kişilerüstü hedeflerine uygunluğunu gerektirmesinden kaynaklanır. Yine de bu tür bir saptama bir şey açıklamaz. Kendimize asıl sormamız gereken şey, dinsel, politik ve –son büyük değişiklik– teknokratik biçimler altında uygulamaya devam edilen "tüm-akılcı" çilecilikteki çekiciliğin altında hangi derin güdülenimlerin olduğudur. Ve en tamamlanmış ifadesini, toplumsal çalışma ile kişisel faaliyetin çakıştığı Marksist ütopyada bulan modernlik idealinin, makro-toplumsal düzeyde uygulamaya konulduğu her yerde niçin feci sonuçlar verdiğini anlamaya çalışmamız gerekir.

III

İşlevsel bütünleşme veya çalışma ile yaşamın ayrılması

Bir sanayi işletmesinin var olabilmesi ve sürmesi için gereken şeyler sadece makineler, hammaddeler ve el emeği değildir; giderlerini önceden hesaplayabilmeye, pazarlarını öngörmeye, üretimini, yatırımlarını ve amortismanlarını programlamaya da ihtiyacı vardır. Başka deyişle, yönetiminin iktisadi akılsallığının bağlı olduğu unsurları da hesaplanabilir kılması gerekir. Ve sadece içsel değil dışsal unsurlar da vardır; yani politik, hukuki, yönetsel ve kültürel ortam tarafından belirlenirler. Sabit sermaye ne kadar büyükse verimlileşme de o kadar zaman ister; hem ücretlilerin hem de hükümetin, yönetim organlarının ve mahkemelerin davranışlarını öngörmek ve onlara güvenmek de o kadar önemli olur. "Modern kapitalist işletme var olabilmek için, işleyişi bir makinenin başarısı kadar önceden görülebilecek bir adalet sistemine ve yönetim organlarına ihtiyaç duyar."[1] Ancak bütün toplum alanları ve bireylerin yaşamı akılcı, öngörülebilir ve hesaplanabilir biçimde işlediği takdirde bir işletmenin gidişatı da iktisadi akılsallığa uygun olabilir.

Max Weber ve uzaktan bile olsa onun soyundan gelen Habermas gibi düşünürler tarafından kapitalizmin kültürel kökleşmesine verilen önem buradan gelir. Bu kökleşme, faaliyet alanlarını farklılaşmaya vardıracak; politik-hukuksal alanın mutlakiyetçi bir devletin keyfiliğiyle bağdaşmayacak biçimde akılcılaştırılmasını gerektirecek; iktisadi, yönetsel, bilimsel ve sanatsal alanları farklılaştırıp karmaşıklaştıracak ve görece özerkleştirecek biçimde, faaliyet alanlarının akılcılaştırılmasıdır.

Ekonomi, yönetim, devlet ve bilim farklılaştıkça ve karmaşık aygıtlar yarattıkça, bu aygıtların gelişimleri ve işleyişleri, vasıf ve yetkilerin giderek daha karmaşık bir biçimde alt bölümlere ayrılmasını, giderek daha çok uzmanlaşan *işlevlerin* giderek daha farklılaşmış bir biçimde *örgütlenmesini* gerektirir. Her bir aygıtın bütün olarak işleyişi, bu aygıtlarda çalışan bireylerin ve hatta kurumsal sorumluluğu resmi olarak taşıyan bireylerin (bakanlar, işletme müdürleri, bölüm şefleri, vs) anlama yeteneğinin ötesindedir.

Görevlilerin kavrayışını aşan bir görevi yerine getirmek için uzmanlaştırılmış işleyişlerin örgütlenmesi karmaşıklaştıkça, bu göreve göre akılcı biçimde davranan görevlilerin güdülenimlerine daha az güvenilir. Bu görevin gerçekleşmesinde işbirliği etmeleri konusunda onların tasarruf, yetenek ve kişisel iyi niyetlerine güvenmek mümkün değildir. Güvenilirlikleri ancak davranışlarının, amaçlarının ve ilişkilerinin resmi olarak *kurallara bağlanıp düzenlenmesiyle* sağlanabilir. Pratikte bilgisine bile sahip olmadığı bir hedefin peşinden giden görevlinin niyetlerinden bağımsız olarak, akılcı biçimde hedefe uyarlanmış davranışı işlevsel diye adlandırıyorum. *İşlevsellik*, failin içinde bulunduğu örgütlenme tarafından faile önerilen ve önceden belirlenmiş bir davranışa *dışardan* verilen bir akılsallıktır.[2] Bu davranış, failin hedefi sorun etmeden yerine getirme-

1. Max Weber, *Wirtschaft und Gesellschaft*, Köln, 1964, s. 1048.
2. Bkz. André Gorz, Adieux au prolétariat, II. kısım, Paris, Galilée, 1980. [*Elveda Proletarya*, Çev. H. Tufan, Afa Y., 1986]

si gereken *işlevdir*. Bu işlev geliştikçe örgütlenme de bir makine gibi işlemeye yönelir.

Süreç bir kere işlemeye başlayınca kendi dinamiğini geliştirir: Yetki farklılaşmasının her aşaması bürokratikleşme artışına yol açar, bu da yetki farklılaşmasının artışına neden olur ve bu böyle devam eder. İktisadi aygıtla yönetsel aygıt birbirinden ayrılır, karmaşıklaşır ve işbirliği içerisinde bürokratikleşirler. Bunun sonucu olarak, her bir bireyin çalışmasında, muhtemel sorumluluk ve inisiyatif *alanında* (sorumluluğunun veya inisiyatifinin kendisinde zorunlu olarak olmasa da) bir daralma meydana gelir, dahası örgütlenmenin (bu sorumluluk ve inisiyatifler bu örgütlenme içinde belli bir kabul gören çarklardır) tutarlılık ve hedeflerinde özellikle büyüyen bir kavranılamazlık da ortaya çıkar.

Bireylerin önceden saptanmış bir örgütlenme tarafından dışardan koordine edilen işlevler olarak yerine getirmek zorunda oldukları uzmanlık faaliyetlerini *heteronomi alanı* olarak adlandırıyorum.[3] Bu heteronomi alanı içerisinde görevlerin doğası, içeriği ve ilişkileri dışardan belirlenir; öyle ki, kendileri de karmaşık olan bireyleri ve kolektifleri, büyük bir (sınai, bürokratik, askeri) makinenin çarkları gibi işletir veya aynı anlama gelmek üzere, boyutları ve talep ettiği hizmetli sayısı yüzünden, işçileri faaliyetlerini kendi kendini düzenleyen işbirliği yöntemleri (özyönetim) yoluyla eşgüdümleme imkânlarından yoksun bırakan bir makinenin gerektirdiği uzmanlık görevlerini bu birey ve kolektiflere birbirinden habersizce yaptırır. Örneğin haberleşme ağlarının, demiryollarının, havayollarının, elektrik şebekelerinin durumu böyle olduğu gibi, tek bir nihai ürünü oluşturan maddeleri üretmek için genellikle birbirinden oldukça uzak olan çok sayıdaki uzmanlaşmış kuruma başvuran bütün sanayilerin durumu da budur.

Heteronomi alanında işbirliği ve bütünleşme türü, bir grubun veya bir çalışma topluluğunun üyelerinin işbirliğinden ve bütünleşmesinden kökten farklıdır. Örneğin Taylorizmin veya "çalışmanın bilimsel örgütlenmesi"nin örgütlediği türden dışardan belirlenen işbirliği, kuşkusuz, kendi kendini düzenleyen asgari bir işbirliğini,

3. Bkz. André Gorz, *a.g.e.*, III. kısım, bölüm 3b ve 4.

aynı göreve bağlı küçük ekiplerin üyeleri arasında asgari uyum ve bağlantıyı ve dolayısıyla asgari bir toplumsal bütünleşmeyi zorunlu olarak içerir. Oysa bu, daha karmaşık ve tahakküm edici bir makinenin çarkları olan bireylerin ve grupların işlevsel bütünleşmesine bağlı bir unsurdan başka bir şey değildir.

Bir yanda, benim heteronomi alanı diye adlandırdığım şeyle işlevsel bütünleşme arasında ve diğer yanda Habermas'ın "yaşam dünyası" ve "toplumsal bütünleşme"nin karşı kutbu olarak gördüğü "sistem" ve "sistem bütünleşmesi" arasında açık bir bağlantı vardır.[4] "Toplumsal bütünleşme", "ortak kurallara bağlılıkla garanti edilen veya katılımcılar arasındaki iletişimle elde edilen bir konsensüse" dayanır. Buna karşılık, "sistem bütünleşmesi" "bireysel kararların, faillerin bilincini aşan ve kurallı olmayan bir biçimde düzenlenmesi tarafından elde edilir." Habermas, toplumun hem "sistem"in hem de "yaşam dünyası"nın belirticisi olarak anlaşılması gerektiğini, yani, asla *bütünüyle* sadece biri veya diğeri olmadan, toplumsal ve işlevsel olarak bütünleşmiş olduğunu birçok kez ve ısrarla vurgular: Toplum, "ancak bireylerin birbirleriyle olan ilişkileri arasındaki sistemsel bağıntılar bireylerin sezgisel bilgileriyle bütünleşebiliyorsa" "yaşam dünyası" ile çakışabilir, yani bu bağlantılar ortak bir amaç için bireylerin kendilerince düzenlenebiliyor ve dolayısıyla, tam da ("sistemle ilgili") heteronom buyruklar olma nitelikleri ortadan kaldırılıyorsa çakışabilir. Diğer taraftan, toplum, ancak bütün bileşenleri için kesinlikle dışardan düzenlenen bir işleyiş biçimi belirleyen bir mekanizma olarak işlediği taktirde "sistem"le çakışabilir.

Kendi kendini düzenleyen ("toplumsal") bütünleşmenin, kolektif eylemleriyle belli bir sonuca ulaşmak için davranışlarını eşgüdümleyen bireylerin öz-örgütlenme yeteneğine gönderme yaptığı söylenebilir. Sartre'ın "grup" (sadece "kaynaşmış grup" değil, aynı zamanda, bu amaçla saptanmış "üçüncü bir düzenleyici" tarafından eşgüdümlenen "uzmanlaşmış alt gruplar"a ayrılma yolunda olan grup) olarak adlandırdığı budur.[5] Buna karşılık, (Habermas'tan

4. *TKH* II, s. 178, 226 ve devamı. (*TAC* II, s. 129-130, 165 ve devamı).
5. Bkz. Jean-Paul Sartre, *Critique de la raison dialectique*, Paris, Gallimard, 1960, 1987.

alıntı yapıyorum) "[bireylerin] eylemlerinin sadece bir anlaşma temelinde değil, faillerin amaçlamadığı ve gündelik yaşamda genellikle fark edilmeyen işlevsel bir iç bağlantı temelinde koordine edildiği," dışardan düzenlenen bütünleşme, Sartre'ın "seri üretimin parçası olmuş bireylerin eylemlerinin dışarda toplanması" diye tanımladığı şeye gönderme yapar.

Bununla birlikte, Habermas'ın sisteminde birbirine karışan iki tür dışardan düzenlenmeyi veya toplamayı birbirinden ayırmak gerekir: Bağlı oldukları maddi alan tarafından seri üretimin parçası yapılmış eylemlerin kimse tarafından istenmemiş, öngörülmemiş ve düşünülmemiş biçimde toplanmasından kaynaklananlar; ve iletişim kurmaktan ve anlaşmaktan aciz bireyler, amaçlamadıkları ve çoğu durumda da farkında olmadıkları bir hedefi veya kolektif bir eylemi gerçekleştirsinler diye örgütlü bir programlamaya, hazırlanmış bir örgütlenme şemasına gönderme yapanlar.

Dışardan düzenlenmenin birinci türü, daha özel olarak, pazar tarafından düzenlenmeye denk düşer. Genellikle pazarın kendi kendini düzenlediği kabul edilir. Gerçekte, pazar yasalarına maruz kalan ve davranışlarını ve tasarılarını dışsal, istatistiki ve tamamen irade dışı bir bileşene göre uyarlamak, değiştirmek zorunda olan bireylere yasalarını dışardan dayatan saf bir "sistem mekanizması" (Habermas) söz konusudur. Dolayısıyla, pazar bu *insanlar için*, merkezsizleşmiş *kendiliğinden bir dışardan-düzenlenme*'dir.[6] Ancak toplumsal bütün dışarıdan görüldüğü takdirde, pazarın kendi kendini düzenlediği düşünülebilir; bu durumda onu oluşturan parçalar, atıl durumdaki bir gazın ya da sıvının molekülleri gibi, birbirleriyle sadece dışsal olarak bağıntılı ve herhangi bir amacın peşine düşme yeteneğinden yoksun oldukları için bireyleri ilgilendirmeyen *salt maddi bir sistem* olarak görülür.

Özellikle pazar tarafından seri hale getirilmiş eylemlerin kendiliğinden dışardan düzenlenmesinin, bağımsız ve birbirlerinden habersiz olarak kendi kişisel hedeflerinin peşinde koşan bireyler için hiçbir *anlamı* yoktur. Bu eylemlerin dışsal bileşenlerinde belli bir bağlantı vardır, ama bu bağlantı rastlantının ürünüdür: Bu bağlantı,

6. Bu kavramı Edgar Morin, *La vie de la vie,* Paris, Le Seuil, 1980'den alıyorum.

termodinamik gibi, istatistiki bilgilerden kaynaklanır ve ne anlamı vardır ne de amacı. Kendiliğinden dışardan düzenleme, açık söylemek gerekirse, bireylerin *bütünleşmesini* gerçekleştirmez: Birleştirdiği şey, Sartre'ın doğru olarak gösterdiği gibi, yaratıcılarının kavrayış alanının ötesinde olan ve bireylere *özgü bir niyete* denk düşmekten uzak, yaratıcılarını *ötekiler* olarak belirleyen eylemlerin dışsal maddiliğidir. Bu eylemlerin her bireyin öteki olarak gerçekleştirdiğinden başka gerçek işlevsellikleri yoktur. Ancak seri haldeki eylemlerin bileşkeni birinin hedefiyse işlevsellikten söz edilebilir. Oysa her biri kendi çıkarlarının peşinde koşan alıcıların ve satıcıların eksiksiz bir pazar üzerinde yarattıkları fiyat hareketleri, tanım gereği, hiçbirinin niyetine cevap vermez ve dolayısıyla bu alıcı ve satıcıların davranışı (gerektiğinde yanlış haberler yayarak ve böylece pazarı yanlış yola sürükleyerek kimsenin haberi olmadan manipülasyon yapan birinin hedefi hariç) hiçbir şey karşısında işlevsel değildir. Pazar da, burada karşı karşıya gelen faillerden hiçbirinin hedefi değil, onların karşı karşıya gelişlerinden doğan alandır; tıpkı "trafik dolaşımı"nın belirli bir anda arabalarını alan herkesin, başkalarının hız toplamı dolayısıyla, kimsenin niyetine denk düşmeyen bir hızı birbirine dayattığı davranışların dışsal bileşeni olması gibi.

Bununla birlikte, pazarın, işleyişi kimi kurallara uymayı gerektiren bir *kurum* olduğu söylenebilir; zaten, eğer her bir şoförün davranışı trafik kurallarıyla, sürat sınırlamalarıyla, işaret düzeniyle, vs düzenlenmişse trafik daha iyi akmaz mı? Bu söylendiği anda, *kendiliğinden* dışardan düzenlenme alanı terk edilir ve *programlı* düzenlenme veya dışardan düzenlenme alanına geçilir.

Uygulamada, bütün modern toplumlar, "iletişimsel" özörgütlenme, kendiliğinden dışardan düzenlenme ve programlı dışardan düzenlenme alt-sistemlerinin etkileştikleri karmaşık bir sistemdir. İktisadi akılsallık, dev teknik tesisler ve dört bir yana yayılan örgütlenmeler yarattıkça, programlanmış dışardan düzenlenmeli alt-sistemlere, yani, bireylerin, *kendilerine kişisel hedefler olarak sunulanlardan farklı* ve genellikle bilmedikleri hedefler doğrultusunda, bir makinenin parçaları gibi tamamlayıcı tarzda *faaliyette bulun-*

maya itildikleri yönetsel ve sınai makinelere verdiği ağırlık artmıştır. Bireyleri yabancı hedefler doğrultusunda çalışmaya *güdülendirmesi* gereken bu hedefler, Habermas'ta iç içe olan, ama aslında ayrılması gereken iki tür *düzenleyici araçtan* (*Steuerungsmedien*) birini oluşturur: Birinci türde en önemli olanlar, ustalıklı bir hiyerarşik derecelendirmeye göre para, güvenlik, prestij ve/veya görevlerden gelen güçtür. Bu *teşvik edici düzenleyicilerin* yanı sıra, *kural koyucu düzenleyiciler*, cezalar uygulayarak, bireyleri örgütlenme tarafından istenen –genellikle usuller biçiminde düzenlenmiş ve resmileştirilmiş– işlevsel davranışları benimsemeye zorlarlar. Bireyleri önceden belirlenen faaliyetlerinin araçsallaştırılmasına kendi arzularıyla rıza göstermeye yönelterek işlevsel bir *bütünleşmeyi* sağlayanlar, sadece teşvik edici düzenleyicilerdir.

Programlanmış dışardan düzenlenen büyük aygıtların yaygınlaşması toplumsal sistemde giderek derinleşen bir parçalanma yaratacaktır. Bir yandan, giderek daha uzmanlaşmış ve önceden belirlenen bir çalışma yürüten nüfus kitlesi işlevsel olarak bütünleştiği örgütlenmelerin nihai amaçlarıyla hiçbir bütünlüğü olmayan teşvik edici hedefler tarafından güdülendirilir. Diğer yandan, örgütleyicilerin küçük bir seçkin kesimi koordinasyonu, örgütlenmelerin bütün olarak işleyiş ve düzenleme koşullarını sağlamaya çalışır, bunlara denk düşen yönetim organlarının nihai hedeflerini ve yapısını (örgütlenme şemasını) belirler ve teşvik edici, kural koyucu ve düzenleyici mekanizmaların en işlevsel olanlarını saptar. Demek ki, giderek daha fazla manipüle edilen, daha fazla işlevselleştirilen bir toplumla daha fazla istila edici olan kamusal ve özel yönetim arasında bir bölünme vardır; kendi kendini düzenleyen ve giderek daralan sivil bir alanla büyük sanayi ve yönetim makinelerinin ve devletten kaynaklanan kamusal hizmetlerin işleyişinin gerekli kıldığı giderek yayılan dışardan düzenleyici güçlere sahip devlet arasında bir kopma vardır.

Toplumun kendi kendini düzenleyen sivil alanı ile dev sınai-devlet makinesinin dışardan düzenlenen alanı arasındaki bu bölünmeye iki akılsallık denk düşer: İşlevsel davranışlardan kaynaklansalar bile, içinde çalıştıkları örgütlenmelerin nihai ereklerine göre akılcı olmayan hedefler peşinde koşan bireylerin akılsallığı; ve bireyleri güdüleyen hedeflerle anlamlı bir ilişkisi olmayan bu örgütlenmelerin akılsallığı.

Toplumsal sistemin bu bölünmesi ve farklı akılsallıklar arasındaki bu kopuş bireylerin yaşamının parçalanmasına neden olur: Mesleki yaşamla özel yaşam köklü biçimde farklı, hatta çelişik kuralların ve değerlerin egemenliği altındadır. Büyük örgütlenmelerin bağrında mesleki başarı, içeriği ne olursa olsun yapılan işi tamamen teknik verimlilik ölçütlerine göre başarma isteği gerektirir. Bir rekabet ruhu, eyyamcılık ve üstler karşısında yaltaklanma gerektirir. Mesleki başarı özel alanda konforlu, zenginlik içerisinde, hazcı bir yaşam sürdürülmesiyle ödüllendirilecek *ve telafi edilecektir.* Başka deyişle, mesleki başarı mesleki niteliklerle ilişkisi olmayan bir konforun ve özel zevklerin *aracı* olur. Mesleki niteliklerin kişisel erdemlerle ilişkisi yoktur ve özel yaşam da mesleki yaşamın buyruklarına karşı korunur.

Böylece iyi babanın, iyi eşin özel nitelikleri ve komşuların verdiği değerler, cumhuriyete hizmetten totaliter bir devletin hizmetine –ve tersine– ilgisizce geçen memurun mesleki başarısıyla at başı gider; sanat eserlerinin yumuşak başlı koleksiyoncusu veya kuşların koruyucusu böylece böcek öldürücü ilaç veya kimyasal silah imalatında ilgisizce çalışacaktır; ve genel anlamda rekabet, verimlilik ve teknik etkinlik gibi iktisadi değerlerin hizmetinde geçen günlük çalışmadan sonra, alt kadro da, üst kadro da iktisadi değerlerin yerine çocuk, hayvan ve manzara sevgisinin, ufak tefek işlerin, vs geçtiği bir yuvayı bulmayı istemektedir. Bu konuya tekrar döneceğiz.

Çağdaş bilimkurgunun karşı-ütopyalarından çok önce Max Weber bürokratlaşmanın ve makineleşmenin toplumu bir tek dev makine yapıncaya kadar ilerleyeceğini düşünüyordu; bu makinenin insanlardan oluşan çarkları, "teknik açıdan daha üstün bir yönetim, yani gerekli refah yardımlarını da karşılayan, akılcı, bürokratik bir yönetim, işlerin nasıl yönetilmesi gerektiğine karar verecek *tek ve en yüksek değer* haline geldiği takdirde Antikçağ Mısırı'nın fellahları gibi güçsüzlük içerisinde hizmet etmeye zorunlu olurlar." Max

Weber, "Hareketsiz makineler"in "nesnelleşmiş zihinleri"ni (*geronnener Geist*) ve "vasıfları uzmanlaştırmasıyla, yetki sınırlamalarıyla, kuralları ve hiyerarşik ast-üst ilişkileriyle bürokratik örgütlenmelerin temsil ettiği canlı makineleri" aynı düzleme koyacaktır. Sınai-bürokratik makineyi, "doğdukları andan itibaren, yanabilir son kental fosillerine kadar bu makinenin çarklarına atılmış –ve sadece iktisadi olarak faal bireylerin *değil*– bütün bireylerin yaşam tarzını günümüzde ezici baskılarıyla belirleyen ve belirlemeye devam eden makineci-mekanik bir üretimin teknik ve iktisadi temelleri üzerinde yükselen modern bir iktisadi düzen olan bu dev evren"in[7] genel olarak "insansızlaştırılması"nın yarattığı güvensizlik ve sıkıntıya karşı, bir anlam ve özgürlük yokluğu pahasına bizi koruyan "kölelik kafesi"ne (*gehäuse der Hörigkeit*) benzetecektir. "Bu dünyanın malları", insanlar üzerinde,

> tarihte öncesi olmayan büyüklükte ve sonuç olarak ortadan kaldırılamayan bir güç [kazanmışlardır]... Gelecekte bu kafesin içinde kimin oturacağını ve bu muazzam gelişmenin sonunda, yeni kehanetlerin, hatta eski düşünce ve ideallerin önlenemez rönesansının mı, veya tersine –düşünce veya ideal yokluğundan– ciddi adamın ruhunda bir tür kasılma biçimini alan, mekanikleşmiş bir duyarsızlaşmanın mı gün ışığına çıkacağını henüz kimse bilmemektedir. Bu ikinci olasılıkta, bu uygarlığın "son insanları" şu formülü onaylayabilir: "Ruhsuz uzmanlar, kalpsiz zevk düşkünleri": Ve bu hiçlik, insanlığı henüz asla ulaşılmamış bir düzeye yükselttiğini hayal edebilir.[8]

Gerçekte, Max Weber'in kehaneti tarih tarafından hem onaylandı hem yalanlandı: Bürokrasi giderek ağırlığını hissettirdi, programlanmış dışardan düzenlenme insanı giderek insanilikten çıkardı, "kölelik zırhı" hem daha kısıtlayıcı hem de daha konforlu oldu. Ama tam da bu nedenle, sistem krize girdi: Bürokratik-sınai dev makinenin işleyişi ve "fellahlar"ını çark gibi çalışmaya güdüleme ihtiyacı çözümü giderek zorlaşan sorunlar getirdi. Hiçbir bütüncül akılsallık, hiçbir bakış açısı veya görüş sisteme bir anlam, bağlantı, temel bir hedef sağlayamamaktadır.

7. Max Weber, Wirtschaft und Gesellschaft, s. 1060.
8. Max Weber, *L'éthique protestante...*, s. 223-225.

IV

İşlevsel bütünleşmeden toplumsal parçalanmaya

(ve telafi edici tüketimden kapsayıcı devlete)

Devrimci işçi hareketi ve sosyalist rejimler bu gelişmeleri engelleyebileceklerine veya tersine çevirebileceklerine uzun süre inandılar. "Üretim araçlarının kolektif mülkiyeti" emekçileri –sadece işleriyle değil– işlevleriyle de uzlaştıracak ve onları *işlevlerini gönüllü olarak*, bilerek, *üstlenmeye* teşvik edecekti. Kolektif sahiplenme kişisel amaçların kolektif hedeflerle, her bir bireyin çıkarının herkesin çıkarıyla çakışmasını gerçekleştirecekti. Kolektif görev, herkes için içerdiği vaatler ve umutlar sayesinde, herkes için yeterince güdüleyici olacaktı. Böylece, teşvik edici özel düzenleyiciler –"maddi uyarıcılar" veya bireysel ödüller– de kural koyucu düzenleyiciler kadar gereksizleşecekti.

A. AYRI BİR İKTİDAR OLARAK AKIL: PLAN

"Sosyalist bilinç" herkeste gelişecek ve ortak çıkarın her bir insanın çıkarıyla uyuştuğu, verilen göreve tamamıyla kendini adayan her bir insanın toplum için çalışarak kendi için de çalıştığı ve çabasında hem kişisel gelişimini hem de toplumla ve tarihin anlamıyla birliğini bulacağı inancını getirecekti. "Sosyalist bilinç", öz olarak, işlevsel bütünleşmenin herkes tarafından toplumsal bir bütünleşme olarak *yaşanacağı* ve *isteneceği* ahlâki ve düşünsel niteliklerin toplamıydı.

Gerçekte, işlevsel bütünleşmeyle toplumsal bütünleşmenin bu uyuşması sürekli talep edilmiş, ama asla gerçekleşmemiştir. Çünkü, kolektif hedeflerin tanımının ve bu hedeflere ulaşmayı sağlayan görevlerin paylaşım ve bölüşümünün kolektif uzlaşma ve karar temelinde oluştuğu; ve ardından, uzmanlaşmış alt grupların özörgütlenmesine geçildiği varsayılıyordu. Bu alt gruplar aracılığıyla, her bir birey kendini hem bir çalışma topluluğuna hem de bütün alt grupları ortak bir proje birliğinde bütünleştiren topluma ait hissedecekti. Bu düşünce, Plan'da somutlaşıyordu. Plan, toplumun her bir üyesine hem Doğa üzerinde egemenlik ve hem de bu egemenliği geliştirmeye yönelik toplumsal girişimi veren hedeflerin akılcı biçimde hazırlanmış bütünü olmalıydı. Bir anlamda, plan, toplumun, gönüllü işbirliği temelindeki kolektif girişimi olarak, kendisine ilişkin düşünümsel bilinci olacaktı.

Oysa, sadece bütün olarak üretim aygıtının değil, onu oluşturan iktisadi birimlerin (firmalar, tröstler, kombinalar) bile genişliği, karmaşıklığı ve katılıkları bireylerin gerçekte, binlerce ekip, alt grup ve görevlerde uzmanlaşmış gruplar –bunlar da alt gruplara ayrılır– arasında var olabilecek işbirliğinin yaşanmış deneyimine sahip olmalarını önlüyordu. En iyi durumda, bu işbirliği konusunda (istatistikler, sanayiler arası değişimler, fiziksel verimlilik rakamları, vs ile ilgili) soyut bir bilgiye sahip olabilirler. Herkesin ekibinin, atölyesinin, vs bağrında çalışmasıyla katıldığı fiili işbirliğinden yola çıkarak bunun yaşanmış deneyimine sahip olmak mümkün değildir.

Plan hedeflerinin her bir çalışan tarafından içselleştirilmesine dönük farklı teşebbüsler hiçbir şey değiştiremezdi. Bu teşebbüslerin en aşırıları (özellikle "Nazarova yöntemi") her bir işletme tarafından benimsenmiş beş yıllık planı, çalışma birimi sayısı kadar kısmi yıllık plana bölüyordu. Bu yıllık planlar da haftalık planlara ve her bir birimde ilan edilen haftalık planların gündelik gerçekleşme oranlarına bölünüyordu. Ama örneğin otuz bin kişi istihdam eden kimyasal bir komplekste çalışan görevlilerden her biri, binlerce ürüne bağlı binlerce işlemden sadece biriyle görevliydi. Dolayısıyla genellikle görev başında yalnız olarak, parça parça yapılan ve rutin olan iş aracılığıyla, ne bütünlüklü bir bakış açısı ne de gönüllü olarak işbirliği yapıldığı kabul edilen görevin anlamına ilişkin somut bir deneyim edinilebilir. Bu görev, kolektif bir kararın ve kolektif bir özörgütlenmenin konusu hiç olamaz.

Toplumun Plan biçimindeki kendisine ilişkin düşünümsel bilinci, gerçekte, *ayrı bir dışsal bilinç* olarak kalıyordu. Alt bölümlere ayrılan uzmanlaşmış bir alt grupta, Parti mercileri veya aynı anlama gelen devlet mercilerinde cisimleşiyordu. Sosyalist ahlâk, Plan'ın gerçekleşmesini ahlâki bir buyruk olarak koyarak, "bilinçli" emekçiden, kendisinden talep edilen işlevsel bütünleşmeyi toplumsal bütünleşmesi ve kişisel gelişimi olarak görüp istemesini talep etmiş oluyordu. Öz olarak, aşkın bir iradenin (Plan'ın, Parti'nin iradesinin) aşkın hedefleri (Sosyalizmin, tarihin, devrimin hedeflerini) gerçekleştireceği *aktif aracı olmak istemeliydi* bilinçli işçi. Plan'ın emekçiye verdiği uzmanlaşmış, soyut, karanlık görev ancak Parti sevgisiyle, Devrime, Sosyalizme inançla bir anlam kazanacaktı. Plan'ın hedeflerinin anlam ve bilinci yaşanan deneyimden uzak kaldıkça, onun eksikliğini İnanç ve devrimci coşku gidermeliydi.

Böylelikle, sosyalist ahlâk, Max Weber'in tanımladığı "meslek etiği" (*Berufsethik*) ile çarpıcı bir benzerlik sunar. Çünkü, püriten de, kendini mesleğini uygulamaya sistemli olarak adayarak, mesleği aracılığıyla kutsal seçimini yaşayamaz: Hiçbir durumda "yaratıkları tarafından kurtarılamayacaktır." Çetin uğraşı Tanrı'nın yarattığı canlıyı başarıyla taçlandırarak, dünyadaki düzenini onun aracılığıyla egemen kılmak için onu seçmiş olduğunu göstereceği umuduyla anlam kazanır ancak. Demek ki, başarmak için girişilen yöntemli çetin çabanın anlamı mesleki uygulamanın deneyiminde değildir, bu mesleki uygulamanın, bilincin kavrayamayacağı aşkın bir anlamı vardır. Püriten çileciliğin güdülenimi, dünyanın akılcı olarak düzene konulmasını Tanrı'nın istediği ve bu düzende kendi yücelmesini gördüğü inancıydı; tıpkı sosyalist "Emek Kahramanı"nın güdüleniminin, Plan tarafından istenen bu çalışmanın, Parti dolayımıyla, Evrensel Aklın zaferi için Tarih tarafından kullanılan bir alet olduğuna inanmak olması gibi.

Böylece, sosyalist tüm-akılcılık (Plan), yöntemli biçimde uygulanması için bireylerdeki akılcı olmayan bir güdülenime seslenmek zorundaydı: Parti'de cisimleşen ve aleti de Parti olan Akla inanç. Ve inanç, Aklın egemenliğinin kaçınılmaz aracı olduğu andan itibaren karizmatik ve her şeyi bilen bir rehber figürünün önerilmesi (ve bunun üzerinde yoğunlaşılmaya çalışılması) ve bu rehberin yarı dinsel bir put haline getirilmesinin şovenizm ve Yahudi düşmanlığı gibi başka modernlik-karşıtı ve akıldışı güdülenimlerle birlikte yürümesi şaşırtıcı değildi. Toplumsal bütünleşme ancak emekçiler işleriyle akılcı bir biçimde özdeşleştiğinde gerçekleşebileceğinden, diğer toplumsal bağların parçalanmasını telafi etmek için geleneksel, milliyetçi değerlerin yüceltilmesi yoluna gidildi –kozmopolit entelektüeller, Yahudiler, yabancı ajanları ve Batı kültürü "bozguncu etkiler" aracılığıyla bu parçalanmayı yaratmakla suçlandılar. Üretken işbirliğine dayalı toplumsal ilişkilerin planlı ve bütünlüklü akılcılaştırılması, sonuç olarak, meşruluğunu güçlendirmek için modernlik-öncesi geleneksel değerlere başvuran devlet aygıtlarının (özellikle Sovyetler Birliği, Polonya ve Romanya'da) diktatörlüğüne yol açtı.

B. SOVYETÇİLİĞİN ÇELİŞKİLERİ

Böylece, sovyetçilik, kapitalizmin temel çizgilerinin karikatürleşerek büyümesini temsil etmiştir. Sovyetçilik, temel hedef olarak iktisadi birikimi ve büyümeyi sürdürerek, pazar tarafından kendiliğinden dışardan düzenlenmenin yerine, bütün olarak iktisadi aygıtın sistemli biçimde, programlı ve merkezi dışardan düzenlenmesini koyarak bu izleyişi akılcılaştırmaya çabalıyordu. Böylece bütün faaliyet alanlarında, sistemin topyekûn akılsallığı tarafından istenen işlevsel davranışları, bireylerin kendi düzenledikleri davranışlarının akılsallığından ayırmaya varıyordu. Sistemli olarak programlanan akılcılaştırma Aklı bireyler *üzerinde* –ama bireyler *aracılığıyla* değil– uygulanan ayrı bir iktidar haline getiriyordu ve Aklın Egemenliğini de işlevleriyle aklın egemenliğine sahip olanların diktatörlüğüne dönüştürüyordu; çünkü bu akılcılaştırma bireylerin çevrelerinden ve ilişkilerinden edinebildikleri sezgisel kavrayıştan kopuktu.

Her şey öyle cereyan etmekteydi ki, sanki fabrika, her şeyi bilmesiyle ünlü yönetici kastı ve işlevsel hiyerarşisiyle birlikte, toplumsal sistemi (fabrika despotizmi), kendi faaliyetlerini düzenleyerek canlı toplumsal ilişkileri baskı altına almak veya onları kendine yabancı amaçlar için manipüle etmek amacıyla tüm toplumu zaptetmiş gibiydi. Dahası, fabrika sistemi, bu fabrika-toplum, demokratik çelişkiyi ve tartışmayı da kabul etmiyordu; ancak tek bir hakikat, tek bir akılsallık, tek bir iktidar olabilirdi. Politik, idari, hukuki ve iktisadi iktidarlar –yani Parti, bürokrasi, adalet ve iktisadi aygıt– sonuç olarak, aynı araçsal ölçütlere göre merkezi olarak yönlendirilen tek bir devlet makinesinde kaynaşmak eğilimindeydiler. Bu iktidar aygıtının özerkleşmesi ve çürümesi kaçınılmazdı. Bürokratlaşmış Parti püriten etiğe bağlı kalsa bile, bütün faaliyet ve ilişkilerin dışardan programlanarak düzenlenmesi, kaçınılmaz olarak toplumsal parçalanmaya, yani bireylerin işlevselleşen çalışmaları karşısında güdülenmelerini yitirmelerine ve düzenlenmiş toplumsal dünyadan çekilmelerine yol açıyordu. Bu dönemde, bürokratikleşmiş bir "toplum" yüzeyinin altında kaçak çalışma, karaborsa, trampa, karşılıklı yardımlaşma şebeke ve hücreleri biçiminde gayri resmi bir toplum oluşmaya başlıyordu. Bürokratikleşmiş sistem, kendi bozukluklarını aşmak için buna başvurmak zorunda kalıyordu.

Sosyalist tüm-akılcılığın yenilgisi, sadece tarihsel ve ampirik nedenlerle açıklanamaz. Derindeki nedeni ontolojiktir: İşlevsel çalışma ile kişisel faaliyetin uyuşmasına ilişkin Marksist ütopya *büyük sistemler ölçeğinde* ontolojik açıdan gerçekleşemez. Çünkü dev sınai-bürokratik makinenin işleyişi, görevlerin bölümlere ayrılmasını gerektirir. Bu ayrılma bir kez gerçekleştiğinde, insandan oluşan her bir çarkın işlevselliğini güvenilir ve hesaplanır kılmak için, bölünme atalet durumunda sürer ve sürmek *zorundadır*. Demek ki, kısmi görevlerin tanımı ve dağılımı, işler hale getirilmesi gereken mega-makinenin örgütlenme şeması tarafından kopya edilen maddi matrisle belirlenir. Dışardan belirlenen faaliyetlerin bu işlevselleştirilmesini, daha sonra, gönüllü toplumsal işbirliği terimleriyle yeniden ifade etmek kesinlikle imkânsızdır. Tersine, bireylerin *işlevsel* bütünleşmesi *toplumsal* bütünleşmelerini dışlayacaktır: İlişkilerinin işlevsel olarak önceden belirlenmesi, ortak ölçütlere göre ve ortak amaçlar doğrultusunda işbirliği üzerinde temellenen karşılıklı ilişkiler kurmalarını yasaklayacaktır. Görevlerini yerine getirmelerini bir işbirliği ve bir gruba aidiyet olarak yaşamalarını engelleyecektir. Bireylerin "organik dayanışmaları" (Durkheim bile bunu kabullenmiştir) *onlar için* yaşanmış bir ilişki olarak var olmaz. Gerçekte, tamamlayıcı görevlerin önceden parçalanmasıyla, askeri tipte bir örgütlenmenin olduğu yerde, bireylerin kendilerinin düzenlediği bir işbirliği gördüğüne inanan dış gözlemci için yaşanmış bir ilişki olarak var olur sadece.

Dolayısıyla, eğer mega-makine kesin olarak öngörülebilir ve hesaplanabilir biçimde, güçsüzlüğe düşmeden işleyecekse, gönüllü ve kendi kendilerine düzenlenen işbirliğinin *olamayacağı* ve *olmaması gerektiğini* söylemek anlamına gelir bu. "İnsan unsuru"nun ortadan kalkması ve canlı emek ile özgür işçinin yerine kesin olarak programlanmış bir emekçinin geçirilmesi, hem iktisadi akılcılaştırılma tarafından hem de mega-makinenin işleyişi tarafından istenir: Her ikisi de canlının cansıza, canlı emeğin ölü emeğe (yani makinelere, sermayeye) boyun eğmesini gerektirir; her ikisinde de, tahakküm teknikleri ve akılcılaştırma buyrukları içinden çıkılmaz şekilde iç içedir, öyle ki akılcı örgütlenme tahakkümün hedefi olarak veya tersine tahakküm akılcı örgütlenmenin hedefi olarak, ayrım gözetmeksizin kabul edilebilir.

C. TELAFİ EDİCİ TÜKETİMLER

Görevlerin işlevsel alt-bölünmesine dayalı bir örgütlenme modeli emekçilerde ne mesleki bilince ne de işbirliği ruhuna seslenebilir. Başlangıçta, "serseriliğe" ve dilenciliğe karşı yasalar, sürgün cezası, zorunlu çalışma veya açlıktan ölme karşısında önerilen çalışmayı kabul etme zorunluluğu biçiminde zora başvurmak zorundadır. Ayrıca, "kural koyucu düzenleyiciler" olarak adlandırdığımız şeyi de harekete geçirmek zorundadır: Zorunlu verimlilik ve çalışma saati kuralları, zorunlu olarak uyulacak teknik işlemler. Bu "teşvik edici düzenleyiciler", örgütlenme modeli, doğası, ritmi ve süresi fabrika veya büro örgütlenmesi tarafından önceden programlanan ve *sevilmesi* imkânsız bir çalışmaya emekçilerin kendi rızalarıyla katılmasını teşvik edebilirse zorlamaları kaldırabilir. Bu teşvik edici düzenleyiciler, alt bölümlere ayrılmış görevlerin işlevsel örgütlenmesi *çerçevesinde*, işlevsel çalışmaya içkin zorlamaları, bastırmaları ve acıları ancak *çalışma dışında* telafi edebilirler. Demek ki; 1) Toplumsal zenginlikler emekçilere maddi telafi verilebilecek kadar yeterli olduğunda ve 2) Emekçiler çalışmalarını bu telafilerden yararlanmanın bir aracı olarak görmeyi kabul ettiklerinde, emekçilerin işlevsel bütünleşmesi mümkün olabilir ve çalışma zorlamaları yumuşatılabilir.

Bu ikinci koşulu yerine getirmenin güç olduğunu gördük[1]: Bu koşul, emekçinin daha az çalışmak yerine doğal olarak daha çok kazanmayı tercih ettiğini varsayar. Dolayısıyla, eğitilmiş olmasını, ücret alacak biçimde toplumsallaşmasını ve ücret almasının da temel hedef olarak satın almayı gerektirmesini ve bu hedefe ulaşma aracı olarak da çalışmayı varsayar.[2] Bu nedenle, toplumsallaştırma,

1. Bkz. Bölüm 1/I, s. 35-36.
2. Çalışma konusundaki bu araçsal yaklaşımın kayda değer kanıtları İngiltere'de Ronald Fraser tarafından yayımlanan röportaj derlemesinde vardır. Örneğin, bir

aynı anda iki yönde birden gerçekleşmelidir: Birey, çalışma karşısında, "önemli olan ay sonunda yapılan ödemedir" biçiminde araçsal bir tavır benimsemesi için eğitilmelidir; ve tüketici olarak da, çabalarının hedefini ve başarısının simgelerini oluşturan şey olarak metaları ve ticari hizmetleri ele geçirmesi için eğitmelidir.

Fransız iktisatçılarının "Fordist düzenleme" olarak adlandırdıkları şey, işçi-üreticiyi emekçi-tüketiciye dönüştüren bu eğitim olmadan imkânsız olur. "Lüks mallar" denen metaların arzının giderek artması bu dönüşümü teşvik etmeye hiçbir zaman yetmedi. Daha 1950'li yılların başında, Taylorizmden türeyen "çalışmanın bilimsel örgütlenme" biçimlerinin yayılması Amerika Birleşik Devletleri'nde olduğu kadar Avrupa'da da karşısında işçilerin direnişiyle karşılaşıyordu[3]. Bu direniş, asla yok olmadığı gibi, kırsal kökenli gençlerin ve göçmenlerin deneyimsiz el emeğinin, yani toplumsal ve kültürel köksüzlükleri nedeniyle tüketiciliğin kışkırtmalarına geleneksel işçi sınıfından daha açık olan toplulukların işe alınması sayesinde yükseldi.

Dolayısıyla, çalışmaya zorlayıcı bir rejimden teşvik edici bir rejime geçmek az iş değildir. Sovyet dünyasının "iktisadi reformlar"ının güçlükleri, yavaşlığı ve yenilgileri bunu gösterir. Telafi edici mal ve hizmetlerin üretimindeki artış yeterli değildir; aynı zamanda bu mallara yönelik telafi edici ihtiyaçlar doğuracak çalışma

---

sigara fabrikasında işçi olan Dennis Johnson şöyle der: "Modern işçi çalışmasına kendinden bir şey katmaz ve ücret dışında bir şey beklemez. Fabrikada çalışmanın kendi başına hiçbir değeri yoktur. İşçinin tek çıkarı ücretidir." Çalışmanın özünde değersiz olduğu konusundaki aynı ısrar çarpıcı bir biçimde bir büro işçisinde de görülür; Philip Callow şöyle der: "Bu değersiz bir çalışmadır. Kendini yararsız hissedersin, yerin doldurulabilir: Senin işini bir gün otomatizasyon yapacaktır, bu ne kadar erken olursa o kadar iyi. Para için buradasın, başka bir şey değil." Bir reklam yazarı da aynı şeyi söyler. Bkz. Ronald Fraser, *Work*, 2 cilt, Pelican Books, A 917 ve A 1017, Harmondsworth, 1968 ve 1969.
Aynı dönemde, bu tavır Amerikan (Kongre'nin bir raporu ve *Fortune* dergisinin *Blue Collar Blues* başlıklı bir dosyası çalışma karşısındaki sevgisizliği ve sabotaj eylemlerinin artışını anlatıyordu), İtalyan (goşist Potere Operaio grubunun sloganı, "Boktan ücrete, boktan iş") ve Fransız (bkz. özellikle, Alexis Chassagne ve Gaston Montrancher, *La fin du travail*, Paris, Stock 2, 1978) işçileri arasında da çok yaygındı .

3. Bkz. Stephen Marglin, A. Gorz (der.), *Critique de la division du travail* içinde s. 77-78 ve 88.

koşullarını da oluşturmak gerekir.[4] Örneğin Sovyetler Birliği'nde, bürokratik zorlamaya dayalı bu rejimin bağrında düzenlemeyi başardıkları gibi, emekçileri, *bu telafileri görece rahat çalışma koşullarına tercih etmeye* eğitmelidirler.

Bu tüketicilik eğitimi ne Parti-Devlet tarafından ne de herhangi bir politik otorite tarafından başarılabilir. Bireyleri, kendilerine sunulan tüketim maddelerinin, bunları elde etmek için *razı oldukları fedakârlıkları geniş ölçüde telafi ettiğine* ve *sürüden ayrılmalarını sağlayarak bireysel bir mutluluk yuvası* oluşturduğuna ikna etmek gerekir; işte ticari reklamın yaptığı iş tipik olarak budur. Ama bu reklam ancak *kişiye özel* ise ikna edicidir. Gerçekte, ticari reklamla propaganda arasında temel bir farklılık vardır. Propaganda, devletin veya ulusun yüksek çıkarına göre hareket etmenizin kendi menfaatiniz olduğuna sizi ikna etmek için, genel çıkar adına size hitap eder. Propaganda, kişisel çıkarınıza doğrudan ve sezgisel olarak denk düşmeyen ve Aklın temsilcisi devletin gerekliliği veya avantajı üzerine sizi aydınlatması gereken bir davranışı (örneğin: sigara içmeyin, içki içmeyin, hız sınırlamalarına uyun) benimsemeye çağırır. Dolayısıyla, propaganda sizi kendiliğinden benimsemeyeceğiniz bir yönde gitmeye çağırır ve kolektif birey olarak belirler; herkesle birlikte sizi de kuşatan ortak bir gerçekliğiniz -genel çıkar– vardır ve propaganda rahatlıktan, tembellikten, egoizm veya aptallıktan tiksinir.

Ticari reklamda ise, tersine, özel bir satıcı (örneğin sigara, alkol, çok hızlı araba, vs) size, kesinlikle ve dolaysız olarak bireysel, özel bir tatmin veya zevk sunar. Reklamın mesajı satıcı ile potansiyel alıcı arasında bir suç ortaklığı oluşturmaya yöneliktir. Alıcının da satıcının da kendi özel çıkarlarını izlediğini ve bunu aşan her türlü düşünceyi uzaklaştırmakta her ikisinin de çıkarı olduğunu telkin eder: Satıcının tek amacı potansiyel alıcıya onu hiçbir şeyin zorunlu kılmadığı bir alışverişe teşvik edecek zevki sağlamaktır. Alıcının tek hedefi ise mümkün olan en büyük zevki elde etmek olmalıdır.

Dolayısıyla, telafi edici mallar ve hizmetler, tanım olarak, *ge-*

4. "Telafi edici ihtiyaç" kavramını Rudolf Bahro, *L'Alternative*, Paris, Stock, 1978'den alıyorum.

rekli veya sadece *yararlı* mal ve hizmetler değildir. Her zaman lüks, gereksiz, düşsel bir unsur içererek ortaya çıkarlar, mala veya hizmete sahip olanı "mutlu bir ayrıcalıklı" diye tanımlayarak, onu akılsallaşmış dünyanın baskılarına ve işlevsel biçimde davranma zorunluluğuna karşı korurlar. Dolayısıyla telafi edici mallara kullanım değerleri için olduğu kadar –hatta daha çok– *yararsızlıkları* için göz dikilir; çünkü, alıcının kolektif evrenden özel bir egemenlik yuvasına doğru kaçışını simgeleyen şey bu yararsızlık unsurudur ("ıvırzıvır" ve gereksiz süslemeler).

Böylelikle, zorlamanın yerine teşviki geçirmeyi başarabilenin, esnetilmiş bürokratik düzenleme değil de, niçin sadece pazar yoluyla düzenleme olduğu anlaşılır. İşlevsel emekçiler çalışmalarında yabancılaşmayı kabul ederler, çünkü çalışmanın sunduğu tüketim imkânları yeterli miktarda telafi unsuru içerir. Bu işlevsel emekçinin ortaya çıkması için, aynı anda, toplumsallaşmış tüketici olarak da ortaya çıkması gerekir. Ama bu toplumsallaşmış tüketiciyi kışkırtabilecek tek şey bir pazar ekonomisi sektörü ve bu sektörün ticari reklamıdır.

Tüketicilik yoluyla teşvik edici düzenlemenin, emekçilerin aşırı ölçüde istikrarsız işlevsel bütünleşmesinden başka bir şeyi asla gerçekleştiremeyeceği üzerinde sonraki bölümde duracağım. Emekçilere sunulan telafi onları asla koşullarıyla uzlaştırmaz ve bu koşulları onlara kalıcı biçimde kabul ettirmeye yetmez. Sistem yatırdığı payı sürekli arttırmak, parasal telafileri giderek arttırmak zorundadır. "Fordist düzenlemeler"in bir yanı, özellikle ihtiyaçların, zevklerin ve tatminlerin parasallaştırılmasıdır.

Burada önemli olan, bu parasallaştırmanın güçlü bir toplumsal parçalanma unsuru olmasıdır. Bu parçalanmanın sonuçları, altbölümlere ayrılan görevlerin işlevsel olarak önceden belirlenmesinin sonuçlarına eklenir. İşlevsel çalışmaya parasal teşvik, gerçekte, bir insanın yapabileceği her şeyi paranın daha iyi yapabileceği ve ücretli profesyoneller tarafından sağlanan mal ve hizmetlerin öz itibarıyla insanın kendi başına yapılabileceklerden daha üstün olduğuna dair ticari reklam tarafından beslenen inancı gerektirir: Bu mal ve hizmetler, bunların kullanım değerlerinden daha yüksek telafi edici değer (dolayısıyla değişim değeri) veren bir büyü, düş ve yararsızlık payını temsil ederler. Ticari reklamın yaylım ateşi sayesinde, paraya olan ihtiyaç toplumsal zenginlik arttığı oranda artacaktır. Bu ihtiyaç, o zamana kadar ücretlendirilmemiş olan tabakaları, ücretli bir işi aramaya kışkırtacak, bu da telafi edici tüketim ihtiyacını daha da artıracaktır.

D. TÜKETİMCİLİKTEN DEVLET İHTİYACINA

Emekçilere, çalışmalarını işlevselleştirmelerini kabul ettirmek için baştan itibaren önerilen telafi edici tüketimler, böylece, işlevselleşmiş çalışmayı emekçi olmayanlar tarafından da aranır kılar: Ticari mal ve hizmetler işlevsel çalışmayı telafi etmek amacıyla istenmez; ticari mal ve hizmetleri karşılayabilmek için de işlevsel çalışma elde etmek istenir. Tüketicileştirme yoluyla teşvik edici düzenleme, böylece, başlangıçtaki işlevini aşan ve kültürel bir değişimi teşvik eden bir etkinliğe sahip olur. Kazanılan para, işlevsel çalışmanın içerdiği özgürlük kaybından daha önemli bir tatmin biçimi sağlar. Ücret, faaliyetin temel hedefi olur, öyle ki parasal bir telafi almayan tüm faaliyetler kabul edilir olmaktan çıkarlar. Para, diğer değerlerin yerine geçer ve onların tek ölçütü haline gelir.

Oysa, telafi edici tüketimin, *özelleşmiş* bireyin kolektif evrenden korunma ve sığınma aracı olarak sunulduğunu biliyoruz. Bu tüketim, özel alana geri çekilmek ve "kişisel" avantajların peşinden gitmeye öncelik vermek için bir teşvik oluşturur. Böylece de, dayanışma ve yardımlaşma ağlarını, toplum ve aile bütünlüğünü, aidiyet duygusunu dağıtmaya katkıda bulunur. Tüketim yoluyla toplumsallaşmış birey, artık toplumsal olarak bütünleşmiş bir birey değildir. O, başkalarından farklılaşarak "kendisi olmayı" istemeye kışkırtılan bir bireydir. O, ortak durumun sorumluluğunu ortak bir eylemle üstlenmeyi reddedişiyle herkese benzeyen ve *toplumsal olarak* tüketime *yönlendirilen* bireydir.

Bu *toplumdışı toplumsallaşmanın* paradoksal ve tamamıyla öngörülebilir sonucu, devletin kural koyucu iktidarının zorunlu güçlenmesi olacaktır. Herkesin kendi kişisel çıkarının peşinden koşması, gerçekte, ancak kıtlığın olmadığı bir ortamda en uygun ortaklığa varabilir. Bu ortam, toplam zenginliğin sınırsız büyümesi için kaynakların uygun olduğu ve yaşamsal alandaki tüm sertlikler ve atalet ortadan kalktığından, kimi insanların yararının asla diğer insanların kalıcı zararlarıyla elde edilmediği bir ortamdır. Liberal ütopyanın temeli olan "sınırsız imkânlar" dünyasının, tarihin belli anlarında ortaya çıktığı görüldü: Özellikle Kuzey Amerika'nın sömürgeleştirilmesi döneminde. Diğer dönemlerde, kıtlık ortamında, her biri doğrudan kendi çıkarının peşinden giden bireylerin eyleminin, maddi yaşam alanı tarafından, her bir bireyin hedefine ters düşecek biçimde bütünleştirildiği bilinmektedir. Marx'ın deyişiyle, maddi yaşam alanı bireylerin "hesaplarına karşı durur, umutlarını boşa çıkarır." Kolektif etkinin kişisel çıkarlara karşı dönmesine Sartre "karşı-ereklilik" der ve şöyle bir örnek verir: "Her bir köylünün kendi ekim alanını genişletmek için yaptığı ağaç kesimi erozyona ve felaketlere yol açan su taşkınlarına neden olur."[5]

Aynı düşünce düzeyinde, pazarın düzenleyici etkileri anlayışını çürütecek en akla yakın düşüncelerden biri Garret Hardin tarafından ünlü bir oyun kuramı senaryosunda önerilmiştir: "Ortak topraklar trajedisi."[6] Bu senaryoda, her köylü, çıkarına uygun olarak, mümkün olduğunca çok sayıdaki hayvanı ortak topraklar üzerinde otlatmakta özgürdür. Otlaklar azami ölçüde kalabalıklaşmaya başladığında, eklenecek her inek, hayvan başına süt verimliliğini düşürecektir. Ama bu azalma *herkesin zararına* olurken, her köylü hayvanlarının sayısını artırarak kendi süt üretimini yükseltir. Her köylünün kendi hayvan sayısını mümkün olduğunca hızlı, tüm diğer köylülerden daha hızlı artırmakta çıkarı vardır. Her bir köylünün kendi kişisel çıkarını aramasının herkesin yıkımına yol açması kaçınılmaz olacaktır. Bu sonucu engelleyebilecek tek şey, toplam hayvan sayısının ve uygulamada da hak sahiplerinin zorunlu

5. Jean-Paul Sartre, *Critique de la raison dialectique.*
6. Garrett Hardin, "The Tragedy of the Commons", *Science*, 162, 1968.

olarak sınırlandırılmasıdır.

Kişisel çıkara göre teşvik edici düzenlemenin sonunda, böylece, kural koyucu düzenleme zorunluluğu ortaya çıkmaktadır. Dolaşım, faiz oranı, kirlilik kuralları düzenlemeleri; toprak kullanım planları; hız sınırlamaları, zorunlu sigortalar; vergilendirme, kaçakçılık cezaları, kamu hizmetleri, vs herkesin kendi kişisel çıkarının peşinden gitmesine engel olursa, devlet de karşı-ereklilikleri sınırlandırmak ve bunların herkesin yıkımına yol açmasını engellemek için kişisel çıkarların kolektif boyutunu üstlenir. Böylece, bireysel çıkara çağrı yapan teşvik edici düzenleyiciler yoluyla sağlanan işlevsel bütünleşme, kolektif çıkarın ayrı bir merci, yani devlet tarafından üstlenilmesini gerektirecektir. Devlet, yurttaşlarından, onlar hesabına kamusal faaliyetlerle uğraşmak için aldığı –ve istediği– vekâlet sayesinde kendi meşruluğunu oluşturacak ve yetkileri giderek büyüyen ayrı bir merci olacaktır.

Toplum ile devlet arasındaki, kendi kendini düzenleyen ilişkiler alanı ile dışardan düzenlenen, kural koyucu alan arasındaki bölünme bu andan itibaren büyüyecektir. Genel çıkarı ayrı bir merci üstlendiğinden, kamusal işler bu aygıtların yöneticilerinin özel alanı olmaya eğilim gösterecektir. Böylece siyasetin ve siyasi personelin toplumsal ve kültürel yaşam karşısındaki özerkliği artacaktır. "Siyasi iktidar", yani devlet aygıtlarını yönetme hakkı, siyasi mücadelelerin temel konusu olacaktır. Bu mücadeleler, yönetme eğilimlerini kamusal işlerdeki yetkileri üzerinde kuran ve bu işleri üstlenmek için seçmenlerden vekâlet isteyen oluşumlar arasında sınırlı kalma eğilimi gösterecektir. Kamusal işlerin yönetimine aday olan kimse, bu vekâleti, yönetime ve politik erekliliğe ilişkin düşüncesini ortaya koyarak –ve kamunun tartışmasına sunarak– isteyemez. Bunu, genel çıkarlar ve toplumun sorunları karşısında kendi kararlarını vermeye yetenekli olmadığını düşündüğü seçmenlerin kişisel ve sektörel çıkarlarına ilgisini kanıtlayarak ister. Başka deyişle, seçmeni, ticari reklama giderek daha fazla benzeyen bir seçim propagandasıyla, *tüketici* ve *müşteri* olarak kendine çekecektir: Devlet işlerindeki yeteneğini sergileyen aday, özel yaşamı ve kamusal davranışıyla "insanlara yakın" olduğunu kanıtlamalıdır, yani onların en özel ve kişisel çıkarlarını kamunun muhtemel tecavüzlerine karşı savunmalıdır. Aday, Jean Baudrillard'ın deyişiyle, ticari reklamda olduğu gibi, seçmen-müşterilerinin *üstüne titrediğini* kanıtlamalıdır.[7] Onları kendine çekmeli ve devletin sadece kısmi çıkarlarıyla değil, faaliyetlerinin bağımlılık doğuracak bir biçimde işlevselleştirilmesinin onlar için yaratacağı risklerle de ilgileneceğini onlara söylemelidir.

Bu işlevselleştirme ancak şu koşulda kabul edilebilir ve işlevsel bütünleşme de şu koşulda etkili kılınır: Koruyucu devlet, refah devleti, işlevsel emekçi-tüketiciye özerkliğini kaybetmesi karşılığında toplumsal telafiler sunmalıdır. Bu telafiler, para yardımlarından ve toplumsal hizmetlerden yararlanma hakkı biçimini alır. Bunlar, tüketicilik yoluyla toplumsallaştırma nedeniyle çöken kendi kendine düzenlenen toplumsal ilişkileri ve aile dayanışmalarını telafi etmelidir. İnsanların o zamana kadar normal olarak kendilerinin yerine getirdikleri hizmetleri üstlenen ve kendileri tarafından karşılanan ihtiyaçları tatmin eden refah devleti; insanlara sadece oldukça önemli bir güvenlik düzeyi sağlamakla kalmaz; aynı zamanda toplumsallaşmaya (okula kavuşturmaya), ücretli çalışmaya ve ticari tüketime ayrılabilecek zamanı da artırır.

Böylece, görevlerin alt bölümlere ayrılmasının ve işlevselleştirilmesinin gelişimi, toplumsal yaşamın diğer alanlarında, kendi mantıklarına göre ve kendi öz dinamikleriyle hareket etmek isteyen birbirine bağlı gelişmeleri de beraberinde getirir. İşlevsel çalışmanın gelişimi, etkili kalabilmek için, işlevsel çalışmanın gelişimini hızlandıran ve ancak kısmen devlet tarafından üstlenebilecek telafi edici yeni ihtiyaçları ortaya çıkaran telafi edici tüketimlerin artmasını gerektirir. Telafi edici yeni ihtiyaçların devlet tarafından üstlenilmesi, işlevsel çalışmanın ve telafi edici tüketimlerin gelişimini teşvik eder, dayanışma ağlarının çöküşünü hızlandırır. Devletin sorumluluk yüklenmesine ilişkin artan bir talep ve devlet karşısında büyüyen bir bağımlılık ve müşteriler topluluğu yaratır. Toplumsal yaşam ile kamusal yaşam arasında, toplumdışı toplumsallaştırma tarafından zihinsel faaliyetin amacı haline getirilen kişisel çıkar ile

7. Jean Baudrillard, *La Société de consommation*, Paris, Denoël, 1970.

genel çıkar arasında ve seçimle ilgili temalar ile sistemle ilgili kısıtlamalar arasında bölünme büyür. Bölünmenin büyümesi kamusal yönetimin yetki alanlarının ve devletin düzenleyici güçlerinin sürekli genişlemesine yol açar, bu arada parlamenter kurumlar bir gölge oyunu haline gelirler. Bu durumda, Max Weber tarafından önceden haber verilen "halk oylamasına dayalı demokrasi"den (*Führerdemokratie*) uzakta değilizdir. Bu demokraside, kitlelerin bağlılığını ancak karizmatik bir önder aracılığıyla elde edebilen bürokratik–sınai bir mega–makine yararına toplum parçalanır. Bu önder, hem devlet makinesi yöneticisine (Weber'e göre, "Makineli yönetici" modeline denk düşmelidir: *Führer mit Maschine*) uygun görkemli bir otoriteye sahip olmalı ve hem de devletin yönetimini onun eline bırakmaya çağrılan insanların çıkarlarına ve gündelik sorunlarına anlayışlı bir ilgi göstermelidir.

Bu gelişmelerin mantıki sonucu olarak, John Brunner'ın[8] güncelleştirdiği George Orwell'ın kâbusu yeniden ortaya çıkar: Katılmaları istenen eğlenceler aracılığıyla eğlenceleri bile programlanan bireyler arasındaki işlevsel ilişkilerin kendi kendine düzenlenen toplumsal ilişkilerin yerine geçtiği, tamamen parçalanmış bir toplum kâbusu. Her bireyin yerine getirdiği kısmi görevin anlamını (eğer anlam varsa) anlamaya çalışmadan bir çark gibi işlediği tamamen bürokratlaşmış, akılcılaştırılmış ve işlevselleştirilmiş makine-topluma ilişkin Weberci görüşün, bu karşı-ütopyanın, sibernetikleştirilmiş bir versiyonu gerçekleşmektedir. Beyin yıkama ve askerileştirme, anlamı, üstüne titrenen bilgi-işlem ağlarıyla "kişiselleştirilmiş" bireylerin sorumluluğuna bırakır. Hedef aynıdır ve sonuçlar doğalarıyla değil, kullanılan araçların gelişimiyle birbirinden ayrılır: Bireysel davranışların işlevsel akılcılaştırılması, "düşünce polisleri" ve propaganda tarafından değil, iktisadi olmayan değerleri iktisadi amaçlara alet ederek insanın içine belli belirsiz işleyen bir manipülasyonla dayatılır.

---

8. John Brunner, *Sur l'onde de choc*, Paris, Robert Laffont, 1977 (*The Shock Wave Rider*, New York, Harper and Row, 1975).

V

Çalışma hümanizmasının sonu

Hangi işi nasıl yapacağımıza kim karar veriyor? Sanayileşmiş ülkelerde bunun cevabı şudur: (görevliler ve/veya mal sahipleri kişiliğindeki) Sermaye. Üretim teknikleri ile tahakküm tekniklerinin ayrılmaz biçimde iç içe geçtiğini gördük.[1] Stephen Marglin, Adam Smith'in düşündüğünün tersine, işlerin alt bölümlere ayrılmasının üretkenliği artırmak için değil, işçiler üzerinde tahakküm kurmak için gerekli olduğunu gösteriyordu.[2] İşçilere çalışacakları işin yapısını, saatlerini, verimliliğini dayatabilmek ve kendileri tarafından ve kendileri için herhangi bir şey üretmelerini veya üretmeye girişmelerini engellemek için onları ürettiklerinden ve üretim araçların-

1. Bkz. s. 60-61.
2. Stephen Marglin, A. Gorz (der.), *Critique de la division du travail* içinde.

dan ayırmak gerekir.

İşçilerin üretim araçlarının mülkiyetini –veya tasarrufta bulunma gücünü– yeniden elde etmeleri, sermayenin tahakkümünden kurtulabilecekleri, hangi işi nasıl yapacaklarına karar verebilecekleri anlamına mı geliyor? Cevap şudur: Bazı durumlarda evet; ama genel kural olarak hayır. Ve bunun da nedeni şudur: Eğer sınai üretim araçları başlangıçtan itibaren işçi kooperatiflerinde "birleşmiş üreticiler" tarafından geliştirilmiş olsaydı, işletmeler orada çalışanlar tarafından yönetilebilir ve denetlenebilirdi, ama *sanayileşme gerçekleşmezdi*. Bizim "sanayi" diye adlandırdığımız şey, gerçekte, ancak emekçilerin üretim araçlarından ayrılması temelinde mümkün olan bir sermayenin teknik yoğunlaşmasıdır. Sadece bu ayrım çalışmayı akılcılaştırmaya ve iktisadileştirmeye, üreticilerin ihtiyaçlarını aşan artıklar üretmesine ve bu büyüyen artıkları üretim araçlarının çoğalmasında ve güçlerinin büyümesinde kullanmaya imkân tanımıştır.

Sanayi, kapitalizmin çocuğudur, kapitalizmin silinmez izini taşır. Ancak, işlevselleştirmeyi zorunlu olarak içeren iktisadi olarak akılcılaştırılmış çalışmadan doğabilir ve bu akılcılaştırmayı da işleyişi içerisinde mekanizmasının fiziksel yapılarından kaynaklanan temel bir talep olarak sürdürür. Emekçinin ürününden ve onu üretme araçlarından ayrılmasından doğan sınai makineleşme, bu amaç için tasarlanmış olmasa bile, bu ayrımı zorunlu kılar. Sınai makineleşmenin, doğası itibarıyla emekçiler tarafından sahiplenilmesi mümkün değildir[3]. Üretim araçlarının özel mülkiyeti ve bununla birlikte kârın önceliği ortadan kaldırıldığında bile bu mümkün olmayacaktır. Bunun birbirine bağlı iki nedeni vardır:

1. Birincisi, sınai üretim araçlarının, iktisadi rejim ve mülkiyet rejimi ne olursa olsun sabit sermaye gibi işlemeleridir. Sabit sermaye, Marx'ın gösterdiği gibi, esas olarak "ölü emek"tir, yani canlı çalışma üzerinden ve onun dolayımıyla etkinliği artırarak, ama aynı zamanda sınırlamalar da dayatarak işlemeye devam eden geçmiş bir *poiesis*'in maddi sonucudur. Maddenin içine giren ve koşulladı-

3. Bkz. André Gorz, *Adieux au prolétariat*, bölüm 2 ve 4.

ğı canlı çalışma aracılığıyla işlemeye devam eden bu geçmiş, "ölü" çalışma, Sartre'ın "aktif pasiflik"[4] ve Max Weber'in ise "nesnelleşmiş zihin" dediği şeydir:[5]

> Hareketsiz bir makine nesnelleşmiş zihindir (*geronnener Geist*). İnsanları ona hizmet etmeye ve gündelik çalışma yaşamlarının fabrikada olduğu kadar kısıtlayıcı olmasına zorlama gücü buradan gelir. Nesnelleşmiş zihin aynı zamanda öğrenilen niteliklerde uzmanlaşma, yetkilerin bölümlenmesi, kuralları ve hiyerarşik bağımlılık ilişkileriyle bürokratik örgütlenmeyi oluşturan canlı bir makinedir de.

Burada önemli olan makineleşmedeki ölü maddiliğin (veya bunu taklit eden örgütlenmenin) geçmiş *poiesis*'e (ölü emeğe, örgütlenmeye) emekçiler üzerinde kalıcı bir nüfuz verdiğidir; emekçiler bu *nüfuzdan* yararlanırken *ona* hizmet etmek zorunda kalırlar. Çalışma süresi başına sabit sermaye miktarı (yani ölü çalışma ve bilgi) önemli olduğu ölçüde bu nüfuz acımasızdır. Söylediğim iyi anlaşılmalı: Sanayi çalışmasının uygulanış *biçiminin* "insanileştirilemeyeceğini" söylemek istemiyorum. Yani çalışmanın kendi kaderini belirleyemeyeceğini ve "kendi kendini yönetemeyeceğini" ve makinelerin *işçiye bırakılan kendi kaderini belirleme payını büyüterek* ve çalışmayı canlılık verici, çalışma ilişkilerini de ortaklaşmacı kılacak şekilde makinelerin tasarlanamayıp, uyarlanamayacağını söylemek istemiyorum. "Ölü emek" ile "nesnelleşmiş zihin"in emekçi ile ürünü arasına girdiğini ve çalışmanın *poiesis* olarak, insanın madde üzerindeki egemen eylemi olarak yaşanabilmesini engellediğini söylüyorum. Marx bunu *Grundrisse*'de[6] çok dikkate değer biçimde ortaya koyar. Bu noktaya, imalat sanayilerinde veya robotlaşmış sanayilerdeki çalışma konusunda daha somut olarak döneceğiz. Çalışma aracı, der, bir alet olarak emekçinin elinde kaldığı sürece, aynı zamanda sabit sermaye de olmasından ötürü "ancak biçimsel olarak etkilenir."

---

4. J.-P. Sartre, *Critique de la raison dialectique*.
5. Max Weber, *Wirtschaft und Gesellschaft*, s. 1060.
6. Takip eden alıntıların alındığı Almanca baskının 583-589. sayfalarında.

> Fakat sermaye üretimi süreciyle bütünleşen çalışma aracı, birlikte, bir dizi dönüşüme uğrar, ki bunların sonuncusu *makine* veya daha doğrusu *otomatik bir makineleşme sistemidir* (...) kendi kendini hareket ettiren bir otomat tarafından dönüştürülür; ve bu otomat çok sayıda mekanik ve entelektüel organdan oluşur, *öyle ki emekçilerin kendileri bunun bilincinde olan üyelerden başka bir şey değillerdir*... Makine, hangi ilişki altında olursa olsun, kişi olarak emekçinin çalışma aracı olarak görülmekten çıkar. "Ayırt edici özelliği" çalışma aracının yaptığı gibi, işçinin nesne üzerindeki faaliyetini dönüştürmek asla değildir; bu faaliyet daha çok makinenin çalışmasını, hammadde üzerindeki eylemini aktarmaktan başka bir şey yapmaz –makineyi gözetler ve bozulmasını önler... Ustalık ve güç sahibi olan, virtüoz olan işçi değil, şimdi makinenin kendisidir, kendi ruhuyla donanmıştır... Saf bir soyutlamaya indirgenmiş olan işçinin faaliyeti her yandan makinelerin hareketi tarafından belirlenir ve düzenlenir. Makinelerin cansız organlarını, yapısı gereği, görevini yerine getiren bir otomat olarak işlemeye zorlayan *bilim, işçinin bilincinde yer almaz, ama yabancı bir güç, makinenin gücü biçimine bürünüp işçinin bilinci üzerinde faaliyette bulunur. Canlı emeğin nesnelleşmiş emek tarafından temellük edilmesi*..., sermaye kavramına bağlı olarak, *makineler üzerinde kurulan üretimde maddi unsurları ve işleyişi içeren üretim sürecinin kendisinin bir niteliği olarak yer alır.*

Bireysel emekçinin "davranışının anlamsızlığı"nı hissettiği "güçlü organizma" karşısında çalışma ancak "makinelerin toplam sürecinin parçası olarak, dağılmış" biçimde ortaya çıkar: "Bu makinelerin canlı bir aksesuarından başka bir şey değildir"; "çalışma kapasitesi son derece küçülerek yok olur; *üreticinin doğrudan ihtiyacıyla* ve doğrudan kullanım değeriyle *tüm ilişkinin ürünün içinde yok olması gibi.*" Çalışma süreci "doğanın gücünü emekçinin hizmetine veren bilimsel bir sürece dönüşmüştür" ve "*bireyin çalışması ancak* doğaya boyun eğen *çalışmaların toplamı içinde yer aldığı ölçüde üreticidir.*"

Açıkçası, eğer doğa egemenlik altındaysa, artık *bilimsel bir sürecin hizmetindedir*; ama bu sürecin kendisi *emekçi veya emekçilerin egemenliğinde değildir.* Tersine, bu süreç "yabancı bir güç gibi, makinenin gücü gibi" onlara egemendir, çünkü bu şekilde damgalanmış bir bilim "işçinin bilincinde yer almaz" ve elbette, işçi tarafından, çalışmasında veya çalışması dolayısıyla, yönetilemez. Kısacası, *insanın (bilimin) doğaya egemenliği süreci, insanın bu egemenlik sürecinin egemenliği altına girmesine dönüşür.*

Yoğunluğuyla hayranlık yaratan bu tanımın mülkiyet rejimi ne olursa olsun bütünüyle doğru olduğu görülecektir; dahası sermayenin toplumsal ilişkileri çerçevesinde makineler sabit sermaye olarak hareket etse de etmese de bu doğrudur. Sermaye mülkiyeti ve üretime verdiği hedefler (kâr, birikim) ortadan kalksa bile bu doğru kalır. Bu yüzden, Marx, bu gelişmenin sonucu olarak şunu belirtir:

> Çalışma aleti emekçiyi özerkleştirir –onu mülk sahibi gibi gösterir. Makineler –sabit sermaye olarak– onu bağımlı gibi, sahiplenilmiş (angeeignet) gibi gösterir. Makinelerin bu etkisi ancak sabit sermaye olarak belirlendiğinde geçerli olur ve işçi ücretli olarak ve genel olarak faal birey basit işçi olarak işi makinelere bıraktığında ancak böyle belirlenir.[7]

Burada, bununla uyuşmayan bir tahlile eklenmiş –özellikle eklenmiş, çünkü önceki tahlile hiç bağlı değildir– bir önerme söz konusudur. Gerçekten de, bir tren sürücüsünün veya bir rafineri işçisinin nasıl ücret almadan olabileceği; ürünlerinin ihtiyaçlarıyla dolaysız ilişki içinde nasıl olacağı; tesisatlarını nasıl çalışma aleti olarak kabul edebileceği; kendini rafineriye, demir-çelik kompleksine ait hissetmek yerine bu tesisleri nasıl kendi mülkü olarak kabul edebileceği, vs, hiç belli değildir.

Geleneksel anlamındaki çalışmayla sadece uzak bir ilişkisi olan bu tür çalışmanın doğası konusuna daha sonra tekrar döneceğiz.

Marx'ın bu bölümde bilime yaptığı kısa atıflar, makinelerin sahiplenilememesine ek bir boyut katar: Toplumsal üretimle bütünleşen, zorunlu olarak uzmanlaşmış bilgiler kütlesini sahiplenmek de aynı ölçüde mümkün değildir.

2. Kökensel olarak, görevlerin alt bölümlere ayrılmasının temel amacı emekçiler üzerinde tahakküm kurmaktı. Bu bir kez oluştuğunda, yine de üretim araçlarında tedrici olarak uzmanlaşmaya yol

7. Marx, *a.g.y.* s. 590.

açacak, bu araçların mekanikleşmelerini ve otomatikleşmelerini kolaylaştıracaktı. Bilginin ve teknik-bilimsel disiplinlerin giderek daha hızla ortaya çıkan uzmanlaşması da bundan doğacaktı. Büyük bir bilgi kütlesinin giderek daha dar alanlarda birikmesi, toplumsal üretim sürecinin bütününde rekabet halinde olan kısmen uzmanlaşmış üretimlerin, giderek daha fazla emek isteyen dışsal koordinasyonunun zorunluluğu da buradan doğacaktı.

Üretimin, her biri ancak diğerleriyle ilişki içindeyken değer taşıyan üretken faaliyetlere bölünmesini makro-toplumsal işbölümü olarak adlandıracağız. Bunu, görevlerin işletme veya atölye düzeyinde Taylorcu bölümlere ayrılması ile karıştırmamak gerekir. Çalışmanın yeniden oluşturulması ve yeniden niteliklendirilmesi, karmaşık görevlerin yarı-özerk veya özerk ekipler tarafından özyönetimi yoluyla çalışmanın bölümlere ayrılması aşılabilir, ama makrotoplumsal işbölümü aşılamaz. Bu işbölümü, esas olarak, bir sanayi ürününde cisimleşen bilgi miktarının –yaygın kullanılan bir üründe bile– bir bireyin veya hatta binlerce bireyin yeteneklerini kat kat aşması olgusuna dayanır. Sanayileşmiş toplumların zenginliği, özellikle, bilgilere sahip olanların karşılıklı anlaşma ve bilinçli, iradi, kendi kendine düzenlenen işbirliği yoluyla koordine edemeyecekleri kadar çeşitli olan kısmi bilgileri, örgütlenmeye ilişkin önceden oluşturulmuş yöntemlerle birleştirme konusunda eşi benzeri olmayan yeteneklerine dayanır.

Örneğin bir bisikletin içerdiği uzmanlaşmış bilgi çeşitliliği incelendiğinde (bir televizyonun veya bir otomobilin karmaşıklığıyla karşılaştırıldığında görece kaba bu ürünü bilerek seçiyorum), sadece bisikleti oluşturan maddeleri sağlayan farklı sanayiler tarafından kullanılan bilgileri değil, yukarılarda, bu sanayilerin kullandığı uzmanlaşmış makinelerde cisimleşmiş bilgiyi de hesaba katmak gerekir: Haddeden geçirme, özel alaşımlı tüpler dökme, dişli küçük tekerlekleri yontma, zincirleri imal etme, elektroliz yapma, yatakları işleme, lakaları imal etme, vs için gerekli makineler. Tüm bu bilgiler, okul, üniversite, araştırma merkezleri, vs'den oluşan karmaşık bir ağ aracılığıyla üretilmek, aktarılmak, yenilenmek zorundadır. Her emekçi, emekçiler grubu ve üretim birimi, genellikle birbirinden yüzlerce kilometre uzakta olan ve bisiklet imalatı yapan (elbette sadece bisiklet değil) fabrikalarda kullanılan bilginin ancak çok ufak bir parçasına sahip olabilir.

"Üretken kolektif emekçi"yi oluşturan bireyler, demek ki, bisiklet imalatının özneleri olacak ve üretimlerinin hem teknik hem de toplumsal sürecini sahiplenecek durumda değillerdir. Kendi kaderlerini tayin ve işçi denetimi gücünü elde edebilirler, ama yatak imalatında, zincir imalatında, tüp imalatında, lastik imalatında, vs elde ettikleri bu güçler, çalışmalarının yönelimi ve *anlamını* denetleyebilmelerini sağlamayacaktır. Bu çalışma, bağlayıcı ve uyarıcı olabilir –veya böyle kılınabilir–, ama toplumsal işbirliği yoluyla ve işbirliği içinde "bireylerin bütünlüklü gelişimi"ni asla sağlamayacaktır. Daha kötüsü: 1920'li yıllara kadar sosyalist ve sendikal hareketin *çalışma hümanizması* ile birlikte büyük ütopyası olan *işçi kültürü*'nü asla yaratmayacaktır.

Bir çalışma kültürünün üzerinde gelişebileceği temel, bilgilerin uzmanlaşması sonucunda dağılmıştır. Bütün emekçileri potansiyel olarak ortak bir kültürde –yani gerçekte tamamıyla farklılaşmış bir işçi durumunu ortak pratiklerle birleştirmeyi sağlayan, ortak olarak düşünülmüş bir deneyimden türeyen dünya yorumlarında– birleştiren şey ortak *poietik* güçlerinin bilinciydi: Maden işçisi, duvarcı, toprak işçisi, dökümcü veya tesviyeci de olsalar, farklı meslekleriyle, *biçimselleştirilmesi imkânsız bir kol zekâsının* ortaya çıktığı maddi dünya arasında ortak, dolaysız bağlantılar, bir karşılık vardı. *Meslek bilgisi* buydu: Sözlerden daha hızlı bir karar ve davranış yeteneği; el becerisi tarafından hemen kontrol edilen duruma uygun dolaysız sentetik zekâ. Çalışma durumu insan yeteneklerine bir meydan okumaydı ve *iyi işçi* bu meydan okumaya karşılık vermeyi bilmekle ve bunu yaparken insanın madde üzerindeki egemenlik gücünü kanıtlamakla övünebilirdi. Bu, makine üzerinde çalışmalardan ziyade, *zaten çok sayıda insan* –madenci, demir–çelik işçisi, bakır işçisi, toprak işçisi, inşaat veya tersane işçisi– *istihdam eden*, güç gerektiren işler için geçerliydi.

Üretimin niteliği, niceliği ve maliyetinin, işçilerin biçimselleştirilemeyen yeteneklerine bağlı olması olgusu, iktisadi akılsallık açısından elbette kabul edilebilir değildi. Üretim, hesaplanabilir ve öngörülebilir olmak için, farklı verimlilik ve hızlarda üretim yapan işçilerin emeğine dayanmaya son vermeliydi. Farklı bireylerin üretken faaliyetlerinin kesinlikle aynı olması gerekiyordu; yükümlülükleri birbirinin yerine geçebilir olmalıydı, aynı ölçülerde değerlendirilebilir ve verimlilikleri karşılaştırılabilir olmalıydı. Bunun için (Max Weber'in doğru olarak gördüğü gibi) çalışmayı emekçilerin kişiliğinden ayırmak gerekiyordu. Çalışmayı, aynı yükümlülüğün toprakların dört bir yanına, hatta dünyanın dört bucağına yerleştirilmiş herhangi bir fabrikada çalışan herhangi bir emekçi tarafından sağlanabileceği biçimde akılcılaştırmak ve şeyleştirmek gerekiyordu. Çalışmanın akılcılaştırılması makinelerin akılcılaştırılmasını ve sonra da standartlaştırılmasını zorunlu kılıyordu. Bu da ürünlerin standartlaştırılmasını ve ürünlerin standartlaştırılması da emekçilerin standartlaştırılmasını zorunlu kılıyordu. Benzer ürünlerin, her yerde benzer "jestlerle" ve benzer yöntemlere göre, benzer parametreli makinelerde imal edilmesi gerekiyordu. Bükreş'te üretilen cıvata somunları Billancourt'da üretilen somunlu vidalara uyacak ve Singapur'da üretilen mikro-dolaşımlar Eindhoven veya Nürnberg'de donatılan aygıtlara uyacak şekilde olmalıydı.

Kapitalist iktisadi akılcılaştırma tarafından başlangıçtan itibaren istenen çalışmanın şeyleştirilmesi ve mesleklerin –giderek tamamlanan, ama asla kesin ve tam olarak değil– imhası, sonuç olarak, dünya ölçeğindeki işbölümü ve ticari bölünme nedeniyle büyük ölçüde geri dönüşsüz kılındı. Bu durum, üretim tekniklerine ve ürünlerin kavranışına bağlıdır. Artık, Lukács'ın inandığı gibi, sadece sermayenin el emeğini bir meta gibi kullanması olgusundan kaynaklanmaz. Çalışma pazarı, yaşam boyu garanti edilmiş bir gelir yararına (dönemin sosyalistlerinin önerdiği gibi)[8] yıkılsa –bu varsayımda, sanayileşmiş ve akılcılaştırılmış meta üretimi, artık üretimin temel biçimi olmasa– bile bu şeyleştirilme ve imha sürer.

8. Amerika Birleşik Devletleri'nde Bellamy, yüzyılın başında Avusturya'da Popper–Lynkeus, 1930'lu yıllarda Fransa'da Jacques Duboin.

Mesleklerin imhasıyla, işçi kültürü ile insanın yaptığı işten duyduğu gurur yok olmaya mahkûm olur. Taylorculaştırılmış fabrika XVIII. yüzyıl fabrika sahiplerinin idealini gerçekleştiriyordu. Bu patronlar için, "yarı-aptal işçiler" hayal edilebilir en iyi el emeğiydi.[9] Bu koşullarda bir çalışma etiği imkânsızdı: Sadece, işçi örgütlerine egemen olmaya devam eden, giderek sayısı azalan profesyonel işçiler tabakası hariç. Ama bu tabaka bile işçi sınıfının ve toplumun geleceğini temsil ettiğini öne süremeyeceğinden, çalışma etiği artık hümanist olamaz ve korporatist, elitist bir karakter kazanır. Taylorculaştırılmış sanayii bir zindan olarak gören (bir diğer zindan da bürodur zaten) emekçi-tüketici kitlesinin gözünde tutucu bir karakter edinir. Çalışma kültürü, var olduğu müddetçe, genel olarak *işçilerin geleceği* falan değil, bir kalıntıydı; o sadece teknik bir kültürdü, *profesyonellerin* kültürü, Almanların "Expertenkultur" diye adlandırdıkları, yani günlük ilişkilerde ne kökü ne de kullanım değeri olan teknik, uzmanlaşmış kısmi bilgiler bütünü olan bir şey.

1965-1975 dönemi boyunca sendikacılıktaki çatlaklar, işçi dünyasının, üretici–işçiler *sınıfı* ile tüketici–emekçiler *kitlesi* halinde ikiye bölünmesinin sonucuydu: "Hiçbir şeyle ve özellikle çalışmalarıyla özdeşleşmeyen" yarı-vasıflı işçiler. *Çalışma ve Sonrası*[10] kitabının yazarlarının gösterdiği gibi yarı-vasıflı işçiler kendilerini *üretici* olarak düşünemez ve "üretimdeki rollerine göre tanımlanmayı" kabul edemezler, "bu rolün hiç olduğu açıkça ortadadır: Yarı-vasıflı işçiler, niteliksiz, basit iş gücü... sıfır, iş, metro, yatak."

---

9. Adam Ferguson *History of Civil Society* adlı kitabında şöyle yazar: "Üretim en çok, zekâdan vazgeçildiğinde ve atölyede, parçaları insanlar olan bir makine olarak kabul edilebildiğinde artar." *Kapital*'de (Kitap I, bölüm XIV) bu bölümü aktaran Marx, ardından Adam Smith ve G. Garnier'nin alıntılarıyla devam eder ve D. Urquhart'tan (*Familiar Words*) aldığı formülle sonuçlandırır: "İşbölümünün daha da ayrıntılandırılması bir halkın öldürülmesi demektir."

10. Danielle Auffray, Thierry Baudouin, Michèle Collin, *Le travail et après...*, Paris, Jean-Pierre Delarge/Laboratoire de Sociologie de la connaissance, 1978. Eser, 1968'den itibaren Lotta Continua ve Potere Operaio hareketlerinin canlandırıcılarının esin kaynağı olmuş İtalyan kuramcılarının (özellikle Mario Tronti ve Antonio Negri) kitle-işçisi ve "işçi özerkliği" hakkındaki anlaşılması güç çalışmalarını daha anlaşılır bir biçimde ele alır.

Ücret, gerçekte hiçbir bireysel gerçekliği olmadığından çalışmanın bedeli olarak görülemez. Fiyatı belirlenen şey çalışma değil, çalışma aletidir... Yani, kişi değil, makine... Burada alete, işletmeye bağlanma da söz konusu olamaz... Kitle-işçisi tekbiçimli, evrensel niteliğini gayet iyi kavradığı somut emeğinin değerini satmaz. Zenginlik üreten kolektif bir sürecin farklılaşmamış unsuru olarak işgücünün azami ücretlendirilmesini ister... "Herkes aynı işi yapıyor, hepimiz aynı ücret istiyoruz ve mümkün olduğunca yüksek bir miktar..." Zorunlu toplumsal faaliyet yoluyla, yani soyut emeğiyle üretilmesine katkıda bulunduğu genel zenginlikten yararlanma hakkı talep eder.[11]

Kısacası, emekçi kitlesini yönlendirici ütopya artık "emekçi iktidarı" değil, emekçi olmaktan çıkma imkânıdır; çalışma *içinde* özgürleşmeye daha az vurgu yapılırken, tam gelir garantisiyle *çalışmaktan* kurtulmaya daha fazla vurgu yapılmaktadır[12].

Sanayileşmiş dünyanın bütününde, yarı-vasıflı işçilerin "çalışmanın bilimsel örgütlenmesi"ne –yani görevlerin Taylorcu paylaşımının aşırı biçimlerine– karşı isyanı bütün olarak sanayinin örgütsüzleşmesine ve ücret maliyetlerinin hızlı artışına yol açtı. Bu isyanın güdülerini pazarlık yapılabilir sendikal taleplerle ifade etmek güçtü, hatta mümkün değildi. Bu şekilde, bir emekçiler kitlesi işçi örgütlerinin sınıf mantığından, politik partilerin ve hükümetlerin aracılık çabalarından kurtuluyordu. Artık vahşi grevler, kitlesel devamsızlıklar ve sabotajlar dönemiydi. İktisadi açıdan en akılcı çalışma örgütlenmesi, hedefine ters bir sonuç yarattı. Çalışmanın maliyetini ve üretkenliğini kesinlikle öngörülebilir ve programlanabilir kılması gerekiyordu. Bu amaçla, çalışmayı dizgelenen ve yaklaşık saniyenin yüzde birinde kronometreyle ölçülen "hareketlere" böldü. Çalışma akılsallığı böylece özerk bir örgütlenme temeline dayanmalı ve el emeğinin öznel kullanımlarına hiç bağlanmamalıydı. Fabrika, işçilerin *işbirliği ruhuna ihtiyaç duymadıkça* daha iyi işlemeliydi. İşçilerin davranışının dışardan düzenlenmesi, makinelerin zorunlu gerekleri olan görünürde anonim bu zorlamalar tarafından "bilimsel olarak" elde edilmeliydi.

11. Danielle Auffray ve diğerleri, *Le travail et après...*, s. 170, 13, 152-153.
12. Önceki her şey için bkz. André Gorz, *Adieux au prolétariat,* III. 1: "Sanayi sonrası proleterlerin sınıf olmayan'ı".

Oysa bu tür programlanmış dışardan düzenlenme, tamamlayıcısı gibi gözüken teşvik edici düzenleme çalışmanın gerekleriyle çelişen arzulara çağrı yaptıkça giderek daha az katlanılır hale gelir. Bu teşvik edici düzenleyicilerin, tüketim toplumunun emekçilerine önerdiği telafi edici tüketimler olduğunu gördük. Bu toplum, öz olarak, hazcı konfor, dolaysız zevk, en az çaba değerlerini öne çıkarırken, yarı-vasıflı işçilerinin çalışmalarında taban tabana zıt değerlere göre davranmalarını istiyordu; ve bunu da iktisadi büyüme ve gösterişçi bir bolluk koşullarında istiyordu. Çalışma yaşamı, çalışma dışı yaşamın yadsınmasıydı ve çalışma dışı yaşam da çalışmanın yadsınması. Tüketim toplumunun çalışmaya verdiği hedef artık çalışmamaktı. Emekçilerin işlevsel birliğini sağlaması gereken güdülenmeler bu birliğin inkârını güdülüyordu: Çalışmanın inkârı.

Çalışmanın akılcılaştırılması, demek ki, artık sınırına ulaşmıştı. Yarı-vasıflı işçilerin isyanı, en iyi iktisadi etkinliğe, ancak iktisadi akılcılaştırmayı sonuçlarının sınırına kadar iterek ulaşılabileceğini gösteriyordu. Çalışmayla özdeşleşme yoluyla yeni bir çalışma etiğini canlandırmayı hedefleyen ve aynı anda birçok düzlemde sürdürülen bir gözden geçirme gerekliydi. Bu yönde harcanan çabalar birçok güdülenime çağrı yapmalıydı:

1. Çalışma, belli görevlerin yeniden oluşturulması sayesinde daha tatmin edici ve özerk kılınmalıydı. Görece olarak karmaşık görevler, çalışmayı anladıkları gibi paylaşabilen, gün boyunca gerçekleşme ritmini değiştirebilen ve sonucunu denetleyen yarı-özerk ekipler tarafından üstlenilmeliydi. Bu örgütlenme, bir zamanlar *faaliyet* ve *işbirliği* olarak yaşanan çalışmaya ilgiyi artırarak, verimliliği yükseltmeyi, devamsızlığı azaltmayı ve özellikle bugüne kadar on işçinin büyük bir fabrikayı felç edebildiği geçici-grevleri imkânsız kılmayı sağlamalıydı.

2. Çalışmanın bu tür yeniden örgütlenmesi, ortak etkileriyle, işsizlikte hızlı bir artışa[13] ve çeşitli ücretli tabakalarının çok büyük

13. İktisadi krizin proletaryayı yola getirmek için kasıtlı olarak kışkırtıldığını

oranda farklılaşmasına yol açan teknolojik bir devrim ve iktisadi bir krizle birlikte ortaya çıkmasaydı, çok sınırlı bir etkiye sahip olurdu. İstihdamın daralması ve teknik yeniden yapılanmalar, sanayide ve sanayileşmiş hizmetlerde çalışan ücretli sayısında çok seçici bir azalmaya imkân tanıyordu: Tekrara dayalı çalışmalar giderek otomatikleştiriliyor veya bilgisayarlaştırılıyordu, yarı-vasıflı işçiler ve işten çıkarılmış vasıfsız işçiler erken emekliye ayrılıyor veya yeniden mesleki eğitim görmeye teşvik ediliyordu. Büyük bir işletmedeki düzenli bir iş, layık olunması gereken bir imtiyaz haline geliyordu. Büyük işletmeler, Japon modeline göre, ana işletmenin eski ücretlileri tarafından kimi zaman yasadışı ve ana işletmenin ayartmasıyla kurulmuş (en aşırı durumda, büyük firmadan ödünç alınan bir sermayeyle özellikle büyük firma için çalışan tek bir "işletmeci"-zanaatkârdan oluşan) genellikle küçük uydu işletmelere azami miktarda ürünü ve hizmeti yaptırmayı öğrendikçe bu işe layık olmak giderek güçleşiyordu.

Böylece, ana işletme, yine Japon modeline göre, vasıfları, teknik değişimleri öğrenme ve uyum sağlama yetenekleri, işbirliğine istekli olmaları ve firmaya bağlılıkları için seçilen bir devamlı işçi çekirdeği koruyabilir. Hem iktisadi krize karşı koymaya hem de çalışma krizini aşmaya tek bir tepki imkân tanımalıdır: Vasıflı işçilerden oluşan seçkin bir tabakanın yeniden yaratılması ve mesleki değerlerin iyileştirilmesi.

Yön değiştirme tamamlanmıştır: Gerçekten de, iktisadi akılcılaştırmanın yerine araçsal bir çalışma anlayışı koymak için ortadan kaldırmaya çabaladığı çalışma ile yaşamın birliğini yeniden oluşturmak söz konusudur. Kriz, rekabet ve teknik değişimlerin şiddetlenmesi sayesinde, işletme, işlevsel bütünleşme yeri olmaktan çıkıp, toplumsal bütünleşme ve mesleki gelişme yeri haline gelmelidir. En azından, "insan kaynakları" denen yeni ideoloji böyledir. Bu ideoloji çeşitli açılardan, ekonomist tüm-akılcılaştırma üzerin-

söylemiyorum. Krizin karmaşık nedenleri vardı –biri, çalışma başına sabit sermaye miktarındaki büyümeye rağmen çalışma maliyetinin patlaması ve üretkenlikte buna karşılık gelecek bir artışın olmamasıdır– bunları *Les Chemins du paradis*, [*Cennetin Yolları*, Çev. T. Ilgaz, Afa Y., 1985], Paris, Galilée, 1983, s. 29-40'da özetledim. (6. tezden 8. teze kadar).

de gelişiyor gözükmektedir. İşgücünün diğerleri gibi bir alet olmadığını açıkça olmasa da kabul eder. İşgücünün etkinliği ve performansının, işletme ortamı, çalışma tatmini, işbirliğinin toplumsal ilişki niteliği, vs gibi hesaplanabilir olmayan unsurlara bağlı olduğunu ve iktisadi akılcılıktan kaynaklanmadıklarını da kabul eder.

Başka açılardan, "insan kaynakları" ideolojisi iktisadi olmayan özlemlerin iktisadi akılcılık tarafından araçsallaştırılmasına –veya Habermas'ın deyişiyle, sömürgeleştirilmesine– zemin hazırlar: Yeni tip işletme bunları sadece üretkenlik ve özel tür bir "rekabet" unsurları olduklarından dikkate almaya çabalayacaktır. Bütün sorun bu dikkate almanın, emekçilerin artan sömürüsüne veya manipülasyonuna mı yoksa niceliksselleştirilemeyen, ekonomi dışı değerlerin, kendi taleplerini dayatabilmek için iktisadi mantığın haklarını kısıtlayabilecekleri ölçüde özerkleştirilmelerine mi yol açacağındadır.

VI

Çalışma ideolojisinin son hali

Emekçinin bir makine gibi çalışmak zorunda kalırsa daha verimli olacağını savunarak görevlerin parçalanmasından yana olanların yanı sıra, "insancıl" bir azınlık her zaman tersini savundu: İnsan bir makine olmadığından yaptığı işi sevmek zorundadır ve verebileceğinin en iyisini vermek için işletmenin hedeflerine katılmalıdır.

Eğer bu tez büyük sanayide asla benimsenmediyse, bu, bir *dizi* nedenle tezin uygulanması güç olduğu içindi: Değişik atölyeler ve büyük fabrikaların bölümleri, her biri nihai ürünün montajını yapacak atölyeleri beslemek için yeterince parça veya organ üreterek belli bir eşzamanlılık içinde çalışmalıydı. Hesaplanırlık ve güvenilirlik fiziksel verimlilik kadar, hatta daha fazla önemliydi. Bürokrasinin en ufak bir işçi özerkliğine bile karşı çıkarak çalışma süreci üzerinde aşırı denetim kurmasını savunan "zaman programcılarının" ağırlığı buradan gelir. William F. Whyte'ın mükemmel eseri *Money and Motivation*'da söylediği gibi: "Yönetim, işçileri denetlemek için harcadığı çabayla öyle meşguldür ki, örgütlenme için öngörülen amacı gözden kaybeder. Habersiz bir misafir, bu amacın üretimi *sağlamak* olduğunu öğrendiğinde kuşkusuz şaşıracaktır. Roy'un koyduğu kuralların kimilerini uygulamak mümkün olsaydı, bunun sonucu üretimin yavaşlaması olurdu."[1]

Ama bu, olayın sadece bir yüzüdür. Denetim ve hesaplanabilirlik saplantısı gerçekte tekniğin ve iktisadın aşılmaz istekleri tarafından çok ender olarak güdülendirilir. Bu istekler, her zaman sermayenin çalışma üzerinde egemenlik kurma isteğinin mazeretleridir de: Yani, işletme hedefleri yapısal olarak emekçiye yabancı, hatta uzlaşmaz ve sonuç olarak kibirli biçimde sırla çevrili kaldıkça, sermaye temsilcilerinin "işten kaytaracaklar"ından daha kesin olarak kuşkulandıkları ve çaba harcamayı "doğal olarak" sevmediğini düşündükleri el emeğine karşı duydukları temel kuşkunun mazeretleridir.

Denetimin ve dolayısıyla egemenliğin teknik gerekliliği küçük veya orta işletmelerde ciddi güçlüklerle karşılaşılmadan aşılabilir. Büyük işletmelerde ise hem teknik (ve uzamsal) örgütlenme ve hem de personelin hiyerarşik yapısına yönelik daha çok çaba gerektiren değişimler pahasına olabilir bu. Birçok örnekten yola çıkan William F. Whyte, işçilerin çalışmalarını sevebilecekleri, işletmenin hedefleriyle birleşecekleri ve genellikle saklı tuttukları üretkenlik ve bilgi yedeklerini harekete geçirecekleri biçimde örgütlenmenin değiştirilebileceğini gösterir. Bu tür yeniden örgütlenmenin başarıları zorunlu olarak yönetim ile örgütlü emekçiler arasında karşılıklı güven ilişkileri kurulmasını, emekçilere özörgütlenme, inisiyatif, kararlara katılım gücü tanınmasını ve sonuçlarla ilgilenmelerini gerektirir.

Bu "katılım" veya birlikte yönetim politikası – otuz yıl sonraki

1. William Foote Whyte, *Money and Motivation. An Analysis of Incentives in Industry*, New York, Harper and Row, 1955, 1970, s. 65-66. New York School of Industrial and Labor Relations, Cornell University'de bir ekip çalışmasının ürünü olan bu eser sorunun farklı boyutlarını aydınlatan bir dizi monografi sunar.

"kalite çemberleri" planından bile ileri olan Scanlon Planı bunun en iyi örneklerinden biriydi[2]– bununla birlikte er veya geç şu engele çarpar: Satış hacminin en azından çalışma üretkenliği ile aynı ritimde artması gerekir, bu olmadan personelin iş güvenliği garanti edilemez. Oysa gerektiği gibi güdülenmiş bir işgücü, üretkenliği şaşırtıcı oranlarda (Whyte[3] tarafından belirtilen örneklerde, izleyen birçok yıl boyunca yılda % 20) yükseltmeyi başarabilir. Satış hacmi bu tempoda artmaya devam edemez. Maliyetleri düşürmek için yönetimin fiili çalışan sayısını azaltma kararı vereceği an kaçınılmaz olarak gelir. Böylece işletmedeki karar gücünü tek başına eline alır. Çalışmanın ve sermayenin "partnerliği" birden yıkılır; emekçiler, yönetimle işbirliklerinin bir enayi pazarlığı olduğunu görürler; uzlaşmaz sınıf ilişkileri yeniden üstün gelir.[4]

A. ÇALIŞMA SEÇKİNLERİ

Emekçilerle yönetim arasındaki işbirliği sistemi, eğer yönetim ücretlilerine iş güvenliği, yani, *yaşam boyu iş* garantisi vermezse sürmeyecektir. Japon modeline göre, işletmede toplumsal *birlik* ancak bu koşulda var olabilir. Ama, ücretlilerine yaşam boyu işi garanti etmek için, büyük Japon firmaları, ana firmanın bizzat üstlenmekte yaşamsal bir çıkarının olmadığı ürünleri ve hizmet yükümlülüklerini geniş bir periferik işletmeler ağıyla taşeron olarak yaptırırlar.

Bu taşeron işletmeler konjonktürel çalkantıların amortisörü olarak hizmet görür: Talebin gelişimine göre işçi işe alır ve işten çıkarırlar; çalışanlar genellikle sendikal veya sosyal koruma altında değillerse bu işlem daha çabuk olur. *Ana firmada iş güvenliğinin arka yüzü, ekonominin geri kalanında geçici iş ve toplumsal güven-*

2. William F. Whyte, *Money and Motivation...*, s. 259 ve devamı. İşletme danışmanı olan bir demirçelik işçisinin adından alınan Scanlon Planı 1940'lı yılların sonlarından itibaren Amerika Birleşik Devletleri'ndeki orta işletmelerde denenmiştir. Daha sonra Japon sanayileri tarafından denenmiş ve 1970'li yılların sonundan itibaren Japon versiyonuyla yeniden ülkeye getirilmiştir.
3. William F. Whyte, *Money and Motivation...*, s. 166 ve devamı.
4. İşten çıkarmaya rıza gösteren büyük Japon işletmeleri de, 1987'den itibaren, yavaş yavaş aynı deneyimi yaşadılar.

sizliktir. Ömür boyu iş ve emekçilerin toplumsal bütünleşmesi (1987 yılında, yaşlı emekçilerin yerinin boş bırakılması ve erken emeklilik ile işçi sayısındaki azalmayla belirlenen bir eğilimle Japonya'daki ücretli işçilerin yaklaşık % 25'ine) *bir seçkinler tabakasına ayrılmış imtiyazlardır.* Bu seçkinler, ancak ikiye bölünmüş bir toplum çerçevesinde iktisadi akılsallıkla uyum sağlayabilir. Bu toplumsal bölünme (veya "ikileşme") 1970'li yılların ortasından itibaren bütün sanayileşmiş toplumların egemen çizgisi haline gelmiştir.

Gerçekten de, bundan böyle, geçici işçilerin, vekâleten çalışanların, işsizlerin ve "küçük işler"de çalışanların giderek sayıları artan kitlesine karşı, işletmelerine bağlı, imtiyazlı bir sürekli işçi tabakası her yerde vardır. Japonya'da kültürel bağları olan seçkin bir emekçiler çekirdeğinin işletmeyle bütünleşmesi, robotlaşma yolundaki bütün sanayiler için teknik bir zorunluluk haline gelmiştir. Artık sorun, yönetimin zorlamak yerine, emekçilerini güven ve işbirliği ilişkileriyle güdülendirmeyi dileyip dilemediğini bilmek değildir. Tercih şansı yoktur: Ancak Taylorlaşmış üretim zinciri ve yarı-vasıflı işçiler yerine robotlaştırılmış tesisler kurarak maliyetleri ni düşürebilir; bu robotlaşmış tesisler de fabrikanın en azından bazı bölümlerinde yeni tip bir emekçi gerektirir.

İlerde daha yakından göreceğimiz gibi, bu emekçi, birden fazla iş yapan bir ekibin içinde, otomatikleştirilmiş bir tesisin gidişatını üstlenecek yetenekte olmalıdır. Hızlı tepki vermeye yetenekli olmalıdır; duruma göre kendi şeflerinin görevlerini paylaşan işçi arkadaşlarıyla işbirliği yapmalıdır; özerkliğe ve sorumluluk duygusuna sahip olmalıdır. Demek ki yönetim, fiziksel olarak, başka sanayilerde olduğu gibi otomobil sanayiinde de kimi bölümleri denetleyen, birden fazla iş yapan ekipleri yönetmekten, kadroya almaktan, denetlemekten acizdir. Bu yeni tip emekçilere bağlanması, onlara psikolojik ve toplumsal açıdan değer vermesi, fabrikanın ve portakal rengi gömleği, temiz elleri, uyanık bilinciyle geleneksel işçi imajıyla hiç ilişkisi olmayan "üretim görevlisinin" yeni imajını oluşturması gerekir.

"İnsan kaynakları" ideolojisi buradan kaynaklanır. Bu ideolojinin tipik, neredeyse karikatürleştirilmiş ifadesi bir üniversite görevlisinin[5] yaptığı övgü dolu konuşmada görülür: "Bütünleşmiş, çokboyutlu, bireysel ve kolektif inisiyatiflerin gelişim yeri, iktisadi ve toplumsal ilerlemenin motoru olarak kavranan insani işletme."

> Bu yeni işletme imajı bundan böyle kendini toplumsal partnerlere dayatır. Kimi sendikalar burada sermaye ve emek arasındaki uzlaşmazlık üzerinde kurulan hak talep etme biçimlerinin tartışma konusu yapılmasının doğrulandığını bile görüyorlar... Bütün incelemeler (*sic*) gösteriyor ki, sadece Taylorcu bir örgütlenmede standartlaştırılmış ve maddi görevleri yerine getirmek için işe alınan vasıfsız personel talebi yok olma eğilimindedir. Şimdi artık insanı hem hayvandan hem de makineden ayıran, her düzeyde (*sic*) evrensel olarak (*resic*) istenir hale gelen nitelikleridir, yani teknikleri ve çevreyi kavrayışı, inisiyatif ve yenilik ruhu, nitelik kaygısı, iletişim yeteneği, zamanın ve çatışmaların yönetimi konusundaki anlayışıdır. Kimliksiz emekçi (...) yerini zeki, örgütlü, kişiselleşmiş yetenekleri olan ve işletmenin genel olarak bir kariyer stratejisi geliştirmeye teşvik ettiği emekçiye bırakmıştır.

Gerçekte, bu yeni tip emekçinin tanımı bir gerçekliği değil, sanayinin *bir bölümünde eğilim olarak* ortaya çıkan bir "paradigma değişimini" yansıtmaktadır. Bu konuda oldukça ayrıntılı bir araştırma yapmış ve çalışmanın "yeniden profesyonelleştirilmesi" tezini kararlı biçimde savunan Kern ve Schumann, bununla birlikte, Avrupa'nın en çok robotlaştırılmış fabrikasında (Volkswagen) yeni tip emekçi sayısının, yüz bin (bakım işçileri de eklenirse üç, dört misli daha fazla) ücretli işçi üzerinden azami bin ücretliyi temsil ettiğini ve "ileriki yıllarda sayılarında çok güçlü bir artış beklense de, bir azınlık olmaktan kurtulamayacaklarını" saptarlar.[6]

Ücretlilerin kişisel gelişme yeri olarak görülen işletme imajı, demek ki, temelde ideolojik bir icattır. Gerçek dönüşümlerin algılanmasına engel olur. Şöyle ki: Çalışmanın yerine makineleri koyan işletme, önceden istihdam ettiği fiili çalışan sayısının çok az bir bölümüyle daha çok ve daha iyi üretir ve seçtiği seçkin emekçi-

5. "İktisadi düşüncenin ölümü ve dirilmesi", Danièle Blondel, Paris-Dauphine Üniversitesi'nde profesör, *Le Monde*, 1 Nisan 1986.
6. Horst Kern, Michael Schumann, *Das Ende der Arbeitsteilung?*, Verlag C. H. Beck, Münih, 1984, s. 98.

lere imtiyazlar sunar; bunların bedeli ise çok sayıdaki emekçinin işsizliği, işin geçiciliği, artan sayıda insanın niteliksiz emeğe dönüşmesi ve iş güvencesinden yoksun kalmasıdır.

Demek ki teknolojik değişimin sonucu, işçi sınıfının parçalara ayrılması ve bütünlüğünün bozulmasıdır. Çalışma etiği adına, sermayeyle işbirliği yapan seçkin işçiler kazanır; kitle ise geçici işlerde kalır veya marjinalleşir ve istihdam edilen fiili işçi sayısını talep değişimlerine hızla uyarlayabilmek isteyen bir sanayiye yedek ordu olarak hizmet eder. Alman Sendikaları Araştırma Enstitüsü'ne bağlı bir araştırıcı, Wolfgang Lecher, bu konuda aşağıdaki tahlili sunar.[7]

B. GEÇİCİ İŞÇİLER VE İŞSİZLER

İşletmeler, esneklik stratejisini aynı anda iki düzlemde uygular: Firmaya ait personelin sabit çekirdeğinin işlevsel bir esnekliği olmalıdır; periferik işgücü ise, sayısal bir esneklik gösterebilmelidir. Başka deyişle, "geniş bir vasıflılık yelpazesi içerisindeki düzenli emekçiler çekirdeği etrafında, daha az ve daha dar vasıflı periferik bir işgücü, konjonktürün dalgalanmalarına göre sık sık değişip durur."

Düzenli çekirdek, iş güvenliği karşılığında, hem kısa vadeli (görev değişimi, yetki genişlemesi) hem de uzun vadeli (yeniden yetiştirilme, kariyer planında değişim) mesleki hareketliliği kabul etmelidir.

Periferik el emeği, iki tabakadan oluşur: Birincisi sürekli işçi sıfatıyla büro işlerinde, tesislerin bekçilik, bakım ve denenmesinde istihdam edilir. Yüksek niteliğe sahip değildir ve yenilenebilir, işsizlerin işe alınmasıyla gönüllü olarak sayıları tamamlanabilir veya yerlerine başkaları alınabilir. Geçici sıfatla ve genellikle, konjonktür gerektirdiğinde kısmi bir süre istihdam edilen periferik emekçi-

7. Wolfgang Lecher, "Zum zukünftigen Verhältnis von Erwerbsarbeit und Eigenarbeit aus gewerkschaftlicher Sicht," *WSI Mitteilungen*, 3, 1986, Bund Verlag, Düsseldorf, s. 256 ve devamı.

lerin ikinci tabakası buradan doğar. Geçici ve kısmi bir süre vekâleten çalışan işçilerinin oranını isteyerek şişiren veya azaltan işletme, fiili çalışanlarını pazarın çalkantılarına en uygun biçimde ayarlayabilir. Pratik olarak tükenmeyen bir işsizler rezervinin varlığı bu imkânı verir.

Nihayet, *dış işgücü*, hem çok nitelikli meslek sahiplerini (bilgisayarcılar, uzman-muhasipler) hem de özel bir vasfı olmayan personeli (temizlik, ulaşım, restorasyon hizmetleri, vs) ve çok sayıdaki taşeronun oynak, tesadüfi işgücünü kapsar.

Lecher, 1990'lı yıllar boyunca, işgücünün şu üç kategori arasında aşağıdaki oranlarda dağılacağı görüşündedir: % 25 düzenli çekirdekte, % 25 periferide sürekli işçi sıfatıyla, % 50 dış veya periferik. geçici, tesadüfi, niteliksiz işlerde. Lecher'in değerlendirmesine destek olarak, İngiltere'de geçici, kısmi süre çalışan veya "küçük işler" yapan emekçi sayısının 1981'de yedi milyondan azken 1985'te sekiz milyonu geçtiği, yani bir işte çalışan nüfusun üçte biri olduğu söylenebilir. % 11 ile % 14 arası işsiz de buna eklendiğinde, Lecher'nin sonuçta üçüncü kategori için öngördüğü % 50'lere yaklaşılır. Çok esnek ve genellikle modern biçimler altında taşeronluğun çok daha gelişmiş olduğu İtalya'da istatistikler güvenilir olsaydı, muhtemelen yaklaşık oranlar elde edilirdi.[8]

Mesleğinden gurur duyan, yaptığı işe egemen, iş teknikleriyle aynı tempoda gelişebilen yeni tip emekçi figürü patronların çalışma hümanizmasına verdikleri gecikmiş bir tavizden doğmamıştır. Teknolojik değişimlerin sonucu olan bir zorunluluğa denk düşer. Sermaye işçi sınıfının bütünlüğünü, sendikal hareketi ve toplumsal dayanışma ve bağlardan geri kalanları parçalamak için bu zorunluluğu bir levye olarak kullanır. Bunu yapmak için, *çalışma ütopyasının değerlerini kendi hesabına geçirmesi* yeter: Bu değerler, üretim araçlarının emekçiler tarafından sahiplenilmesi (yani tekniğin yeniden mal edilmesi); çalışmada bireysel kapasitelerin tam olarak gelişmesi; ve mesleğin ve meslek etiğinin değer kazanmasıdır.

İşçi imajının yeniden değer kazanması patronlar açısından akıl-

8. Amerika Birleşik Devletleri'nde, işsiz ve yılda altı aydan az çalışanların oranı % 25'tir; her türlü sosyal güvenceden yoksun ve boğaz tokluğuna çalışan % 30 oranındaki geçici toprak işçileri de buna eklenmelidir.

cı bir hesaba dayanır: Önemli olan sadece, vazgeçemeyeceği bir işçi seçkinini işletmeye bağlamak ve onunla bütünleştirmek değildir; bu seçkine farklı bir toplumsal kimlik ve saygınlık vererek, onu köken olarak bağlı olduğu sınıfından ve sınıf örgütlerinden koparmak da önemlidir. Bu seçkin, ikiye bölünmüş ("ikileşmiş") toplumda, "dövüşen ve kazananlar"a ve çaba göstermekten tiksinen kitlelerden farklı bir statüyü hak edenlere ait olmalıdır. Dolayısıyla, seçkin işçi kendi bağımsız sendikalarına, işletmeleriyle birlikte mali olarak desteklenen kendi sosyal sigortalarına sahip olması için teşvik edilecektir. Aynı zamanda, onu tecrit ederek ve imtiyazları üzerinde ısrarla durarak pazarlık veya hak talep etme kapasitesi de sınırlanacaktır: Seçkin işçi tabakasına dahil edilecekler, çok sayıda aday arasından seçilir; iş ve gelir güvenliğinden, herkesin arzuladığı bir tür çalışmadan ve terfi imkânlarından yararlanırlar. Ve özellikle statülerini, mesleki açıdan en yetenekli, iktisadi açıdan en verimli, bireysel açıdan en çalışkan olmalarına borçludurlar.

C. SENDİKACILIĞIN KRİZİ

Patronların bu söylemi ve içerdiği strateji, çalışma ütopyasının ayrılmaz parçası olan, her işte nitelikli ve egemen işçi idealine büyük ölçüde uygun olduğu ölçüde, sendikacılık tarihinin en ciddi krizine neden oldu. Sendikal örgütlenme, temel gücünü profesyonel işçiler arasından aldığı Federal Almanya'da olduğu gibi, hızlı bir yeni-korporatist yozlaşmayla karşı karşıya kalır. Çünkü, Lecher'in deyişiyle, "çalışma ile sermayenin çıkarlarının uzlaşmazlığı, bir yandan periferik emekçilerin sabit çekirdeği ile diğer yandan işsizlerin çıkarları arasındaki büyüyen uzlaşmazlığın gölgesinde kalır. Sendikalar, düzenli işçilerin görece az ve imtiyazlı bir kategorisi için bir tür karşılıklı yardımlaşma ortaklığı olma tehdidi oluşturur."[9]

Buna karşılık, sendika özellikle yarı-vasıflı işçiler arasında güçlü bir yer edinmişse –pratik olarak yabancı işgücünün olmadığı ve

9. Wolfgang Lecher, "Überleben in einer veränderten Welt. Ein Konzept für die zukünftige Arbeit der Gewerkschaften," *Die Ziet* (Hamburg)18, 26 Nisan 1985, s. 44-45.

vasıfsız işçilerin iş güvenliklerini sendikal örgütlenmelerine borçlu oldukları İtalya örneğinde olduğu gibi–, o zaman, sendikalar nazik bir durumda kalırlar. Emekçilerin sayıca azalan bir kategorisinde güçlü olurlar ve çok yaygınlaşan iki kategoride zayıf: Geçici işçilerin, işsizlerin ve "küçük işler"de çalışanların genişleyen, ama zor örgütlenen kitlesi; ve sendika evleri veya küçük meslek sendikalarının kurulması yoluyla özel çıkarlarını savunmaya güçlü bir eğilim gösteren "yeniden profesyonelleştirilmiş" yeni seçkin emekçiler arasında sendikal örgütlenme zayıftır.

İtalya benzeri bir durumda, sendikaların pazarlık gücü ve siyasi etkisi, demek ki, yeni çalışma elitinin özel çıkar ve özlemlerini savunma yeteneklerine bağlı olacaktır. Yine de diğer kategorilerin özlem ve çıkarlarını feda etmez. Görev zordur: Mevcut ayrımları aşarak, emekçilerin kültürel, ahlaki ve siyasi güdülenmelerine çağrı yapan ve herkesin paylaştığı dolaysız hedeflerde ifade edilen bir toplum projesi öngörür.[10]

Diğer yandan, Almanya örneğinde, imtiyazlı seçkin emekçiler tarafından yönetilen sendika, periferik işçilerle, işsizler ve geçici işçilerle ilgilenmeme gibi tehlikeli bir eğilim taşır. Patronlarla, bilinçli veya bilinçsiz olarak, "kazananların" ve "yeterli olanların" "yeterli olmayanlara" ve "tembellere" karşı ideolojik ittifakını oluşturur. Burada da sorun, Peter Glotz'un formülüne göre, "güçlülerin zayıflarla dayanışmasını" başarmaktır.[11]

10. Bu konuda bkz. "Yeni–Korporatizm ve Görevlerinin Genişlemesi Arasında Sendikalar," Ek Bölüm, s. 261.

11. Peter Glotz, *Manifest für eine neue europäische Linke,* Siedler Verlag, Berlin, 1985. (Fransızca çevirisi, *Manifeste pour une nouvelle gauche européen*, Aube yayınlarından çıktı, Aix–en–Provence, 1987.) Peter Glotz 1981'den 1987'ye SPD'nin yürütme sekreteriydi.
Fransa'daki durum da, çok düşük sendikalaşma oranıyla şiddetlenen Almanya ve İtalya'nın durumları kadar güçtür. Çökmekte olan işçi kesimlerinde ve çöken sanayilerde yayılma ihtimali daha güçlü olan CGT, ancak kimi kamu hizmetlerindeki (elektrik, ulaşım, belediye hizmetleri) egemen konumu sayesinde eylem gücünü korumaktadır. Ama bu eylemler, devletten dolaylı veya dolaysız ücret alan diğer sendikalı işçilerin eylemleri gibi, FO ve FEN (Öğretmen Sendikası) nezdinde, ortalamanın çok üstünde bir oranda, çok belirgin olarak kısmi ve korporatif bir niteliğe sahiptirler. Teknolojik değişimin, toplumsal olarak zorunlu çalışma miktarındaki azalmanın, ücretli tabakalarının yeni farklılaşması ve çalışmanın zorunlu yeniden dağılımının dayattığı temel sorunlarla karşılaşmazlar. Bu sorunları

Oysa bu dayanışma ancak çalışma etiğinden ve çalışma ütopyası diye adlandırdığımız şeyden ayrılan bir perspektif içinde mümkündür. Bu ütopya –ve verimlilik, çaba, profesyonelleşme etiği– *çalışmanın artık temel üretici güç olmadığı* ve sonuç olarak, *herkes için yeterince sürekli iş olmadığı* bir durumda tüm hümanist içeriğinden yoksun kalır. Bu durumda, çabanın yüceltilmesi, meslekle yaşamın birliğinin onaylanması ancak ücreti iyi, nitelikli ve düzenli işleri kendine ayıran ve bu gaspı da yüksek nitelikleri adına haklı gösteren imtiyazlı bir seçkin tabakanın ideolojisi olabilir. Çalışma ideolojisi, çaba ahlâkı bundan böyle aşırı–rekabetçi egoizmin ve kariyerizmin kılıfı olur: En iyiler kazanır, diğerlerinin ise kendilerine öfkelenmekten başka ellerinden bir şey gelmez; çalışmayı cesaretlendirmek ve ödüllendirmek gerekir, dolayısıyla işsizlere, yoksullara ve diğer "tembellere" ödün verilmemelidir.

Avrupa'daki en açık ifadesi Thatcherizm olan bu ideolojide, sermaye açısından, kesin bir akılsallık vardır: Güç yenilenebilir (en azından şimdilik) bir işgücünü güdülendirmek ve maddi olarak denetlenemeyeceğinden ideolojik olarak denetlemek söz konusudur. Bunun için, çalışma etiğini korumak gerekir. Seçkin işçileri daha az imtiyazlılara bağlayabilecek dayanışmayı yıkmak, *mümkün olduğunca fazla çalışarak* kendi çıkarından başka topluluğun çıkarına da daha iyi hizmet edeceğine onu inandırmak gerekir. Dolayısıyla, yapısal olarak fazlalık konumundaki bir işgücünün sürekli büyüdüğünü ve düzenli ve tam gün işlerde büyüyen bir yapısal kıtlık olduğu olgusunu gizlemek gerekir; kısacası *ekonominin*[12] herkesin çalışmasına ihtiyacı olmadığını ve bundan sonra da daha az ihtiyacı olacağını gizlemek gerekir. Ve sonuç olarak, "çalışma toplumu"nun hükümsüz olduğunu gizlemek gerek: Çalışma, artık toplumsal bütünleşmenin temeli değildir. Ama, bu olguları gizlemek için, işsizliğin ve geçici işlerin artışının yerine geçebilecek açıklamalar bulmak gerekir. Dolayısıyla, işsizlerin ve geçici işçilerin ger-

---

az veya çok başarıyla ele alan CFDT'nin bunları pratik olarak kolektif eylem çerçevesinde koymak için yeterince güçlü bir yaygınlığı yoktur.

12. *İktisat dışında* yapacak çok şeyin olması başka bir sorundur. İktisat dışı çalışmanın iktisadi hedefli çalışmadan nerede ayrıldığını ve statüsünün bu farkı nasıl yansıtması gerektiğini göstermek için bu konuya tekrar döneceğiz.

çekten iş aramadıkları, yeterli mesleki yetenekleri olmadığı, çok cömert işsizlik tazminatlarıyla tembelliğe teşvik edildikleri, vs söylenecektir. Bütün bu insanların yapabildikleri çok az şey karşılığında çok yüksek ücretler aldıkları, dolayısıyla, aşırı yükler altında ezilen ekonominin artık büyüyen sayıda iş yaratmak için gerekli dinamizminin olmadığı söylenecektir. Ve sonuç olarak şöyle denecektir: "İşsizliği yenmek için daha çok çalışmak gerek."

Bu ideolojinin sermayenin mantığındaki işlevselliği, bütün emekçilerin açıkça gördüğü bir şey değildir. Çünkü bu ideolojinin birçok izleği işçi hareketinin geleneksel ideolojisine çok iyi uymaktadır. Geleneksel solun ve sendikaların küçümsenemeyecek bir bölümü kendi değerleri temelinde bu ideolojiye katılırlar. Ekonomik olarak zorunlu toptan çalışma hacminin azaldığı bir durumda, seçkin emekçilerin imtiyazlarının arka yüzünün, zorunlu olarak büyüyen bir işsiz, süreksiz ve geçici işçi kitlelerinin toplumsal dışlanması olduğunu görmezler (veya görmek istemezler). Bu koşullarda, mümkün olduğunca çok çalışmanın anlamı, kolektiviteye hizmet etmek değil, başkalarının açgözlülüğüne karşı savunulan bir imtiyazın zilyeti olarak davranmaktır. Burada çalışma ahlâkı tersine döner: Sahip olanın bencilliğine.

İşçi sınıfının imtiyazlı bir bölümünün çok sayıda bilim dalına, çalışma özerkliğine ve yetkilerin sürekli zenginleşmesine, işçi hareketindeki özyönetimci akımların ideali olan her şeye ulaşabildiği an bile, bu idealin içinde gerçekleştiği koşullar idealin anlamını kökten değiştirir. Özyönetim imkânlarına ve büyüyen teknik güçlere ulaşan *işçi sınıfı* değil, yeni tip işletmelerle bütünleşmiş küçük bir imtiyazlı emekçiler çekirdeğidir. Bunun bedeli ise, verimsiz ve tesadüfi bir işten, ilgilerinin olmadığı başka bir işe geçen insanlar kitlesinin marjinalleşmesi ve geçici işler peşinde koşmasıdır. Bu insanlar, düzenli geliri olan erkek ve kadınlara, (ayakkabı boyacılığı ve ev işçiliği dahil) kişisel hizmetleri satma imtiyazını kimin kazanacağını genellikle tartışmak zorunda kalırlar.

İşçi sınıfının taşıyıcısı olduğu dayanışma, hakkaniyet ve kardeşlik değerleri, bu koşullarda, çalışma aşkı için çalışma isteğini değil, üretilen iş ve zenginliklerin adil dağılımını gerektirir: Yani, çalışma süresinin yöntemli, programlı ve kitlesel olarak azaltılması politikasını gerektirir (gelir kaybı olmadan; bu konuya geleceğim[13]).

Herkesin, zamanını ve çabasını esirgemeden, tutkuyla göreve katılmasını sağlayan görevlerin yeniden profesyonelleştirilmesine engel olacağı gerekçesiyle böyle bir politikayı reddetmek, kavramsal ret adına, ekonominin gerçek ikiliğini desteklemektir. Toplumun ikiliği, *herkes için* tam gün ve tutkulu çalışma anlamına gelen bu imkânsız ütopya tarafından önlenemez. Bu ikilik, çalışmayı niteliksizleştirmeden ve de parçalamadan, çalışmanın süresini herkes için azaltarak çalışmayı yeniden dağıtacak formüller tarafından durdurulacak ve ardından yeniden bütünleşme sağlanacaktır. Bu mümkündür. Toplumun kalıcı biçimde Güney Afrikalılaştırılmasını engellemek için, başka bir ütopya bulmak gerekiyor.

---

13. Bkz. bu eserin 1/III. Bölüm'ü.

VII

Anlam arayışı 1:
Çalışmanın son biçimleri

Şimdi, yeni tip emekçilerin mesleki amaçlarını daha yakından incelemeyi öneriyorum. Çünkü, onların seçkin bir azınlık olduklarını ve önemli imtiyazlardan yararlandıklarını söylemek yetmez. Geçen yüzyılın profesyonel işçilerinin durumu da farklı değildi. Bu onların işçi hareketini inşa etmelerini ve mücadelenin öncüsü olmalarını engellemedi. Yeni çalışma seçkinleri de, kendi tarzında, yeni bir öncü olamazlar mı?

Birçok sendikacının tezi budur. Bunu hafife almamak gerekir. Güncel teknolojik devrim, büyük ölçüde, üzerinde yükseldiği emekçilerin yaptığı şey olacaktır. Bu devrim, tartışmasız teknik buyruklara göre gelişen, tamamen anonim bir süreç değildir. Bu sürece katılan insanların çalışmasıyla gerçekleşecektir ve bu insanların her şekle girmeleri mümkün değildir. Direnişleri, talepleri belirleyicidir. Teknolojik devrimin hızlı veya yavaş iyi veya kötü, tam veya eksik gelişmesi onlara bağlıdır. Yeni tip işçinin, yeni insan tipinin ve oluşmakta olan toplumun görünümü de, en azından kısmen, onlara bağlıdır. Bu insanların birbirlerine sadece korporatif bir ruhla bağlı olarak işletmelerinin rehineleri ve tutsakları veya işçi sınıfının az çok savaşçı ve etkili bir kesimi olması sendikacılığa bağlıdır. Demek ki, teknolojik değişimin biçimleri ve temposu üzerinde sendikacılığın uygulamayı başaracağı etki gelecek için belirleyicidir: Hem çalışmanın, hem de toplumun ve sendikacılığın geleceği için. Gerçekler bunlardır.

Yeni tip işçinin ortaya koyduğu sorunlar başka bir düzeydedir: Sendikacılık, yeni-korporatizme düşmeden, yeni tip işçilerin özgül çıkarlarını nereye kadar benimseyebilir? Bu sorunu daha önce de sosyo-politik açıdan ele aldım. Bunu, doğrudan mesleki açıdan da sormak gerek. Gerçekte, bu yeni seçkinlerle ilişkiyi kaybetmek kaygısı içindeki işçi hareketinin bazı teorisyenlerinde, bu seçkinleri Marxçı çalışma ütopyasını gerçekleştirecek bir öncü olarak görme eğilimi vardır. Kern ve Schumann'ın ve bazı açılardan Sabel ve Piore'nin görüşleri böyledir.[1] "Makinenin efendisi" işçinin, çalışarak egemenliğini gerçekleştiren emekçinin doğduğuna inanmaktadırlar; (sadece parçalara ayırmayı değil) işbölümünü aşacak biçimde görevleri yeniden oluşturmanın mümkün olduğuna inanmaktadırlar. Emekçi işiyle özdeşleşebilmeli ve bu özdeşleşmeden gücünün ve özgürleştirici misyonunun bilincini edinmelidir. Bütünlüklü bir mesleğe yeniden sahip olabilir, bütün bir ürün imal edebilir, çalışırken gelişebilir, çalışma hümanizmasını yeni bir biçimde somutlaştırabilir. Kısacası, çalışma ile yaşamın, çalışma kültürüyle genel anlamda kültürün birliğini gerçekleştirebilir.

Bu durumda, yeni işçi seçkinini –şaka yapmıyorum– yeni bir şövalye olarak görmek mümkün olacaktır. Bu, Oskar Negt tarafın-

1. Bkz. Michael J. Piore, Charles F. Sabel, *The Second Industrial Divide*, New York, Basic Books, 1984.

dan tasarlanan bir hipotezdir (veya bir tez). Gerçekten de, tam bir şövalye gibi, yeni seçkinler iktidar aletlerini elinde bulunduracaktır: Bütün ekonomi, dahası bütün kolektif yaşam elinde olacaktır. Her şey onun sayesinde işleyecektir, o olmadan hiçbir şey işlemeyecektir. İktidarı, sorumluluğu, çalışması "yapısal olarak politik"tir.[2] Başka deyişle, sorumluluklarının ve iktidarının yayılması nedeniyle, politik kararlarda söz söyleme veya denetleme hakkını fiili olarak elinde tutar. Kısmen, kriz anındaki ordu gibi. Yeni çalışma seçkini, politik kararlar üzerindeki bu denetleme ve etkileme gücünü, varsayım olarak, mesleki kültürünün ve görevlerinin doğasının ona emanet ettiği evrensel değerler adına uygulayacaktır. Bu görevler, gerçekte, yeni tip emekçiden kafa ve kol yeteneklerinin tümünü geliştirmesini ve tüm üretim döngüsünü kavramasını talep eder. Çalışma, her bireyin egemenliğini ve başkalarıyla özgürce işbirliği yapma yeteneğini gerektirir.

Bireyin çalışmasının içinde ve çalışması aracılığıyla yaşam koşulları üzerinde egemenliğe yeniden kavuşacağı fikri Kern ve Schumann'da merkezi bir önem kazanır. Gerçekten de, mesleki çalışmaları egemenliklerinin uygulanmasıyla çakışan egemen bireylerin, insanları ezen, aşağılayan, indirgenmiş ve cılız varlıklar yapan her şeyle mücadeleye eğilimli oldukları düşünülebilir. Yeni çalışma seçkini, kültürel ve politik olarak, geçen yüzyılın ilkokul öğretmenlerine veya kahramanlık çağının, salgınlara karşı mücadele içinde kamu sağlığının, beslenme ve konut koşullarının önemini anlamış doktorlarına benzeyen bir rol oynayabilir.

Burada, kimi çalışma sosyologlarının çıkardığı sonuçları gizlice destekleyen varsayımları veya postulatları belirgin biçimde formüle etmekle yetiniyorum. Şimdi bu sonuçları yeni tip çalışmanın analitik tanımlarıyla karşılaştıracağım. Açıklanması gereken temel

2. "İşçinin sorumluluğu *siyasi bir sorumluluktur...* Toplumsal zenginliğin üretimi, dolaysız bir kafa-kol emeği çalışmasından çok sorumlulukların bilinçli olarak düzenlenmesi faaliyetinden kaynaklanır. *Çalışma yapısal olarak siyasi bir çalışma haline gelmiştir.*" Oskar Negt, *Lebendige Arbeit, enteignete Zeit,* Campus Verlag, Frankfurt, 1984, s. 191–192. Habermas'ın eski öğrencisi Negt, 1960'lı yılların öğrenci hareketinin önde gelen liderlerinden ve teorisyenlerindendir. Sendikal solun sözü geçen teorisyenlerinden biri olarak Hanover Üniversitesi'nde sosyoloji okutmaktadır.

soru şudur: Yeni çalışma seçkini mesleğiyle özdeşleşerek, toplumun bütün alanlarını ve tüm bireyi özgürleştirecek bir eğilim çıkarabilir mi? Geçen yüzyılın ilkokul öğretmeni veya doktoru için geçerli olan onun için de geçerli midir? Mesleğinin, toplumu özgürlük yönünde ilerletmeye katılmadan özdeşleşilemeyecek, yapısal olarak politik ve militan bir boyutu var mıdır?

İşte öncelikle, (bağımsız komünist) gündelik *Il Manifesto* gazetesinde çıkmış ve Inox takma adıyla yazılmış bir tahlil:

> Bilgisayarın girişi üretim biçimlerinde aşağıdaki gibi özetlenebilecek bir değişime neden oldu: Ürünün dolaysız dönüşümü giderek daha çok doğrudan hammadde üzerinde işlemler gerçekleştiren makine tarafından yürütüldü; işçinin sadece besleme, yerleştirme, denetleme ve kaldırma görevleri vardı ve bu görevler basit veya karmaşık olabilirdi.
> Ama değişen sadece insan ile makine arasındaki işbölümü değil, çalışma sürecinin içindeki görevlerin dağılımıdır da: Tekrara dayalı görevlerin parçalanmasından, aşırı ölçüde bütünleştirilmiş, etkileşim gücü yüksek süreçlere geçildi. Bütünleşme ve bağlantı üretimleri kendi aralarında ve üretimle yönetimi bağlayan bilgisayarlı modellerin kullanılmasıyla sağlandı (...). Denetleme ve düzenleme faaliyetleri daha ilginç olduğundan, *işçinin faaliyeti*, dolaylı veya ikinci dereceden hale geldi.
> İşçinin yetki, bilgi ve gücü artık çalışma malzemelerine, makineyi ve aletleri kullanma yeteneğine, çalışma temposunun denetimine yönelik değildir. Üretken süreci *yönetim sistemine* yöneliktir. İşçi esas olarak simgeleri ve göstergeleri bilerek ve çözerek çalışır. Dönüşen malzemeyi ellemez, dokunmaz ve çoğu zaman, kapalı devre bir televizyondan izlemek dışında, görmez bile. Hatta bir televizyon aracılığıyla bile değil, sadece grafik simgelerin, eğrilerin veya rakamların geçtiği bir görüntüleme ekranı aracılığıyla bakar. Dönüşüm süreci doğrudan kavranabilir değildir, ancak kafada bir model varsa deşifre edilebilir.
> İşçinin yetenekleri, dönüştürülen nesne karşısında büyük ölçüde ilgisizleşir ve sadece ürünün teknoloji–dönüşüm ilişkisini denetlemeye yönelir... Çalışma aralıklı olmaktan sürekli olmaya doğru evrilir; artık sınırlı bir görevden değil, bir *alt–sistemden*, tam bir çalışma sürecinden oluşur.
> Bu durum, faaliyetlerin giderek daha karmaşıklaştığı anlamına gelmez; durum bu olabilir, ama sadece bir gözlem işine dönüşmüş olma-

sı da mümkündür. Kesin olan şey, artık bir çalışma aletinden, yardımcı çalışmalar toplamıyla gerçekleştirilmesi gereken bir görevden, bir makinenin kullanımına veya bir malzemenin çalışmasına katılmış beceri ve yetenek toplamı olarak bir meslekten söz edilemez.
Yeni işçi tipinin yaygınlaştığını görüyoruz, yeni fabrikanın simgesi olabilecek *proses işçisi.** Gerçekte bu yeni bir simge değildir, varlığının bütün üretim tiplerine yayılması yenidir. Bu işçi tipini daha 1960'lı yıllarda, kimya ve demir–çelik sanayisinde ve ürünün fiziksel–kimyasal parametrelerinin denetimine dayalı işbölümünün kurulduğu sürekli akış sanayilerinde görüyorduk.
Faaliyetlerin bütünleştirilmesi ve gerçek zamanda ardışıklaştırılması, makinelere uygulanan bilgisayarın kullanımı ile birlikte, bütün sanayi kollarındaki üretim, yapım sanayilerindeki üretime benzetilir ve bu yeni işçi figürlerini talep eden örgütlenme biçimleri her yere yerleştirilir.
İlginç ve kimi açılardan paradoksal görünüm, *işçinin faaliyetinin dönüştürülecek nesneye ilgisiz hale gelmesidir (çalıştıkları malzemeleri ve aletleri tanımaları gerekmemektedir); bu faaliyet sadece denetim ve yapım düzenleme sistemlerinin doğası tarafından belirlenir.* [a.b.ç. A. Gorz]
Bu ilginçtir, çünkü işçi denetimi, çalışma örgütlenmesi üzerinde sendikal müdahale ve vasıf düzeylerinin tartışmalı biçimde yeniden tanımlanması ancak buna yönelebilir. Ve bu paradoksaldır, çünkü bu, sanayi sendikası kavramını bile ortadan kaldırabilir. Çünkü, bu durumda, kimya işçisi ile demir–çelik işçisi arasında, Fiat motorları üreten bilgisayarla bütünleştirilmiş sistemde çalışan işçiyle Barilla spagettileri üreten işçi arasında ne fark vardır? Eğer çalışmanın hedefi artık ürün değil, bir üretim sürecinin yönetim modeli ise, Italsider'in bir haddecisinin besin üretimini yöneten bir işçininkine benzer ve diğer yandan, sacın kalitesiyle ilgilenen işçininkinden çok farklı mesleki faaliyetleri olacaktır... Mesleki kimlik ürünle ilişkili değildir, daha çok üretime uygulanan ikincil teknoloji sistemleriyle ilişkilidir.[3]

Bu tahlil birçok açıdan ilginçtir:

1. "Proses işçisinin" birden fazla iş yapabilirliğini açıkça ortaya çıkarır. Bütün sanayiler sürekli akış sanayilerine (camcılık, çimento sanayii, rafineriler, çelik fabrikaları, kimya fabrikaları, elektrik

* Yüksek teknoloji kullanan işyerlerinde çalışan ve daha çok üretim sürecinin akışını denetleyen yeni tip işçi. (ç.n.)
3. Inox, "L'operaio di Processo", *Il Manifesto,* Roma, 12 Kasım 1986.

santralları, vs) benzeme eğiliminde olduklarından görevlileri ortak niteliklere sahiptir ve ortak temelde eğitilmiştir. Dolayısıyla potansiyel hareketlilikleri geleneksel profesyonellerden daha fazladır: Bir rafineriden bir elektrik ampulü fabrikasına geçmek veya bir çimento fabrikasından bir spagetti fabrikasına geçmek, mekanisyenlikten elektrisyenliğe geçmekten daha kolaydır. Aynı şey bakım mesleğinde çalışanların büyük bölümü için de geçerlidir: Mekanisyenler, tesisat işçileri ve elektrikçiler, bilgisayarla bütünleştirilen esnek fabrikasyon sistemlerinin elektronikçileri ve programcılar.

Bütün bakım emekçileri ve bütün "proses işçileri" *temel eğitimlerinden başka,* çalıştıkları sanayi tipine veya hatta üretim birimine özgü bir formasyon da edinmelidir. Bu özel formasyon, geleneksel sanayinin yarı-vasıflı işçisi için gereken zamandan daha fazla zaman gerektirmez: Örneğin birkaç hafta.[4] Daha kolaylıkla işletme ve bölüm değiştirme imkânı, emekçiye büyük bir yaşamsal özerklik sağlar: Vasıfları sadece bir "firmaya has vasıflar" değildir. Sınırlı bir görev için eğitilmiş ve uzmanlaşmış emekçilerden daha fazla "meslek" sahibidir. Yani başka yere taşıyabileceği ve orada kullanabileceği bir vasfın sahibidir. Bu nedenle, "işletmesinin" tutsağı değildir, işlerini değiştirmeye, çeşitlendirmeye yeteneği vardır. Çalıştığı işyeri açısından da, yeri kolaylıkla doldurulur. Başka deyişle, mesleki vasıfları, geniş bir ölçü içinde, *sıradanlaştırılabilir.* Bunun anlamı, yaptığı işin vasıfsız ve monoton olması değil, işin içerdiği *vasıfları herkesin elde edebilmesidir.* İlginç bir seçkincilik kalıntısıyla, birçok sendika, vasıfların sıradanlaştırılabileceği ve (tekrar döneceğim bu konuya) sıradanlaştırılması gerektiği düşüncesine düşmanca tepki gösteriyor. Sanki her bir işçinin amacı yeri doldurulamaz bilgi ve yeteneklere sahip olmakmış, haysiyeti buna bağlıymış gibi. Vasıfların sıradanlaştırılması, kabaca söylersek, benim yapabileceğimi başkalarının, çok sayıda insanın yapabileceği

4. H. Kern ve M. Schumann (*Ende der Arbeitsteilung?* s. 77) otomobil sanayisinde bir üretim zincirinin robotlaştırılması sırasında bakım uzmanlarının eğitim derslerini ayrıntılarıyla anlatırlar. Toplam olarak, seksen iki günün altmış ikisi bilgisayar ve elektronikte *temel bilgi* kazanımına ve yirmi ile yirmibeş gün ise fabrika tesisat ve özel malzemelerine ayrılmıştır. Bundan şu sonuç çıkar ki, *fabrika veya sanayi değiştiren bir bakım uzmanı yeni görevine bir aydan kısa sürede uyum sağlayabilir.*

veya yapmayı öğrenebileceği anlamına gelir. Böylece, bugüne kadar seçkinlere özgü olan çok sayıda vasıf son yirmi yılda sıradanlaştırılmış oldu: Yabancı dil bilme, bilgisayar kullanma, sağlıklı beslenme bilgisi, çeşitli hastalıklardan korunmanın, doğum kontrolünün ilkeleri, vs; aynı zamanda kayak, tenis, binicilik, yelken, vs.

Yüksek yeteneklerin ve vasıfların sıradanlaştırılması yukarda anlatılan toplumun ikiliğiyle mücadele etmenin en vazgeçilmez ve en etkili aracıdır. En vasıflı işlerin bile çok sayıda çalışana dağıtılmasıyla çalışma süresindeki indirimin peşinden gelecek bir politika için bu sıradanlaştırma gereklidir. Ve dahası, çalışma süresinin azaltılmasının hedeflerinden *biri* olmalıdır: Serbest zaman, mesleki olsun olmasın bilgilerin derinleştirilmesi ve genişletilmesi için *de* kullanılabilmelidir. Toplumsal olarak gerekli çalışmayı, yetenekli ve çalışmayı arzulayan bütün yurttaşlara dağıtmanın başka yolu yoktur: Herkesin hayatını çalışarak kazanabilmesi için, herkesin daha az çalışabilmesi gerekir.

2. Nitelik düzeyindeki genel yükselme ve çalışmadaki en büyük özerklik, çalışmanın ve hayatın, mesleki kültürün ve genel olarak kültürün birliğinin yeniden sağlanması anlamına mı gelir? Çalışma ütopyası savunucularıyla birlikte Federal Almanya'da Kern ve Schumann, Amerika Birleşik Devletleri'nde Sabel ve Piore, İngiltere'de Mike Cooley, vs gibi sol yazarların da desteklediği, sanayi çalışmasının yeniden profesyonelleştirilmesinin heteronomiyi ortadan kaldırdığı, insanı makinenin efendisi yaptığı, insan yeteneklerinin çalışmanın *içinde* tümüyle gelişmesini desteklediği ve emekçiye egemenliğini geri verdiği doğru mu? Hesaba katılan boyutlara göre cevaplar değişecektir.

Gerçekten de, tüm çalışma üç boyut içinde geçer ve yabancılaşmadan veya aynı anlama gelen heteronomiden muaf, özerk bir faaliyet olması için bu boyutlardan birinde veya diğerinde özerk olması yeterli değildir. Hesaba katılması gereken üç boyut şunlardır:

a) çalışma sürecinin örgütlenmesi;

b) çalışmanın gerçekleştirmeyi hedeflediği ürünle ilişki;

c) çalışmanın içeriği, yani gerektirdiği faaliyetlerin ve başvurduğu insani yeteneklerin doğası.

Çalışma ancak,

a) çalışanlar tarafından örgütleniyorsa;

b) kendine koyduğu hedefi özgürce izliyorsa;

c) katılan kişinin insanca gelişebileceği nitelikte ise özerk bir faaliyet haline gelebilir.

Bu üç ilişki altında çalışmanın ne olduğunu inceleyelim şimdi.

a) Üyelerin görevleri paylaştığı, yer değiştirdiği, çalışmayı kendi kendilerine örgütledikleri, makinelerin bakımını üstlendikleri ve ürünün niteliğini bizzat denetledikleri özerk gruplar halindeki çalışma, Taylorculuğun parçalara ayırdığı çalışmayı niteleyen heteronomi derecesini iyice *azaltır*. Ama heteronomiyi *ortadan kaldırmaz: Yerini değiştirir*. Gerçekte, heteronomi bireylerin dışardan, bir örgütlenme tarafından, önceden tasarlanmış bir hedef doğrultusunda koordine edilen işlevler gibi gerçekleştirmeleri gereken uzmanlaşmış faaliyetleri niteler: "Görevlerin doğası bireyleri büyük bir makinenin çarkları gibi çalıştıracak biçimde önceden belirlenmiştir."[5]

Bu tanım özerk gruplar için hâlâ geçerlidir. Bir nokta hariç: Bireyler, bir grup ölçeğinde, grup üyelerinin ortak görevi gibi kavranan karmaşık bir görevin gerçekleştirilmesini kendi kendilerine örgütler. Grubun içinde, bireylerin önemli bir özerklik düzeyi vardır. Ama gruba atfedilen görev, diğer grupların görevleriyle birlikte dışardan koordine edilen, önceden belirlenmiş bir görevdir. Robotlaştırılmış fabrika her zaman büyük bir makine gibi işler. Organları bilgisayar tarafından sipariş ve koordine edilen otomatik zincirlerdir ve bu robot zincirleri başka bilgisayarlar aracılığıyla kendi aralarında bağ kurar. Temel farklılık, *çark gibi işleyenin bireyler*

5. Bkz. Bölüm 1/III, s. 48.

değil gruplar olmasıdır. Bu grupların üyeleri, önemli bir özerklik ve inisiyatif payına sahiptirler. Yine de bu özerklik çalışma *içindedir, çalışmanın* özerkliği değil: Bu çalışma, karmaşıklığı veya gerektirdiği vasıf ne olursa olsun, bir parçası olduğu maddi sistemde kesinlikle işlevsel olan uzmanlaşmış bir görevi gerçekleştirir. Grubun içindeki çalışma ilişkilerinin biçimsel özerkliği varoluşsal özerklikle asla bir tutulamaz. Kern'in ve Schumann'ın istediği gibi "kişisel egemenlik"le ve de mesleki egemenlikle de bir değildir.

b) "Proses işçisinin" ürünle ilişkisinin olmaması üzerine Inox tarafından yukarda söylenmiş olan her şey, robotlaştırılmış fabrikanın yeniden profesyonelleştirilmiş emekçisi için de geçerlidir. Bir rafineri, hadde takımı veya besin ezme fabrikası operatöründen daha fazla ne ürünü değiştirir ne de ürüne dokunur. Daha kötüsü: Sadece yarı–mamul imalatını denetler. Birden fazla iş yapan her özerk grup, otomatik zincirin sadece bir parçasından sorumludur. Bu grubun, blok motorların veya motor kapaklarının imal edilmesini sağladığı bile söylenemez: Bu imalatın kimi işlemlerini yerine getiren robotların iyi işlemesini sağlar.

Ürüne yabancılaşma, bazı açılardan, Taylorcu fabrikada olduğundan daha eksiksizdir. Birden fazla iş yapan her grubun uzmanlaşmış profesyonelleri her şeye rağmen yarı-vasıflı işçilerin hâlâ sahip olduğu üretici bilgisine sahip değildir: Ürüne veya yarı–mamule, yani malzemeye asla müdahale etmezler; sadece malzeme üzerinde çalışan makinelere müdahale ederler. Bir ürünün uzmanı değildirler; belli türde bir makinenin tamirat, düzenleme ve programlanmasında uzmandırlar. Ürünün veya yarı–mamulün ne doğası, ne niteliği ne de herhangi bir parametresi onlara bağlıdır: Çünkü geleneksel görevlilerden, düzelticilerden, mekanisyenlerden farklı olarak makineyi işletmez, kontrol etmezler. Programına uygun çalışıp çalışmadığını gözlerler. Makine, bir kez programlandığında, kendi kendini denetler ve muhtemel bozuklukları haber verir.[6]

6. "Örneğin motor blokları yapımının kontrol istasyonunda, milimetrenin binde birindeki her türlü değişim kaydedilir ve duyurulur. Değişim aşırıysa, motor bloku otomatik olarak aktarım zincirinden çıkarılır. İşçi, bir aletin değişmesinin gerekliliğini bilmemezlik edemez," Thomas Adler, "Zur Bedeutung der neuen Produktorsfarcharbeiter", *Express*, Offenbach, 4 Mart 1986, s. 14–16. Yazar, Stuttgart'taki, Daimler–Benz fabrikasında çalışan militan bir işçidir.

c) Bir çalışmanın önemi ve çeşitliliği onu insanı geliştirici kılmaya yetmez. Elbette, kendimi verebileceğim bir çalışma, tekrara dayalı bir görevden her zaman daha iyidir. Ama temel sorun, çalışırken kullanılan bilgilerin ve becerilerin hangi ölçüler içerisinde mesleki bir kültür oluşturduklarını ve mesleki kültürle gündelik kültürün, çalışma ile yaşam arasında, hangi ölçülerde birlikte olduğunu bilmektir. Başka deyişle, çalışmaya yapılan yatırım insanın zenginleşmesine veya fakirleşmesine hangi ölçülerde yol açar? Bir günümün sonunda, insan olarak daha zengin mi yoksa daha fakir mi olurum? Yaşamımın doruğundayken, on beş yaşındayken[7] olmayı hayal ettiğin şey bu muydu, diye sorsalar ne cevap veririm?

Çalışmanın içeriklerini bu tür sorular ışığında değerlendirmek uygun olur. Bu tür soruların ışığında, çalışmanın iktisadi akılcılığının soyutlamalarının ne denli yoksul olduğu ortaya çıkar. Çalışmak sadece iktisadi zenginlikler üretmek değildir; her zaman insanın *kendini* üretmesinin bir biçimidir de. Demek ki, çalışmanın içerikleri konusunda şunu da sormak gerekir: İnsanlığın olmasını dilediğimiz erkek ve kadın türü bu mudur? Bu bakış açısıyla, yeniden profesyonelleştirilmiş yeni tip emekçi –veya daha doğrusu; Kern ve Schmann'ın, Sabel ve Piore'nin istedikleri gibi, kişisel kimlik ve toplumsal saygınlık duygusunu çalışmasından edinen yeniden profesyonelleştirilmiş emekçi– mümkün bir insanlık idealine geleneksel tipteki emekçilerden daha mı yakındır? Emekçiye yüklenen karmaşık görev yaşamını doldurabilir ve bu emekçiyi aynı zamanda sakatlamadan ona *anlam verebilir* mi? Tek kelimeyle, bu çalışma nasıl *yaşanır?* Şimdi bu üç soruyu inceleyeceğim.

1. Robotlaştırılmış sistem operatörlerinin veya bakım işçilerinin çalışmasını, bir usta–zanaatkârla aynı bilgilere sahip oldukları ve kul-

7. Yani, tamamen toplumsallaştırılmadan önce. Bu soruların cevabının sadece kültürel kurallarla belirlenemeyeceği görülecektir. Başka deyişle, sadece sosyolojiden kaynaklanamaz. Bu, kanımca, başka şeylerin yanı sıra, Habermas'ın düşüncesinin temel yetersizliğidir. İkinci bölümde, bireysel özne ile toplumsal varlığı arasında zorunlu olarak var olan farka geleceğim. Sadece bu kökensel fark sayesindedir ki birey toplumsal gerçeklik hakkında özerk bir ahlâki yargıda bulanabilir ve onun kurallarına uymayı reddedebilir.

landıkları gerekçesiyle, tam bir meslek uygulamasına benzetmek imkânsızdır. Tam bir mesleğin ayırıcı özelliği, tam bir ürüne egemen olmayı sağlamasıdır. Meslek bu ürünün gerçekleştirilmesi *amacıyla* öğrenilir ve öğretilir ve mesleğe tam niteliğini veren ürünün tam, tamamlanmış olmasıdır. Ürünün tam, tamamlanmış niteliği, nihai kullanıcı için, tüm kullanım değerine sahip olduğunda gerçekleşir. Demek ki, tam bir mesleğin uygulanması nihai kullanıcılar hedeflenerek tam ürünlerin gerçekleşmesinden oluşur. Örneğin, titizlikle "elden geçirilmiş", programlanabilir bir tekstil makinesiyle tasarladıkları giysileri yapan profesyoneller küçük bir zanaat işletmesinde tam bir meslek uygularlar. Bir tekstil fabrikasındaki aynı makinelerin bir bataryasının programlanması ve bakımıyla görevli aynı profesyoneller ise tam bir meslek uygulamazlar: Öncekiyle aynı yetenekleri uygularlar, biri hariç: Ne ürün, ne de makinenin kullanım amacı üzerinde denetimleri vardır. *Poietik* bir görev değil, 1/III. Bölüm'de tanımlandığı gibi[8] *işlevsel* bir görev yaparlar. Bu görevin, biçimsel olarak tam bir meslekle aynı *teknik* yetenekleri içermesi, onun işlevsel, yabancılaşmış niteliğini değiştirmez. Ürünün ve makinenin sahibi olan zanaatçının mesleği, teknik kültürle gündelik kültürün birliğini gerçekleştirebilirken, bakım işçisinin mesleği teknik kültürden, uzmanlaşmış bilgiden başka bir şey değildir. Bu koşullarda, tamamen ideolojik ve biçimsel bir çalışma etiği adına, çalışmanın kişisel kimlik ve toplumsal bütünleşme kaynağı olduğunda ısrar etmeye devam edilirse, uzmanlaşmış bir *işlevle* özdeşleşme, ahlâki ideal düzeyine çıkarılırken, sınırlı ve sorumsuz uzman –Max Weber'in sözünü ettiği teknisyen veya bürokrat "ruhsuz uzman" (*Fachmensch ohne Geist*)– ise bir insanlık modeli düzeyine çıkarılır.

2. "Proses işçisi"nin veya otomatikleştirilmiş sistemler operatörünün çalışması sürekli olmayan bir çalışmadır: Yoğun faaliyet anlarıyla faaliyetsizlik, rutin işlemler ve sıkıntı dönemleri yer değiştirir. Bu tür çalışmanın önemli bir özelliği Oskar Negt tarafından gösterilmiştir:[9]

8. Bkz. s. 47
9. Oskar Negt, *Lebendige Arbeit, enteignete Zeit*, s. 188–189.

Kumanda masasının başında oturan, otomatik bir makineler sisteminin kesintisiz işleyişini denetleyen işçi, alışılmış anlamıyla çalışmaz, sürekli olarak faal değildir: *Hizmettedir*. Arıza durumunda anında müdahale etmesi veya üstlerine telefon etmesi, yardım istemesi, yukarıda ve aşağıda daha ciddi etkileri önlemek için kumanda düğmelerini harekete geçirmesi gerekir. Varlığını ve yeteneğini gerektiren bir *hizmet etiği* haline gelmiş olarak makinenin *görevlisi* gibi davranır; ama sanayideki ücretli çalışmanın bu kavrama yüklediği alışılmış anlamda çalışma hâlâ var mıdır? Normal işleyişi ancak kendi sorumluluğuna tabi sınırlı sayıdaki sektörde gözlemlense de, muhtemel müdahaleleri ve dikkatini yoğunlaştırması, bütün olarak üretim sürecine daha az yönelik değildir. Sınırlı alanında önceden belirlenmiş görevlerin anlık işleyişinden sorumlu olan memurdan onu ayıran bir şey yoktur... Belirli bir işletmedeki otomatik sistemleri gözleyerek, genel kural olarak hiç tanımadığı sektörlerin iyi işleyişine katkıda bulunur. Bu sektörlerin işleyişi onun davranışına sıkıca bağlı olduğundan her hatasının telafi edilemez sonuçları vardır... Sanayi işçisinin görevlerini tanımlayan *sorumluluk etiği*'nin kuralları onu tüm topluma karşı sorumlu kılar.

"Sınırlı alanında önceden belirlenmiş görevlerin anlık işleyişinden sorumlu olan" memurla yapılan karşılaştırma gayet yerindedir. Gerçekten de, memur gibi, "makinenin memuru" haline gelen işçi –kimyasal bir komplekste, elektrik veya nükleer–elektrik santralında, havalimanı, tren istasyonunda, vs– kaza durumunda tüzük ve yönetmeliklerin titiz ve *koşulsuz* denetimine tabidir. Örneğin, "hizmet etiği", "sonuçları hesaplanamayan" elektrik akımı kazalarını, elektrik tüketiminin toplumsal ve iktisadi amaçlarıyla ilgilenmeden, ne pahasına olursa olsun önlemesini emreder. Toplumun yüklediği öncelikler ve hedefler ne olursa olsun, topluma *hizmet etmek* zorundadır.

Bu koşullarda, Negt'in yaptığı gibi, işçinin çalışma *içinde* siyasi bir sorumluluk yüklenebileceği ve yüklenmesi gerektiği şeklinde bir sonuç çıkarmak imkânsızdır. Gerçekten de bu, ancak işçi (ya da kolektif işçi) belirli bir üretimin işlevini, hedefini ve toplumsal sonuçlarını, çalışmalarının işçileri sorumlu kıldığı teknik süreçler *sayesinde* görebiliyorsa mümkün olabilir. Oysa bütünün her bileşeni için bu şeffaflık asla söz konusu değildir. Negt de bizzat bunu söyler: Görevlinin işi önceden belirlenmiştir; genel kural olarak, çalışmasının iyi işlemesine katkıda bulunduğu sektörleri "bilmez bile." Kuşkusuz, bir üretimin sonuçlarını ve toplumsal hedeflerini bilmek, hatta daha iyisi, bu üretimi hazırlayan yatırım *kararını* bilmek siyasi bir görevdir. Bu görev, ulaşabildiği –ve ulaşmak zorunda olduğu– bilgiler topyekûn bir bakış açısı geliştirilmesini sağladığı ölçüde, görevi üstlenebilecek en iyi konumda olan sendikadan beklenir. Bununla birlikte, siyasi sorumluluk sadece bu topyekûn bakış açısını kazanmaktan değil, bu bakış açısından yola çıkarak, çeşitli tartışmalar aracılığıyla, bir üretimin veya teknik bir tercihin amaçlarını, elverişliliğini, uygulanabilirliğini, sonuçlarını, vs açıkça sorgulamaktan oluşur.

Oysa, bu sorgulama *hizmet çerçevesinde* kesin olarak imkânsızdır. Teknik sorumlulukla siyasi sorumluluk bağdaşmaz; memur veya sorumlu teknisyen, *çalışmasında*, siyasi anlamda faal yurttaş olarak davranamaz. Bir elektrik santralının denetim odasında, bir güç çağrısını yerine getirmenin yararlılığını tartışamaz. Ancak çalışmasından uzaklaşır, onu sorgular ve *kendini de mesleki işlevi ve kimliği içinde sorgularsa* siyasi sorumluluğunu üstlenebilir. Bu siyasi sorgulama yeteneğini *çalışma sırasında* kazanamaz ve geliştiremez: Bu yetenek, teknik kültürden daha geniş bir kültür, ilgi merkezleri, mesleki rolü aşan faaliyetler, tamamıyla çalışmanın doldurmadığı bir yaşam gerektirir. Kısacası, çok önemli insanlar olduklarını düşünüp şişinen ve terfi etmek için her efendiye hizmet etmeye hazır teknisyen-bürokratlara, Max Weber'in deyişiyle, "ruhsuz uzmanlara, kalpsiz zevk düşkünlerine" özgü bir tutum olan *çalışmayla özdeşleşmenin tersini* gerektirir.

Bu koşullarda sendikacılığın misyonu yeni bir boyut kazanır. Fransa'da, CFDT –daha özel olarak EDF'deki CFDT sendikası ve Atom Enerjisi Çalışanları Sendikası (SNPEA)– 1980'li yılların başına kadar bu misyonu örnek biçimde üstlendi: "Makine başında çalışanlara", yurttaş olarak çalışarak hizmet etmek zorunda oldukları toplumun tercihlerini açıkça tartışabilecekleri bir çerçeve sağladı. "Tüm bu toplum karşısında" bu tercihlerin sorumluluğunu üstlenebilirler mi? Toplumun, "her şey elektrik, her şey nükleer" programı tarafından tehdit edildiğini ifşa etmek onların ahlâki sorumluluğu değil mi? Egemen siyasi–iktisadi grupların tamamen teknik gereklilikler olarak sunduğu uygarlığın siyasi, iktisadi ve kültürel tercihlerini sorgulamaları gerekmiyor mu?

Sendikacılığın yeni–korporatist tezlerinden çok farklı bir şey bu. Ama hizmet etiğinden veya meslek etiğinden de çok farklı; bu etiğe göre, çalışma ilginç olduğu ve belli bir sorumluluk gerektirdiği ölçüde, birey için bizatihi anlamlı ve zenginleştirici bir şeydir. "İçine girilebilecek, insanın kendi kafasıyla düşünebileceği bir iş özlemi", "kısacası anlamı olan bir çalışma" konusunda Kern ve Schumann'ın, başka ekonomistlerle paylaştıkları düşüncelerinin tersine, bir görevin içerdiği teknik ilgi ve sorumluluk, bir hümanizma, bir ahlâk veya bir yaşam amacı kurmaya hiçbir biçimde yeterli değildir.[10]

Oysa tüm sorun buradadır: *Bir çalışmanın özü itibarıyla ilgi çekici olması, anlamının garantisi olmadığı gibi, insanileştirilmesi de hizmet ettiği nihai amaçların insanileşeceğinin garantisi değildir.* Bu insanileştirme, çalışmada yer alan bireyler için mutlak barbarlığın hüküm sürdüğü işletmeleri bile çekici kılabilir. Çalışma, özerk biçimde davranma yetenekleri de dahil, bireysel yetenekleri geliştirebilir. Ama bireyin bu mesleki özerkliği ahlâki özerkliğine yol açmaz. Yani açıkça tartışılmamış ve bizzat inceleyip *özümleyemeyeceği* hedefler için çalışmama arzusuna hizmet etmez. Şimdi dikkate alınması gereken şey, teknik sorumlulukla ahlâki sorumluluk arasındaki, mesleki özerklikle varoluşsal özerklik arasındaki bu bağdaşmazlıktır.

3. Mesleki kültürle gündelik kültürün uyumu ve hatta birinden diğerine geçişler, giderek uzmanlaşan görevlerin teknik niteliğinin artmasıyla geri dönüşsüz bir biçimde yıkılır.

Yapacak bir şey her zaman vardır. Ama üretim çok geniş bir ölçü içinde kendi başına yürüdüğünde sağlanan düzenlemeleri, düzeltmeleri,

10. H. Kern ve M. Schumann, *Ende der Arbeitsteilung?*, s. 105.

bakım çalışmalarını "hakiki" çalışma olarak yorumlamak güçtür... İşçi, üretimin niteliği üzerinde *kesin* bir etkisi olduğunu bile söyleyemez... Nitelikli işçi olmasına rağmen, sadece mesleki bir *bilgiye* (parça imali, kablo tamiri gibi) sahip olduğunu düşünür, yoksa maddi gerçekleşmelerle ifade edilebilen mesleki bir *kapasiteye* değil.

Kimya sanayisi işçilerinin bu portresi[11] mesleki formasyonla gündelik kültür arasındaki, çalışma ile yaşam arasındaki ayrılığı mükemmel biçimde özetlemektedir. Ama bu betimleme bile teknik gelişmenin eriştiği son aşamadaki, tamamıyla bilgisayarın yönlendirdiği fabrikadaki yaşantının nasıl olacağını anlatmıyor. Eski denetim odası, alet panolarıyla birlikte yok olmuştur. Bir odada, önlerinde görüntü veri kayıt aygıtıyla üç kişi oturur; her aygıtın iki ekranı vardır. Bir klavye 1500 parametreyi, 200 düzenleme devresini, 600 alarm tertibatını birleştiren bilgisayara kodlar halinde bilgi vermeyi ve işlemekte olan sürecin akışı üzerine soru sormayı sağlar.[12] Üretimin maddiliği bir yana bırakılmıştır, operatör haline gelmiş işçinin rakamsal simgelerle iletişim kurduğu görünmez bir öteye yollanmıştır: İşçi klavyesiyle rakamlar oluşturur, ekranında rakamlar okur.

Dünyanın hissedilir maddiliği ortadan kalkmıştır. Fiziksel faaliyet olarak çalışma ortadan kalkmıştır. Sadece tamamen düşünsel, daha doğrusu zihinsel bir faaliyet kalmıştır. Bu, Husserl'in "doğanın matematikselleştirilmesi"[13] olarak tanımladığı şeyin nihai, mutlak zaferidir: Algıladığımız biçimiyle gerçeklik bütün hissedilir niteliklerinden yoksun kalır, temel düşüncenin yaşanması devre dışı bırakılır. Çalışma ortadan kaybolmuştur, çünkü hayat evrenden çekilmiştir. Artık kimse yoktur; sadece sessizce, duyarsız ve dilsiz olduklarından tartışmasız, rakamları kovalayan rakamlar vardır. Operatör, günün sonunda ayağa kalkar. Yaptığı işten kendine bir şey

11. *A.g.e.* s. 272–277.
12. *A.g.e.* s. 260.
13. Edmund Husserl, "Die Krisis der europäischen Wissenschaften und die transzendentale Phänomenologie", § 9 g) ve h), *Philosophia,* cilt I, Belgrad, 1936, s. 121 ve devamı. Gérard Granel'in Fransızca çevirisi 1976 yılında Gallimard'dan, *La Crise des sciences européennes et la phénoménologie transcendantale* başlığı altında çıktı.

kalmaz, görünür, ölçülür hiçbir fiziksel başarı yoktur: *Hiçbir şey gerçekleştirmemiştir.* Bu hiçlik onu tüketir: Çalışma günü (veya gecesi) boyunca duyumsal varoluşunu bastırarak kendi kendini yadsır: Salt zihin olarak var olur, yerine getirmesi gereken işlevi bozabileceklerini düşündüğü için gövdesiyle ve gövdesi aracılığıyla yaşama dünyasıyla kurmuş olduğu bütün canlı bağları bastırır, yok eder. Hobbes'un tasarladığı biçimiyle dünya operatörde cisimleşir. Sadece matematiksel özellikler "gerçek"tir ve doğada sadece matematiksel özellikler vardır; tıpkı, bir başka düzeyde, iktisadi düşünce açısından, her şeyin "hakikati"nin meta olarak sahip olduğu fiyat (değişim değeri) olması gibi. Sadece hesaplanabilir, niteliklenir ve sayılarla ifade edilebilir olan "gerçek"tir. Geri kalan her şey sadece "öznel"[14] bir varoluşa sahiptir ve düşünceden uzak tutulmalıdır. Zihinden ve matematiksel hesaplardan kaynaklanmayan her şeyin bastırılmasının "hakikate" ulaşma imkânı verdiği kabul edilir; hakikatte sadece *homo oeconomicus* ve onun ikiz kardeşi, gölgesi vardır: Bilgisayarlaştırılmış işçi.

Husserl tarafından sorulan ve Eleştirel Teori yandaşlarının çıkış noktası olacak uygun soru burdan kaynaklanır: *Doğaya egemen olma matematikselleştirilmiş dünyanın* (wissenschaftliche Natur) *soyut gerçekliğine mi dayanır yoksa yaşam–dünyasının* (lebensweltliche Natur) *hissedilir gerçekliğine mi*?[15] Veya: Bir tekniğin yöntemli olarak uygulanmasını, kişinin gövdesi sayesinde dünyaya ilişkin, hissedilir, cisimsel bir varlık olarak kendisiyle kurduğu hangi ilişki belirler?

Eleştirel Teori'nin özellikle başlarında temel olan bu sorunun Habermas'ta hemen hemen tamamen ortadan kalkmış olması anlamlıdır. Husserl'de "yaşam–dünyası" (Lebenswelt), öncelikle, tıpkı gövdemizde doğrudan *sahip olduğumuz* dünya gibi, hissedilir maddiliği içerisindeki dünyadır; ve bu dünya gövdemizinki kadar güçlü bir kesinlik ve gerçekliktedir. Dünya, gövde yoluyla bize aittir ve biz dünya yoluyla –dünya*dayızdır*– gövdeye aitizdir. İçine

14. Edmund Husserl, "Die Krisis der europäischen Wissenschaften...," belirtilen makale, § 9 i), s. 129.
15. William Leiss, *The Domination of Nature*, Boston, Beacon Press, 1974, s. 135 ve devamı.

doğduğumuz insanlaştırılmış dünyayla ve başkalarıyla ilişki olarak gövdemizi yaşamayı, görmeyi, yürümeyi ve konuşmayı öğrenirken, aynı zamanda öğrendiğimiz kültürel bir matrise göre bu karşılıklı ayrılmazlık ilişkisinin anlamı hakkında her zaman bilgi edinilir ve üzerinde değişiklik yapılır. Yine de, kültür tarafından biçimlendirilecek, çizilecek, üsluplaştırılacak[16] veya barbarlık tarafından yadsınacak madde olan şey, içindeki bedensel varlığımız sayesinde yaşantılanan dünyanın tözüdür.

Bundan dolayı, bütün sosyolojik–kültürel ve işlevsel yaklaşımlar tarafından içi boşaltılan sorun, bir faaliyet türünün veya bir kültürün, gövdesel varoluş imkânlarından —bunları geliştirerek ve çevreleyen ortamı gelişmeye teşvik edecek şekilde işleyerek— yararlanıp yararlanmadığını bilmektir; veya tersine, bireylerin kendilerine şiddet uyguladıkları faaliyetlerden doğan çevredeki ortamın, dış görünüşü, malzemeleri ve uyguladığı isteklerle gövdesel varoluşa baskı yapıp yapmadığıdır. Yaşam–dünyası, Habermas'ta olduğu gibi, başlangıçta "doğal" olarak benimsediğimiz geleneklerin ve kuralların dünyası değildir. Çünkü bütün kurallar, gelenekler ve inançlar bir kriz durumunda kuşkuya düşülerek iptal edilebilir, bir kuşku eseriyle krize girebilir (örneğin bir hastalık, bir yakının ölümü, bozuşma, bir yenilgi nedeniyle). Buna karşılık, dünyanın hissedilir nitelikleriyle, maddi değerleriyle (iyi, güzel) veya karşı–değerleriyle (pis kokan, can sıkıcı), gövdesel yeteneklerin açılımına karşı çıkışı veya uygun oluşuyla bizim olduğu kesinliğini hiçbir şey sarsamaz.[17] Bu bakış açısı altında, sorulması gereken soru şudur: Uygarlığımızın araçlarının biçimlendirdiği bu dünyayı yaşam–dünyası olarak kabul etmeyi ne pahasına öğrendik? Ona uyum sağlarken, kendi uyumumuzu ne kadar bozduk?[18] Uygarlığımız, *yaşama kültürümüzle* ait olduğumuz bir yaşam–dünyası yaratır mı, yoksa bütün hissedilir değerler alanını terk edilmiş, barbarlık durumunda mı bırakır?

---

16. Bkz. A. Gorz, *Fondements pour une morale,* Paris, Galilée, 1977, s. 165 ve devamı : "Doğa, yaşamsal değerler, gövdenin değerleri."
17. Bkz. A. Gorz, *Fondements pour une morale,* s. 146 ve devamı.
18. Bu tür bir soru "insan doğası"na veya bir "insan özü"ne asla gönderme yapmaz. Bu konuya döneceğim.

Egemen kültürün, yaşandığı haliyle gerçekliği düşünmedeki yeteneksizliği bu sorulara kendi içinde bir cevaptır. *Teknik kültür teknik olmayan her şeyin kültürsüzlüğüdür.* Çalışmayı öğrenmek, çevreleyen ortamla ve diğer şeylerle araçsal olmayan ilişkilere bir anlam bulmayı ve hatta aramayı unutmaktır. Çevreleyen ortamın kendisi teknik şiddetin damgasını taşır ve gündelik bir şiddet atmosferi olarak yaşanır. Gerçekten de, şiddet temel olarak gövdeyle bir ilişkidir. Şiddetin neyin olumsuzu olduğunu adlandırırsak olay dolaysızca açıklık kazanır: Şefkatin olumsuzudur. Şefkat, hissedilir gövdenin kendinden aldığı duyarlılığı ve zevki yüceltmek için hissedilir gövde olarak ele alınan başkasının gövdesiyle ilişkidir; başkasının gövdesiyle bu ilişki zorunlu olarak benim kendi duyarlılığımın yüceltilmesini de içerir. Buna karşılık, şiddet, hissedilir nitelikleri içinde yadsınmış dünyanın şeylerinin teknik olarak araçsallaştırılmasının ilişkisidir ve sonuç olarak, benim kendi duyarlılığımı değersizleştiren bir baskıdır. Araçsal akılcılığın üstünlüğü, hem gündelik aletlerin işlevselliğinde hem de gövdemiz tarafından tasarlanan dayanak ve barınaklardadır: Koltuklar, masalar, gayri menkuller, sokaklar, taşıma araçları, şehir geçitleri, sanayi mimarisi, gürültüler, aydınlatmalar, malzemeler, vs. Her şey, yaşam ortamını araçsal bir tarzda ele almaya, doğayı bozmaya ve başkasının gövdesine olduğu kadar kendi gövdemize de şiddet uygulamaya teşvik eder ve bu ortamdan kaynaklanır. Gündelik kültür –bu çatışkılı yaratının sergilediği bütün belirsizliklerle– bir *şiddet kültürüdür* veya aşırı biçimdeki bir *barbarlık kültürüdür.* Bu kültür sistematikleştirilmiştir, düşünülmüş, ululaştırılmış ve yüceltilmiştir; *punklarda* bile ortaya çıkışıyla kendini inkâr eder veya *skinlerde* olduğu gibi duyarsızlığın, acımasızlığın ve iğrençliğin protofaşist estetik–karşıtlığını sergiler.

Hissedilir maddiliğiyle yaşanan dünyayla kesişen mesleki bir kültüre, hissedilir değeri olmayan bir dünyanın üretimi uygun düşer ve bu dünyaya da duyarsızlaştırılmış ve karşılığında düşünceyi duyarsızlaştıran bir duyarlılık uygun düşer. Horkheimer ve Adorno'nun mükemmel biçimde formüle ettiği budur: Makine çağının teknikçiliği,

> Duyulara daha iyi egemen olmak için duyuların deneyiminden kopan despotik zihni yaratır. Duyulara egemen olmayı sağlayan düşünsel işlevlerin standartlaştırılması (*Vereinheitlichung*) ve bu standartlaşmayı kolaylaştıran düşüncenin geri çekilmesi, düşüncenin ve deneyimin yoksullaşmasını içerir; düşüncenin ve deneyimin birbirinden ayrılması körelmelerine yol açar. Kurnaz Odysseus'tan günümüzün saf işletme müdürlerine kadar kendini örgütlenme ve yönetme sorunlarıyla sınırlamaya zorlayan bir düşünce, mütevazı insanları manipüle etme sorunları artık olmadığı andan itibaren, bu dünyanın büyüklerinde görülebilecek bir zihin daralmasını da beraberinde getirir. Sistemin uzun süredir gövdeyi sürüklediği toplumsal, iktisadi ve bilimsel aygıt ne kadar karmaşık ve belirgin olursa, bu aygıtın yapabildiği deneyimler de o kadar sınırlı olur. Çalışma tarzlarının akılcılaştırılması sayesinde, niteliklerin ortadan kaldırılarak işleve dönüşmeleri, bilimsel alandan yaşananın alanına aktarılır ve halkları kurbağagiller durumuna yakınlaştırma eğilimi gösterir.[19]

Barbarlığı kabul etmenin, yani soykırımın hizmetinde bile olsa, herhangi bir makinenin teknik buyruklarına eleştirisiz itaat etmenin kökü buradadır. Çünkü eleştirinin temeli teoride değildir, dünyanın deneyimini yaşayan kişinin üslubundadır. Teori (daha doğrusu felsefe) ve edebiyat, her biri kendi düzeyinde ve kendi tarzında, yaşananı sessizliğe indirgeyen egemen söylemin ilmiklerini çözmekle görevlidir.

Teknikten neyin istenebileceği ve neyin istenemeyeceği şimdi daha iyi görülür. Tekniğin çalışmanın etkinliğini artırması, harcanan süreyi ve çabayı azaltması istenebilir. Ama tekniğin büyüyen gücünün bir bedeli olduğu bilinmelidir: Çalışmayı yaşamdan ve meslek kültürünü gündelik kültürden ayırır; doğa üzerindeki artan egemenliğe karşılık kendinin despotik egemenliğini gerektirir; duyulur deneyim ve yaşamsal özerklik alanını daraltır; üreticiyi, yaptığı işin amacını bilemeyeceği ölçüde üründen ayırır.

Teknikleşmenin bu bedeli, ancak çalışmadan ve zamandan tasarruf sağladığı ölçüde kabul edilebilir. Açık hedefi budur. Başka hedefi yoktur. İnsanlar daha az çaba ve daha az zamanla daha çok

19. Max Horkheimer, *Theodor W. Adorno, La dialectique de la raison*, Paris, Gallimard-TEL, 1974/1983, s. 51–52.

ve daha iyi üretsinler diyedir. Yeni tip her emekçi, çalışma zamanının bir saatinde, klasik çalışmanın on saati veya otuz saati veyahut beş saati tasarruf yapar; sürenin önemi yoktur. Eğer çalışma zamanından tasarrufu amaç edinmemişse mesleğinin anlamı yoktur. Çalışmanın herkesin yaşamını doldurması ve temel anlam kaynağı olması özlemi veya idealiyse, yaptığıyla tam bir çelişki içindedir. Eğer yaptığına inanılırsa, bireylerin sadece meslekleri içinde kendilerini geliştirmediklerine de inanmak gerekir. *Çalışmasını* seviyorsa, çalışmanın her şey olmadığına, çalışma kadar ve daha önemli başka şeyler olduğuna ikna olması gerekir. İnsanların yapmaya asla yeterince zaman bulamadığı şeyler, onun da yapmak için daha fazla zamana ihtiyaç duyduğu şeyler olduğunu düşünmelidir. "Makine teknikçiliği"nin insanlara yapmak için zaman vereceği, zaman vermesi gereken şeyler; bu zamanı verirken, "düşüncenin ve hissedilir deneyimin yoksullaşması"nın insanlara kaybettirdiği şeyi yüz katıyla geri verecektir.

Defalarca tekrarlıyorum: *Sonucu ve hedefi çalışmadan tasarruf olan bir çalışma, aynı zamanda, çalışmayı kişisel kimliğin ve gelişmenin temel kaynağı olarak yüceltemez.* Günümüzdeki teknik devrimin anlamı, çalışma etiğini iyileştirmek, çalışmayla özdeşleşmek olamaz. Ancak mesleki olmayan faaliyet alanlarını genişletirse anlamı olabilir. Bu meslek alanlarında, yeni tip emekçiler de dahil, bütün insanlar, teknikleştirilmiş çalışmada iş bulamayan insani yanlarını geliştirebilecektir.

VIII

Anlam arayışı 2:
Marksizm-sonrası insanın durumu

İşbölümü, görevlerin uzmanlaşması sayesinde çok miktarda bilginin toplum ölçeğinde kullanılmasına imkân tanıdı. Teknik gelişmelerin hızı, üretim aygıtının gücü ve sanayileşmiş toplumların zenginliği bundan kaynaklanır.

Ancak, tek tek bireyler uygulamaya konan artan miktarda bilginin sadece çok küçük bir bölümüne egemendir. Uzmanlaşmış bilginin bin parçaya ayrılmış hali olan çalışma kültürü, böylece gündelik kültürden kopmuştur. Mesleki bilgiler, bireylerin dünyaya anlam vermesi, dünyanın akışını ve kendi akışlarını yönlendirmeleri için ne bir ölçü ne de bir ölçüt sağlar. Görevlerinin ve bilgilerinin tekboyutlu niteliğiyle kendi merkezlerinden kopan, fiziksel varoluşlarında baskı gören bireyler, mega–teknolojik baskıya teslim olmuş, sürekli dağılan ve parçalara ayrılan bir ortamda yaşamak zorundadırlar. Yaşanan deneyimin birleştiremediği bu dünya, yaşam-dünyasından hiçbir şey içermez; daha çok yaşam-dünyasının acı veren yokluğu içinde yaşanır. Gündelik yaşam, zaman alanlarına ve birbirinden kopmuş uzamlara, saldırgan aşırı–ısrarların birbirini izlemesine, ölü zamanlara ve rutin faaliyetlere ayrılmıştır. Yaşanan bütünleşmeye uymayan bu parçalanmaya, güçlü duyumlardan, geçici biçimlerden, göz alıcı eğlencelerden ve parçalanmış bilgilerden oluşan gündelik bir kültür(–olmayan) denk düşer.

Böylece, tarih Marx'ın bakış açısının birleştirmiş olduğu şeyi birbirinden ayırdı. Marx, bireylerin, doğaya bilimsel biçimde hakim olarak, çalışmaları *içinde* bir "kapasite toplamı" geliştireceklerini öngörüyordu. Ve, "bireyin bu en zengin gelişimi" sayesinde, herkesin "bireyselliğinin özgür açılımı", "zorunlu çalışmanın asgari bir zamana indirgenmesi"yle çalışma dışında gerçekleştirilmeye çalışılacak ve gerçekleşecek bir ihtiyaç olur.[1]

A. ÇALIŞMAKTAN ÖZGÜRLEŞME ÇALIŞMA İÇİNDE ÖZGÜRLEŞME

Zorunlu çalışmanın asgariye indirgenmesi gündemdedir: Sanayileşmiş toplumlar giderek azalan çalışma miktarıyla giderek büyüyen miktarda zenginlik üretirler.[2] Ama, bireysel kapasiteleri "tamamen" geliştirecek, kullanılabilir zaman içinde, gönüllü işbirliği ve bilimsel, sanatsal, eğitsel, siyasi, vs faaliyetler yoluyla bireylerin "özgürce" gelişmelerini sağlayacak bir çalışma kültürü üretmediler. Herkesin daha az çalışarak ve toplumsal olarak üretilmiş büyüyen zenginliklerden artan gelirler biçiminde pay alarak hayatını kazanabileceği şekilde, çalışmayı kültürel ve siyasal olarak yeniden dağıtabilecek "toplumsal özne" yoktur.

Bununla birlikte, toplumsal olarak zorunlu çalışma hacminin azalmasına anlam verebilecek tek şey böylesi yeniden dağıtımlar-

1. *Grundrisse*, s. 439–440, 505, 593 (Almanca baskı).
2. Daha fazla bilgi için, bkz. s. 15, not 3.

dır. Toplumun parçalanmasını ve ücretlilerin bir yandan profesyonel seçkinlere ve diğer yandan işsizlere ve geçici işçilere bölünmesini ve bu iki grubun arasında da, her zaman çoğunluk olan, sanayinin ve özellikle sanayileştirilmiş ve bilgisayarlaştırılmış hizmetlerin sonsuza dek yer değiştirebilir ve yeri doldurulabilir emekçilerinin olmasını engelleyebilecek olan sadece çalışmanın bu yeniden dağıtımıdır.[3] Ancak bu sayede herkesin çalışma süresi azaltılarak, nitelikli işler çok sayıda insanın erişebileceği hale gelebilir; bu işleri talep edenler, hayatları boyunca çalışmalarını niteliklendirebilir ve yeni yetenekler kazanabilir; ve yaşam tarzı, telafi edici ihtiyaçlar, herkesin kişiliği (veya kişiliksizliği) üzerindeki çalışmanın kutuplaştırıcı etkileri azaltılabilir.

Gerçekten de, kullanılır zaman alanları genişledikçe, çalışma dışı zaman çalışma zamanının *karşıtı* olmaktan çıkar: Dinlenme, gevşeme, toparlanma zamanı olmaktan çıkar; çalışma dışı zaman çalışma zamanını tamamlayıcı, ek zaman değildir; mecburi ve dışardan belirlenen çalışma zorunluluğunun tersi olan tembellik değildir; monotonluğuyla insan uyutan ve tüketen çalışmanın tersi olan eğlence olmaktan çıkar. Kullanılır zaman genişledikçe, imkân ve ihtiyaç da kullanılır zamanı biçimlendirecek şekilde gelişir; bireylerin yeteneklerini başka biçimde geliştirdikleri, başka yetenekler kazandıkları, başka bir hayat sürdükleri diğer faaliyetler ve diğer ilişkilerle biçimlendirir. Böylece, çalışma alanı ve iş, toplumsallaşmanın tek alanı ve toplumsal kimliğin tek kaynağı olmaktan çıkarlar; çalışma dışı alan özel olanın ve tüketimin alanı olmaktan çıkar. Kullanılabilir zamanda yeni işbirliği, iletişim ve değişim ilişkileri hazırlamak mümkün olabilir ve bunlar hedefleri özgürce seçilmiş özerk faaliyetlerden oluşan toplumsal ve kültürel yeni bir uzam açabilirler. Çalışma zamanı ile kullanılabilir zaman arasında tersine dönmüş yeni bir ilişki böylelikle oluşmaya başlar: Özerk faaliyetler çalışma yaşamına kıyasla, özgürlük alanı zorunluluk alanına kıyasla baskın olabilir; bir yaşam projesinde, altta yer alması gereken çalışmadır.[4]

3. Daha fazla bilgi için, bkz. bölüm VI, W. Lecher'in tahlili.
4. Bu konuda bkz.: Oskar Negt, *Lebendige Arbeit, entegnete Zeit*, s. 167, 178 ve Peter Glotz, *Manifest für eine neue europäische Linke*, s. 54, 92.

Böylece çalışmanın doğası, içeriği, hedefleri ve örgütlenmesi karşısında bireyler daha talepkâr olacaktır. Artık ne "aptalca çalışmayı" ne de baskıcı bir gözetim ve hiyerarşiye boyun eğmeyi kabul eder. *Çalışmaktan* özgürleşme çalışma *içinde* özgürleşmeye yol açacaktır. Yoksa çalışmayı (Marx'ın hayal ettiği gibi) hedeflerini kendi koyan özgür kişisel faaliyete dönüştürmez. Karmaşık bir toplumda, heteronomi özerklik yararına tamamen ortadan kaldırılamaz. Ama heteronomi alanı içinde, uzmanlaşmış ve işlevsel olma zorunluluğunu sürdüren görevler, özellikle (ama yalnızca değil) *çalışma zamanının özyönetimi* sayesinde, *heteronominin içinde* daha büyük bir *özerklik* sunacak biçimde yeniden niteliklendirilebilir, oluşturulabilir ve farklılaştırılabilir. Dolayısıyla, özgürlük alanı olan özerk faaliyetlerle zorunluluk alanı olan heteronom çalışma arasında net bir karşıtlık olduğunu sanmamak gerekir. Biri diğerini etkiler,[5] ama asla ortadan kaldırmaz.

Alman solunda, "çalışma toplumu"na (*Arbeitsgesellschaft*) karşıt olarak adlandırıldığı biçimiyle, bu serbest zaman toplumu veya "kültür toplumu" (*Kulturgesellschaft*) düşüncesi, Marksist ütopyanın *etik içeriğine* ("bireyselliğin özgür gelişimi"ne) uygundur, bununla birlikte, önemli felsefi ve siyasi farklılıklar gösterir.

Gerçekten de, Marx, bireysel yeteneklerin tam gelişiminin üretici güçlerin tam gelişimine paralel olduğunu ve aynı anda iki alanda devrime (felsefi anlamda) yol açacağını düşünüyordu:

1. Çalışmalarının *bağrında* tam olarak gelişmiş bireyler, gerçekten öznesi oldukları şeyin hukuksal öznesi de olmak için çalışmaya egemen olacaklardır. Başka deyişle, tarihsel gelişimin bir yetenek toplamı olarak bireylere *verdiği* özgürlük, *düşünümsel devrim* yoluyla, yani öznenin kendi üzerine dönmesiyle, *kendine ege-*

5. Bkz. A. Gorz, *Adieux au prolétariat*, Le Seuil, kolleksiyon "Points", 1981, s. 131, 145–147, 152–155. Adret (*Travailler deux heures par jour*, Paris, Le Seuil, 1977) ve özellikle Charly Boyadjian'ı izleyerek, aceleci okuyucuların bana yükledikleri iki alan arasında kesin bir karşıtlık olacağı tezine karşıt olarak bu yön üzerinde duruyorum.

men olacaktır. Marx'ın *bireylerin tam* gelişimi ile "*kullanılabilir zaman*" içine yerleştirdiği "üst faaliyetler" diye adlandırdığı *bireyselliklerin özgürce* serpilmesi arasında yaptığı ayrımı böyle anlamak gerekir.

2. Özgürlüğün (özerklik araçları ile donanmış bireysel varlığın) amaç olarak kendini seçtiği, tam anlamıyla varoluşsal olan bu düşünümsel devrim, Marx'ta, tarihsel diyalektiğin bir yüzüdür ve diğer yüzü kaçınılmaz olarak iktisadi devrimdir. Gerçekten de, zorunlu çalışma miktarı azaldıkça, "doğrudan çalışma zenginliğin büyük kaynağı olmaktan çıkar, çalışma zamanı çalışmanın ölçüsü olmaktan çıkar, çıkmak zorundadır da. Sonuç olarak değişim değeri kullanım değerinin ölçüsü olmaktan çıkar... Bu koşullarda, değişim değerine dayanarak kurulan üretim çöker" ve "bireyselliklerin özgür gelişimi" ile "çalışma zamanının asgariye indirgenmesi" hedef olur.[6]

Başka deyişle, iktisadi akılcılık (sadece kapitalist akılcılık değil) sınırına ulaşmıştır. İktisadi akılcılığın araçların en etkin biçimde uygulanmasından, araç sistemlerinin en etkin örgütlenmesinden başka bir amacı asla olmamıştı. İktisadi akılcılık, daha başarılı sonuçlar veren araçları (kâr yoluyla) biriktirmek amacıyla araçlar sisteminin akılcı işleyişini hedefleyen, temelde araçsal bir akılcılıktır. Demek ki, araçlar amaçtır, araçların hizmetindeki araçların amacıdır. İktisadi akılcılığın "etkenlerden", esas olarak çalışma ve zamandan tasarruf etmesindeki amaç, onları "ekonomi dışında başka bir yerde" yeniden kullanmak içindir; orada da çalışmadan ve zamandan tasarruf etmek amaçlanır, sırası geldiğinde başka yerde kullanılacaklardır. Çalışmadan yapılan tasarrufun hedefi sonsuzlukta yitip gider ve bu hedef zamanın kendisinin özgürleşmesi, yani yaşama zamanının artması asla değildir. Boş zamanların da "iş yaratma", ticari üretime yararlı olma, yatırımları kârlı hale getirme işlevi vardır.

Oysa, üretici güçlerin tam gelişimiyle, bu birikme dinamiği artık işlemez olur. Araçsal akılcılık krize girer ve temelindeki akıldı-

---

6. *Grundrisse*, s. 593.

şılığı açığa çıkarır. Kriz, ancak çalışma tasarruflarına anlam verebilecek tek hedefe uygun olarak yeni bir akılcılık vererek çözülebilir: Bu hedef, yaşamın hareketiyle çakışarak, bizzat kendi amaçları olan "yüksek faaliyetler" için zamanın serbestleştirilmesidir. Bu faaliyetler daha az zaman alsınlar diye akılcılaştırılması gereken faaliyetler değildir, tersine: Hedef olan zaman tasarrufu değil, zaman harcamasıdır, faaliyetin amacı kendisidir; başka hiçbir şeye *yaramaz.*

İktisadi akılcılığın krizi, *kendisinden önceki tüm gelişime anlam verecek* bir başka akılcılıktan boş kalmış yer gibidir. Ve bu başka akılcılık, Marx'ta, özellikle, üretici güçlerin tam gelişiminden doğarak, kendilerini oldukları şeyin öznesi yapmak için, yani bireyselliklerinin özgür açılımını hedeflemek için düşünümsel olarak kendini ele geçiren tam gelişmiş bireylerin akılcılığıdır. Böylece, maddi gelişme hem kendi krizini hem de bu gelişimin içinde taşıdığı çelişkinin anlamını açığa çıkararak krizi aşabilecek tarihsel özneyi yaratır.

Marx'a ve özellikle işçi örgütlerindeki Marksistlere göre, çalışma içinde özgürleşme, *çalışmaktan* özgürleşmenin zorunlu önkoşuludur; çünkü, *çalışmaktan* özgürleşmek isteyebilen ve çalışmaya bir anlam verebilen özne çalışma *içinde* özgürleşmekten doğar. Karmaşık ve "egemen" bir görevden sorumlu, yeniden mesleki eğitimden geçirilmiş birden fazla iş yapan işçiye Marksist yazarların özel dikkat göstermesi buradan kaynaklanır; bu işçiyi, *hem* kendisini geliştiren bireyi *hem de* üretici güçleri yeniden temellük etmenin muhtemel tarihsel öznesi olarak görürler.

Oysa bunun ayakta durması mümkün olmayan bir ütopya olduğunu gördük. Marx'ta bile, işçinin makineyle ilişkisine dair olağanüstü zekice fenomenolojik betimlemeler ile teori arasındaki çelişki büyüktür: Bu ilişki, emekçinin çalışma araçlarından, üründen, makinede cisimleşen bilimden ayrılmasıdır. Emekçinin toplam yeteneğinin gelişimiyle üretici güçlerin toplamını sahiplenmesi (veya sahiplenebilirliği) anlamına gelen "çekici çalışma" teorisini doğrulayan hiçbir şey yoktur bu betimlemede; ve bu durum, Marx'ın gençlik yazıları için olduğu kadar *Grundrisse* ve *Kapital* için de geçerlidir.

Kern ve Schumann'da da böyle olduğunu görmek ilginçtir. Yaptıkları anketler, görevlerin yeniden dağıtımı ve yeniden mesleki eğitimden geçirilme eğiliminin sanayi emekçilerinin küçük bir azınlığı için geçerli olduğunu göstermektedir. Ama bu yeniden mesleki eğitimden geçirilme, yetenekleri tamamen gelişmiş "egemen" emekçi tezini doğrulamaz. Tersine, Kern ve Schumann, monografilerinde, emekçilerin sahip olacağı *heteronomi içindeki özerklik derecesinin sürdürülecek bir mücadelenin kozu olduğunu* gösterirler. Zaten vasıflanma anlamına gelen bu işçi iktidarları üretimde her zaman bir kozdur.[7]

B. POLİTİKANIN ÖZERKLİĞİ

Ama çalışma içindeki (her zaman kısmi ve görece olan) özgürleşme sürdürülecek bir mücadelenin kozu ise, bu demektir ki, *üretici güçlerin gelişimi kendi başına ne bu özgürleşmeyi ne de tarihsel ve toplumsal öznesini yaratır.* Başka deyişle, bireyler bu özgürleşme ve buna bağlı olan yeteneklerinin tam gelişimi için mücadele etmezler; zaten oldukları şey için mücadele etmezler, *ama olmak istedikleri ve olamadıkları* veya henüz olmadıkları şey için mücadele ederler. Ve bireylerin niçin özerk ve özgür gelişimlerini istediğini bilme sorusu, Marx'ın perspektifinde kalındığı sürece cevapsız kalacaktır. Marx'ta bu soru sorulmamıştır bile. Sorulmamıştır, çünkü Marx'ın felsefesi (veya karşı–felsefesi) ters çevrilmiş bir Hegelcilikti: Marx'a göre tarih, Anlam'ın gerçeğe sahip olduğu süreçti. Bu Anlam, Hegel'de olduğu gibi, Tin değil, kendini doğanın ve doğaya egemen olmanın efendisi kılarak tamamen gelişmiş bireydi –bu birey ise Evrensel Proletarya'dan başkası olamazdı.[8]

Bu ütopya ölmüştür: Kronstadt 1920, Moskova 1928, 1930, 1935, 1937; Berlin 1933 veya Treblinka 1943 veya Hiroşima 1945

7. Bu konuda CGIL Sekreteri Antonio Lettieri'nin hâlen güncel ve mükemmel makalesine bkz.: "L'usine et l'école", André Gorz (der.), *Critique de la division du travail*, Paris, Le Seuil, 1973.
8. A. Gorz, *Adieux au prolétariat*, I. kısım, bölüm I'de bu tahlil ayrıntılı olarak geliştirilmiştir.

veya Paris 1968: Bu tarihlerden birini bu ölümün işareti olarak seçebiliriz. Tarih, gezegen çapında, nükleer bir kışın gelmesiyle veya bir Çernobil'le veya bir Bhopal'la sona erebilir; tarih insanlar üzerindeki egemenliğin sürekli şiddetlenmesiyle, doğaya egemen olmanın giderek güçlenen araçlarıyla devam edebilir; sanayileşmiş dünyanın içinde ve dışında, büyüyen dışlanmışlar kitlesinin karşısında, giderek barbarlaşan şiddet biçimlerinin gelişimiyle sürebilir. Bütün bunları görmezden geliyorsak, Tarih farklı bir anlama *sahip olduğu* için değil, biz ona farklı bir anlam vermeyi başardığımızdandır. Eğer üretici güçlerin tam gelişimi iktisadi akılcılığın (ve iktisadi krizin) aşılmasına ve zamanın serbestleşmesi sayesinde bireyselliklerin özgür açılımına varırsa, bu, Tarihin anlamı böyle olduğundan değil, Tarihi bu anlamı kazansın diye yapmış olmamızdan olacaktır.

Özgürlüğümüzde, özgürlüğümüz de dahil her şey kararsızlık içerisindedir. Marksizm–sonrası insanın durumu, tarihsel gelişimde Marx'ın sezdiği anlamın bizim için gelişimin sahip olabileceği tek anlam olarak kalmasıdır. Ama bu anlamı, *gerçekleştirecek bir toplumsal sınıfın varlığından bağımsız olarak* izlememiz gerekir. Başka deyişle, çalışma ve zaman tasarrufuna anlam ve değer vermeye elverişli iktisat–sonrası ve iktisadi–olmayan tek hedef, bireylerin kendilerinden çıkarabilecekleri hedeflerdir. Bu hedeflerin tanımlanmasının içerdiği düşünümsel devrimi bize dayatan hiçbir zorunluluk yoktur. Bu hedefleri gerçekleştirme yeteneğindeki siyasi irade, önceden var olan hiçbir toplumsal temele dayanmaz ve hiçbir sınıf çıkarından; geçmiş veya bugünkü, yürürlükteki hiçbir gelenek veya kuraldan destek almaz. Bu siyasi irade ve onu besleyen etik özlem ancak kendine dayanabilir: Varlıkları, *etiğin özerkliğini ve siyasetin özerkliğini* varsayar ve bunu göstermek zorundadır.

Peter Glotz'un *Manifesto*'sundaki[9] Avrupa Solunu yeniden inşa projesini bu anlamda okumak gerekir. Yola çıktığı tahlil *Komünist Manifesto*'daki tahlilin devamı olarak kendini gösterir: Üçüncü sa-

9. Peter Glotz, *Manifest für eine neue europäische Linke.*

nayi devrimi geleneksel dayanışmaları eritir, sınıflar arasındaki sınırları karıştırır, toplum ve aile bağlarını parçalar ve toplumu bireyleşme (*Individualisierungsschub*) yönünde itmeyi sürdürür. Bu, "yeni bir toplumsal hareketlilik veya tecrit, şans artışı veya her türlü cemaatin dışlanması, çalışmaya, aileye, gündelik kültüre bağlı çok sayıda kısıtlamadan kurtulma imkânı, ama aynı zamanda, geri çekilme, dayanışmaların parçalanması tehlikesi" anlamına da gelir.

> Elektronik uygarlık milyonlarca işi ortadan kaldıracaktır... ama aynı zamanda sadece çalışma tasarrufu değil, hammadde, enerji, sermaye tasarrufu da sağlayabilir. Üretmek için üreten bir sistemi aşma, güç ve insana yaraşmayan işleri makinelere emanet etme ve insanlara artan *kullanılır zaman* alanları sağlama şansı sunar. Bugün yaşamı, çalışma ritmi tarafından belirlenen ve boş zamanı bir "yeniden üretim", toparlanma, eğlenme zamanından başka bir şey olmayan emekçi, benzersiz biçimde, kendi yaşamının (ve zamanının) egemen sahibi haline gelebilir; hem de kini iyice yerleştirip zorlamanın sürmesini gerektirebilecek kanlı bir devrim ve karşı–devrim sürecinden geçilmesini gerektirmeden.[10]

Ama, "tekniği böyle bir ütopya yaratmaya zorlamak" için, siyasi eylemin hiçbir homojen toplumsal temele dayanmaması gerekir. Özellikle, kitlesel üretim ve kitle-işçi çağında, işçi sınıfı gibi hem kalabalık hem de güçlü bir toplumsal temele hiç dayanmamalıdır. Çalışan sayısının öneminin, üretimin iktisadi, hatta stratejik önemine paralel olduğu sektörler, yani geleneksel solun sendikal ve siyasi kalesi olan bu sektörlerin hepsi çökmektedir: Maden ocakları, demir–çelik sanayii, gemi inşaatı ve birbirine bağlı ağır sanayiler. Üçüncü sanayi devriminin anahtar sektörleri görece daha az sayıda insan kullanmaktadır, sendikal geleneği ve siyasi bağlılığı olmayan teknisyenlerin ve memurların oranı ise oldukça yüksektir. "Yeni teknolojiler ve bunların zekice kullanımları, yoksullaşan işçi kitlelerinin devrimci birliğine yol açmaz, ama işçilerin çıkarlarının çeşitliliğine uygun olarak, çok farklı biçimde hareket eden kısmi-sınıflar halinde parçalanmasına ve bölünmesine yol açar."

10. *A.g.e.*, s. 34–35.

Siyasi eylemin sonuca ulaşabilmesi için:

> Belirgin bir toplumsal bağlantıları olmadan grupları bir araya getirerek "çoğunluklar" yaratmalıdır... Kuşkusuz çalışma, bireysel kimlik oluşumu üzerinde etkili olan önemli bir faaliyet alanı olarak kalır. Ama aniden başka ufuklardan daha güçlü etkiler gelir... Şu soru sorulur: Avrupa işçi hareketi... üretim merkezlerinde etkisini koruyabilir mi? Ve yeniden–üretim alanlarına, "boş zaman" dünyasına uzanabilir mi? Yenilik süreçlerine *toplumsal hedefler vermeye* yetenekli bir Avrupa solu olacak mıdır?[11]

Amaç bellidir, ama "durum pespembe değildir: Solun, mümkün olduğunca güçlüyü [yani özellikle 'çalışma seçkinleri' diye adlandırdığım kesimin üyelerini] –öz çıkarlarına karşı– zayıflarla dayanışma içine sokacak bir koalisyonu işler hale getirmesi gerekir. Çıkarları ideallerden daha belirleyici gören katı materyalistler için amaç paradoksal ama yine de günceldir."[12] "Çok ikna edici bir proje ve sarsılmaz bir cesaret" gerektirir.[13] Başka deyişle, kültürel bir toplum projesi gerektirir. Tıpkı sosyalist projede olduğu gibi, ahlâki talepleri ve *geleceğe anlam verme ihtiyacını* siyasi enerjiye dönüştüren bir proje gereklidir.

Sanki siyasetin özerkliği siyasi eylemin zorunlu koşulu haline gelmiştir. Bu eylem, toplumun parçalanmasını hızlandıracak bir biçimde siyasi yaşamın Balkanlaşmasına götürecek particilik çıkarları üzerinde kurulamaz. Siyasi eylem, üçüncü sanayi devrimine, umut dolu bir yönelim ve amaç, yani bir *anlam* verebilecek bir bakış açısıyla –bir "ütopya"yla– çıkarların sektörlere göre düzenlenmesini aşan bir toplum projesi gerektirir. Oysa çıkarlar arasındaki farklılaşmaları (sadece toplumsal değil) toplumla ilgili hedeflere doğru aşan bir siyasi proje güçlü bir etik içerikle yüklü olmak zorundadır. Siyaset ile etiğin burada çakıştığını söylemiyorum; ama siyasetin zorunlu özerkliğinin özerkliğe başvurmak için etik talepler gerektirdiğini söylüyorum.

11. *A.g.e.*, s. 35–36.
12. *A.g.e.*, s. 37.
13. *A.g.e.*, s. 44.

C. ETİĞİN ÖZERKLİĞİ, ÖZERKLİĞİN ETİĞİ

Bu etik taleplerin —iktisadi akılcılık içermeyen faaliyetlerde bireysellikleri̇n özgür açılımının— iktisadi bir amacı olan hiçbir iş veya meslekle çakışmadığını gördük. Bu taleplerin taşıyıcısı özneler ne toplumsal olarak zorunlu üretim için ne de maddi üretim için gerekli çevre faaliyetlerinin ürünüdür. Mesleklerin ve işlerin hemen tamamı bir uzmanlaşma gerektirir. Bu uzmanlaşma zorunlu olarak dar veya aptallaştırıcı olmasa da, insanların düşünsel, bedensel, estetik, duygusal, ilişkisel ve ahlâki tam açılımını teşvik etmez, engeller.

Bununla birlikte, sayısı giderek artan mesleklerin içerdiği heteronomideki özerklik payı, varoluşsal özerkliğin toplumun örgütlenmesi tarafından *engellenen bir imkân* olarak hissedilmesi için yeterlidir. Çalışma ve toplumsallaşma kipleri, artan sayıda insanın kendi potansiyelinin ve bu potansiyele *verilen özerklik* sınırlarının bilincine varabilmesi için yeterli, sınırlı bir özerklik sunar. Bu sınırlar meşruluklarını kaybetti: Ne maddi ihtiyaçların aciliyeti ne de dağılma yolundaki bir toplumun bağları onları doğrular. Tersine, topluluk ilişkilerinin, dayanışmanın, yardımlaşmanın, gönüllü işbirliğinin yaşanan biçimleri, ancak özgürce bir araya gelmiş bireylerin özerk ve yansız girişimi sayesinde sadece toplumsal sistemin ve akılcılığının sınırlarında var olur. Yaşamsal ihtiyaçlar da –kirlenmemiş hava ve su, sanayileşmeden korunmuş alanlar, kimyasal olarak katışıksız besin maddeleri, şiddetsiz şefkat, vs, vs– sınaidevletin mega-makinesinin memurlarıyla eşitsiz ve genellikle ateşli bir mücadele içinde sistemin akılcılığına karşı çıktığında ancak onay görür.

Bir yanda, çalışmanın bağrında sınırlı özerklik, diğer yanda bizleri toplumsallaşmanın ve topluluk bütünleşmesinin alternatif biçimlerini aramak zorunda bırakan toplumun bölünmesi; her ikisi de bireyselleşmeye yol açar ve bireyleri çalışma dışı faaliyet alanına ve sistem dışı yaşama doğru çekilmeye iter. "Kamusal faaliyetleri" tekelleştirme iddiasındaki siyasi partiler, sendikalar ve diğer hantal örgütler karşısındaki geri çekilme bireyselleşmeye doğru bu itilişin bir yüzüdür. Diğer yüzü, dinsel faaliyetlerin, yardımlaşmanın, ortaklaşmanın ve alternatif faaliyetlerin, kısacası yansız faaliyetlerin tanıdığı korumaya yeniden kavuşmaktır.

SDP'nin Temel Değerler Komisyonu'nun bir raporunun çıkardığı sonuç şudur: "Özerklik isteği, meşru–olmayan dışardan belirlenmenin her biçimine karşı mücadele ve eleştiride ve aynı zamanda, özörgütlü yaşam ve çalışma biçimlerine katılma eğiliminde; başkasına yardımcı olarak değil eş olarak davranmakta; maddi kariyer ve başarıdan çok yaşamın niteliğine verilen öncelikte; ve yaşamın doğal temellerinden yararlanabilmeye daha fazla duyarlı olmakta kendini gösterir."[14]

Komisyon'un çıkardığı bu sonuç, ücretlilerin temsili bir bölümüne yirmi yıldan beri aynı soruları soran kamuoyu yoklamalarına dayanır. Bu yoklamalar, ücretlilerin hızla artan bir bölümünün (1962'deki % 29'a karşılık günümüzde yaklaşık yarısı) ve özellikle 30 yaşın altındaki ücretlilerin (1962'deki % 39'a karşılık günümüzde yaklaşık üçte ikisi) mesleki çalışmalarından çok, boş vakit faaliyetlerine daha fazla önem verdiklerini gösterir. Bununla birlikte, ücretlilerin % 80'i çalışma koşullarının on yıldan beri iyileştiğini söylemektedir; yarıya yakını (ama gençlerin yarısından çoğu) çalışmalarını "ilginç" olarak değerlendiriyor, ama yaşamlarına egemen olmaması gerektiğini de ekliyorlar.

İskandinav ve İngiliz anketlerinin bulguları da aynı yöndedir. Özellikle R.E. Lane'in incelemesi, "yaşamsal tatmin diğer tüm unsurlardan çok çalışma dışı faaliyetlere bağlı" sonucunu çıkarıyor.[15] F. Block ve L. Hirschhorn da "insanların çalışma yaşamlarından önce, sonra ve çalışma sırasında ne kadar kullanılabilir zamanları varsa, çalışma da, yaşamlarını örgütlemek için o kadar yetersiz bir ilgi merkezi haline gelir"[16] diye belirtmektedirler. Tüketimin ve bu-

14. Erhard Eppler (der.), *Grundwerte für ein neues Godesberger Programm*, Rowohlt, Reinbek 1984, bölüm V, özellikle s. 111-126. Kısmi ve yaklaşık bir çevirisi için bkz.: *Les Temps Modernes*, 484, Kasım 1986.
15. R.E. Lane, "Market and the Satisfaction of Human Wants", *Journal of Economic Issues* 12 (1978), s. 815.
16. F. Block, L. Hirschhorn, "New Productive Forces and the Contradictions of Contemporary Capitalism: a Post—Industrial Perspective", *Theory and Society*, 7, 1979, s. 373.

nu sağlayan paranın, diye ekler Lane, "insanları mutlu kılan özerklik, kendine saygı, aile mutluluğu, çalışma dışı yaşamda çatışmasızlık ve dostluk gibi şeylerle pek az ilişkisi vardır." Başka deyişle, yaşamın niteliği duygusal ve kültürel değişimlerin yoğunluğuna; dostluk, aşk, kardeşlik ve yardımlaşmaya dayalı ilişkilere bağlıdır, yoksa ticari ilişkilerin yoğunluğuna değil.[17] Ama bu, *sosyolojik kategorilerin bireysel davranışları ve güdülenimleri artık açıklayamayacağı* anlamına da gelir. Sosyoloji sınırlarına varmıştır –yukarda belirtilen İngiliz araştırmalarının anlamı budur. Bu sınırlar bireylerin özerkliğidir. Güvenliği olmayan, kültür sanayileri ve boş vakit tüccarları tarafından tehdit edilen ve yolu gözlenen, doğmakta olan özerklik, sol var olmak istiyorsa, yenilenmiş bir solun toplum projesinin ayaklarını basması gereken boş alandır.[18]

Özet olarak, çalışmanın işlevselleştirilmesi ve teknikleştirilmesi çalışma ile yaşamın birliğini parçaladı. Çalışma, bugünkü krizin şiddetlenmesinden önce, yeterli bir toplumsal bütünleşme sağlamaktan adım adım uzaklaştı. Toplumsal olarak gerekli çalışma hacminin giderek azalması bu evrimi hızlandırdı ve toplumsal bölünmeyi şiddetlendirdi. İster işsizlik, toplumun dışına itilme ve geçici işler biçimini, isterse de genel olarak çalışma süresinin azaltılması biçimini alsın, (iktisadi anlamda) çalışmaya dayalı toplumun krizi, insanları, çalışmalarının dışında başka yerde kimlik ve toplumsal aidiyet kaynakları, kişisel açılım imkânları ve başkalarının saygısını kazanabilecekleri ve kendilerine saygı duyabilecekleri anlam yüklü faaliyetler aramak zorunda bırakır.

Çalışmanın, çalışma kadar önemli veya hatta ondan daha önemli diğer faaliyetler arasında bir faaliyet olması istenir. Marx'ın giderek daha az zorlayıcı ve daha çok canlılık verici bir çalışma yaşamının ürünü olacağına inandığı bireyselliklerin özgürce açılımı-

---

Bu alıntıları şu çok önemli denemeden alıyorum: Claus Offe, "Le travail, catégorie clé de la sociologie?" Bir çevirisi *Les Temps Modernes*, 466, Mayıs 1985'te çıktı.

17. "İş yaratmak" için buna uygun faaliyetleri profesyonelleştirmek ve parasallaştırmak gerektiği düşüncesine aykırı düşen bu saptama kim bilir kaç kez yapıldı. İkinci bölümde bu konuya geleceğim.

18. Alain Touraine'in çalışmalarının özü ve sosyolojinin sınırında, partiler tarafından ihmal edilen bir alanda yer almalarının nedeni budur.

na dayanan etik, günümüzde bireylerin işleriyle özdeşleşmeleri yerine ondan uzaklaşmalarını, başka ilgi merkezleri ve başka faaliyetler geliştirmelerini, ücretli çalışmalarını ve mesleklerini varoluşlarına ve topluma çokboyutlu bir bakışın içine yerleştirmelerini gerektirir ve içerir. İktisadi amaçlı faaliyetler, bu boyutlardan sadece biri, önemi giderek azalan bir boyut olabilir.

İnsanların büyük bölümünün özlemleri de bu yöndedir. Siyasi partilerin krizi –ve kiliselerle insancıl derneklerin geri gelişi– öncelikle, bu özlemlere, siyasi anlamda ifade edilebilecekleri kültürel ve pratik bir açılım noktası sunmayı becerememelerinden kaynaklanır. Partilerin krizi öncelikle *siyasetin* krizi değildir. Bu kriz, kendilerini her şeyden önce, yönetmeyi arzuladıkları devlet aygıtının kopyası olan yönetim makineleri gibi gören aygıtlar ve örgütler tarafından *siyasi alanın boş bırakıldığını* gösterir. Oysa ki siyaset, her şeyden önce, temel altüst oluş dönemlerinde doğan bütün siyasi güçlerin koydukları yere yerleşir: İşçi hareketi, işçi sendikaları ve partileri işçi *kültür* çevrelerinden ve karşılıklı yardımlaşma birliklerinden doğmuştur, yani: Egemen kültüre ve düşüncelere direnen düşünme ve özoluşum çalışmasından; toplumsal örgütlenmeye ve egemen yaşam tarzına bir alternatif tasarlayan özörgütlenme ve yaşam biçimlerinden doğmuştur.

Peter Glotz, değişim döneminde kültürün bu üstünlüğünü gayet iyi belirtir: "Sol, siyasi iktidarın önkoşulu olan kültürel hegemonyayı nasıl sağlar? Sol, tek tek siyasi eleştirilerin giderek büyüyen çeşitliliğinden hareketle insanların kabul edeceği, belleğinde tutacağı ve kendi düşünceleri olarak özümseyeceği az sayıdaki düşünceyi nasıl oluşturur?"[19]

Sosyalist ütopyanın etik içeriğinin meydana getirdiği şeyi koruyabilmek için bugün yeni bir ütopya[20] gereklidir: Boş zaman toplumu ütopyası. Bireylerin özgürleşmesi, serbestçe açılımları, toplumun yeniden oluşumu *çalışmaktan* kurtulmaktan geçer. Bireyler çalışma süresinin azaltılması sayesinde yeni bir güvenlik, "hayatın zorunlulukları" karşısında bir geri çekilme ve varoluşsal bir özerk-

19. Peter Glotz, *Die Arbeit der Zuspitzung*, Berlin, 1984, s. 7.
20. Bu eserde tanımlanan anlamda, bkz. s. 22.

lik elde edebilirler. Bu özerklik onları çalışma *içinde* daha fazla özerklik talep etmeye, çalışmanın hedefleri üzerinde siyasi denetim kurmaya, gönüllü ve özörgütlü faaliyetlerin gelişebileceği toplumsal bir alan istemeye götürecektir.

Boş zaman toplumunun neye benzeyebileceğini, farklı faaliyet türlerinin nasıl birbirine eklemlenebileceğini ve hangi geçiş politikalarının buna yönelteceğini daha ilerde kabaca belirtmeye çalışacağım. Ama böyle somut bir ütopyanın doğasını ve olabilirliğini ele almadan önce, ontolojik temelini iyice açığa çıkarmak önemlidir. Gerçekten de, ücretli çalışma süresinde bir indirimi niçin seçmeli? Şu anda kamusal ya da ticari kuruluşların verdiği hizmet faaliyetlerini, özörgütlü ve gönüllü işbirliğine dayanan bir temelde, özgürleşen zaman alanlarında niçin üstlenmeli? Tersine, insanların geleneksel olarak iyi kötü üstlendikleri faaliyetlerin profesyonelleştirilmesini ve parasallaştırılmasını niçin tercih etmemeli? Çocukların sorumluluğu daha ilk günden çocuk bakıcısı ve analık yapan profesyoneller tarafından niçin üstlenilmesin? Emeklilerin sorumluluğu çok daha genç olanlar, turizm, kültür ve boş vakit profesyonelleri tarafından niçin üstlenilmesin? Yaşlıların sorumluluğu evde çalışacak profesyoneller tarafından niçin üstlenilmesin? Ölmekte olana destek olmak ve teselli etmek görevi profesyoneller tarafından niçin üstlenilmesin? Alfred Sauvy'nin dediği gibi, bütün istekleri, bütün potansiyel taleplerin sayımını niçin yapmayalım, bu talepleri ödeme yapılabilir hale getirip tatmin etmeye uygun işler niçin yaratmayalım? Aslında bu alanda tükenmez "iş kaynakları" yok mu? İhtiyaçlar sınırsız artmıyor mu ve sonuç olarak mal ve iş değişiminin potansiyel büyümesi de sınırsız değil mi? Ev içindeki (yeniden üretim denen) çalışmaların toplumsal yararını niçin kabul edip onları ücretlendirmemeli? Barry Jones'un önerisine göre, ev işini iş gücünün tamamlayıcı parçası olarak, ev içindeki çalışmayı, "temelinde, sürekli olarak yeniden doğan (örneğin restorasyon, eğlence, cinsellikle ilgili işler, vs) ihtiyaçların sürekli tatmini yatan" "beşinci sektör"deki bir iş olarak niçin kabul etmemeli?[21]

Bu soruların cevabı sadece siyasi tercihlerde veya iktisadi ve toplumsal çıkarlarda değildir. Aklın, en akılcı, en pratik çözümleri bize kabul ettirerek bizi özgürleştireceği modernlik–öncesi gelenekte oluşmuş değerlerde de değildir. Akılcı, ama hangi hedefe göre akılcı? Miras alınan değerlerin ve pratik çıkarların ötesinde varoluşun ontolojik çok boyutluluğuyla uyumlu değişik akılcılık türleri –hatta bütün mümkün akılcılaştırma ve toplumsallaştırma biçimlerinin sınırları– yok mudur? Çalışma kavramının yol aldıkça daha iyi ayırt edebileceğimiz değişik faaliyet biçimlerine uygunluğunu bu bakış açısıyla incelemeyi öneriyorum.

21. Barry Jones, *Sleepers Awake! Technology and the Future of Work*, Oxford, Oxford University Press, 1983.

İkinci Bölüm

İktisadi aklın eleştirisi

> Para, toplumun kullandığı malların miktarını artırma hedefi olmayan işlerde bile ölçü birimi olarak kullanıldı. Amacı dayanışmayı, kurumların etkinliğini veya toplumun bağlılığını güçlendirmek olduğu zaman bile, insanlar, akılcılaştırma yoluna girdikleri andan itibaren uygulayımlarını ölçmek için çeşitli biçimlerde maliyet–yarar tahlillerine başvurdular... Şehircilikten suçun önlenmesine kadar bütün toplumsal sorunlar ihmal edildi, çünkü, başka nedenlerin yanı sıra, sadece paranın hizmet edemeyeceği amaçlar için para kullanıldı.[1]

Habermas'tan yaptığım bu alıntı, oldukça karmaşık bir tahlil getirmektedir. Ona göre, tartışma konusu edilen sadece düzenleme ölçüt ve araçlarının eşitsiz gelişimi değil, "bilişsel–araçsal akılsallığı ekonominin ve devletin alanlarının dışına yayan ve iletişimsel yapılı yaşam alanlarına da nüfuz ettiren... böylelikle yaşam dünyasının sembolik yeniden üretimini altüst eden kapitalist modernleşme modelidir."[2]

---

1. R.C. Baum, «On Social Media Dynamics», FS Parsons (1976), cilt II'de, s. 579 ve devamı. Aktaran Jürgen Habermas, *TKH* II, s. 435 (Fransızca çevirinin 323. sayfası).
2. *TKH* II, s. 451 (Fransızca çevirinin 335. sayfası).

Başka deyişle, "bilişsel–araçsal"[3] akılsallığın özel bir biçimi olan iktisadi akılcılık, yanlış biçimde, sadece uygulanamayacağı kurumsal eylemlere genişletilmekle kalmadı, toplumsal bütünleşmenin, bireylerin eğitim ve toplumsallaşmasının bağlı olduğu ilişkisel dokuyu da "sömürgeleştirdi", şeyleştirdi ve sakatladı.[4] Habermas bu "sömürgeleştirme"nin nedenini "iktisadi ve yönetimsel alt–sistemler"in "karşı konulmaz dinamiği", yani para ve devlet iktidarı tarafından yapılan dışardan düzenleme olarak görür.

Bu alt-sistemlerin özerkleşmesi, uzmanlaşmış mesleki kültürlerle (*Expertenkultur*) gündelik kültürün ayrılmasına yol açar. Bu özerkleşme, bireylerin dünyada yönlerini bulmalarını ve ilişkilerini kendi kendilerine düzenlemelerini sağlayan ölçütlere ve gerçekliklere hiç sahip değildir. Gündelik kültürün çöküşü ve giderek önemini yitirmesi bu kültürün uzmanlar iktidarının nüfuzuna girmesine ve uzmanlaşmış mesleki bilgiler tarafından "yaşam dünyasının sömürgeleştirilmesine" yol açar. "İletişimsel altyapı" dağılmıştır ve özgür tartışmaya dayalı anlaşma, iletişim ve ortak kuralların hazırlanması üzerinde yükselen, kendi kendini düzenleyen toplumsal ilişkileri içeren yaşam dünyasının yeniden üretimi krize girer.

Çok şematik olarak özetlediğim Habermas'ın bu tahlili[5], sanayileşmiş toplumların bugünkü krizini anlaşılır kılmak ve yorumlamak için önceki çabalara göre görünür bir üstünlük taşır. Bununla birlikte, Habermas iktisadi akılcılığın uygulanabildiği alanı temel biçimiyle ve esas olarak sosyolojik açıyla sınırlamaktadır. Habermas, yönetsel düzenleme gibi parasal düzenlemenin de "yaşam dünyasının sembolik yeniden üretimi" alanına uygulanamayacağını söylemektedir. Başka deyişle, *anlam verme veya aktarma* amacı taşıyan faaliyetleri yönetsel olarak düzenlemek veya (ücretlendirilebilir işe çevirerek) parasallaştırmak, bu faaliyetleri kaçınılmaz olarak krize sokar.

3. Max Horkheimer araçsal akılsallık kavramını Max Weber'in "*Zweckrationaltät*" (bir hedefe ulaşmak için araçların ve stratejilerin akılcı seçimi, veya "amaçsal akılsallık") kavramının yerine kullanmaktadır. Habermas, teknik–bilimsel, iktisadi ve yönetsel yaklaşımların birliğini belirtmek için, Theodor Adorno ile örtük bir uyum içerisinde, "bilişsel–araçsal" akılsallık kavramını kullanır.
4. *TKH* II, s. 482 ve devamı (Fransızca çeviride s. 359 ve devamı).
5. *TKH* II'nin hemen hemen bütün VIII. bölümünü kapsar.

Daha ilerde bu faaliyetleri birbirinden ayırmaya, anlamlarını bulmaya ve iktisadi akılcılaşmaya elverişli olanlara göre yerlerini belirlemeye çalışacağız. Ama, her şeyden önce, iktisadi akılsallığı oluşturan şeyi ve diğer akılsallık tipleri karşısında gösterdiği emperyalizmin, içteki temel nedeninin ne olduğunu anlamamız gerekiyor. "Yaşam dünyasının sömürgeleştirilmesi" niçin daha güçlü direnişlerle karşılaşmadı? "Kapitalist modernleşme modeli" niçin yerleşebildi ve "iktisadi ve yönetsel alt-sistemlerin karşı konulmaz dinamiğini" yayabildi? Bu modelin, insanların yaşamındaki kendiliğindenliğin, duygusal ilişkilerin ve dayanışmanın aleyhine genişlemesine kim izin verdi?

I
"Bu bana yeter"den "Fazla mal göz çıkarmaz"a

A. HESAPLAMAK

İktisadi akılcılaştırma sayma ve hesaplamayla başlar. İnsan faaliyetleri bu hesaba tabi olmadığı sürece iktisadi akılsallıktan yoksundurlar: Bu faaliyetler yaşamın zamanını, hareketini ve ritmini birbirine karıştırır. Ailemi, bir eşeği ve iki keçiyi besleyecek şeyi bir parça toprakta yetiştirdiğim sürece; mutfakta ve ısıtmada kullanacağım odunu dağın yamacından ve komşu ormanlardan kestiğim sürece, benim çalışmamda iktisadi akılsallık yoktur: Yapılması gerekeni yapmak için gerekli zaman yeter ve zorunlu olan yerine getirildiğinde, çalışmanın yerini boş zaman alabilir.

Ama kendi tüketimim için hiçbir şey üretmeyip pazar için ürettiğim andan itibaren her şey değişir. O zaman hesap yapmayı öğrenmem gerekir: Toprağımın niteliği dikkate alındığında daha fazla yeşil sebze veya patates üretmem daha iyi olmaz mı? Bir tarım makinesi satın aldığımda mümkün olacak üretim artışı, verdiğim parayı iki mevsimden kısa sürede çıkartmaz mı? Ağacımı elimle kesmek yerine, bana zaman kazandıracak ve komşuların odununu da keserek kârlı duruma geçeceğim bir değirmi testere satın almakta çıkarım yok mu?

Yaşamam için gerekeni kazanmak ve ailemi "uygun biçimde" yaşatmak istiyorsam tüm bunlar hesaplanabilir ve hesaplanmalıdır. Demek ki, toprağın verimliliği, farklı ekimler için gereken zaman, aletlerin maliyeti, tohumlar, yakıt, vs ve şunu ya da bunu üretmeme göre bir saatlik çalışmayla elde edebileceğim verim, yani gelir hesaplanmalıdır. Dolayısıyla hesap yaparım ve yaşamım, düz, homojen, doğal ritimlere duyarsız bir zamana uygun olarak bu hesaba göre örgütlenir.

Demek ki, sayma ve hesaplama şeyleştirici akılcılaştırmanın en mükemmel biçimidir. Ürünün, *kendi olarak* birimi başına *çalışma miktarını* ortaya çıkarır ve yaşanandan soyutlar: Beni bu çalışmanın bana sağladığı zevk veya hoşnutsuzluktan, gerektirdiği çabanın niteliğinden, üretilen şeyle duygusal ve estetik ilişkimden soyutlar. Önceden tahmin edebileceğim kazanca göre daha fazla soğan, lahana, salata veya çiçek yetiştireceğim. Faaliyetlerim bir hesaba göre kararlaştırılacak, tercihlerim ve zevklerim ise hesaba katılmayacak. Çalışmamın verimliliğini artıran teknik yenilikler çalışmamı teknikleştirse de, katı buyruklara tabi kılsa ve fason çalışmaya benzetse de bu yenilikleri kabul edeceğim. Zaten, tercih şansım yok: Teknolojik gelişmeyi izlemedikçe, hatta onun önüne geçmedikçe bir süre sonra ürünlerimin satışıyla yaşayamaz hale gelirim: "Rekabet edebilir" olmaktan çıkarım.

İktisadi akılsallığın üstün gelmesi için bir araya getirilmesi gereken koşulların ne olduğu görülmektedir:

1. Çalışmanın amacı insanın kendi tüketimi değil, ticari değişimdir. Kendi tüketimi için çalışma sürdüğü müddetçe, üreticiler

birçok değişken arasında çözüm arayacaklardır: Tatmin düzeyi ile bu düzeyi yükseltmek için gereken ek çaba arasında; zaman kazanmaktan hoşlanma ile bunu sağlayan çalışmanın artmasının yol açtığı hoşnutsuzluk arasında, vs. Uygulamada, kendi için yapılan çalışmada (özel alandaki çalışmada) azami verimliliği asla aramayız ve dolayısıyla zamanımızı hesaplamayız, birim-zaman başına elde edilen sonucu sayısallaştırmayız. *Kendi için çalışma alanında* (örneğin ev işinde) verimlilik arayışı ve zamanın hesaplanabilirliği, ancak yaşamımızın geri kalanına egemen olan iktisadi akılsallık bu alana da bulaştığı ölçüde ortaya çıkar: Yani, ev işi, temel çalışma olan ücretli çalışmadan arta kalan zamanda mümkün olduğunca çabuk yapılması gereken ek bir faaliyet olduğu ölçüde iktisadi akılsallık görülür. Tek başına olduğunda, kendi için çalışma, ilke olarak, iktisadi akılcılaştırmaya bile boyun eğmeden kalır. Gerçekten de, kendi için çalışmanın hiçbir değişim değeri yoktur ve olamaz; sadece kullanım değeri vardır ve bu değere de gerçekleştiği yer olan özel alanda sahiptir.[1] Barry Jones'un belirttiği de tam budur:[2]

> Geçim ekonomilerinde köylüler tarımı bir "sanayi" olarak kabul etmezler, bu onların yaşam biçimidir. Esas olarak kendi ihtiyaçlarını karşılamak için üretirler, küçük bir artığı satmak için değil, beklenmedik durumlara hazırlıklı olmak için bir kenarda tutarlar. Ne iktisadi verimlilikle, ne kâr oranıyla ne de ihracat veya uzmanlaşmayla ilgilidirler; zamanlarının hesabını yapmazlar ve komşularıyla rekabet etmezler. Almaşık ekim, mevsimlerin ritmini takip eder; çalışma tüm bir yaşamı işgal eder ve asla tamamlanmaz. Ücret, çalışma süresi veya tatil kavramları yoktur.

2. Üretimin iktisadi akılsallık tarafından yönetilmesi için sadece ticari değişime yönelik olması yetmez; aynı zamanda, aralarında bağ

1. Bu Adam Smith'in önceden belirttiği bir ilkedir. *Ulusların Zenginliği*'nin III. Kitabı'nda, "daha sonra eşit miktar çalışma satın alabileceği hiçbir şey üretmeyen" veya *başka hiçbir çalışmayla değiştirilemeyen çalışma*'yı iktisadi değerlendirme alanından atmıştır. Adam Smith (yoksa Smith'i bu noktada sadece izlemiş olan Marx değil) değişebilir olmayan bu çalışmayı iktisadi olarak "üretken olmayan" diye tanımlamış ve şu sonucu çıkarmıştır: "Üretken olmayan emekçilere ve hiç çalışmayanlara *gelir* tarafından bakılır." Bu saptama hem aristokrasiyle toprak sahiplerini hem de hizmetçilerini ve bürokrasiyi hedefler.
2. Barry Jones, *Sleepers Awake!...*, s. 82.

olmayan üreticilerin, hiçbir bağlarının olmadığı alıcılar karşısında rekabet içinde oldukları serbest bir *pazar* üzerinde değişime yönelik olması da gerekir. Birlikler, lonca ve üretici sendikaları aracılığıyla üreticiler her tür ürün fiyatı üzerinde ve özellikle, bilindiği gibi, XVIII. yüzyıla kadar titizlikle düzenlenen üretim yöntem ve teknikleri üzerinde anlaştıkları sürece bu koşul yerine gelmez. Fiyatlar ve teknikler üzerinde anlaşma sadece rekabetin sözleşmeli olarak kendi kendini sınırlandırmasına yol açmakla kalmaz, kazanç imkânlarının sınırlanmasını ve dolayısıyla *ihtiyaçların sınırlanmasını* da içerir. İktisadi akılsallık böylece ihtiyaçların sınırlı doğası ve bunların sınırları üzerinde bir anlaşmayla kökten engellenmiş olur. Ticari değişime yönelik üretim, öz olarak, insanın ev içi kendi tüketimi için üretimiyle aynı "yeterlilik" ilkesiyle düzenlenir: *Hissedilen ihtiyaçların* karşılanmasının gerektirdiğinden fazla çalışmak anlamsızdır. Dolayısıyla, doğal ritmine uygun olarak çalışarak ihtiyaçlar karşılanabiliyorsa, azami verimliliği aramak, zamanın hesabını yapmak, çalışmayı akılcılaştırmak da yararsızdır. Bu bakış açısı içerisinde, sayma ve hesaplama da işe yaramaz. *İhtiyaçların sınırlı niteliği iktisadi akılcılaştırmayı engeller.*

İlk sanayicilerin sürekli ve tam gün çalışma elde etmede karşılaştıkları aşırı güçlük buradan gelir. Ev işçilerini çekici kârlılıkta bir ücret teklif ederek sürekli işe kışkırtma düşüncesi sanayi döneminin başlangıcında yanlış çıktı (bu düşünce hem Batı'daki hem Doğu'daki günümüzün sanayileri için de yanlıştır).

> Bir dönüm biçmek için, örneğin, 1 mark alan insan 2,5 dönüm biçiyor ve 2,5 mark kazanıyordu [bir gününde]. Ücretlendirme dönüm başına 1,25 marka çıktığında, beklenildiği gibi 3,75 mark kazanmak için kolaylıkla yapabileceği üç dönümü biçmiyor, sadece alıştığı 2,5 markını kazanacak şekilde 2 dönüm biçiyordu. *Onu çeken ek kazanç değil, daha az çalışmaydı.* Mümkün olduğunca fazla çalışarak günde ne kadar kazanabilirim? diye sormuyordu kendine. Sorduğu soru şuydu: Bugüne kadar kazandığım ve gündelik ihtiyaçlarımı karşılayan 2,5 markı kazanmak için ne kadar çalışmalıyım? Ters yönteme başvurmaktan başka çare yoktu: Alışılmış kazancı korumak için işçiyi daha fazla çalışmak zorunda bırakmak amacıyla ücretleri *düşürmek*.[3]

3. Max Weber, *L'éthique protestante et l'esprit du capitalisme*, s. 61. (Altını çizen

Birey, ihtiyaçlarının düzeyini ve harcadığı çaba düzeyini kendisi saptamakta özgür olduğunda iktisadi akılsallık uygulanamaz. Bu durumda, çabasını sınırlandırmak için ihtiyaçlarını da kendiliğinden sınırlandırma eğilimi gösterir; çabasını *yeterli* gelen tatmin düzeyiyle oranlı tutar. Elbette bu düzey zaman içinde değişebilir; tatmin düzeyi ile kendi için çalışma hacmi arasında dengeyi düzenleyen yine *yeterli* kategorisidir.

Oysa, *yeterli* kategorisi iktisadi bir kategori değildir: Kültürel veya varoluşsal bir kategoridir. Yeterli olanın yeterli olduğunu söylemek, daha fazla şeye sahip olmanın hiçbir yararı olmayacağı, daha fazlanın daha iyi olmadığı anlamına gelir. "*Enough is as good as a feast*" der bir İngiliz özdeyişi: Yeterli olan iyidir.

Yeterli kategorisi, kültürel bir kategori olarak geleneksel toplumda merkezi bir kategoriydi. Dünya, değişmeyen bir düzenle yönetiliyordu, herkes doğumundan itibaren kendisine verilen yeri işgal ediyordu, kendisine ne geliyorsa ona sahipti ve onunla yetiniyordu. Daha fazlaya sahip olma isteği dünyanın düzenine bir saldırıydı: "Açgözlülük", "arzu", "kibir" doluydu, "doğal düzene" ve Tanrı'ya karşı günah doluydu. Aşırı kazanç, özü gereği şeytansıydı: Uygulama olarak yararlıydı ve izin veriliyordu, ama hoş karşılanmayan şey tefecilikti, Midas'tı. Midas'a göre zenginlik para demekti ve serveti ne olursa olsun asla yeterince paraya sahip olunamazdı; şu basit nedenle ki, zenginlik *madeni para olarak ölçülmeye* başlandığında, *yeterli* diye bir şey asla olmaz. Toplam ne olursa olsun, her zaman daha fazla olabilir. Hesaplanabilirlik "fazla" ve "az" kategorilerini bilir, "yeterli" kategorisini bilmez.

Geleneksel düzenin parçalanması ile ticari ve mali kapitalizmin, ardından sanayi kapitalizminin gelişiminin birbirlerini karşılıklı olarak yarattıkları ve birbirlerinin hem nedeni hem de sonucu oldukları bilinmektedir. Oysa burada önemli olan, sayma ve hesaplamanın geleneksel düzenin yerine kesinlikle zorlayıcı ağırlıkta biçimsel bir düzeni adım adım geçirmesidir. Dini veya ahlâki kural-

A.G.) Marx *Kapital*'inin I. Kitap'ında ve Landes'in *Prométhée désenchainé*'sinde, aynı yönde sayısız örnek bulunur, ama bunlar XVIII. yüzyılın Britanya'daki tekstil imalatına ilişkindir. 1/I. Bölüm'ün sonunda, J. Smith'in *Memoirs of Wool*'u konusunda buraya gönderme yapmıştık.

koyucu gerçekliklerin çöküşü ve dini kurumların çürümesiyle birlikte hesap, imtiyazlı bir gerçeklik kaynağı olarak ortaya çıkar: Bir hesap sayesinde kanıtlanabilir, örgütlenebilir ve öngörülebilir olanın doğru ve evrensel olarak geçerli olması için hiçbir otoritenin güvencesine ihtiyacı yoktur.

Hesap, her türlü dış himayeden özgürleşmeyi sağlıyordu ve aynı zamanda, başvurulmamış bir düzenin nesnel yasalarına karşı bir düzenin yaratıcısıydı. Bu düzen katı, güven verici, buyurgan, tartışmasız ve her türlü insan iradesinden bağımsız bir çerçeve sağlıyordu. Hesaplanabilir bir hesap gereği faaliyetlerin ve hayatın kendisinin örgütlenmesi, mükemmel bir *düzene sokmadır*; Tanrı'nın kozmos ölçeğinde yerine getirdiği "büyük saatçi" çalışmasına insan bu sayede kendi yaşamı ölçeğinde yaklaşıyordu. İktisadi akılsallık dinsel ahlâkın vekili olarak faaliyet gösteriyordu: İktisadi akılsallık sayesinde insan evreni yöneten yasaları kendi davranışlarının tahmini örgütlenmesine uygulamayı deniyordu. İktisadi akılsallığın kendine yüklediği maddi amaçların ötesinde, insan faaliyetinin yasalarını kozmik saatin işleyişinin yasaları kadar kesinlikle hesaplanabilir ve öngörülebilir kılmak hedefleniyordu.

İktisadi faaliyetin anlamı, demek ki, bu faaliyetin kendisiydi, bütün hedeflerden bağımsız olarak, düzenin üretilmesiydi ve insan iradesinden bağımsız yasalara itaatti. Disiplin, çile, örgütleyici ceza ve ihtiras olarak, maddi hedeflerin sadece dayanak veya önemsiz araç hizmeti gördüğü kendi kendisinin varlık nedeniydi. Zenginlik birikimi sadece hesapların doğruluğunun kanıtıydı ve zenginliklerin yeniden kullanımıyla sürekli olarak onaylanmak zorundaydı.

Burada önemli olan, "kapitalizmin ruhu"nun çalışma ile ihtiyaç arasındaki bağı koparmış olmasıdır. Çalışmanın hedefi artık hissedilen ihtiyaçların tatmini olmadığı gibi, çaba da erişilecek tatmin düzeyiyle orantılı değildir. Akılcılaştırıcı ihtiras belirlenmiş bütün hedeflerden özerkleşiyordu. "Yeterli olan, iyidir"in yaşanmış gerçekliğinin yerine, *çabanın ve başarının verimliliğinin nesnel ölçüsü ortaya çıkıyordu: Kazanç artışı. Başarı artık kişisel takdir ve "yaşam kalitesi" sorunu değildi, kazanılan parayla, biriktirilen servet miktarıyla ölçülüyordu. Sayılabilir olma, hiçbir otorite, hiçbir kural, hiçbir değer ölçeği tarafından değerlendirilme ihtiyacı duymayan kesin bir ölçüt ve hiyerarşik bir ölçek ortaya çıkarıyordu. Verimlilik ölçülebilirdi ve onun sayesinde bir insanın kapasitesi, özel nitelikleri de ölçülebilirdi: Fazla, azdan iyidir, daha fazla kazanmayı başaran daha az kazanandan iyidir.*

Niceliksel ölçünün ayırıcı özelliği, sınırlayıcı hiçbir ilke kabul etmemesidir. Sadece "yeterli" kategorisini bilmemekle kalmaz, aynı zamanda "fazla" kategorisini de bilmez. Uygulayımı ölçmeye yaradığı andan itibaren hiçbir nicelik *fazla* büyük olamaz; hiçbir işletmenin kazandığı para fazla olamaz, hiçbir işçi fazla üretken olamaz. Hesaplanabilir kılmak için nicelikselleştirilen iktisadi akılcılaştırma, sahip olunanla, yapılanla veya yapılması tasarlananla tatmin olmayı sağlayacak bütün ölçütleri ortadan kaldırıyordu. Hiçbir nicelik mümkün olan en büyük nicelik değildir, hiçbir başarı daha büyük bir başarının hayal edilemeyeceği kadar büyük değildir. Her bir kişinin yetenekler ve meslekler hiyerarşisinde işgal ettiği sıra öz olarak görece bir sıradır: Onu belirleyecek olan başkalarıyla karşılaştırılmasıdır, kendini onlarla ölçmesi gerekir, hiç bitmeyen bir rekabette onları aşarak ancak bulunduğu yeri hak edebilir. Hiçbir otorite, hiçbir statü bu yeri ona garanti edemez.

Her bir insanın diğerlerini aşmak için sınırsız çabasını gerektiren bu mantığın karşısına işçi hareketi, ortaya çıktığı andan itibaren, ters bir mantık çıkardı: Bireysel emekçiler arasındaki rekabetin reddi, hem *her birinin kendi çabasını sınırlaması* ve hem de herkes tarafından istenebilecek çalışma miktarının *sınırlandırılması* amacıyla dayanışma içindeki birlikleri. Sınırsız azamileştirmenin ve ölçüsüzlüğün iktisadi akılsallığının karşısına işçi hareketi ihtiyaç hümanizması ve yaşamın savunulması üzerinde temellenen bir akılsallık çıkardı. *İhtiyaç hümanizması*, işçinin ve ailesinin ihtiyaçlarını karşılamak için *yeterli* ücret talebiyle ifade ediliyordu; *yaşamın savunulması,* çalışma süresinin azaltılması ve "yaşama hakkı" talebiyle ifade ediliyordu.

B. AZAMİLEŞTİRMEK

Bu yüzden, iktisadi akılsallık, ilke olarak, *belirli* herhangi bir amacın *hizmetinde* asla olmadı. Onun hedefi, hesap yoluyla ölçebileceği türden verimliliğin azamileştirilmesidir (bu konuya döneceğiz). Bu verimliliğin temel göstergesi kâr oranıdır ve kâr oranı son çözümlemede çalışma üretkenliğine bağlıdır. Verimliliğin ve kârın sınırsız azamileştirilmesinin sürdürülmesi, çalışma verimliliğinin ve sonuç olarak üretimin mümkün olduğunca fazla büyümesini gerektirir. Daha etkili ve çok sayıda makinede büyüyen miktarda sermaye biriktirmek ve daha etkili makineler yerleştirebilmek için bu sermayeyi kârlı hale getirmek gerekir.

Daha fazla miktarda sermayenin kârlı hale getirilmesi artan sayıda ürünün alıcı bulmasını ve tüketimin verili bir anda *hissedilen* ihtiyaçları karşılamak için gerekli olanın ötesinde büyümeye devam etmesini elbette gerektirir. Bu yüzden, iktisadi akılsallık, sadece artan üretimin tatmin edebileceği ihtiyaçların varlığının sağlayabileceği "doğal temeli" adım adım kaybetmelidir. Ve bu andan itibaren iki şeyden biri olur: Ya iktisadi akılsallıktan başka bir akılsallık, başka ölçütlerin yönettiği başka alanların yararına üretime sınırlar dayatır; ya da iktisadi akılsallık, tüketim ihtiyaçlarını en azından metaların ve ticari hizmetlerin üretimiyle aynı hızda arttırmayı başarır. Ama bu ikinci ihtimalde –gerçekleşmiş olan budur– *tüketim üretimin hizmetine konulmuş olacaktır.* Artık üretim, var olan ihtiyaçları mümkün olduğunca etkili tatmin etme işlevinde olmayacaktır; tersine, ihtiyaçlar giderek daha fazla üretimin yayılmasını sağlama işlevi göreceklerdir.

Sermayenin değer kazanmasında en yüksek *sınırsız* etkililik, böylece, ihtiyaçların karşılanmasında etkisizlikle ve tüketimde savurganlığın azami oranda *sınırsız* olmalarını gerektirir. İhtiyaçlar, arzular ve istekler arasındaki sınırı silmek gerekir; o zamana kadar kullanılan ürünlerle aynı, hatta daha az kullanım değerinde olan, ama daha pahalı ürünleri arzulatmak gerekir; sadece arzulanan ürünü gerekli kılmak gerekir; isteklere ihtiyacın acil zorunluluğunu vermek gerekir.[4] Kısacası, bir talep yaratmak, üretilmesi en kârlı mallar için tüketiciler yaratmak ve bu amaçla, bolluk içinde yenilikler ve hızla modası geçmeler yoluyla, Ivan Illich'in *Şenlikli Toplum*'da* "yoksulluğun modernleşmesi" diye adlandırdığı, giderek daha yüksek düzeyde eşitsizlik üretimi yoluyla sürekli olarak kıtlıklar yaratmak gerekir.[5]

C. TAMGÜN ÇALIŞMANIN GİZLİ İŞLEVLERİ

Ayrıca toplumla ilgili başka yerlerde tanımlanmış hedeflerin hizmetinde ikincil bir akılsallık türü haline gelme tehlikesiyle karşılaşan iktisadi akılsallık, tatmin oranını yükseltmeden, tüketim düzeyini sürekli olarak yükseltmek ihtiyacı duyar; *yeterli olan*'ın sınırını geriletme ve kimse için yeterli şey olamayacağı duygusunu sürdürme ihtiyacı duyar. Başka deyişle, işçi sınıfı da dahil olmak üzere, her yerde, çabanın ve tatmin düzeyinin sınırlandırılmasına ilişkin bütün ilkelerin yerine, sınırsız azamileşme ilkesinin geçmesi gerekir. Kapitalizmin ruhunda örgütlenme ve nicelikselleştirme tutkusundan kaynaklanan her şey, "bolluk toplumu" tüketicilerinde, bir "mimesis"ten, yani –zaten ticari reklam tarafından sistemli olarak yönetilen– "ötekiler"in daha fazla, daha iyi ve sizden farklı olarak sahip oldukları şeye duyulan arzudan kaynaklanmalıdır. Demek ki, imtiyazlı seçkinler ile halk kitlesi arasında her zaman önemli bir ayrımın var olması temeldir; bu seçkin tabakanın gösterişçi tüketimi diğer tabakaların isteklerini yukarı çekecek ve zevklerini değişen modalara uygun olarak biçimlendirecektir.

Bireyler çalışma sürelerini ihtiyaçları olduğunu düşündükleri gelire göre belirlemekte özgür olsalardı, ihtiyaçlar düzeyinin bu şekilde dışardan belirlenmesi çok daha güç olurdu. Üretkenlik ve gerçek ücretler büyüme dönemlerinde yükseldikçe, nüfusun büyü-

---

4. Bu yönler üzerinde şu kitapta durdum: *Réforme et révolution*, Paris, Le Seuil, coll. "Points", s. 133-148.

* [Çev. Ahmet Kot, Ayrıntı Y., 1989]

5. Bu konuda bkz.: "Quand la richesse rend pauvre", *Ecologie et politique* içinde, Paris, Le Seuil, coll. "Point", 1978.

yen bir oranı daha az çalışmayı seçerdi. Oysa, işçiler çalışma süresi ile tüketim düzeyi arasında ayarlama yapma imkânından sürekli olarak mahrum bırakılmışlardır. İktisadi akılsallıkta, ticari zenginliği ne üreten ne de tüketen, değişim değeri ve kendinde amacı olmayan bir kullanım değeri olarak gerçekten boş zamana yer yoktur. İktisadi akılsallığın, *çalıştırılan bireylerin tamgün istihdamını* gerektirmesi nesnel bir zorunluluktan değil, temel mantığındandır: Ücret, işçiyi azami çabayı sarf etmeye kışkırtacak şekilde belirlenmelidir.[6]

Sendikalar ise, çalıştırılan insanların tamgün istihdamı ilkesini tartışmaktan iyice çekiniyorlar. Gerçekten de, insanların, daha az kazanmak pahasına, daha az çalışmayı tercih edebileceklerini ve her birinin, öz olarak, kendi tüketim düzeyini ve çalışma süresini seçebileceğini kabul etmek, tamgün ücretlenme düzeyinin aktif nüfusun en azından bir bölümünün hissettiği ihtiyaçlar düzeyini aştığını kabul etmektir. Bu durumda, ücret talepleri meşruluklarını kaybeder ve daha kötüsü, eğer emekçilerin artan bölümü tamgün çalışmadan daha düşük bir ücretlendirmeyle yetinirlerse patronların da ücretleri düşürmeyi istemeleri tehlikesiyle karşılaşırlar.

Böylece patronlarla sendika arasında nesnel bir suç ortaklığı oluşuyordu: Hem sendika hem de patronlar için bireyler her şeyden önce *emekçi* olarak tanımlanmalıydılar, geri kalan her şey ayrıntıydı ve özel yaşama ait şeyler olarak görülüyordu. Patronlar için, ücretli işçi, işgücünden başka bir şey *değildi*; işletmenin eşiğinden adım atınca, bir şahıs olmaya son verip işlev haline geliyordu. Gerektiğinden fazla insanı yarım gün çalıştırmayı kabul etmek, bir işgücüyle karşı karşıya olmayı değil, her birinin kendi bireyselliği ve yaşamı olan, dolayısıyla disipline etmesi, koordine etmesi ve emretmesi güç olan *kişiler* karşısında bulunma tehlikesini içeriyordu.

Sendika için de, bireyler sadece işgüçleriyle savunulmalı ve temsil edilmelidir. Çıkarları yaygın biçimde tanımlanabilir: "İşgü-

---

6. Çalışanların çalışma süresini kendilerinin belirlemeleri hakkını içererek kapitalist gelişme modelinden kopan çok ender eserlerden biri, büyük ölçüde Laurence Cossé ve Jean-Baptiste de Foucauld tarafından, eserde imzası bulunan "Echanges et Projets" grubu için kaleme alınan mükemmel eser, *La révolution du temps choisi*'dir (Paris, Albin Michel, 1980).

cünün yeniden üretimi", sadece bireysel alım gücüne değil, sendikanın pazarlık alanına dahil edebildiği konut, ulaşım, eğitim, dinlenme vs koşullarına da bağlıdır. Buna karşılık, boş zamanın genişletilmesi talebi genellikle ancak dikkafalı sendikal aygıtlar aşırı bir taban baskısıyla karşılaştığında sendikal taleplerin birinci planına konmuştur. Birey, boş zamanında bir emekçi olmaktan çıktığından, boş zaman arzusu özellikle kendini çalışmadan başka faaliyet, değer ve ilişkilerle belirleme arzusudur.

Kısacası, boş zamanın artmasıyla birey patronların ve (İtalyan ve Alman sendikacıların aciliyetini vurgulamaya başladıkları gibi sendikacılık boş zamanın arttırılmasına daha fazla ilgi göstermedikçe) sendikanın nüfuz alanından çıkma tehlikesi gösterir.[7] Birey, fazlanın zorunlu olarak iyi olmadığını, daha fazla kazanma ve tüketmenin zorunlu olarak daha iyi yaşamak anlamına gelmediğini, dolayısıyla *ücret talebinden daha önemli talepler olabileceğini* keşfederek *özellikle iktisadi akılsallığın etkisinden kaçma tehlikesi gösterir.* Ücret taleplerinin dışındaki talepler kapitalist üretim ilişkilerini radikal biçimde sorguladığından, bunlar patronlar, toplumsal düzen ve kapitalist üretim ilişkileri için hem daha önemli hem de daha tehlikelidir. Gerçekten de, ücret talepleri iktisadi sistemin akılsallığını sarsmayan tek şeydir. Bu talepler, "fazla daha değerlidir" ilkesine, değerlerin niceliklendirilmesine uygundur. Buna karşılık, çalışmanın yoğunluğuna ve süresine, örgütlenmesine ve doğasına yönelik talepler yıkıcı bir radikalizme yol açabilir: Para ile tatmin edilemezler, iktisadi akılsallığın özüne ve iktisadi akılsallık aracılığıyla da sermayenin iktidarına zarar verirler. İnsanlar bütün değerlerin sayılabilir olmadığını, paranın her şeyi satın alamayacağını ve satın alınamayan şeyin temel olduğunu ve hatta işin özü olduğunu keşfettiklerinde "ticaret düzeni" temelinden sorgulanır.

Oysa emekçilerin iktisadi akılsallığın sınırlarını keşfedebilmesi için yaşamlarının çalışma tarafından tamamıyla işgal edilmemiş olması ve zihinlerinin de çalışmayla meşgul olmaması gerekir; başka deyişle, yaşamsal egemenliğin sayılamayan değerler alanını, "yaşama zamanı"nın değerler alanını keşfedebilmeleri için yeterince ge-

7. Bu konuda bkz. Ek Bölüm.

niş boş zamanları varsa bu mümkündür. Tersine, çalışma, yoğunluğu ve süresiyle ne kadar zorlayıcı olursa, emekçi yaşamını kendinde bir amaç, bütün değerlerin kaynağı olarak kavramaya o kadar az yetenekli olacaktır; ve sonuç olarak yaşamını parasallaştırmaya o kadar zorlanacaktır, yani yaşamını nesnel olarak kendi içinde değerli bir başka şeyin, paranın aracı olarak kavranmaya varacaktır.

Çalışma zorunluluğunun emekçinin kişiliğinde yarattığı bu yıkımının önemli bir tanımını Charly Boyadjian'a borçluyuz. Emekçinin, daha fazla kazanmak için daha fazla çalışmaktan başka bir şey arzulamadığı noktaya vardığını ve çalışma zorunluluğu gevşediğinde iktisadi olmayan, sayılabilir olmayan değerleri yeniden keşfettiğini ve bu keşfin içerdiği radikal tartışmaları aktaran yazar, 48 saat ve haftada altı gün, "üç–sekiz" çalışılan bir ayakkabı fabrikasında işçidir.

> Pazarları da çalışacak gönüllü kolaylıkla bulursun. Eminim ki kimi zaman, bütün bir yıl boyunca yedi günün yedisinde de çalışmaları istense, sonuna kadar çalışırlar... Dahası "mesai dışında" çıkınca çalışan insanlar da bulursun, yabancılaşmışlıkları yüzünden veya kimi zaman zorunluluktan, kendi "üç–sekiz"lerinin dışında çalışır bunlar. Haftada 48 saat çalışıldığında, mangır gerçekten de peşinden koştuğun şey olur... Bir arkadaş şaka olsun diye şöyle diyordu (ama şakalarda her zaman ciddi bir yan vardır): "Ben, çalışmadığım zaman ne yapacağımı bilmem, sıkılırım, işte olmam daha iyi." Hayatın fabrikadır. *İşteyken kendini güvende hissedersin, gerçekten artık yapacak bir şeyin yoktur, yerin bellidir, hiç inisiyatif yoktur.* Biraz fazla mangırın olduğunda azami eğlenirsin, ıvır zıvır alırsın. Sonuçta pek bir işe yaramayan mangırın ardından koşarsın. Sana zaman kazandırmaz bu mangır, müthiş zaman harcarsın: Her gün yaptığın işten diyelim on dakika kazanmak için, bu on dakikayı ödeyecek günde bir saati işte kaybedersin, tamamen aptalca bu. Ama sonunda kendini iyi hissedersin. *Tamamen güvenliktesindir, hiç sorumluluğun yoktur, neredeyse çocukluğa geri dönüş.* Her şeyde böyle: Ben, buraya girmeden önce militandım, politik olarak "ileri"ydim, ama aynı şeyleri yapıyordum.

Yazar fiziksel ve sinirsel tükenmenin evlilik yaşamını nasıl bitirdiğini, cinsel ilişkileri nasıl bozduğunu ("ötekini tamamen unutursun, geberirsin çünkü, gerçekten zamanın yoktur"), akıl yürütme yeteneğini nasıl yok ettiğini anlatır:

> Ben bile, bu dönemlerde, ırkçılık-karşıtı bir komitedeydim, ama bir yığın ırkçı eğilimim vardı... Düşünsel olarak hiçbir şey yapamazsın, bunun tek nedeni bir başkasını dinleme ve tartışma gücünü kendinde bulamamandır; bu yüzden, fazlasıyla otoriter olursun. Bir süre sonra öyle geberirsin ki artık çalışan senin zekân değil, reklam sloganlarıdır.

Krizin gelmesiyle birlikte, çalışma süresi haftada 40 saate, ardından, bir ay sonra, haftanın dört gününden toplam 32 saate iner:

> O zaman, yavaş yavaş, inanılmaz bir fiziksel onarım süreci başladı. Para kavramı yoğunluğunu fazlasıyla kaybetti. Yok oldu demek istemiyorum, ama sonuç olarak bakmaları gereken birer ailesi olan tipler bile, "şimdi eskisinden daha iyi," demeye başladılar. Çok para kaybettiğimiz doğru, önceye oranla 40 000 veya 50 000 kaybediyoruz [yani önceki gelirin % 25'ini] ama, kimse bundan şikâyetçi değil, bir iki kişi hariç.
> Karşı çıkışlar bu dönemde doğdu, çünkü çok tartışmaya başlandı... Dostluk ilişkileri de bu zaman doğdu: Politik konuşmaların çerçevesi aşılabildi veya duygusal yaşam üzerine şeyler konuşulmaya başlandı, güçsüzlük, kıskançlık, evlilik ilişkileri... İlginç olan, *bu kısmi işsizlik döneminde "mesai dışında" çalışma azaldı*... Yine bu dönemde, cumartesi öğleden sonra veya cumartesi akşam fabrikada çalışmak korkunç bir şey diye görülmeye başlandı. Eskiden millet çalışmayı kabul ediyordu, ama artık yaşamak kelimesinin ne demek olduğu giderek daha fazla öğreniliyordu, cumartesileri çalışmak güçleşiyordu... Aynı şekilde, üç kez daha fazla ücret ödenen pazarları veya bayram günleri de yönetim çalıştıracak adam bulmakta güçlük çektiğini bize itiraf etti... Bir zihniyet değişimi olmuştu, kimse önceki kadar kolay satın alınamıyordu.[8]

Charles Boyadjian, "fazla daha değerlidir" tutkusundaki akıldışılığın ikili nedenini mükemmel biçimde ortaya çıkartır. Altını çizdiğim bölümlerde, işçideki çalışma ile kazanç takıntısının kapitalizmin doğuşundaki iktisadi hesap tutkusuyla aynı anlama geldiğini

8. Adret, *Travailler deux heures par jour,* Paris, Le Seuil, 1977'den alındı. (Altını ben çizdim.)

belirtir: Çalışma disiplin ve yaşamın düzene sokulmasıdır, bireyi kural koyucu kesinliklerin yıkımına ve kendi sorumluluğunu üstlenme zorunluluğuna karşı korur. Bütün yaşamı belirlenmiştir, iş koruyucu bir kabuktur, "her şey senin yerine düzenlendi", anlam ve hedef sorunu önceden çözüldü: Emekçinin yaşamında para için çalışmaktan başka bir şey olmadığından hedef de paradan başka bir şey olamaz. Yaşama zamanının yokluğunda, kayıp zamanı, yani çalışmanın ziyan ettiği yaşamı telafi eden tek şey paradır. Para emekçinin çalışma zorunluluğu nedeniyle sahip olmadığı, kendisinin olmadığı, olamayacağı her şeyi simgeler. Bu yüzden bu çalışma asla *yeterince* ücretlendirilmiş olmayacaktır; ama bunun için de çalışmanın kazandığı para kökensel olarak çalışmaya adanması gereken yaşamdan *daha değerli* olarak kavranır.

Dolayısıyla, emekçi kazanılan *paraya değerini veren* bir şeyin peşinden koşacaktır; gece, cumartesi, pazar çalışarak adadığı yaşamdan daha iyi bir yaşamı simgeleyen bir şey arayacaktır. Bu şey, çocukları ders çalışmaya teşvik etmek olabilir, ama aynı zamanda, önce, özgürlük ve kaçış simgesi bir araba sahibi olmak, dış dünyadan korunaklı bir egemenliğin simgesi olan küçük bir ev, konforlu bir yaşam tarzının simgesi olan elektronik ev aletleri satın almak olabilir. Bu konforlu yaşam tarzına, Boyadjian'ın belirttiği gibi, bir yandan zaman yokluğundan ve diğer yandan "ıvır zıvır"ın simgesel değeri genellikle gerçek bir kullanım değerine denk düşmediğinden pratikte ulaşılmaz. Örneğin, *Harvard Business Review*'un yaptığı ankete göre büyük firma temsilcilerinin % 90'ı reklam kampanyası olmadan yeni bir ürünü satmanın imkânsız olduğunu düşünmektedir. % 85'i reklamın "genellikle" satıcının kullanmayacağı ürünleri almaya kışkırttığı ve % 51'i de reklamın insanları gerçekte arzulamadıkları şeyleri almaya kışkırttığı kanısındadır.[9]

İstihdam edilen insanların tamgün çalıştırılması, demek ki, sadece patronların egemenlik kaygısına cevap vermez, ama daha derinde –ve "Fordist" gelişme modelinde çok bilinçli olarak– bireylerin yaşam tarzını ve tüketim modelini, artan miktarda sermayeyi

9. Aktaran İsveçli ekonomist Gunnar Adler-Karlsson, "Gedanken zur Vollbeschäftingung", *Mitteilungen zur Arbeits- und Berufsforschung* içinde, 4. 1979.

kârlı hale getirme ihtiyacında dışa vuran iktisadi akılsallığa göre biçimlendirme kaygısına da cevap verir. Bütün değerlerin sayılabilirleştirilmesi ilkesi, bütün alanlardaki davranışları ve tercihleri düzenlemeyi başardığı ölçüde baskın gelir: Artan büyüklüklerin kullanım değeri, somut içerikleri ne olursa olsun hız, güç, gelir, ciro, sermayeleştirme, uzun yaşama, tüketim düzeyi, vs, vs, söz konusu olduğunda *daha fazla daha değerlidir. Bireylerin tüketim ihtiyaçlarına sınır koymalarını yasaklamak için çalışmalarına sınır koymalarını da yasaklamak gerekir.* Gelirlerin büyük bölümünün hiçbir ihtiyaç tarafından belirlenmeyen tüketimlere yönelmesi için artan oranda ücretlinin hissettikleri ihtiyaçların ötesinde çalışmaları ve kazanmaları gerekir. Çünkü, bireylerin değil, sermayenin "ihtiyaçları"na göre yönlendirilebilecek, işlenebilecek ve manipüle edilebilecek olan bu, isteğe bağlı ve gereksiz tüketimlerdir. *Tüketim hissedilen ihtiyaçlardan kurtulduğu ve onları aştığı ölçüde üretimin, yani sermaye "ihtiyaçları" nın hizmetine sokulabilir.*

"İktisadi alt–sistem"in etkisini yaydığı "karşı konulmaz dinamiğin" sırrı buradadır. Kapitalizm durumunda olduğu gibi, iktisadi akılsallığın ona sınırlar dayatan başka herhangi bir akılsallığın hizmetinde olmadığı sistemlerde çelişki de burada patlak verir: Hissedilen ihtiyaçların *asgari maliyetle karşılanmasını* gerektirirken, ihtiyaçları aşan tüketimler için *azami harcama* gerektirir. Yoksulluğun ortadan kaldırılması ve eşitsizliklerin aza indirgenmesiyle işi yoktur; çünkü ihtiyaçlar sınırlıdır ve üretimin sınırsız büyümesini sağlamazlar. Buna karşılık, gereksiz istekler ve arzu, potansiyel olarak sınırsızdır. Doyurulmamış ihtiyaçları zenginlerden yoksullara gelir aktarımıyla karşılamak, demek ki, her türlü ayak bağından kurtulmuş kapitalist akılsallık içinde ifade edildiği biçimiyle iktisadi akılsallığın tersine işler. Çünkü bu, arzular ve modalar tarafından buyurulan ve bütün saçmalıklara hazır olan talep pahasına, ihtiyaçlar tarafından belirlenen ve *asgari bedelle* tatmin olmaya çalışan talebi genişletmek anlamına gelir.

İktisadi faaliyeti desteklemek için, demek ki, fakirden çok zengini desteklemekte yarar vardır (örneğin yüksek gelirler üzerindeki vergileri azaltmak gerekir) ve sonuç olarak, kullanım değerleri için satın alınan ürünler alanından çok, simgesel değerli, "en pahalı" ürünler alanını sürekli olarak yenilemekte yarar vardır.

"Reklamı, bizim için gerekli olan talep değişimlerini kışkırtmaya yetenekli bir eğitim ve faaliyete geçirme gücü olarak kabul ediyorum. Birçok insana daha yüksek bir yaşam düzeyini öğreterek tüketimi üretimimizin ve kaynaklarımızın geçerli kıldığı düzeye çıkarır." Amerika'nın en büyük reklam ajanslarından biri olan J. Walter Thomson'un başkanının bu düşüncesi, 1950'li yılların başına kadar uzanır. Bu düşünce, "yaratma gücünün, yaratıcılığın ve inisiyatifin" anlamını gayet iyi tanımlamaktadır ve bu özellikler, yeni Saint–Simonculara göre, "dünyanın yüzünü değiştirecek ve onu tamamen yenileyecektir" (Serge July'nin formülü). Yeni bir birikim döngüsü, yeni bir iktisadi büyüme evresi başlatmaya elverişli görülmemiş nitelikte ürünleri imal etmek ve onları tüketmek amacıyla "insanlara hiç düşünmedikleri ihtiyaçlar yaratmak"tan başka bir şey söz konusu değildir (bu ifade J. Walter Thomson'un başkanına aittir).

D. KAPİTALİZMİN ÖZÜ

Yukardaki tahlillerin bir düzeyden diğerine yavaş yavaş geçmeye devam ettiği fark edilmiştir: Büyüme, kimi zaman bireylerin bir talebi, kimi zaman kısmi sermayelerin, kimi zaman da (kapitalist) sistemin makroekonomik talebi olarak ortaya çıkar. Değişik düzeylerde ifade edilen bu talepler kendi aralarında kısmen tam bir birlik oluşturduğu için bu böyledir. Sınırsız büyüme isteğinin her düzeyde, bireyler düzeyinde tatminsizlik, "daha fazla" arzu ve istek olarak; kısmi sermayeler düzeyinde sınırsız azamileştirme talebi olarak; sistem düzeyinde sürekli büyüme talebi olarak; uygarlık düzeyinde uygulayım artışının (hız, makinelerin gücü, tesislerin boyutları, binaların yüksekliği, tarımsal verimlilik, vs) ideolojik değer kazanması olarak ortaya çıkması için değerlendirme yöntemi ve karar rehberi olarak nicelikselleştirmeyi benimsemek yeterlidir. "Büyüme" teriminin dile getirilişinden bu anlaşılır: Değer yargısı ile yüklüdür, en yüksek iyiliği ve hedefi belirtir, içeriği tamamen önemsizdir, sadece oranı önemlidir ve oran da ne olursa olsun büyümenin hızlanmasını veya yavaşlamasını yansıtabilir, yani büyümenin büyümesini veya azalmasını, dolayısıyla İyi'nin düzeninde bir ilerlemeyi veya gerilemeyi yansıtabilir. İyi kavramının taşıdığı kısmen dinsel, duygusal değer bir uslamlamadan değil, düzgüsel, önsel bir yargıdan gelir. Gerçekten de, uslamlama sürekli, hızlandırılmış, yavaşlamış veya olumsuz büyümenin ereklilik ve karşı–ereklilikleri, avantajları ve sakıncaları üzerinde tartışmaya imkân tanır. Buna karşılık, düzgüsel yargı bütün mümkün tartışmaların çıkışını önceden kestirir: Verili uluslararası koşullarda iktisadi sistem için büyümenin gerekli olduğunu onaylamaz –iktisadi sistemde ve uluslararası koşullarda hedeflenebilir değişimler sorununu açık bırakır– ama büyümenin kendinde iyi olduğunu onaylar: Daha fazla daha değerlidir.

Sistem olarak ekonominin büyümesi, tüketimin büyümesi, kişisel gelirlerin büyümesi, bütün zenginliklerin, ulusal gücün, süt ineklerinin veriminin, uçakların veya koşucuların, yüzücülerin, ski yapanların hızının, vs, büyümesi; aynı niceliksel değer yargısı bütün düzeylere farksız biçimde uygulanır ve ilke olarak her türlü sınırlama veya kendini sınırlama düşüncesini dışlar. Akılcı değer yargısının vekili olarak niceliksel ölçü en yüksek ahlâki güvenliği ve entelektüel konforu sağlar: İyi'yi ölçebilir ve hesaplayabiliriz; ahlâki karar ve yargılar gayri şahsi, nesnel, nicelikselleştirici bir yöntem izlenerek oluşturulabilir, özne tarafından endişe ve belirsizlik içinde üstlenilmeleri gerekmez. 1987 yılında Protestan bir Fransız para babası, "para kazanmak erdemli bir şeydir" diyordu.

"İktisadi alt–sistemin" toplumsal faaliyetin ve yaşamın bütün alanlarını yiyip yuttuğu "karşı konulmaz dinamik" burada yeniden ortaya çıkar: Bu dinamik *bu* iktisadi sisteme içkin değildir; iktisadi akılsallığın kendine içkindir. Söylediğimiz her şeyin kapitalist akılsallığı içerdiği, ama iktisadi akılsallığı içermesinin zorunlu olmadığı ileri sürülerek kapitalist akılsallığı iktisadi akılsallıktan boş yere ayırt etmeye çalışırız. Gerçekten de, iktisadi akılsallık kapitalizmin gelişinden önce tamamen asla ifade edilememiştir: Kapitalizmden önce büyük ticarette ve tefecilikte ancak kuşatılmış, kıskıvrak bağlanmış, aşağılanmış olarak bulunur. Muhasebe değişken ve rastlantısaldı, hesap sihirli bir sanat, kâr arayışı bir günah, rekabet bir suçtu; XVI. yüzyılın en büyük bankacısı Anton Fugger öldüğünde, muhtemel mirasçılarından hiçbirinin mirasını almayı kabul etmediği bilinir: Para kazanmaktan daha önemli veya daha anlamlı şeyler olduğunu düşünüyorlardı. İktisadi akılsallık, geleneksel düzenin çözülmesi, dinin gelenek ve buyruklarının dayattığı iç ve dış sınırlardan kurtulmasını sağladığı zaman kendini ifade etmeye başlamıştır. O zamana kadar, var olduğu müddetçe bu akılsallık köleydi: Kendine yabancı veya hatta ters istekleri düzenlemek ve politik veya dinsel otoritelerin verdiği hedeflere hizmet etmekle yükümlüydü.

Kapitalizm, nihayet bütün ayak bağlarından kurtulmuş iktisadi akılsallığın ifadesiydi. Bilimin geliştirdiği ve davranış kurallarına uygulanan hesap sanatıydı. Etkililik arayışını "kesin bilimler" düzeyine yükseltiyordu ve kararı belirleyen düşüncelerdeki ahlâksal ve estetik ölçütleri yok ediyordu. Böylece akılcılaşan iktisadi faaliyet insanların davranış ve ilişkilerini "nesnel" biçimde, yani karar vericinin öznelliğini soyutlayarak ve karar vericiyi ahlâki tartışmadan kurtararak örgütleyebilirdi. Sorun artık iyi ya da kötü davrandığını bilmek değil, sadece eylemin doğru hesaplanıp hesaplanmadığıydı. Kararın kılavuzu ve uyulması gereken davranış olarak "ekonomi bilimi" özneyi edimlerinin sorumluluğundan kurtarıyordu. Özne iktisadi akılsallığın cisimleştiği "sermayenin memuru" haline geliyordu. *Artık özne kararlarının sorumluluğunu üstlenmek zorunda değildi,* çünkü kararları şahıs olarak artık ona yüklenemiyordu, bu kararlar öznenin niyetine (görünüşte) hiç yer olmayan, kesinlikle gayrişahsi bir hesap yönteminin sonucudur.

Husserl'in matematikselleşmiş "doğa bilimleri" dediği şey buraya çok uygundur. Matematikleştirme dünyada bu ilişkiyi "temsil eden ve değiştiren" (*vertreten und verkleiden*) biçimselleştirmelerde yaşanan belli tip ilişkileri ifade eder ve bu ilişkiyi kendi niyetlerimizle beslemekten bizi bağışık tutar. Niyetin yerine kısmen otomatik ve özerk biçimde işleyen hesap usulleri geçtiğinden, "kavramsal değişmenin sonucu, *yöntemin, formüllerin, "teorilerin" özgün anlamının anlaşılmaz kalması* ve saf açıklanmayla *asla* anlaşılmamış olmasıdır."[10] Başka deyişle, iktisadi akılsallığın kendisinin *tartışmaya olduğu kadar düşünmeye de kapalı* hesap formülleri ve usulleri tarafından biçimlendirmesi olgusuyla, "iktisadi olarak akılcı" kararın anlamı ve neyi içerdiği, her türlü akılsal inceleme ve eleştiri imkânından uzaklaştırılır. Geriye, işin özüne inmeden teknik ayrıntılar üzerinde sürdürülen ya da ancak yöntem hakkındaki teknik bir tartışmanın üzerinde konuşulmayan, gizli gündemi olduğu ölçüde söz konusu özle ilgilenen uzmanlık tartışmaları kalır.

E. TİN – MAKİNE

Belli bir proje, başlangıçtaki niyete uygunluğun garantisini vererek, matematikselleştirme yoluyla, belli bir yöntemin içine dahil edilmiştir, ve biçimselleştirilmiş ve özerkleştirilmiş bu yöntem projeyi kesin olarak kendi üzerine düşünümsel dönüşten kurtarır. Özne artık kendini gerçeklikle kurulan amaçlı bir ilişkinin öznesi olarak düşünmez ve yaşamaz, bir hesap usulleri bütününü uygulamaya koyan bir *operatör* olarak düşünür ve yaşar. Kendi bilgisini "hakikat"le ilişki olarak yaşamadığı gibi, eylemini de verilerin bir hedef amacıyla dönüştürülmesi olarak görmez; ama biçimselleştirilmiş usuller bütünüyle bir ilişki olarak ve bir *techné*'nin kavramsal bilgi–becerisi olarak görür: "Şöyle ki, teknik kurallara uygun olarak uygulanan bir hesap tekniği aracılığıyla," *operatörün yargıda bulunmadığı anlam ve değerler üzerinde*, "sonuçlar elde etme sanatı": "Teknikleştirme doğa bilimlerine özgü bütün yöntemleri devralır (...) Bu teknik usule anlam veren ve doğru uygulanmasıyla elde edilen sonuçları hakikatlerine kavuşturan asıl düşünce, burada devre dışı kalır."[11]

Teknikleştirme, öz olarak, öznenin kendi yaptığı işlemlerde bulunmamasını sağlar. Özneyi öznelliğinden, *ama düşünce ve eleşti-*

10. Edmund Husserl, "Die Krisis der europaïschen Wissenchaften..." belirtilen makale § 9 h.
11. *A.g.e.*, § 9 g.

riden de kurtararak davranışının ve düşüncesinin kesinliğini garanti eder. Mutlak nesnellik iddiası, kendilerinin farkına varamayan işlemsel davranışların mutlak saflığını içerir. Bu yolun sonunda çok doğal olarak "insanın ölümü felsefesi", "söylemin sonsuza dek aktığı boşluktaki varlık–olmayan" olarak özne teorisi (formül Michel Foucault'nundur) ortaya çıkacaktır. Hiçbir niyetin daha fazla beslemediği taşlaşmış bir anlamı sürükleyip getiren hesap tekniklerini uygulamaya koyan operatör için doğru olan şeyi "insanın ölümü felsefesi" evrensel hakikat düzeyine çıkartır: Özne dil tarafından *konuşulur;* sadece konuşan, arzulayan, vs makineler vardır. Hesap tekniklerine özgü olan öznenin kendi kendini yadsıması bütün düşüncenin paradigması haline gelir; teknik operatörün ardından, filozof da tamı tamına kendini yadsımasının içeriğiyle bağdaşmayan bir hırs ve savaşçılıkla felsefi yapılardaki yokluğunu doğrular. Yapısalcılık, zafer kazanmış teknikçiliğin ideolojisi olur.

Dolayısıyla burada, düşünce düzeyinde, bu eserin ilk bölümünde çalışma ile yaşam arasındaki bölünme olarak tanımladığımız şeyle tekrar karşılaşırız. Matematiksel biçimselleştirme yaşanamayacak veya anlaşılamayacak şeyi düşünmeyi sağlar. Bir tekniği düşündürür. Varlığı, ilgisiz dışsallığı içinde ve dışsallığın kendisi olarak düşünme yeteneği bu matematiksel biçimselleştirme ile birlikte doğar. Husserl'in Galileo konusunda sürekli vurguladığı gibi, *matematiğin yapmayı sağladığı kendinden soyutlanmanın, öznenin bilinçli işlemi, bilinçli bir yöntemi kalması koşuluyla,* burada tinin en büyük fetihlerinden biri söz konusudur.

Ama, artık yerine getirilmeyecek ve hesap tekniklerinin yaygınlaşması yüzünden yerine getirilmesi mümkün olmayacak koşul tam da bu koşuldur. Hesap teknikleri, "açıkça çok gerekli şeyleri yerine getiren ve iç imkânını ve gerekliliğini kavramaya gerek olmadan herkesin düzgün biçimde kullanmayı öğrenebileceği"[12] reçeteler gibi öğrenilir ve uygulanır. Hesap teknikleri ne düşünülmüş ne de is-

12. Edmund Husserl, "Die Krisis..." belirtilen makale, § 9 h, s. 127.

tenmiş ve etkinliği düşüncenin bile nüfuz edemediği formüllerin uygulanmasının sonucu olan eylemleri mümkün kılar. Düşünülen dışsallık, bu haliyle, biçimselleşmiş işlem ve işlem yapan özne arasında engel oluşturan formüller biçiminde bir anlamda düşüncenin içine yerleşir. İşlem yapan özne, formüller sayesinde, bu işlemlerde mevcut olmaz ve masumdur; bir otomat gibi işleyebilir, dışsallığına indirgenebilen –yani yasalar tarafından yönetilen bir mekanizmaya indirgenebilen– bütün süreçleri matematik olarak biçimlendirebilir ve kendi işlemlerini *makine modeli üzerinden* tasarlayabilir –kendini de tasarlayabilir; ta ki bu düşüncenin dışsallığı aracılığıyla dışsallığı düşünmenin yerine geçen ve bundan böyle insan tini için referans olarak işe yarayan bir düşünme makinesi doğuncaya kadar: Hem hesap makinesi hem de "yapay zekâ" olan bilgisayar, müzik besteleme, şiirler yazma, hastaları tedavi etme, çeviri yapma, konuşma makinesi... Makineler tasarlama yeteneğinin kendisi de sonuç olarak bir makine gibi tasarlanır; bir makine gibi işleme yeteneğine kavuşmuş tin, kendini, onun gibi işleme yeteneğindeki makinede tanır –gerçekte makinenin tin gibi işlemediğini, sadece bir makine gibi işlemeyi öğrenmiş tin olarak işlediğini fark etmez.

Bu saptamaların amacı *açıklamak* değil, betimlemektir. Ekonomik akılsallıkla "bilişsel–araçsal akıl"ın ortak kökünü gözler önüne sermek istedim: Bu kök düşünmenin (matematiksel olarak) biçimselleştirilmesidir ve düşünceyi teknik usullerle düzenleyerek, *onu kendi üzerine her türlü düşünümsel dönüş imkânlarından* ve yaşanan deneyimin gerçekliklerinden *yalıtır.* İlişkilerin teknikleştirilmesi, şeyleştirilmesi ve parasallaştırılmasının kültürel temelleri, işlemlerin özneyi içermeden yürüdüğü ve mevcut olmayan öznelerin kendilerinin farkına varmalarının imkânsız olduğu bu düşünme tekniğindedir. İlişkileri soğuk, işlevsel, hesaplanır, biçimselleştirilebilir olan bu soğuk uygarlık böylece örgütlenebilir ve yaşayan bireyleri kendi ürünleri olan ve korkunç bir teknik yaratıcılığın yaşama, iletişim, kendiliğindenlik sanatının çökmesiyle birlikte gittiği şeyleşmiş dünyaya yabancı kılar. Çünkü, yaşanan deneyim üzerinde bir tür konuşma yasağı vardır, teknikçi ve sayısallaştırıcı bir kültürün eşi, 1/VII. Bölüm'ün sonunda tanımladığımız bu *yaşama kültürsüzlüğüdür*.

II
Pazar ve toplum, kapitalizm ve sosyalizm

"Bilişsel–araçsal" aklın ve özel olarak iktisadi akılsallığın emperyalizmi, karar verme sürecinin kılavuzu olarak, gücünü birey düzeyinde, hesabın sağladığı yargı ölçütlerinin görünüşteki nesnelliğinden alır. Hesap, özneyi kararına anlam vermekten ve kararı kendininmiş gibi üstlenmekten bağışık tutar: Onun yerine karar verecek olan hesaptır. Ama bu demektir ki, özne terk ettiğinde iktisadi hesabın anlam bulma ve belirli bir alanda uygun olup olmadığına karar verme yeteneği yoktur. Değer yargılarının yerine geçerek ve bu yargılardan bağışık kalarak, doğası gereği, uygulanabilirliğinin sınırlarını tanımlayamaz. Bu sınırlar ona ancak dışardan verilebilir; özellikle, kendini değer yargısı olarak gösteren, bazı etik ilkeler işin içinde olduğunda iktisadi hesabın uygunluğunu kasten yadsıyan değer yargılarından gelebilir.

Kapitalist toplumların tarihi, doğdukları andan itibaren, *öncelikle* iktisadi akılsallığı engelleyen sınırların adım adım kaldırılmasının, *ardından da* yeni sınırların yeniden dayatılmasının tarihi olarak kavranabilir: Köleliğin, kadın ticaretinin, çocukların satış ve çalışmasının, vs yasaklanmasından, çalışma süre ve fiyatının, konut yoğunluğunun, sağlık koşullarının, çevreyi kirleten atıkların, vs, vs, düzenlenmesine kadar uzanır. Başka deyişle, *kapitalist toplumun merkezi sorunu ve politik çatışmalarının merkezi konusu, başlangıçtan itibaren, iktisadi akılsallığın içinde hareket etmesi gereken sınırlar sorunudur.*

Sanayi ve ticaret burjuvazisi, bireylerin kendi çıkarlarının peşinden gitme hakkına yönelik her türlü sınırlamayla sürekli mücadele etmiştir. Bu mücadeleyi, iktisadi liberalizm olarak adlandırılmaya uygun olan şey adına iç tutarlılıkları pek belirgin olmayan iki ayrı uslamlamaya dayanarak sürdürdüler: "Pazar yasaları"nın engelsiz işlemesinden yana bir iktisadi uslamlama ve "bireylerin yaratıcı enerjisini toplum için harekete geçirdiği" söylenen girişim özgürlüğünden yana bir ideolojik uslamlama.

"Pazar yasaları"nın engelsiz işlemesinden yana uslamlama, felsefi açıdan, Friedrich A. Hayek'le birlikte özellikle gelişmiş bir biçim edindi. "Görünmez el" tezini modernleştiren ve akılcılaştıran Hayek, pazarın belli sayıdaki verinin ve özellikle insan idrakinin ve hattâ en mükemmel istatistiki aygıtın el koyma yeteneğini aşan bilgi ve inisiyatiflerin toplamı haline getirilmesi olduğunu savunur. Başka deyişle, özgür bireyler tarafından eylemlerini değişen durumlara daha iyi uyarlamak için girişilen inisiyatiflerin (pazarda yansıyan) kolektif bileşkesi ilke olarak öngörülemez ve bilinemezdir. Sonuç olarak, "bırakınız–yapsınlar"ın sonucu, müdahale, düzenleme ve programlama girişimlerinin sonucundan, etkinlik ve akılsallık bakımından her zaman yüksek olacaktır; bu girişimler, ne kadar bilgi içerseler de, pazarın eğilimini ancak optimum düzeyde bozabilirler.

Başka deyişle, toplumun pazar karşısında eğilmesi gerekir; toplum, iktisadi görevlilerin toplumsal alanın bir bölümüne ilişkin doğrudan ve sınırlı bilgilerinden yola çıkarak, hesaplarına uygun gördükleri birbirinden ayrı sayısız inisiyatifin bileşkesini kabul etmelidir. Kimse, güçlü bir öngörü ve bilgi toplama aygıtıyla donanmış devlet bile (ve özellikle o), birbirinden ayrı iktisadi görevlilerin dağınık olarak sahip oldukları kadar bilgiyi bir araya getiremez. Topyekûn önlemlerle tüm iktisadi faaliyeti yöneltme, düzenleme ve yönetme girişimleri, demek ki, rastlantılara bırakılmış, büyük ölçüde kör ve en elverişli ayarlamaları engelleyecek bir müdahale olacaktır.

Bütün liberal ekonomistler gibi Hayek de, iktisadi hesabın toplum veya sistem düzeyinde değil, ancak birey ölçeğinde mümkün ve akılcı olduğunu söyler. Bireysel iktisadi hesapların bileşkeni rastlantıya, yani pazarın serbest işleyişine bırakılmalıdır. Ama bu, bireysel iktisadi faaliyetlerin sonucu olacak toplumun da rastlantıya bırakılması anlamına gelir: Toplum iktisadi faaliyetin bir tür yan–ürünü olmalıdır. Politika, pazardan yana feragat etmelidir; *en uygun olanı tanımlamanın politikanın yetki alanının dışına çıktığını kabul etmelidir*. Bütün bireylerin tek ortak çıkarı, dolayısıyla tek toplumsal bağ, çıkarlarına göre davranma özgürlüklerini engelleyen her türlü zorlamaya karşı korunmadaki çıkarlarıdır.

İktisadi uslamlamada girişimcilerin ve serbest girişimin toplumsal işlevi üzerine en ufak değer yargısı boş yere aranacaktır. Tersine, ne girişimciler ne de serbest girişim toplumsal amaç peşinde koşar; ne biri ne de diğerleri toplumsal olarak üreticidir. Toplumsal kaygıları pek yoktur. Ve toplum rastlantıya bırakıldığında her şeyin yolunda gideceği söylenir. Herkes kendi çıkarını serbestçe sürdürürse; gerisi, yani iyi toplum, herkese fazladan verilmiş olur. Kimse toplumdan sorumlu olmamalıdır, toplum kimsenin iradesine bağlı olmamalıdır, yani *herkesin ve her bir bireyin gücünün ötesinde olmalıdır*.

Ve iktisadi liberalizm yandaşları için işin özü budur: Bireylerin kendi çıkarlarını izleme özgürlüğünün koşulu topluluk karşısında sorumsuzluklarıdır. Bu sorumsuzluk, liberal teoride, "*insanlar iyi değildir*" olgusuyla doğrulanır; insanlar iyiliği istemez ve bunu isteme yeteneğinden yoksundurlar. Demek ki, onların iradesine bağlı olacak toplum, bütün kötülerin toplumu olacaktır. Buna karşılık, irade dışı olarak dağınık bireylerin inisiyatiflerinin sonucu olan toplum, bireylerin hedeflerinden her zaman daha iyi olacaktır: Kesinlikle mümkün en iyi toplum olacaktır. Bireyler, yine de, asla istedikleri şeyi yapmazlar: *İstemeden iyilik yaparlar*, dahası: İyiliği, *istememe koşuluyla yaparlar;* dağınık inisiyatiflerinin rastlantısal sonucuyla iyilik yapmış olurlar. "İyi" ve "kötü", dürüstlük ve adalet gibi ahlâk kategorilerinin bu düzeyde hiçbir geçerliliği yoktur.

Liberal *düşünceyi* liberal *ideolojiden*, daha özel olarak yeni Saint–Simonecuların yaydığı biçimiyle girişimcilik ideolojisinden ayıran uçurumun derinliği burada görülür. Liberal *düşüncede*, her girişimci kendi çıkarının, yani mümkün en büyük kârın peşindedir. Girişimleri iktisadi bir hesabın sonucudur. Bu hesap karara kılavuzluk eder, risklere değer biçer, alternatifleri yerleştirir ve bütün ahlâki veya toplumsal kaygılardan muaf bırakır: Kendine bir yer yaparak veya işgal ettiği yere gözünü diken başkalarıyla çekişerek kazanmak söz konusu olur. Buna karşılık, liberal *ideolojide* girişimci, bir toplum ve kültür yaratıcısıdır: "Bir nesneye veya bir hizmete çağdaşlarının duyduğu "gizli ihtiyacı" keşfetme dehasına sahiptir; biz, alışkanlıklarımızla bunu hayal bile edemeyiz"; girişimiyle "örneğin yenilik olarak, özgürlüğün maddileşmesi gibi ortaya çıkan temel bir değeri temsil eder ve gerçekleştirir"; girişimci, "kendilerinde olan en iyi şeyleri toplum için seferber eden" ve topluma "yaratıcı itkiler" vererek toplum üzerinde güçler elde edenlerden biridir. Sonuç olarak, sorunun terimlerini tersine çevirmenin uygun olduğunu söylüyoruz: Artık ekonomiyi topluma dahil etmeye değil, tersine, "toplumu ekonomiye katacak politikalar geliştirmeye" çalışılacaktır, yani, gördüğümüz gibi, toplum iktisadi akılsallığın isteklerine göre harekete geçirilecek ve buna uygun olmayan hedefler reddedilecektir.[1]

Geçmiş yüz elli yılın politik tartışmalarına göre buradaki entelektüel gerileme şaşırtıcıdır. Girişimci burjuvazinin yeni ideologları liberal teorisyenlerin tersini savunuyorlar. Adam Smith'ten günümüze liberal teorisyenlerin kaygısı, toplumu, iyiliği istemeyen

1. Alıntılar Paul Thibaud, "Le triomphe de l'entrepreneur", *Esprit*, Aralık 1984'ten.

ve faaliyetlerinin doğası gereği iyilik yapamayacak sanayici, tüccar, bankacı gibi insanların iktidarından kurtarmaktı. Hayek bile, iktisadi akılsallığın engelsiz işleyebileceği alanın bir Yüksek Meclis tarafından sınırlanması gerektiğini ve bu meclisin üyelerinin ahlâki otoriteleri yüzünden seçilmiş ve partiler dışı ve üstü kişiler olmalarını savunur. İktisadi akılsallığın (ve bundan kaynaklanan rekabet ve pazar yasalarının) işleyişine sınır getirmemek, gerçekten de, toplumun tamamen parçalanmasına ve biyosferin geri dönüşsüz biçimde yıkımına doğru gider.

Sonuç olarak iktisadi akılsallığın sınırsız işleyişine ilk karşı çıkanlar, çok mantıklı olarak, aristokrasi ve toprak sahipleri oldu. Karl Polanyi'nin[2] gösterdiği gibi, işçi sosyalizminin doğuşundan çok önce "tutucu sosyalizm" (*tory socialism*) vardı. Gerçekten de, Polanyi, sosyalizmi çok doğru olarak *ekonominin topluma tabi kılınması* ve iktisadi hedeflerin de, bunları kuşatan ve aşağı, aracı bir yer veren toplumsal hedeflere tabi olması olarak tanımlar. İktisadi faaliyet, bu faaliyeti aşan ve yararlılığını, anlamını oluşturan hedeflerin *hizmetinde* olmalıdır. Sonuç olarak, kırsal alandaki kapitalizm-öncesi toplumsal ilişkileri ortadan kaldırmayacak veya toplumun birliğini parçalamayacak, tarımı çökertmeyecek, şehirleri oturulmaz hale sokmayacak ve havayı solunamaz, vs şekilde veya dahası serseriliğe, hırsızlığa, fahişeliğe, küçük çapta uyuşturucu alışverişine ve ufak işlere, vs zorunlu, sefil proleterler kitlesi yaratmayacak şekilde iktisadi hedefli faaliyeti sınırlandırmaya yönelik bir "tutucu sosyalizm" var olabilir.

Bununla birlikte, "tutucu sosyalizm", dokunulmamış bütünlüğü ve dengesiyle, iktisadi akılsallığı olan faaliyetlere yer açabilecek ve *bu faaliyetlerin dinamiğini onlara yüklediği sınırlar içinde tutabilecek* bir toplumun var olmasını gerektirir. Bu durum Disraeli'nin döneminde mümkün gözüküyordu. Günümüzde mümkün değildir. Bu nedenle, –Batı Almanya'daki Hıristiyan–demokratlar, Fransa'daki ve Hollanda'daki merkezciler, İngiliz muhafazakârlarının çoğunluğu, çok sayıda Amerikan demokratı, vs gibi– Hayek de, ça-

2. Karl Polanyi, *La grande transformation*, Paris, Gallimard, 1983, s. 223 ve devamı. (*Büyük Dönüşüm*, Çev. A. Buğra, Alan Y., 1986)

lışarak yaşamlarını kazanma imkânından yoksun bütün yurttaşlara toplum tarafından garanti edilmiş bir geçim gelirinden yana olduğunu duyurduğunda, bunu sosyalizm diye adlandırmak için haklı bir neden yoktur. Gerçekten, bu geçim geliri, dışlanmışlar kitlesini *dokunulmamış bir topluma* hiçbir bakımdan dahil etmez. Bu geliri, koruma ve dayanışma kaygısıyla bu kitleye verenin *toplum* olduğu bile söylenemez. Tersine, onları toplum dışına iten, dışlayan, faaliyetsizliğe mahkûm eden *toplumdur*; ve onları (özellikle geçici ve marjinal biçimler hariç) değişim ve toplumsal ilişkiler dokusuna dahil etmeden veya yeniden dahil etmeden iyi kötü geçinecekleri şeyi onlara veren devlettir. Kısacası, garanti edilmiş geçim geliri, iktisadi akılsallığın tersine işlerse, bu geliri yüksek bir akılsallıktan kaynaklanan hedeflerin hizmetine koymaz. Tersine, garanti edilmiş gelir, *toplum üzerindeki egemenliğini toplumsal olarak katlanılır kılmaya çalışan* iktisadi akılsallığın bağrında bir köstek gibi durur.

Bu örnek, geçmiş sosyal–demokrat politikaların güçsüzlüğünü ve sosyal–demokrat ideolojinin yerine, iktisadi akılcılaştırma buyrukları adına, bir pazar ve serbest girişim ideolojisinin geçebilmesinin kolaylığını aydınlatır. Gerçekten de, sosyal–demokrasinin politikası, Karl Polanyi'yle birlikte tanımladığımız anlamda bir sosyalizm asla olmadı: İktisadi akılsallığın bağrındaki *köstekleri* kaldırmak için çabalayıp durdu, ama yine de iktisadi akılsallığın toplum üzerindeki egemenliğine dokunmadı. Tersine, kapitalizmin iyi işlemesi bu engellere bağlıydı ve bu engeller kapitalizmi desteklemeye yönelikti. Sürekli genişlemeleri, iktisadi akılsallığı bir toplum projesinin hizmetine sokacak politik iradeden kaynaklanmıyordu; kapitalist gelişmenin, ödeme gücüne sahip bir talep tarafından ifade edilemeyen ve sonuç olarak, ticari bir sunu yaratmayan kolektif ihtiyaçlar doğurması gerçeğinden kaynaklanıyordu: Uzam, hava, kirlenmemiş su, ışık, sessizlik, şehirde kolektif taşıma, kazaları ve hastalıkları önleyici tedbirler, kamu sağlığı, eğitim, aile ve topluluk dayanışmalarının ortadan kalkmasının yerine geçen hizmetler, vs gibi ihtiyaçlar doğmasından kaynaklanıyordu.

Kısacası, en "parlak" girişimciler de dahil, "ekonomik görevliler" tarafından az çok kavranıldığı haliyle iktisadi akılsallık ölçütü, ekonomik sistemin ve toplum halindeki yaşamın işlevsel ve yapısal gereklerini tüketmeye yetmez. Kendi haline bırakılan pazar ekonomisi, yukarda belirtilen "topluluk otlakları trajedisine göre,"[3] her zaman acımasızca çöküşe doğru evrilir. Pazar ekonomisinin yaşayabilmek için düzenlemelerle, yasaklarla, desteklerle, vergilendirmelerle, kamu müdahaleleri ve girişimleriyle *sınırlanması gerekir*, ki bunların tümü de pazarın işleyişini bozar: Örneğin, ihracatı destekleme ve fazla ürünlerin depolanması politikasıyla tarımsal fiyatları düzenleyerek; konut yapımına destek vererek; hastalara bakım, çocukların eğitimi ve yaşlı yurtlarının masraflarını toplumsallaştırarak; yakıt, tütün ve alkole ağır vergiler koyarak; araştırma–geliştirme çalışmalarına mali destek vererek; şehircilik ve temizlik kuralları koyarak; bazı ilaçları yasaklayarak ve diğerlerinin fiyatlarını denetleyerek, vs, vs, bu işleyişi bozar; yani, arzı *politik* ölçütlerle sınırlandırarak, yönelterek ve kışkırtarak veya özel girişimin girmediği yerlere kamusal girişimi geçirerek, kaynakların giderek daha önemli bir bölümü, bütün olarak yeniden dağıtılır.

Bununla birlikte, bu politik ölçütler bir bütünlük kavramının, yani bir toplum projesinin birliğine asla sahip olmadı. Gayri Safi Milli Hasıla'nın % 40, 50, hatta 60'ının yeniden dağılımı, iktisadi faaliyete sahip ve bu faaliyeti kendi amaçlarına itaat ettirebilecek bir *toplumun* doğmasına yeterli olmadı. Bu yeniden dağıtım, bir *düzelticiler*, destekleyiciler ve tamamlayıcılar bütünü olarak kaldı, iktisadi akılsallığa egemen olamadı, onu içeremedi ve farklı bir akılsallığın hizmetine sokamadı. İktisadi hedefli faaliyet devindirici olmaya devam etti, toplumsal ilişkileri, bireylerin toplumsallaşma ve işlevsel bütünleşme biçimlerini o belirledi; ve kavrama ve tatmin etme yeteneğinin olmadığı kolektif ihtiyaçlar toplum tarafından değil, devlet bürokrasisi tarafından düzenlenmiş usullere göre üstlenildi. Böylece, ekonomiyi kendi hedeflerine boyun eğdirmeye yardım etmekten uzak olan devlet, zayıflayan toplumsal bağların ve dayanışmaların yerini doldurdu ve sorumluluk üstlenmeye ilişkin büyüyen bir talep yarattı.

3. Bkz. Bölüm 1/IV, s. 66.

Demek ki, iktisadi liberalizm adına refah devletini geçersiz ilan etmek, aptal bir ideoloji yandaşlığından kaynaklanır. Refah devleti toplumu boğmak ve iktisadi akılsallığın kendiliğinden gelişimini engellemek için ortaya çıkmadı; ticaret ilişkilerinin yok ettiği toplumsal ve aile dayanışmalarının vekili olarak ve pazar ekonomisinin kolektif bir felâkete varmasını engeleyen bir çerçeve olarak, bizzat bu gelişimden doğdu.

Bununla birlikte, refah devletinin toplum yaratıcısı olmadığı ve asla olmayacağı da doğrudur; ama pazar da toplum yaratıcısı değildi ve asla olmayacaktır. Refah devletinin tedrici olarak parçalanmasına bu kadar az direniş gösterilmesinin nedeni budur: Bu parçalanma topluma zarar getirmez, toplumsal ilişkileri değiştirmez; yaşanan hiçbir dayanışmayla birleşmemiş ve toplumun ne olması gerektiğine ilişkin hiçbir düşünce etrafında birleşemeyen bireylerin çıkarlarına zarar verir.

Sosyalizmden anlaşılan iktisadi akılsallığın toplumla ilgili hedeflere tabi kılınması ise, yani herkesin ancak başkalarının katılımıyla izleyebileceği ve ortak aidiyetlerini oluşturan hedeflere tabi kılınması ise, sosyalizm sorunu, demek ki, değişmeden kalır.[4] Üretici güçler büyük ölçüde geliştiği ve farklılaştığı andan itibaren bu hedeflerin iktisadi hedefler olamayacağını önceden çok söylediğimizden burada tekrar etmeye gerek yok. Bunlar, iktisadi hedefli faaliyetin Site'nin yaşamında sahip olabileceği yeri sınırlayan ve özerk, bireysel ve kolektif faaliyetlerin gelişebileceği kamusal alanları sonsuz derecede yayan politik ve etik hedefler olabilir.

Bununla birlikte, hangi faaliyetlerin iktisadi akılsallıktan anlam kaybına uğramadan doğabileceği ve iktisadi akılcılaştırmanın hangi faaliyetler için bir sapma olduğu veya faaliyetin taşıdığı anlamın yadsınması olduğu sorusu cevapsız kalır. Şimdi açıklamaya çalışacağım bu sorudur.

4. Milliyetçilik gücü ve "büyüklüğü" devlet tarafından sabitlenmiş ve denetlenen, devlet yararına uygun, toplumsuz ve topluma karşı ihtiyaç duyulan devlet hedefleri ortak toplumsal hedeflerin yerine geçtiği ölçüde, bu aidiyetin iyice aldatıcı hale gelen bir ikamesi olur.

III

Anlam Arayışı 3:

İktisadi akılsallığın sınırları

Sorun günümüze ait değildir. Marx bile, sanayi işçisinin çalışması ile müzik bestecisinin veya bilimadamının çalışmasını aynı düzleme yerleştirerek "çalışma" kavramını, farklılaşmamış biçimde kullanıyordu. Böylece, "çalışma"nın bir zorunluluk olmaktan çıktığı zaman bir ihtiyaç olacağını rahatlıkla iddia edebiliyordu.

"Çalışma toplumu"nun yok olmak üzere olmadığını ve çalışmanın yaşamlarımızın merkezinde olmaya devam edeceğini kanıtlamak için çalışma ideologları her işi aynılaştırmada daha da ileri gittiler: Teknisyenin, polisin, ufak tefek tamirler yapanın, sıcak çörekleri evlere götürenlerin, ev işlerine yardım edenin, annenin, ayakkabı boyacısının, rahibin, fahişenin, vs faaliyetleri, tüm bunlar "çalışma"dır, tüm bunların toplumsal yararlılığı vardır ve tüm bunlar şu ya da bu biçimde ücretlendirilmeyi hak eder.

Finlandiyalı bir feministin metni bu açıdan bilgilendiricidir (ayrıca çevresindeki ekonomizme karşıt ve çok ilginçtir). Şöyle der:

> 1980 yılında Finlandiya'da yapılan bir anket, ortalama bir ailenin günde 7,2 saat olmak üzere, yedi günün yedisinde de çalıştığını, başka deyişle haftada 50,4 saat ücretsiz çalışma gerçekleştirdiğini gösteriyordu. Kadınlar bunun üstüne bir de günde 5 saat daha çalışırken erkekler de iki saatten az çalışıyorlar; kız çocuklar 1,2 saat ve erkek çocuklar 0,7 saat.
>
> Ücretsiz çalışmanın *parasal* değeri GSMH'nin % 42'sine (ve devlet bütçesinin % 160'ına) eşittir. Bu değer belediye hizmetindeki ev işleri yardımcılarının taban ücreti üzerinden değerlendirilmiştir... Ekonomistler bu görünmeyen ekonomiye genellikle çok az ilgi gösterirler. Bunu, çalışma gücünün yeniden üretimi ve üretimin tüketilmesi için *birincil ekonominin* yardımcısı, gerekli, *ikincil bir ekonomi* olarak kabul ederler.[1]

Aile içinde yapılan her şey sonuç olarak toplum için kaçınılmaz ve gerekli olduğundan, ev içi alanında özellikle kadınlar tarafından yapılan "*bütün* çalışma" için "uygun bir ücret" talep etmekten daha meşru ne olabilir?

Ama bu çalışma nerede başlar ve nerede biter? Ev içi emeği (yazar, bir "üretim"in söz konusu olduğunu belirtmek için "domestic *work*" yerine "domestic *labour*"u kullanır) işçinin çalışmasıyla aynı vasıfta mıdır? İnsanlar, dışarda yedi sekiz saat çalıştıktan sonra hâlâ evde "çalışıyorlar mı"? H. Pietilä'nın kastettiği budur: "Ödenmeyen çalışmanın *parasal* değeri GSMH'nin % 42'sine eşittir... denk düşen mallar ve hizmetler pazardan satın alındığında mal olacakları fiyatla ölçüldüğünde çok daha yüksek olacaktır." Başka deyişle, dürüstlük ve iktisadi mantık insanların yaptığı her şeyin tica-

1. Hilkka Pietilä, "Tomorrow Begins Today. Elements for a Feminine Alternative in the North", *IFDA Dossier* 57/58, Nyon (İsviçre), s. 37–54. Daha sonra, yazar, sözde birincil ekonominin görünmez denen, böylece bulanıklığı artıran ekonominin hizmetinde olup olmadığını sorar: Bütün faaliyetlerin "çalışma" olduğu düşüncesine bütün faaliyetlerin iktisadi olduğu düşüncesi eklenir. Gerçekte onun talep ettiği şey, özel aile alanının hizmetindeki iktisadi sistemdir, bu alan "birine ait olmak, yakınlık, teşvik, itibar ve yaşamın anlamı gibi pazardan satın alınamayacak şeyler (*sic*) üretir."

ri *değişim değerine* göre ölçülmesini ister: Annenin hasta çocuğunun başucunda geçirdiği gece hasta bakıcının tarifesiyle; büyük annenin yaptığı doğum günü pastası pastanedeki fiyatıyla; cinsel ilişkiler taraflardan her birinin bir Eros Center'da ödemesi gereken fiyatla; annelik taşıyıcı annenin fiyatıyla, vs, vs.

Bütün bu ödenmeyen "çalışmalar"ın ücretlendirilen ve uzmanlaşmış işlere dönüştürülmeyi hak ettiğini niçin kabul etmemeli? Birçok sorun da böylece çözülmüş olur. Bunların toplumsal yararlılıkları bunu doğrulamıyor mu? Bir "annelik ücreti", bir "ev işi ücreti" düşüncesi işi yoluna koyar (bu konuya döneceğim), çünkü toplum, çocuk ve ev işi olmadan var olamaz. İnsanlar yıkanmaya, giyinmeye, uygun biçimde beslenmeye, vs son verirlerse toplum var olamaz. Bunu yapmak zaman aldığına göre bunlar topluma yararlı mıdır? Günde üç kere dişlerimi fırçalarsam ve böylece Sosyal Güvenlik'ten tasarruf edersem ücret almayı hak etmiyor muyum? Çocuk "yapma çalışması"nı, temizlenme, yaşamın ve yaşanan çevrenin bakımına dikkat etme "çalışması"nı, demografik, iktisadi ve toplumsal olarak en uygun olana göre, parasal ve yönetsel olarak düzenlememiz gerekmiyor mu, düzenleyebilir miyiz? Orgazm mesleki yaratıcılığı teşvik ettiğine göre cinsel faaliyet çalışmamızın bir parçası değil midir ve sporun sağladığı dinamizm ekonomi için kârlı olduğuna göre, spor çalışmamızın parçasını oluşturmuyor mu? Oluşturmuyorsa, niçin?

Başka şeylerle değiştirilmek için yapılmamış olmalarından mı? Fiyatları ve değişim değerleri olmayan faaliyetler olduklarından mı? Çaba ve yorgunluk gerektirseler bile, yerine getirilmelerinin sağladığı tatminin dışında hiçbir "yararlılık" içermeyen "çalışmalar" olduklarından mı? Bu faaliyetler var olduğuna göre, bunların ne olduğunu kim söyleyecektir?

Bunu söyleyecek olan ne ekonomistlerdir ne de sosyologlar. Çünkü bu uzmanlar toplumsal sistemin işleyişinden yola çıkarlar ve ancak bireysel faaliyetlerin işlevselliğini anlayabilirler, yoksa onların birey–özneler için sahip oldukları anlamı değil. *Sistemi bir özne olarak* ve yaşayan ve düşünen özneleri de sisteme hizmet eden aletler olarak görmeleri kaçınılmazdır –araçsal düşüncenin ayırıcı özelliği de budur. Böylece her şey sisteme yararlı görülür, çünkü gerçekten de, sistem, var olan her şeyin toplamıdır. Nesnel düşünce, "insanlar (ve çocuklar, doğa) ne yaparlarsa yapsınlar sistem için 'çalışırlar' ve gerçeklikleri bu 'işlevde' yatar," sonucunu saf biçimde çıkarır burdan. Totalitarizmin ve barbarlığın köklerinden biri budur.

Dolayısıyla, kendimizden yola çıkarak ne olduğumuzu yeniden öğrenmemiz gerekiyor; öznenin biz olduğumuzu yeniden öğrenmek; sosyolojinin, iktisadın ve toplumsallaştırmanın sınırları olduğunu öğrenmek; ticari hedefi olmayan faaliyetleri ücretlendirme ve taşıdıkları anlamla, ancak ne kadar zaman aldıkları hesaba katılmışsa gerçekten uyuşan edimleri verimlilik mantığına tabi tutma hatasından kaçınmak için *çalışma kavramını farklılaştırmayı* yeniden öğrenmek gerekir.

Demek ki, yukarda denediğimiz gibi, iktisadi akılsallığın ölçütlerini belirlemek yeterli değildir. Bunların uygulanırlık ölçütlerini de belirlemek gerekir. Ve bunun için faaliyetlerimizi daha yakından incelemeli ve bu faaliyetlerin başka insanlarla kurmamızı sağladıkları ilişkilerin anlamını, bu değerlerin iktisadi akılsallıkla bağdaşabilir olup olmadığını sorgulamalıyız.

İktisadi anlamda akılcı çalışma

Modern iktisadın verdiği anlamda çalışmanın *ticari değişim amacıyla* yapılan ve zorunlu olarak bir *muhasebe hesabına* tabi olan bir faaliyet olduğunu görmüştük.[2] Emekçi, "yaşamını kazanmak için" çalışır, yani sonuçları *doğrudan kendisi* için yararlı olmayan bir çalışma karşılığında, ihtiyacı olan ve kendisinden başka birileri tarafından üretilmiş her şeyi satın alacak şeyi elde etmek için çalışır. Sattığı bu çalışma, mümkün olduğunca fazla verimlilikle üretilmiş mal ve hizmetlerde cisimleşen eşit ve eğer mümkünse daha fazla çalışma miktarlarıyla mübadele edilebilmek için *mümkün olduğunca daha fazla verimlilikle* gerçekleşmelidir.

Çalışmanın bu birincil hedefi, emekçinin *de* çıkar ve zevk ala-

2. Bkz. s. 136-140.

bilmesini ve kişisel tatmin bulabilmesini, vs, asla dışlamaz. Ama bunlar ancak ikincil hedeflerdir. Ticari değişim amacıyla gerçekleştirilen çalışma, ne kadar ilginç olursa olsun, ressamın, yazarın, misyonerin, araştırmacının, devrimcinin, vs, faaliyetiyle aynı düzeye konulamaz. Bunlar yoksunluk içinde yaşamayı kabullenmişlerdir, çünkü *birincil hedefleri faaliyetleridir, yoksa faaliyetlerinin değişim değeri değil.*

İktisadi verimlilik arayışı, emeğin *verimliliğinin* (yani ürün birimi başına çalışma miktarının) ölçülebileceğini varsayar. Verimlilikleri karşılaştırmaya, yöntemleri belirlemeye ve verimliliği artırmaya elverişli teknikleri araştırmaya, yani *çalışma tasarrufu yapmaya ve zaman kazanmaya* sadece bu niceliksel ölçü imkân tanır. Tüm bunlar sanayi üretiminin klasik çalışmasında gün gibi ortadadır. Bu çalışma ücretli olduğundan çalışmanın azami iktisadi verimliliği emekçinin kendisi tarafından ve kendi çıkarı için değil, işveren tarafından, işyerinin ve kendisinin çıkarı için, ve emekçileri verimliliğe teşvik etmekten kaynaklanan bütün güçlüklerle birlikte istenir.[3]

Çalışmanın azami iktisadi verimliliği, ancak, emekçi örneğin zanaatkâr veya hizmet mükellefi olarak kendi hesabına çalışırsa emekçinin çıkarınadır. Emekçinin hizmetleri, *insanlar kendi çalışmalarının aynı miktarıyla kendi kendilerine sağlayabilecekleri hizmetleri nitelik ve nicelik olarak aşarsa* iktisadi olarak akılcı olacaktır. Dolayısıyla, gerçekte kendisinden istenenden daha fazla çalışma zamanı harcamış gibi ücret alabilir ve karşılığında yine müşteri kazanmaya devam eder. Örneğin, insanların evine giden kuaförün veya muslukçunun durumu budur. Bunlar müşterilerinin kendi başlarına yapamayacakları işi yaparlar. Onlar sayesinde, müşterileri zaman kazanır ve yaşam nitelikleri iyileşir. Hiçbir sermayeye değer kazandırmayan bu zanaatkârlar böylece toplumda dolaşan hünerin niceliğini ve niteliğini arttırarak toplumun zenginliğini arttırırlar. İşi yerine getiren için kullanım değeri olmayan, bütün olarak toplumun çalışması tarafından üretilen zenginliklerin "evrensel eşdeğeri" olan para karşılığında uzmanlaşmış çalışmanın değişimini

3. Bkz. Bölüm 1/I.

sağlayan bir *pazarın* varlığı olmasaydı bu durum imkânsız olurdu.

Bu saptamalar, mesleki bir hüneri basit bir kişinin sahip olamayacağı, çok başarılı sonuçlar veren bir teçhizatla, yani bir sermayeyle birleştiren faaliyetler konusunda daha da geçerlidir. Diğer faaliyetlerin yanı sıra, temizlik, tamirat, toplu yenileme, vs hizmetleri de böyledir; tıpkı mekanikleşmiş veya otomatikleşmiş maddi üretim gibi.

Özet olarak, iktisadi akılsallık,

a) kullanım değeri yaratan;

b) ticari değişim amaçlı;

c) kamusal alandaki;

d) ölçülebilir bir zamanda ve mümkün olduğunca yüksek bir verimlilik düzeyinde yapılan faaliyetlere uygulanır.

Çok yaygın bir düşüncenin tersine, *bir faaliyetin iktisadi anlamda çalışma olması için ona ticari değişim amacıyla girişilmesi* (ve ücretlendirilmesi) *yeterli değildir.* Bu nokta iktisadi alanı sınırlandırmak için önemlidir. Bunu belirtmek için, şimdi yukarda belirtilen dört parametreden birinin veya diğerinin yokluğuyla belirlenen farklı faaliyet türlerini inceleyeceğim. Bu faaliyetleri iki büyük gruba ayırıyorum:

A. Ücretlendirilme amacıyla yapılan faaliyetler, yani ticari faaliyetler;

B. Ücretlendirmenin temel hedef olmadığı veya olamayacağı *ticari olmayan faaliyetler.*

A. TİCARİ FAALİYETLER

1. Özgürleşme olarak iktisadi anlamda çalışma
[a) + b) + c) +d)]

İktisadi anlamda akılcı çalışmanın tanımı üzerinde burada tekrar durmayacağım. Sadece genellikle yanlış kavranan b) (ticari değişim) ve c) (kamusal alanda) parametrelerinin önemini belirtmekle yetineceğim. Bir faaliyetin *kamusal alanda* ticari bir değişimin konusu olması, *toplumsal olarak kabul gören* bir kullanım değeri olan yaratıcı ve toplumsal olarak yararlı bir faaliyetin söz konusu olduğu anlamına gelir. Başka deyişle bu faaliyet bir "mesleğe" denk düşer: Bir fiyatı ve kamusal bir statüsü vardır, müşterilerle veya işverenlerle *kişisel* ve *özel* bir ilişki kurmak zorunda kalmadan bu faaliyetin fiyatını çok sayıda müşteri veya işverene ödetebilirim. Zaten onlar da benden özel bir kişi olarak kendileri için çalışmamı istemezler (örneğin bir hizmetçiden istendiği gibi), ama belirli koşullarda ve belirli bir fiyat karşılığında belirli bir işi yapmamı isterler.

Emeği satma koşullarını belirleyen kamusal sözleşme, çalışmamı, iktisadi ve toplumsal değişimler sistemiyle bütünleşen ve beni bu sisteme katan *genel anlamda çalışma* olarak nitelendirir. Beni *genel anlamda* toplumsal, genel olarak yararlı ve aynı zamanda diğer insanlar kadar yetenekli ve onlarla aynı haklara sahip birey, yani yurttaş olarak niteler. Kamusal alanda ücretlendirilen çalışma toplumsal katılım unsurudur.

Bütün çalışma yükümlülüklerinin aynı saygınlık ve aynı toplumsal katılım etkisine sahip olmadığı şimdiden hissedilir. Bir okul kantininde işe giren "temizlikçi" veya bir konserve fabrikasında çalışan köylü kızı sadece ücretlendirilmeyen bir çalışmadan, aynı nitelikte, ama ücretlendirilen bir çalışmaya geçmekle kalmaz, farklı bir toplumsal statüye de geçerler. O zamana kadar, özel alanda "çalışıyorlardı", çalışmaları *özel* bir kişisel bağ amacıyla özel kişilere yönelikti. Çalışmalarının *doğrudan* ve *hissedilir* toplumsal yararlılığı yoktu. Aile üyelerinin bölünmeyen topluluk çıkarları içerisinde birbirlerine borçlu olmaları ve karşılıklı olarak birbirlerine ait olmaktan çıkacakları bir alanın olmaması ailenin yazılı olmayan kuralıdır. Dolayısıyla, çalışma zamanını hesaplamak ve "işimi bitirdim. İyi akşamlar," diye kestirip atmak söz konusu değildir. "Aile ocağındaki kadın"a "ev işi ücreti" verilmesi bu bakış açısını asla değiştirmeyecektir.

Kantinde veya fabrikada iş bulma, bu kadınlar için nihayet özel alana kapanmaktan kurtulmaları ve *kamusal alana girmeleri* anlamına gelir. Yükümlülükleri artık muğlak bir sevgi ve aidiyet görevi tarafından değil, hukuk kuralları tarafından yönetilir. Bu kurallar onlara hukuksal bir *yurttaş* varlığı kazandırır ve toplumsal olarak belirlenen ve kurallara bağlanan bu varlığın arka yüzü özel alandır; bu alanda birey her türlü zorunluluktan ve toplumsal kuraldan kurtulmuş, egemen biçimde ve kendine aittir.

Demek ki, çalışmanın toplumsal kurallara bağlanması, düzenlenmesi ve belirlenmesinin sadece olumsuz sonuçları yoktur. Bu süreçler kamusal ve özel alanların sınırlarını belirler, bireye kamusal bir toplumsal gerçeklik verirler (sosyologlar bunu "kimlik" diye adlandırır), *yükümlülüklerini tanımlarlar ve yükümlülüklerini yerine getirir getirmez onu görevden bağışık tutarlar.* "Günüm bittiğinde" veya sözleşmemi yerine getirdiğimde patronum veya müşterim karşısında görevden bağışık olurum; patron veya müşteri de benim ücretimi ödediğinde benden kurtulur. Kamusal alanın ticaret ilişkileri özel bağ ve yükümlülüklerden muaftır. Özel bağlar varsa, ticaret ilişkileri yoktur.

Birçok açıdan üzerinde durmamız gereken bir nokta budur: Bir aile veya bir yaşam topluluğu üyeleri arasında –aileyi veya topluluğu ortadan kaldırmadıkça– ticaret ilişkisi olamaz; ve sevgi, şefkat, sempati için para vermek veya karşılığında para almak –bu duygu ve davranışlar göstermelik değilse– imkânsızdır.

Şu an için önemli olan, kamusal bir iktisadi alanın varlığının kişisel ilişkileri buradan ayrı tutmaya imkân tanımasıdır: "Oikos", yani özel yaşam ve kişisel ilişkiler alanı artık iktisadi üretim alanı değildir veya ancak ikincil olarak iktisadi üretim alanı olur. *Çalışma yoluyla kamusal iktisadi alana girme hakkı yurttaşlık hakkının ayrılmaz parçasıdır.*

2. Hizmetçinin çalışması
[b) + c) + d)][4]

Kamusal bir ticari değişimin konusu olmakla birlikte kullanım değeri *yaratmayan* hizmetler, kölece çalışmalar veya hizmetçilik ça-

4. Bkz. s. 170'de tanımlanan parametreler.

lışmalarıdır. Örneğin, ayakkabı boyacısının sattığı hizmeti müşterileri, ayaklarına eğilmiş bir adamın karşısında iskemleye oturarak geçirdikleri zamandan daha kısa sürede kendileri de yapabilir. Ayakkabı boyacısına, çalışmasının yararlılığı nedeniyle değil, kendilerine hizmet ettirmekten zevk aldıklarından ödeme yaparlar.

Yaptığı temizlik karşılığında doğrudan veya "hizmet şirketleri" aracılığıyla ücret alan insanın çalışması da elbette aynıdır; bu temizliği yaptıranların ne zamanı ne de gücü eksiktir. Demek ki, temizlikçi erkek ve kadınların çalışmaları toplum ölçeğinde zamanı serbestleştirmez ve müşterilerin kendi kendilerine elde edebilecekleri sonucu daha iyi kılmaz. Sadece, hizmetçiler müşterilerinin yerine bir veya iki saat çalışarak müşterilerine bir veya iki saatlik boş vakit kazandırırlar.

Eğer hizmetçilerin patronlarına kazandırdıkları zaman, hizmetçinin yerine getirebileceği faaliyetlerden çok daha büyük toplumsal ve iktisadi yararlılığı olan faaliyetlerde kullanılırsa bu çalışmanın *dolaylı* iktisadi akılsallığı olabilir. *Ama durum asla bütünüyle böyle olmaz.*

Gerçekten de, bir yandan hizmetçinin çalışması hizmetçinin üstün yeteneklerini kanıtlamasını, kazanmasını veya geliştirmesini engeller. İçine hapsedildiği aşağı toplumsal statü bu olguyu gizlemeye ve çalışmasının aşağı niteliğini doğuştan gelen aşağılığına atfetmeye yarar. Hizmetçilerin ezilen sınıflar veya halklar içinde toplandığı dönemde bu daha kolaydı; hizmetçiler lise veya üniversite mezunu olduğunda bu güçleşir.

Diğer yandan, hizmetçiler efendilerine veya müşterilerine (örneğin bir devlet başkanı şoförü gibi) sadece kamusal yaşamında hizmet etmezler, özel yaşamında ve özel rahatı için de hizmet ederler. Aldıkları ücretin en azından bir bölümü özel bir kişiyi mutlu ettikleri içindir, yoksa sadece iktisadi yararlılıkları için değil. Başka deyişle, çalışmaları *tamamen kamusal alanda yer almaz:* Çalışmaları sadece sözleşmeli bir fiyat karşılığında sözleşmeli bir çalışma miktarı sağlamaktan değil, mutlu etmekten, kişiliğinden vermekten de oluşur. Hukuğun yönettiği bir çalışma sözleşmesi var olduğunda veya çalışma (ayakkabı boyacısının, eğlence yeri hizmetçilerinin çalışması gibi) herkesin gözü önünde gerçekleştiğinde bu kölelik ilişkisi gizli kalır. Hizmetçi, özel efendiye sağladığı zevke göre ücretlendirildiğinde bu ilişki görünür olacaktır. Fahişelik konusunda bu konuya tekrar döneceğiz.

3. Görevler, bakım ve yardım
[a) + b) + c)][5]

Bu başlık altında topladığım faaliyetler ticari değişim amacıyla, kamusal alanda kullanım değeri yaratan, ama kârlılığı ölçmenin ve böylece azamileştirmenin imkânsız olduğu faaliyetlerdir.

Bu faaliyetler, öncelikle, 1/VII Bölüm'de tanımladığımız gözetim, denetim ve bakım çalışmalarıdır. Oskar Negt'in doğru olarak belirttiği gibi bunlar, polis memurunun, itfaiyecinin, vergi tahsildarının, kaçakçılık cezalandırma servisinin, vs "çalışması"na benzer: İstihdam edilen kişiler, *çalışmada* olmadan *hizmettedirler;* görevleri ihtiyaç durumunda müdahale etmektir, ama bu durumun ortaya çıkmaması daha iyidir ve sonuçta, yapacak işleri olmadığında görevlerini daha iyi yerine getirmiş olurlar. Demek ki, çalışmalar değil, görevler vardır ve "görevliler"e hazır bulundukları zaman için ödeme yapılır. Beklenmedik veya ciddi bir olay durumunda göreve yeterli olmayacak az sayıdaki fiili çalışan yerine, rahat rahat boş oturan çok sayıdaki personel daha iyidir. Hiç kuşkusuz, bu fiili çalışanın yine de bir hesap sonucu belirlendiği ve dolayısıyla bir iktisadi akılsallığa cevap verdiği öne sürülebilir. Ama bu uslamlama, bizi burada ilgilendiren, iktisadi akılsallığın belirli bir *faaliyete* (çalışmaya) uygulanabilirliği sorununa uygun değildir. Görevlerin paradoksu şöyle özetlenebilir: *Sistem ölçeğindeki iktisadi akılsallık, iktisadi akılcılaştırmanın görevlilerin faaliyetine uygulanmamasını gerektirir.* Görevlilere kârlılıklarından bağımsız olarak ödeme yapılmalıdır.

Bunun nedeni, sadece, fiili çalışma miktarının programlanabilir olmaması ve dolayısıyla görevliler tarafından belirlenememesi değildir: *Görevlilerin, yapacak iş olmasından çıkarları yoktur.* İtfa-

5. Bu harfler 170. sayfada tanımlanan parametrelere gönderme yapmaktadır.

iyecinin yangın çıkmasından çıkarı yoktur, kavga çıkmasından polisin çıkarı yoktur, kaçakçılık olmasından müfettişin çıkarı yoktur, nöbetçi doktorun acil durumların olmasından çıkarı yoktur, vs. Onların –Amerikan sinemasının idealleştirdiği aynasız tipi gibi– dürüst, çıkarsız, ödevine bağlı, adil olmaları gerekir ve kendi birliklerinin veya kişiliklerinin çıkarı için değil, sistemin veya topluluğun çıkarı için "görev aşkıyla" davranmalıdırlar.

Aynı saptamalar, yardım, bakım veya imdat ihtiyacına cevap veren bütün faaliyetler için *gerekli değişikliklerle* geçerlidir. Bu faaliyetlerin etkinliğini nicelikselleştirmek imkânsızdır. Sadece yardım taleplerinin doğası ve önemi bakım ve yardım yükümlüsü işçilere bağlı olmadığından değil, bu taleplerin nedeni programlanamaz olduğu için de niceliksellleştirilemezler. Doktorun verimliliği günde gelen hasta sayısıyla ölçülemez; yardımcı ev işçisinin verimliliği sakat insanların evinde yaptığı ev işleriyle ölçülemez; çocuk bakıcısının verimliliği de baktığı çocuk sayısıyla ölçülemez, vs. Bakım yükümlüsü işçinin etkinliği görünürdeki niceliksel verimliliğiyle ters orantılı olabilir.

Hizmetin *kendisi* ihtiyaçlarına cevap verdiği kişilerin bireysel ihtiyaçlarından bağımsız olarak tanımlanamaz. Üretim çalışmasında olduğu gibi, üreticinin kişiliğinden ayrılabilen ve önceden belirlenmiş edimleri veya nesneleri üretmek söz konusu değildir, yapılan şey üretilecek edim veya nesneleri başkasının ihtiyaçlarına göre tanımlamaktır. Başka deyişle, arzın talebe uygunluğu, önceden belirlenmiş ve niceliksellleştirilebilir edimlerin yerine getirilmesinden değil, kişiden kişiye bir ilişkiden kaynaklanır.

Bakım faaliyetlerinin niceliksellleştirilmesinin yol açtığı sapkın sonuçlar özellikle doktor örneğinde çok açıktır. Pratisyen doktor için verimliliğe göre bir ücretlendirmeyi getiren "tedavi başına ödeme" hasta ile doktor arasına çifte bir engel koyar:

1. Gerçekleştirilen edimlerin niceliksellleştirilebilir olması için

standart bir tanıma uymaları gerekir. Bu önsel tanım, (hastalık sigortalarının "dizin" dediği şey), ihtiyaçların standart tanımını ve dolayısıyla hastaların standartlaştırılmasını gerektirir. Hastalar, öngörülmüş "vaka"lara uymalı ve bir sınıflandırma çizelgesine girmelidir. Demek ki pratisyenin ilk görevi hastaları sınıflandırmaktır: Kişisel muayene ve konsültasyonlar yerini radyografiye ve laboratuvar araştırmalarına; öğütler ve açıklamalar da yerini reçeteye, vs. bırakır. Doktor–hasta ilişkisi teknik bir ilişki haline gelir. Tıbbi tüketim ve ilaç tüketimi hastaların hüsranıyla birlikte artar.

2. Tedavi başına ödeme verimliliğe teşviktir. Oysa, bakım dağıtıcısının ilk hedefinin kazancını azamileştirmek olduğu kuşkusu bile tek başına tedavi (veya öğretmen–öğrenci ilişkisi veya yardımcılık) ilişkisini zedeler ve sunulan yardımın niteliğine gölge düşürür. Gerçekten de bu yardımın, *doktorun çıkarına değil, hastanın çıkarına olması gerekir.* Tedavi (veya öğretmen–öğrenci ilişkisi veya yardımcılık, vs.) ilişkisinin özü ve etkili olmasının koşulu budur. Bakım yükümlüsü işçinin, insanların bakıma ihtiyaç duymasında çıkarı olmamalıdır. Kazandığı para onun için mesleğini uygulamanın aracı olmalıdır, hedefi değil. Bir anlamda, hayatını kazanması pazarlık konusu edilmemelidir.

Aynı şey, diğer bütün bakım, yardımcılık, yardım, eğitim, vs meslekleri için de geçerlidir. Bu meslekler, ancak bir "eğilime", yani başkasına yardım etme yolundaki *koşulsuz* bir arzuya denk düşüyorlarsa uygundurlar. Bu yardımın ücretlendirilmesi tedavinin temel güdülenimi olamaz; ücretlendirme tamamen mesleki bir güdülenim tarafından rekabete sokulur ki bu durumda baskın olabilir ve olmak zorundadır. Söz konusu mesleklerde, tedavi (veya öğretmen–öğrenci ilişkisi veya yardımcılık, vs) ilişkisi, *ticari ilişkiden ayrılmış ve özerk bir yere yerleştirilmiştir:* "Size yardım etmek için buradayım. Elbette, hayatımı kazanmayı da düşünüyorum. Ama para mesleğimi yapmamı sağlayan şeydir, tersi değil. Yaptığım şeyle kazandığım şey arasında ortak ölçü yoktur."[6]

Hasta (veya öğrenci, vs) bu ölçülemezliği, parayı ödedikten sonra bile kendini borçlu hissederek kavrar. Tedavi edenden (veya öğretmenden, vs) paranın satın alabileceğinden başka ve daha fazla bir şey almıştır: Hizmetin, iyi ücretlendirilmiş olsa bile, bir bağış özelliği de vardır; daha doğrusu: Tedavi edenin (veya öğretmenin, vs) *kendinden* verdiği bağış. Bu bağış, hizmetin içine ne isteyerek *üretilebilecek*, ne satın alınabilecek, ne öğrenilebilecek ve ne kodlandırılabilecek şekilde girmiştir. Başkasının sadece parasıyla değil, kişiliğiyle ilgilenmiştir; başkasıyla kurduğu ilişki, önceden belirlenmiş teknik bir işleyiş veya bir bilgisayar programıyla ifade edilemez. Bu ilişki kamusal alandan özel alana doğru taşmaya yönelebilir, yani artık genel olarak geçerli toplumsal sözleşmeler, kurallar ve normlar tarafından yönetilmeyen, iki özne arasında adım adım kurulan ve sadece onlar için geçerli kişisel bir anlaşma tarafından yönetilen ilişkilere doğru taşmaya yönelebilir.

Yardım ve bakım faaliyetleri, kendinden bağış gerektirdiğinden, bu faaliyetleri seçmiş kişiler tarafından yapılır; en iyi gönüllüler tarafından yerine getirilir. Zamanın ve yeteneklerin sınırlı olmaktan çıktığı bir toplumda, bu faaliyetler günümüzdeki kavranışlarından çok başka şekilde geliştirilebilir. Bu faaliyetlerin günümüzdeki kavranışları hâlâ iktisadi amaçlı çalışmanın herkesin yaşamının temelini işgal etmesi gerektiği ve sonuç olarak, yardım ve evde bakım (özürlü, yaşlı veya hasta kişilere, küçük çocuklu annelere) gibi "birlikte yapıldığı" söylenen faaliyetlerin genç işsizlere, daha iyi bir iş beklerken, kısmi zamanlı ve düşük ücretli iş sağlamaya elve-

6. "Birleşik sağlık şebekesi" (veya "*health maintainance organizations*", HMO) ticari ilişkiyi tedavi ilişkisinden ayırır ve sunduğu hizmet de devletinki gibi merkezi ve anonim bir sağlık hizmeti değildir. Sıradan yurttaşların ve doktorların bakım tüketimlerinin veya yükümlülüklerinin kendi kendine sınırlandırılmasında ortak bir çıkarları vardır. Önleyici hekimlik bu nedenle değer kazanmış olur ve hastalık nedenlerinin ortadan kaldırılması, sağlık, beslenme, herkesin kendi sağlığından sorumlu olması, çevrenin hesaba katılması, vs üzerine halka açık dersler gibi değişik biçimler alabilir.

rişli ayrı bir "sektör" olduğu düşüncesine dayanıyor. Böylece, bir Sosyal İşler Bakanı'nın "birlikte çalışılan" sektör dediği şey ortaya çıkar. Bu bakanla birlikte, Max Weber tarafından açıklanan yaşam alanlarının bölümlere ayrılması yeni bir bölünme çizgisi izler: Bir yanda kalpsiz meslek uzmanları, diğer yandan ruhsuz bir birlikte çalışmanın uzmanları. "Birlikte iş yapmak" boğaz tokluğuna çalışılan bir meslek haline gelir ve "gerçek" iş sahipleri böyle bir durumdan hiç olmadığı kadar bağışık olurlar.

Oysa, zamanın ve üretken kaynakların kıt olmaktan çıktığı bir toplumda, hedeflenen şey ters çözümdür: Birlikte yapılan faaliyetler adım adım profesyonelliklerini yitirir ve çalışma süresi azaldıkça karşılıklı yardım şebekesi çerçevesinde gönüllü biçimde üstlenilir. Bu gönüllü faaliyetler, ücretlendirilmiş çalışmanın (haftada 20–30 saat) ve iktisadi olmayan, kültürel, eğitsel, yaşam çerçevesinin bakım ve yenilenmesi, vs gibi diğer faaliyetlerin yanında çokkutuplu bir yaşamın kutuplarından *biri* olur.

Kendinden bağış gerektiren faaliyetler bütününü özörgütlü ve gönüllü hizmetlerin gelişim perspektifi içinde yeniden düşünmek gerekir. Refah devletinin açmazları, kısmen, kimilerinin (emeklilerin ve erken emeklilerin) faaliyetsiz kalmak için ücret almaları gerektiği; diğerlerinin çok çalışmak için ücret almaları gerektiği; üçüncü bir grubun ise birincilerin yapmaya haklarının olmadığı ve ikincilerin de zamanlarının olmadığı şeyi geçici olarak ve daha iyisi olmadığından yapmak için ücret almaları gerektiği gibi saçma bir düşünceden kaynaklanır. Bu yolda devam edildiğinde, XXI. yüzyılda (2030'a doğru) emekliler aşağı yukarı çalışanlar kadar kalabalık olacaktır. Profesyonel olarak yaklaşık otuz yıl çalışacaklar ve emekliye ayrılacakları sırada önlerinde hâlâ faal olabilecekleri ve genel olarak faal kalmayı isteyecekleri yirmi, yirmi beş yıl olacaktır. İktisadi amacı olmayan bütün faaliyetlerin (yardım, bakım, kültürel hareketlilik, gelişmeye yardım, vs, vs) toplumsal örgütlenmesi, bir *işbirliği* anlamında, bir yanda kurumsallaşmış ve merkezileşmiş ve diğer yanda özörgütlü, işbirliğine dayalı ve gönüllü hizmetlerden oluşan iki temel direği olan bir sistemin bağrında, bu veriler ışığında yeniden tanımlanmalıdır.[7]

Kendinden bağışa imkân tanıyan faaliyetlerin tahlili, şimdi, paradoksal olarak, tam da bu kendinden bağışın ticari bir değişim konusu olduğu faaliyetleri ele almamızı sağlayacaktır. Kendimi kendime veya başkasına ücret almak için veriyorum; bu bağışı paraya çeviriyorum ve dolayısıyla paradan yoksun kalmayarak bağışı yadsıyorum. *Benim varlığıma*, varlığımı üretme gücü olmadan yönelen bu ticari değişimler fahişelik biçimleridir. Her bir özel şahsı kendi tekilliği içinde ele alan bir ticaret ilişkisi oluşturur ve özel alanda cereyan ederler.

4. Fahişelik
[a) + b) + d)][8]

Erkek veya kadın fahişe belirli bir zamanda belirli bir zevk sağlamakla görevlidir. Satılan hizmeti, müşterinin aynı kısa sürede, eşit nitelik ve nicelikte, ücretlendirilmemiş eşlerden elde etmesi mümkün değildir. Demek ki, kullanım değeri yaratılması söz konusudur. Ama bu hizmetin satılması ile doğası arasında bir çelişki vardır.

Ticari değişimde, alıcı ve satıcı belirli bir süre için sözleşmeli

7. Bu yöndeki önerilerin öncüleri arasında Argvien ulusal danışmanı Werner Geissberger'in adını anmak gerekir. Geissberger, 1970'li yılların başlarında, her biri on beş kadar çifti bir araya getiren bir tür semt hizmeti olan "küçük şebekeler" (*kleine Netze*) düşüncesini yaydı; "kamusal görevlerin öz-örgütlenmesi"ni Viyana'da uygulayan Avusturyalı sosyalist Egon Matzner'i de anmak gerekir. Bkz. çok ilginç eseri *Wohlfahrtsstaat und Wirtshaftskrise*, Rowohlt aktuell, Reinbek 1978, özellikle 5., 6. ve 10. bölümler.
Daha yakın tarihte, Berlin toplumsal işlerinden sorumlu senatör Ulf Fink, yaşlı ve sakat insanlara gönüllü bakım ve yardım faaliyetlerinin yardımlaşmayla yapılması amacıyla bir dizi orijinal öneride bulundu. Özellikle gönüllü hizmet yükümlülerinin bu hizmetler aracılığıyla ihtiyaç duyduklarında bu tür hizmetlerden yararlanma hakkını elde etmeleri tasarlanır. Gönüllü hizmet arz ve talepleri İngiliz *houses of volunteers* modeline göre düzenlenen kuruluşlar tarafından koordine edilir ve gönüllü yükümlülükler de kamusal sosyal hizmetler tarafından yerine getirilir, böylelikle yükümlüler komün değiştirseler de kazanılmış haklarını yeni ikâmet yerlerinde de korurlar. Bkz. Ulf Fink, "Der neue Generationenvertrag", *Die Zeit* (Hamburg) 15, 3 Nisan 1987, s. 24. Ayrıca bkz., s. 195, İskandinav gayri menkul kooperatifleri.
8. Bu harfler 170. sayfada tanımlanan parametrelere denk düşer.

bir ilişkiye girer; ödemeden sonra birbirlerinden kurtulmuş olacaklardır; satıcının arzı alıcıyı, başka herhangi bir alıcıyla yer değiştirebilir, anonim birey olarak belirler: Ödeme gücü, hizmet almak için gerekli ve yeterli koşuldur. Oysa, durum böyle olunca, müşteri kendini ödeme gücü nedeniyle hak iddia edebilecek bir alıcı olarak tanıtarak fahişeden, sadece arzuladığı için, kendisinin *tanımlamak istediği* bir hizmeti yerine getirmesini talep eder ve bunu elde eder.

Ticari değişim, kuşkusuz, üzerinde anlaşılmış bir fiyattan yapılır, ama bu fiyat "müşteri başına" belirlenmiştir, tıpkı zaten hizmetin doğasının da bu şekilde belirlenmiş olması gibi. Demek ki, ticari işlem tamamen özel alanda geçer ve özel nitelikte yapılmış bir talebe uygun bir yükümlülüğe dayanır.

Kölelik ilişkisini en saf haliyle burada buluyoruz: *Birinin "çalışması" diğerinin zevkiDİR*. Bu zevkten başka hedefi yoktur. Müşterinin zevki özel kişiliği üzerinde yapılan bir çalışmanın tüketimidir. Bu tüketim dolaysız ve doğrudandır, hiçbir ürünün aracılığından geçmez. Köle çalışmasından elde edilen zevk, aşçıbaşının "leziz eserleri"nden yiyenlerin aldığı zevkten bu dolaysızlığıyla ayrılır.

Dahası vardır. Bu zevk müşteri tarafından *nedensiz* arzulanır. Fahişenin "çalışması" ile örneğin fizyoterapistin çalışması arasındaki ilk fark budur. Fizyoterapist de müşterilerinin fiziksel rahatının hizmetindedir, ama müşterilerin taleplerini gerekçelendirmesi gerekir; talebin nedeni tedavinin hedefi olacaktır ve ardından terapist, bağımsız yargısı gereğince tedavi uygulayacaktır ve bunlar kişisel tedaviler olsa da, önceden belirlenmiş bir yönteme göre iyice tanımlanmış bir tekniği uygulamaya koyacaktır.

Bakım uzmanı müşterinin fiziksel rahatının hizmetinde olsa da müşterinin zevkinin aleti asla değildir. Tersine, egemen konumdadır: İşlemlerin doğasına o karar verir ve *baştan sona egemen olduğu tanımlanmış bir yöntemin sınırları içinde* kendi kişiliğinden verir. Yöntemin teknikliği aşılmaz bir engel gibi işler: Terapistin tam bir suç ortaklığına veya yakınlığa varacak kadar işin içine kişisel olarak karışmasını engeller.

Fahişenin "çalışması"nda durum tamamen terstir: Teknik becerisi müşterinin (nedensiz) dilediği tarzda uygulamaya girmelidir. Müşterinin satın almak istediği, fahişenin kendisinden istenen davranışlara tamamen katılmasıdır: Müşterinin isteklerine rutin biçimde değil, *kendini katarak* boyun eğmelidir. Hem tabi konumda hem de özgür olmalıdır, ama başkasının iradesinin içten aleti olmaktan başka bir şey yapamayan bir özgürlüktür bu. Başka deyişle, (*Binbir Gece Masalları*'nda, genç prensin hediye olarak kabul ettiği beyaz atın üzerinde çırılçıplak oturan) "güzel köle" olan bu çelişkili, imkânsız, hayali varlık olmalıdır; bütün zeki duyarlılığıyla efendinin isteklerini özgürce yerine getiren ve *sadece bunun için özgür olan* köle; gerçekte, efendisinin zihnini meşgul eden hayali varlığı oynayan kişiden başkası asla olmayan köle.

"Paranı öde ve benle ne istersen yap." Bu cümlede her şey söylenir: Fahişe ödeme talebinde bulunmak için kendini özgür özne olarak görür ve talebi yerine getirilir getirilmez, özgürlük olarak ortadan kalkacak ve parayı ödeyenin aletine dönüşecektir. Dolayısıyla kendini köle olma oyunu oynayacak özgür özne olarak gösterir. Hizmeti bir simülasyon olacaktır; ve bunu gizlemez. Zaten müşteri de bilir. Hakiki duygular ve suç ortaklığı satın alamayacağının farkındadır. Simülasyonu satın alır. Ve sonuçta istediği şey, bu simülasyonun gerçekten daha gerçek olmasıdır, parayla satın alınan bir ilişkiyi gerçek bir ilişki gibi ona hayali olarak yaşatmasıdır.

Dolayısıyla, tekniklik başka bir biçim altında ve başka bir şeyin aracılığıyla, satın alınan ilişkinin içine yeniden girer: Simülasyon sanatında fahişenin ustalığı aracılığıyla. Fahişenin davranışları ifade ettikleri niyetlerden ayrılmıştır: Var olmayan bir niyet veya bir içerim yanılsaması vermekle görevlidirler. Bunlar *jestlerdir*. Bu jestler ustalıkla kullanılan bir becerinin ürünüdür. *Kendinden verme* simülasyonu yaparlar. Demek ki, simülasyonun teknik uygulanımı fahişenin tamamen katılım anlamına gelen bir ilişki içine girmemesini sağlar: Bu ilişkide fahişe gerçekte yoktur; gövdesini, jestlerini, konuşmasını sunarken, kendi gövdesini, jestlerini ve konuşmasını terk eder. Gövdesini kendisi değilmiş gibi, ayrıldığı bir aletmiş gibi sunar.

Kendini sattığı konusunda müşteriyi ikna ederken, kendisi, sattığının *kendisi olmadığına* inanır. "Kendimi satıyorum," önermesindeki "–um", "ben" değildir.[9]

Oysa, candan ilgiyi, neşeyi, samimiyeti, sempatiyi, vs profesyonelce simüle eden bütün diğer hizmetçilerden farklı olarak fahişe, verdiği hizmeti ticari kölelik, ticari sevimlilik, ticari fedakârlık biçimindeki alışılmış jest ve kalıplaşmış sözlerin komedyasına indirgemez. Kendinden sunduğu şeyler sadece kendini katmadan *üretebileceği* jest ve sözler değildir, o simülasyonu mümkün olmayan şeyi sunar: Gövdesini, yani öznenin kendisine verdiği ve ayrılması mümkün olmadığından yaşadığı her şeyin zeminini oluşturan şeyi. *Kendini* vermeden gövdesini vermesi, aşağılanmadan onu kullandırması imkânsızdır.

"Cinsel hizmet" herhangi bir kişinin bir başkası üzerinde, önceden belirlenmiş bir usule göre, *kendini* tensel olarak teslim etmek zorunda kalmadan yapabileceği teknikleşmiş ve standartlaşmış edimler dizisine indirgendiği oranda diğer ticari hizmetler gibi bir hizmet olabilir. "Cinsellik" sadece o zaman akılsallaştırılmış bir "çalışma" haline gelebilir ve bu "çalışma" aracılığıyla biri bir başkasında, kodlandırılabilir ve tıbbi bir "davranış"la karşılaştırılabilir bir tekniğe göre, (gerçek veya simülasyon olarak) kendinden vermeden ve yakınlık kurmadan bir orgazm yaratabilir.

1987 yazında Almanya'da çıkan uzun bir metinde feminist bir militanın önerisi de aşağı yukarı budur. Ona göre, AIDS cinsel birleşme dışındaki yöntemlerle elde edilen orgazmlara daha fazla değer verilmesini sağlayacaktır ve bu da kadının "birleşme isteyen erkeği" reddetmesini ve teknik incelikleri bu zamana kadar haksız yere ihmal edilmiş ve çok daha akılcı ve sağlıklı olan mastürbasyonu uygulamasını haklı kılar.

Çiftleşme makineleri kullanılarak yapılan mekanik mastürbasyon bu teknikleşmenin mantıki gelişimi olabilir. Sevgi alanının tamamen ortadan kalkmasıyla "cinselliğin" akılcılaştırılmasını sağlar. Bireyler artık karşılıklı olarak birbirlerine ait olmaya son vere-

9. Bu, tam olarak Sartre'ın *Varlık ve Hiçlik*'te tanımladığı "kendine yalandır" ["mauvaise foi"].

ceklerdir: Makineleşmiş insan, insanlaşmış makinede kendini görecektir; orgazm tıpkı "hard" ve "live" porno gösterileri gibi, kamusal alanda alınıp satılabilecektir.[10]

Yukardaki tahlilden iki nokta çıkar:

1. İsteyerek veya ısmarlama *üretemeyeceğim* ve dolayısıyla ancak simülasyonuna para ödeyebileceğim davranışlar vardır. Bunlar zorunlu olarak özel, ilişkisel davranışlardır ve bunlar aracılığıyla bir insan diğerinin hissettiğine duygusal olarak katılır ve mutlak anlamda tekil özne olarak bu duyguyu var kılar: Anlayış, sempati, sevgi, şefkat, vs. Bu ilişkiler özü gereği özeldir ve dahası, her türlü kârlılık ölçüsüne karşı gelirler.

2. Benim varlığımın koparılıp alınamaz bir boyutu vardır, bunun kullanımını *kendimi pazarlık konusu etmeden* başkasına satamam ve bu satış bağışın değerini düşürür, ama bir bağış gibi sunma zorunluluğunu da ortadan kaldırmaz. Fahişeliğin, yani insanın *kendisini* satmasının, kiralamasının bütün biçimlerinin temel paradoksu buradadır. Oysa fahişelik elbette "cinsel hizmet"le sınırlanmaz. *Kendimi* teknik bir beceri gereği *üretebilmeden*, keyfine göre kullansın diye herhangi birinin satın almasına her bıraktığımda fahişelik vardır: Örneğin satılık yazarın ünü ve yeteneği; veya başkasının çocuğunu taşıyan annenin karnı.

"Annelik görevi"nin toplumsal ve iktisadi *yararlılığı adına* anneye verilecek özel bir kamusal ödeneğin anlamını açıklığa kavuşturmak için bu sonuncu örnek üzerinde durmak çabaya değer.

a) *Annelik, annelik görevi, taşıyıcı anneler:* Anneliğin toplumsal işlevini yaşanan anlamıyla karşılaştırmak mümkün değildir. Her kadın için, özgürce kabul edilen veya özgürce seçilen hamile-

10. Bir çiftleşme makinesi Federal Almanya'da Beate Uhse tarafından geliştirilmişti; Uhse'nin şirketi bir seks-shoplar, Eros Centers, pornografik sinema ve mağazalar ağı işletmektedir. Bu "love machine"in pazara sunulması talebi 1985 yılında, federal sağlık hizmetlerine götürüldü ve hâlâ cevap verilmiş değildir.

lik, insanın hayatında kendisi olmaktan vazgeçmeden başkası olan bir yaşam arzuladığı, kesinlikle benzersiz bir deneyimdir. Bu yaşam bir kez doğduktan sonra, başkası olarak *kendisine bir şeyler verilmesini* yine talep edecektir. Çünkü, bir çocuk yetiştirmek budur: Başlangıçta annenin gövdesine sıkı sıkıya katılan bir yaşamın anneden kurtulmasına, ondan bağımsızlaşmasına, özerk özne olmasına yardım etmek.

Küçük çocuğun yaşamı gibi annenin *çocuğuyla* ilişkisi de toplumsal bir ilişki değildir. Anne olmak, *herhangi* bir bebeği değil, özellikle başka hiçbiriyle değiştirilmeyen bir bebeği korumak, üstüne titremek ve yetiştirmektir; ama sadece benden doğduğu için değil, çünkü onun annesi olmak, onun *kendisi için*, özne denen karşılaştırılamaz ve dile getirilemez eşsizlikteki bu referans merkezi olduğunun kesin gerçekliğini yaşamaktır. Bir öznenin kendisi olmasını istemek, ona kendisi olma hakkını vermek, sevgi ilişkisinin özüdür. Annelik sevgisi bunun biçimlerinden biridir.

Ama toplumsal sistem açısından ve toplumun devam etmesi için anneliğin kadının kesin olarak yerine getirmesi gereken bir "işlev" olduğu da doğrudur. Dolayısıyla, çatışma radikaldir. Annenin gövdesi, başlangıçta çocuğu toplumun zaptetmesinden korur. Ve anne sevgisi çocuğa *eşsizlik hakkına sahip* mutlak anlamda eşsiz özne olduğunu gösterdiği ölçüde, toplumun sürmesini tehlikeye düşüren sadece anne gövdesi değil, annenin çocukla ilişkisidir de.[11]

11. Karşılıklı olarak birbirine ait iki kişi toplumsal düzen için her zaman bir tehlikedir: Toplumun kuralları onların ilişkisinde geçerli değildir. Orwell, *1984* adlı kitabında bunu devlet açısından mükemmel biçimde göstermişti; ondan önce de Baxter ve ardından Sade. Horkheimer ve Adorno, Sade üzerine yorumlarında şunu yazarlar: "Bilimin ve sanayinin egemenliği altına giren, metafizik olarak, sadece cinsiyetler arasındaki romantik sevgi değildir; genel olarak her türlü sevgidir, çünkü hiçbir sevgi aklın karşısında duramaz: Ne karının kocaya sevgisi, ne sevgilinin metresine sevgisi, ne ana babanın ne de çocukların sevgisi... Bütünlüğü cinsiyetler arasındaki romantik sevgiye değil, her türlü şefkatin ve bütün toplumsal duygunun temeli olan anne sevgisine bağlı olan aile, toplumun kendisiyle çatışmaya girer." Ve yazarlar Sade'dan alıntı yapar: "Sadece topluluğa ait olmaları gereken çocukları ailelerinde tecrit edersek iyi birer cumhuriyetçi olacağınızı hayal etmeyin... Çocukların, ülkenin çıkarlarından genellikle kökten ayrılan aile çıkarlarını benimsemelerine izin vermek son derece sakıncalı olduğundan, onları ailelerinden uzaklaştırmak da son derece yararlıdır." Horkheimer ve Adorno devam ederler: " 'Evlilik bağları toplumsal nedenlerle ortadan kaldırılmalıdır, çocukların babayı tanıması kesinlikle yasaklanmalıdır'. Sade, devlet sosyalizminin

Gerçekten de, toplumsal sistem açısından, anne, toplumun (müstakbel) yurttaşları üzerindeki hakkına meydan okuyan aşırı bir gücü elinde bulundurur. Dolayısıyla toplum kadının çocuğu üzerindeki iktidarını sınırlandırmak ve denetlemek için ve aynı zamanda kadını da gövdesi, yaşamı, kendisi üzerindeki haklarından yoksun bırakarak ona sahip çıkmak ve boyun eğdirmek için her yola başvurur. Kadın üzerindeki baskının derin kökü buradadır. "Annelik görevinin toplumsallaştırılması", toplum ile kadın arasındaki radikal çatışmayı ancak toplum kadının gövdesinden geçmeden çocuk üretmeyi başarırsa çözebilir; veya kadın doğurganlık işlevinin kişiliğinden ayrılmasını ve toplumun kadınların karnından, kullanım karşılığında onlara para ödeyerek, kendi amaçları için yararlanmasını kabul ederse mümkündür.[12]

Demek ki, doğumun parasal ve/veya yönetsel düzenlenmesi imkânı ve imkânsızlığı, yani soyarıtımının ticari ve/veya toplumsal ve politik imkânı veya imkânsızlığı kadının gövdesiyle, anneliğiyle, çocuğuyla ilişkisine bağlıdır. Dolayısıyla, annelik işlevini ücretlendirmenin kavranış tarzı temel bir uygarlık tercihine varır.

Anneye özel bir toplumsal para yardımının, annenin veya toplumun çıkarına göre düşünülmüş olmasına göre değişen temelde farklı bir anlamı vardır:

— Annenin çıkarına bağlı olduğu durumda, para yardımı, kadının kimseye hesap vermeden tüm bağımsızlığıyla anne olma ve çocuğunu yetiştirme egemen hakkına adanır. Bu durumda sorun annenin topluma yararı değil, toplumun anneye ve çocuğuna yararıdır. Annelik çocuğun özerkliğine varabilecek özerk bir görev olarak kavranır: Anne çocuğu egemen bir özne yapabilir; annenin eğitimi *çocuğu kendine vermekten* ibarettir.

— İkinci durumda, toplumun ihtiyaç duyduğu çocukları *toplu-*

---

varacağı sonucu, Saint-Just'ün ve Robespierre'in başarısızlığa uğradıkları ilk dönemlerde kavramıştır." (*La dialectique de la raison*, s. 124–125.)

12. Dogmatik Marksist-feminist literatürden aktardığım bu metnin varsayımı da budur: "Kadın gövdesinin ve işgücünün kendisine yabancı amaçlar için *karşılıksız* kullanımı ortadan kalkmadı. Dolayısıyla, kadının bunlara yeniden sahip çıkması ve kullanımını ücrete bağlaması gerekir."

ma vererek kadının yerine getirdiği toplumsal olarak yararlı işlev nedeniyle kadına para yardımı verilir. Bu durumda kadın, bir çalışmayla özdeş görülen doğurma ödevini yerine getirdiği için ücretlendirilir, onurlandırılır, nişan verilir. (Bütün çocukları savaşta öldürülürse "kahraman anne" olarak ulus düzeyinde anılır.) Dikkate alınan kadının kişisel gerçekleşmesi veya bireysel açılımı değil, ülkeye yaptığı hizmettir.

İkinci durumda, anne hem çocukları üzerindeki egemenlik hakkını hem de kendi üzerindeki hakkını kaybeder. Toplumun buyurduğu yükümlülükleri yerine getirmezse annelik haklarından yoksun kalabilir. En gizli yerine kadar toplumsallaştırılır, sömürgeleştirilir ve babaerkil toplumlarda her zaman olması istenen şey olarak kalır: Toplumların kendi amaçları gereği yararlandıkları basit bir gövde.

"Annelik görevinin toplumsal yararı" adına kurumlaşan bir "annelik ücreti", kadının toplum karşısında taşıyıcı bir annenin eşdeğeri olabileceği düşüncesini getirir. Devlet, çocuk yapsın diye kadının karnını satın alabilir. Toplumsal yararlılık dikkate alındığı andan itibaren, üretim işlevinin toplumsallaşması çok uzağa itilebilir. Gerçekten de, taşıyıcı anne, genetik olarak kendine ait olmayan bir çocuk doğurmak için kendini kiraya verir. Bu ilke kabul edilirse, aynı hizmetin özel kişilere değil de devlete verilmesini düşünmek de utanılacak bir şey değildir; başka deyişle, doğurganlık işlevinin soyarıtım ilkelerine göre uzmanlaştırılması ve meslek haline getirilmesi utanılacak bir şey değildir. Sıhhatli kadınlar genetik bankaları tarafından sağlanan embriyonları olgunlaştırmak ve sisteme en yararlı genetik özelliklere sahip çocuklar doğurmak için ücretlendirilir.

Burada Aldous Huxley'nin *Brave New World*'uyla [Cesur Yeni Dünya] ve III. Reich'ın uygulamalarıyla karşı karşıyayız: Çocukları soyarıtım kurallarına uygun olmayan kadınların anneliği (kısırlaştırma yoluyla) yasaklanacaktır; tersine, Reich'a ve Führer'e geleceğin ırksal seçkinlerini sağlamak amacıyla Kuzeyli tipli genç kadınların genç SS'ler tarafından hamile bırakıldığı "yaşam çeşmeleri"nde (*Lebensborne*) dölleme desteklenir. Bu dölleme merkezlerinde dünyaya gelen çocuklar anne babalarını asla tanımazlar.

Demek ki, anneye özel toplumsal para yardımının ne adına talep edileceğini seçmek gerekir. Kadının özgürlüğü adınaysa, *üstüne* bir de annelik işlevinin toplumsal yararlılığından söz edilemez (ve tersi). Toplumsal yararlılık uslamlaması, feminist davaya daha sağlam bir temel vermek yerine, onu gereksiz yere zayıflatır. Gerçekten de, kadının anne olma (veya olmama) hakkını haklı göstermek için hiçbir ilaveye gerek yoktur: Bu hak meşruluğunu, insan varlığının ortadan kaldırılamaz hakkı olan kendinden özgürce yararlanma hakkından alır. Anneye özel ve yeterli bir toplumsal gelir yardımı kişi bütünlüğünün, sağlığının, özgürlüğünün toplumsal olarak *koşulsuz* korunmasıyla aynı ilkelerden kaynaklanır. Kişinin iktisadi verimliliği veya toplumsal yararlılığı dikkate alınmamalıdır.

Kreşlerin ve anaokullarının açılması konusunda da aynı şey geçerlidir. Kadının özgürlüğü için gerekli olmaları bunların yeterli varlık nedenidir: Kreşler anne olarak gelişimi yurttaş olarak gelişimle (ve tersi) uyumlu kılar. İktisadi olarak haklı çıkarılmaları gerekmemektedir.

B. TİCARİ OLMAYAN FAALİYETLER

Yukardaki tahliller sadece ticari değişim amacıyla yerine getirilen faaliyetlere dönüktür. Bu tahliller bütün ticari faaliyetlerin terimin aynı anlamıyla "çalışma" olmadığını ve aynı akılsallık ölçütlerine cevap vermeyeceğini ve iktisadi alana hiç hapsedilemeyeceğini gösterdi.

Kadın işçinin çalışması hizmetçinin çalışmasıyla aynı anlama gelmez, bakıcı kadın, fahişe, itfaiyeci, vs de kadın işçiyle aynı anlamda çalışmaz. "Çalışma" olmadan ne toplum ne de yaşam olabilir, ama her toplum ve çalışma, çalışma toplumu ve yaşamı değildir. Çalışmanın ve çalışma toplumunun krizi, *yapacak* yeterince iş olmadığından değil, *çok özel anlamdaki bir çalışma* ender bulunur hale geldiğinden ve yapılması gereken çalışmaların bu özel kategoriye giderek daha az dahil olmalarından kaynaklanır.

Çalışmanın ve çalışma toplumunun krizi, George Gilder'in sandığı gibi, ayakkabı boyacılarının sayısındaki artışla aşılamaz.[13] Ne Phillippe Seguin'in iddia ettiği gibi, hizmetçi, kiracı, otomobil camı silicisi sayısının artmasıyla aşılabilir[14] ne de erkek ve kadın fahişe, anababalar, turistler ve Disneyland rehberleri sayısındaki artış bu krizi çözebilir. Krizin bu şekilde çözülememesinin nedeni bütün bu insanlar "çalışmadıkları" için değil; yaptıkları iş iktisadi anlamda çalışma olmadığı ve faaliyetlerini çalışmayla özdeş tutmak tehlikeli olduğu içindir.

"Çalışma"nın çalışma toplumlarında aldığı anlama her zaman sahip olmamış olduğu doğrudur. Çalışma özellikle her zaman kamusal alanda gerçekleştirilen, ticari değişim amaçlı bir faaliyet değildi. "Çalışanlar" için her zaman yurttaşlığın kaynağı olmadı. Tersine, Antik Yunan'da, çalışmanın yurttaşlıkla uyuşmadığı kabul edilmişti. Çünkü gerekli üretimin büyük bölümü ev içindeki özel alanda (oikos'ta) gerçekleştiriliyordu. Kapitalizmin doğuşuna kadar, bugün terime verdiğimiz anlamıyla kamusal bir iktisadi alan yoktu. Ev halkı besinlerini, yünlerini, giyim kuşamını, ısınma malzemelerini, vs. kendi üretiyordu. Zamanlarını ölçmüyorlardı, hesap yapmayı zaten bilmiyorlardı ve iki gerçekliğe göre yaşıyorlardı: "Her şey gerektiği kadar zaman alır" ve "yeterli olan yeterlidir".

İnsanın hem zanaatçısı hem de tek alıcısı olduğu kullanım değerli bu üretime *kendi için çalışma* diyorum. Bu, ticari olmayan faaliyetin iki temel biçiminden biridir. Bu faaliyetin bugün içerdiği ikili anlamı inceleyecek ve ardından son olarak hiçbir gerekliliği ve yararı olmayan, kendileri dışında amacı olmayan faaliyetleri, yani *özerk faaliyetleri* ele alacağım.

---

13. Neo-liberal bir ideolog olan ve başka eserlerin yanı sıra *Richesse et pauvreté*'nin de yazarı olan G. Gilder, köşebaşında çiçek satışının ve ayakkabı boyacılığının iktisadi atılımın dayanağı olabileceği görüşündedir ("*a shoeshine-led economic recovery*").
14. *Revue française d'économie* 3, Yaz 1987.

1. *Kendi için çalışma*

Günümüzde sanayileşmiş toplumlarda kendi için çalışmadan geriye kalan tek şey kendine bakım faaliyetleridir: Yıkanmak, giyinmek, çamaşır, bulaşık yıkamak, temizlik ve alışveriş yapmak; çocukları yıkamak, yemek yedirmek ve yatırmak, vs. Kendi için çalışma "angaryalara" ("*ponos*"lara) indirgendi, yani sadece ticari değişime *yönelik* olmamakla kalmayıp, *değişebilir* bile olmayan faaliyetlere indirgendi. Bu faaliyetlerin sonuçları uçucudur, üretilir üretilmez tüketilir; depolanamaz; her gün yeniden başlamak gerekir; başka hiç kimseye hizmet etmez. Buna karşılık, bütün ev içi çalışma, kendi için yapılan poietik çalışma, özel alandan kamusal, sınai ve ticari iktisat alanına taşındı. Ve bize düşen soru, bu taşınmanın kendi için çalışmayı tamamen ortadan kaldırıncaya kadar devam etmesi gerekip gerekmediğini ve edip edemeyeceğini bilmektir.

Bu sorunu, öncelikle haneyi bölünmez bir birim olarak ele alarak ve ardından bu durumda haneyi oluşturan kişiler arasındaki ilişkiye geri dönerek birçok açıdan inceleyeceğim.

Egemen iktisadi düşünce açısından, kendi için çalışmayı sanayileşmiş üretime ve dış hizmetlere doğru taşıma eğilimi henüz dinamiğini tüketmemiştir. Minitel aracılığıyla sipariş edilen malların eve teslimi alışverişin yerini alabilir; sıcak yemeklerin eve teslimi yemek pişirme zorunluluğunun yerine geçebilir. Temizlik, programlanabilir temizlikçi robotlar bu görevi yerine getirinceye kadar, evde oturanlar yokken evden eve giden profesyonel temizlikçi erkek ve kadınlardan oluşan ekipler tarafından yapılabilir. Çocukların sorumluluğu daha doğdukları günden itibaren, geceleyin de çalışan kreşlerde profesyonel çocuk bakıcıları tarafından üstlenilebilir. Vücut bakımı ve temizliği, beden eğitimi okullarına, gevşeme salonlarına ve güzellik salonlarına benzeyen, her evde kullanılabilir profesyonel servisler tarafından büyük ölçüde sağlanabilir: Herkes vücudunu sabahleyin, akşamleyin veya hem sabah hem akşam onlara emanet eder, vs. Burada, patron yanlısı ekonomistlere göre, çok önemli "iş havzaları" vardır.[15]

Bu tür tahminlerin bıraktığı rahatsızlık öznenin izlenen hedef konusundaki kafa karışıklığından kaynaklanır. Gerçekten de bu hedef, kapitalist veya sosyalist sanayileşmenin kahramanlık dönemiyle asla aynı değildir. O dönemde, kadınların ve erkeklerin ev işi çalışmalarına ayırdıkları zamanı kısaltmak önemliydi ve bu zaman çok yüksek bir üretkenlikle sanayide ve kolektif çalışmalarda kullanılıyordu. Bu amaçla, İsrail'in kibbutzlarında veya Çin'in halk komünlerinde, ev işi çalışmalarının tamamı toplumsallaştırılmıştı: Ortak mutfaklar; yemekhanede birlikte yenen yemekler; odadan odaya giden ekipler tarafından yapılan temizlik; gece ve gündüz "çocuk evi"nde bakılan çocuklar (aileleriyle birkaç saat geçirebilecekleri akşam hariç); komünün çamaşırhanesinde yıkanan ve ütülenen çamaşır, vs. Bütün olarak söz konusu olan, insanların evlerinde kendileri için daha az ve topluluk için (veya kapitalist toplumlarda patronlar için) daha çok "çalışmaları"dır. (Ekmek, kumaş ve giysi üretiminin; çamaşırın, anneliğin–çocuk yetiştirmenin, vs) toplumsallaşması ve sanayileşmesi *toplum ölçeğinde* zamandan tasarruf yapacak ve ekonomik alanda bu zamanın yeniden kullanımını sağlayacaktır.

Oysa, günümüz koşullarında, ev işi görevlerinin dışsallaşması ters bir hedef izliyor. Gerçekten de, ev işi görevlerini, *toplumsal ölçekte* daha az zaman alsınlar diye toplumsallaştırmak artık söz konusu değildir; tersine, bu görevlerin *daha fazla insanı meşgul etmesi ve mümkün olduğunca fazla çalışma zamanı yutması, ama bu kez ticari hizmet biçimini alması* söz konusudur. Çünkü artık ender rastlanan şey işgücü değil, ücretlendirilmiş çalışmadır. Demek ki artık ev işi görevlerine, herkes kendi yaptığında harcayacağından daha fazla çalışma zamanı ayırmak gerekmektedir. Hizmet sektörünün yeni karşı–iktisadının hedefi "yapacak iş vermek" ve "iş yaratmaktır."

Bizim yerimize temizlik yapması için çağrılan ev işiyle görevli

15. Bkz. örneğin, Michel Drancourt ve Albert Merlin, *Demain la croissance*, Paris, Robert Laffont, 1986; ve Octave Gelinier, *Le chômage guéri... si nous le voulons*, Paris, Hommes et Technique, 1986.

kadın ve erkeklerin, yemek yapması için çağrılan aşçı ve aşçı yamaklarının, alışveriş yapması ve evimize sıcak yemek getirmesi için çağrılan hizmetçi kadın ve erkeklerin, paket teslim görevlilerinin, ayak işlerine bakanlar ordusunun bizim için harcadıkları zaman (kullandıkları tesislerde ve malzemede biriken çalışma zamanı da dikkate alındığında) aynı işi kendimiz yaptığımızda harcayacağımız zamandan daha az değildir. Bize kazandırdıkları zaman üretken zaman değil, tüketim ve konfor zamanıdır. Onlar kolektif çıkarın değil, bizim kişiliğimizin ve özel tatlarımızın hizmetindedirler. Onların çalışması bizim zevkimizdir, bizim zevkimiz onlara doğrudan tükettiğimiz "işi verir"; kölelik çalışmasının özü (fahişelik konusunda gördük) budur.

Philippe Seguin, şunları derken bunu açıkça kabul eder: "Hizmetin kalitesi, bundan böyle, basit üretkenlikten daha aranır olacaktır. İnanıyorum ki, tüketim biçimleri geliştikçe, tüketici daha iyi bir hizmet elde etmek için daha yüksek bir hizmet bedeli ödemeye hazır olacaktır."[16] Aynı yönde, CFDT'nin bir broşürü de şunu söyler:

> Uygun hizmet arzı olmadığından evli çiftlerin sık sık kendilerinin yapmak zorunda kaldığı kendini yenileme hizmetlerini sunmak, istihdam adına bir artıdır. Büyük çoğunlukla her zaman kadınların üzerlerine kalan ev işi görevlerinin bir bölümünden dileyen (*sic*) kadınları kurtaracak hizmetler örnek olarak sayılabilir.[17]

Bu modelde, her şey basit bir arz sorunu gibi görülüyor. Eğer "tüketiciler" en iyi kalitede daha fazla hizmet satın almıyorsa, bu onlara sunulmadığındandır. Evli çiftler yemeği, alışverişi, temizliği kendileri yapmak "zorundalar"sa, bu "uygun bir hizmet arzı" olmadığındandır. Sadece bu arz var olsa, "dileyen" kadınlar angaryalarından kurtulabilir ve bol bol "iş" olur. Ama görevlerinden kurtulmayı "dileyen" kadınlar *kimlerdir*? Görevlerini *kimin üzerine* yıkabilirler? İnsanlar başkalarının ev işini yapmaya hangi koşullarda hazırdırlar? Onlara *kim, neyle*, ne kadar ödeme yapar?

16. Philippe Seguin, belirtilen makale.
17. CFDT, *Activités en friche... gisements d'emploi,* Mart 1987, s. 9.

Makro–ekonomik uslamlamanın soyut kategorileri bu tür soruları es geçmeyi sağlar; tıpkı temizlik yapan kadın ve erkeklerin, evlere sıcak pizza servisi yapanların, ayak işlerine bakanların, servis istasyonlarında otomobillerin ön camını silenlerin, vs de ev işlerini üçüncü şahıslara aktarmak, çalıştıktan sonra evlerine sıcak yemek servisi yaptırmak için "daha yüksek bir hizmet ücreti ödemeye hazır" olup olmadıkları sorusunda olduğu gibi. "İş için iş" ideolojisi de neo–liberal "arz ekonomisi" kadar aptalcadır.

Dolayısıyla, şu gerçeği bir kez daha hatırlamak gerekir: Benim de yapabileceğim iki saatlik "ev işi"ni yerime yapsın diye başkasına para ödemek için, *benim* iki saatlik çalışmamın *onun* iki saatlik çalışmasının ona getirdiğinden daha fazlasını bana getirmesi gerekir. Yoksa, birbirlerinin çocuklarına baksınlar diye birbirlerine para ödeyen iki annenin durumuna düşerim ve kendi ev işimi yapmak için iki saat daha az (ücret almadan) çalışmayı tercih ederim. *Demek ki kişisel hizmetlerin gelişimi ancak toplumsal eşitsizliğin arttığı koşullarda mümkündür; bu koşullarda nüfusun bir bölümü iyi ücretlendirilmiş faaliyetleri kendine ayırırken diğer bir bölümünü hizmetçilik görevine zorlar.* Burada toplumun Güney Afrikalılaştırılması, yani metropolün bağrında sömürgecilik modelinin gerçekleştirildiği görülür. Bir Alman sosyoloğunun "ev kadını olmak"[18] diye adlandırdığı şeyin, yani geleneksel olarak "ev kadınına" atfedilen çalışmanın iktisadi ve toplumsal olarak marjinalleştirilmiş bir kitle üzerine aktarıldığı görülür.

Ev işlerinin meslek haline getirilmesi, demek ki, bir özgürleşmenin tamamen tersidir. İmtiyazlı bir azınlığı kendi için çalışmadan tamamen veya kısmen kurtarır ve bu çalışmayı, *kendi işlerinin üstüne başkalarının ev görevlerini de üstlenmek zorunda kalan* düşük ücretli yeni bir köle sınıfın özel geçim kapısı yapar.[19]

Bu tamamıyla saçma işbölümü böylece gerçekleşir. Birileri iktisadi alanda öyle meşguldürler ki, kendi ev işleri için zamanları yoktur; diğerleri birincilerin ev işi görevlerini üstlenmek zorunda-

18. "*Hausfrauisierung*", Claudia von Werlhof tarafından uydurulan terim.

19. Amerika Birleşik Devletleri'nde yaklaşık on yıldan beri yaratılan işlerin büyük çoğunluğu düzensiz ve düşük ücretli hizmet işleridir. Bkz. André Gorz, "Le modèle américain et l'avenir de la gauche", *Autogestions*, 19.

dır ve birincilerin çalışma titizliği ikincilerin daha ilginç bir geçim kapısı bulmasını engeller. Bu modelin yandaşlarının, *herkes daha az çalışırsa herkesin kendi ev içi görevlerini üstlenebileceğini VE hayatını çalışarak kazanabileceğini* görmesini, sadece çalışma ideolojisine duyulan bu kör inanç engeller. Çalışma süresinin bugünden yarına, örneğin günde iki saat azaltılabileceğini söylemiyorum; demek istediğim, ekonominin verimliliği arttıkça, çalışma süresinin gerçek gelir kaybı olmadan adım adım azaltılması günde iki saatin çok ötesine gidebilir ve bu esas olarak politik bir sorundur.[20] Bu sorun hangi toplumun yerleştirilmek istendiğini bilmektir: Herkesin kendi özel alanının görevlerini, kendi zamanını kullanarak, kendi için yerine getirdiği bir toplum; veya "iş için iş" ideolojisi adına, iktisadi alanda çalışan insanların kendileri tarafından ve kendileri için ne olursa olsun hiçbir şey yapmamaya özendirildiği bir yaşam biçiminin uygulandığı bir toplum.

Bu ikinci seçimin sonucu (en zengin % 20'nin eğilimine ve geri kalan herkese rağmen kültür sanayisi ve boş vakit tüccarları tarafından önerilen) *egemen* bir yaşam modeli olacak ve bu modelde sadece iki tip faaliyete yer olacaktır; bir yanda, hedefi para olan faaliyetler ve diğer yanda, zorunlu aracı para olan faaliyetler (oyunlar, gösteriler, turizm, terapi, pahalı malzemeli sporlar, vs). Bu durumda insanların çoğunluğu başkasının yaşamının özel bir yanıyla profesyonelce ilgilenme konusunda uzmanlaşır ve kendi yaşamının birçok değişik yanında profesyonel olarak başkalarına sorumluluk verir. Kişilere hizmetin hızla çoğalmasına dayanan ekonomi (gerçekte: Karşı–ekonomi) böylece evrensel bağımlılığı ve heteronomiyi örgütler ve en azından kısmen kendi ihtiyaçlarını kendileri karşılamak "zorunda olanları" "yoksul" olarak tanımlar.

Oysa bu model, zaman ve kaynak yokluğu ortadan kalktığında bireylerin geliştirdiği özlemlere temelde aykırıdır. Kibbutzların gelişimi bu açıdan öğreticidir. Görece bir bolluk ortaya çıktıkça, ailelerde, kolektif hizmetlere yükledikleri "angaryalar"ın artan bölümünü üstlenme eğilimi gelişiyordu. Kendi için çalışma artık sade-

20. Bu eserin üçüncü bölümünde bu konuya daha ayrıntılı olarak tekrar döneceğim.

ce bir yük olarak algılanmıyordu; çeşitli bakımlardan, bir ihtiyaç; özel alanda aidiyet hissini daha fazla yaşayarak daha fazla kişisel egemenlik elde etmenin bir aracı haline geliyordu. Aileler çocuklarıyla daha fazla zaman geçirmeyi istiyorlardı, çocuklarına bakan kişiyi eleştirerek, çocukların bütün gece yanlarında kalması için ısrar ediyorlardı. Bazı ev işlerinin sizden *aldığı* zaman ile onlara *verilen* zaman arasındaki sınır belirsizleşiyordu. Bazı angaryaları insan kendisi üstlenmeyi *tercih eder*: Bebeklerin gerektirdiği ve duygusal alışveriş ve oyun ile angarya (onları yıkamak, üstlerini değiştirmek, yemek yedirmek) arasında ayrım yapmanın imkânsız olduğu bakımların yanı sıra; ancak ben bakarsam, kullanır veya onarırsam gerçekten bana ait olan kişisel eşyaların gerektirdiği bakımları da insan kendi üstlenmek ister.

Kendi için çalışma, özel bir alanın yaratılması ve sınırlarının belirtilmesi için kaçınılmazdır. Kendi için çalışma olmadan özel alan olamaz. En uç noktada ev içi alanın bütün angaryaları dış hizmetler tarafından üstlenildiğinde bu gayet iyi hissedilir: Artık "kendi evimde" olamam. Otellerde, kışlalarda ve yatılı okullarda olduğu gibi konutun uzamsal düzenlenmesi, tanıdık eşyaların doğası, biçimi, yerleştirilmesi hizmet personelinin veya robotların programlı ve rutin yükümlülüklerine uygun olmak zorundadır. Özel bir şoför tarafından kullanılan bir arabanın patrondan çok şoföre ait olması gibi, benim dolaysız çevrem de bana ait olmaktan çıkar.

Bütün sahiplenmeler, kendi vücuduma sahip olmam da dahil, ("kas gücü", enerji harcama anlamında) "çalışma" ve zaman gerektirir. Kendi için çalışma esas olarak, *kendimize sahip olmak için yapmamız gereken şeydir* ve özel alanımız, duyulur dünyanın ortasındaki yuvamız, bizi cisimsel varlık olarak sürdüren ve düşünmemizi sağlayan nesnelerin bu örgütlenmesidir.

Zamanın ender olmaktan çıktığı toplumlarda çözülmesi gereken sorun, demek ki, "elektronik ev" modelinin ve kendi için bütün çalışmayı profesyonel hizmetlere aktarmanın tamamen tersidir. Tersine, kendi için çalışma alanını yeniden genişletmek gerekir, insanlar bu sayede kendilerine ait olurlar; karşılıklı olarak topluluklarına veya ailelerine ait olurlar ve her biri dünyanın duyulur maddiliğinde köklerini bulur ve bu dünyada herkes başkalarıyla ortaklık kurar.

Gerçekten de, kendi için çalışma ne benim sadece kendim için yaptığım şeyle ne de sadece bana ait olan mahrem uzamın özel alanıyla sınırlıdır. Sadece gövdemi veya kişisel eşyalarımı koyduğum yer "evim" değildir, aynı zamanda başka kişilerle veya özel topluluklarla ortak olan (ev, avlu, sokak, mahalle, köy) tanıdık uzamda da "evimdeyim"dir. Daha doğrusu, diğer kullananlarla gönüllü işbirliği içerisinde düzenlenmesine, örgütlenmesine ve bakımına katıldığım ölçüde bu ortak yaşanan uzamda da evimde olurum. "Kendi için" çalışma o zaman "bizim için" çalışmada uzantısını bulur, tıpkı aile topluluğunun komşular arasındaki gayriresmi işbirliğinde veya mahalleler arası gayriresmi dayanışmada devam etmesi gibi.

Elbette bu, insanların karşılaşmasını, değiş tokuşu, ortaklaşmayı, ortak girişimleri mümkün kılan ve oturanların yaşam çerçevesini (yeniden) sahiplenmelerine uygun bir mimari ve şehirleşmeyi gerektirir; konutların kiracılar tarafından özyönetimini sağlayan kooperatifler sayesinde bütün bu işler İskandinav ülkelerinde diğer ülkelerden daha iyi gelişmiştir. Her konut için bir sauna, bir onarım ve tamir atölyesi, bir kafeterya, çocuklar için bir oyun alanı, bir kreş, sakatlar için bir alan, vs düşünülmüştür. Yaşlılar için bir dispanser, ortak bir mutfak, bir yemekhane ve evlere yemek servisi gönüllü kiracılar tarafından işletilir ve bunlar da genellikle yaşlıdır, bazen de bütün bunları belediyenin bölge sakinlerinin talebi üzerine kullanımına sunduğu sosyal emekçiler sağlar.

Eğer genel kurul kararı olursa işbirliğine dayalı faaliyetler semt sakinleri tarafından konutun hemen yakınında biyolojik bir sebze bahçesinin kurulmasına; bir oyun ve macera alanının düzenlenmesine; bir tüketiciler kooperatifinin ve giysiler, avadanlık ve oyuncaklar için bir takas pazarı kurulmasına; hastalık, yas veya kişisel sıkıntı durumda yardımlaşmaya; gece derslerinin veya şenliklerin düzenlenmesine, vs kadar uzanır.

Her kiracı özörgütlü hizmetleri veya daha ortak olan belediye hizmetlerini üstlenmeyi seçebilir. Özörgütlü hizmetler belediye hizmetlerinin eksiklerini tamamlamak için yaratılmamıştır, belediye hizmetlerini semt sakinlerinin kendileri tarafından tanımlanan ihtiyaçlara doğru ademi merkeziyetçi biçimde yöneltmek ve bu kapsamda tutmak için yaratılmıştır.[21]

Yardım ve bakım faaliyetleri konusunda yukarda anıştırmada bulunduğumuz kurumsal hizmetler ve gönüllü faaliyetler arasındaki örgensel işbirliği budur.

Böylece, özel alanla kamusal, makrososyal alan arasındaki aracı mikrososyal uzam taban topluluğu olabilir. Bu topluluk bireyleri tecride, yalnızlığa, kendi içine kapanmaya karşı korur. Özel alanı, bireylerin ortak ihtiyaçlarını ve bu ihtiyaçları tatmin etmek için en uygun eylemleri bireylerin *bir arada* ve kendi kendilerine belirledikleri, ticari ilişkilerden kurtulmuş *ortak bir egemenlik* uzamına *açabilir.* Bireyler ancak bu düzeyde kendi yaşamlarının, yaşam tarzlarının, arzularının veya ihtiyaçlarının içerik ve kapsamının, harcamaya hazır oldukları çabaların öneminin (yeniden) efendisi olabilirler. Kapitalist tüketim modelinin ve iktisadi amaçlar ve ticari değişim tarafından yönetilen toplumsal ilişkiler modelinin eleştirisi ancak bu pratik mikrososyal faaliyetler deneyiminde güçlenebilir.[22] Yaşanan dayanışma ve işbirliğinin toplumsal ilişkileri de ancak bu düzeyde kurulabilir ve bir topluluğa *ait olma* anlamına gelen hakların ve ödevlerin bu mükemmel karşılıklılığının yaşanan deneyimini de ancak bu düzeyde kurabilirim: Topluluğun kendi üzerinde bana verdiği haklar, üyesi olduğum sürece bana karşı kabul ettiği görevlerdir; ama topluluğun üyesi olmak da, tersine, topluluğa karşı görevlerim var demektir, bu görevler topluluğun benim üzerimde kabul ettiği haklardır.

Toplulukların ve gönüllü birliklerin bağrındaki dayanışmaya dayalı işbirliği, toplumsal bütünleşmenin ve toplumsal bağ üretme-

21. Daha fazla ayrıntı için bkz. *Scandinavian Housing and Planning Research,* 2, 1985 ve 2 ve 3, 1986; ve Cornelia Cremer, Hans-Joachim Kujath, "Wohnreform als Reform des Alltagslebens", *Neue Gesellschaft / Frankfurter Hefte,* 2, 1988.
22. Tasarruf edilen miktarların Üçüncü Dünya'ya yardım amacıyla gönderildiği bir tüketimi sınırlandırma hareketinin ("The Future in our hands") Danimarka ve Norveç'teki başarısı buradan kaynaklanır.

nin en iyi temelidir. Toplumun yeniden elde edilmesi ve iktisadi alanın sınırlandırılması ancak bu dayanışma temelinden yola çıkarak ve bu temeli genişleterek uygulanabilir.[23] Ücretli çalışma süresinin azaltılması bunun temel koşuludur.

Buraya kadar, kendi için çalışmayı bölünmez aile içi topluluk tarafından gerçekleştirildiği biçimiyle ele aldım. Dolayısıyla, aile topluluğu içinde, üyeleri arasında var olabilecek egemenlik ilişkilerinden ve görev bölümünden soyutladım. Bu konuda *modern* aile kavramını izledim, buna göre birlikte yaşayan bir kadın ve bir erkek (veya kadınlar, erkekler) hukuksal olarak tek bir tüzel kişilik kabul edilir. Aile birliği *eşitler arasındaki gönüllü birlik* olarak görülür ve onlar tersini beyan etmedikçe *her şeyi ortak olarak kabul ederler ve* "ortak bir yaşam" sürerler.

Bu ortaklaşma (veya "birlik") *birinin kendi için yaptığı ile diğeri için yaptığı arasında ayrım yapmamayı* gerektirir. Ortak yaşamları ortak özel uzamda gelişir ve bu uzam, öz olarak, toplumun bakışından kurtulmuştur ve her türlü dış tecavüze karşı korunur. Topluluk üyelerinin yaptıkları veya yapmadıkları; ilişkilerinin ve faaliyetlerinin doğası, onların özel işidir. Başka deyişle, birlikleri ilke olarak, sadece kendilerini ilgilendiren kipliklere göre ilişkilerini kendileri belirlemede kararlı ve buna yetenekli, egemen kişilerin birliği olmayı gerektirir. Topluluğun bir üyesinin diğerine (veya diğerlerine) dayattığı egemenlik düşüncesi, dolayısıyla, ilke olarak bu birlik düşüncesini dışlar. Topluluğun rahatı ve gelişimi üyelerinden her birinin hedefi olarak kabul edilir ve üyelerinden her birinin rahatı ve gelişimi de tüm diğerlerinin hedefi olarak görülür.

Oysa bu aile topluluğu kavrayışı modernliğin son dönemine ait ve dahası büyük ölçüde tamamlanmamış bir başarıdır. Birçok durumda ev işi görevlerinin yükünü hâlâ taşımak zorunda olan kadın,

23. Burada, işçi hareketinin de başlangıçta, işçi mahallelerinde üstlenen işbirliği (İngiltere'de) ve kültürel yardımlaşma hareketi olduğunu hatırlamak gerekir. Amerika Birleşik Devletleri'nde yeni bir kooperativizmin imkânları üzerine bkz. Harry C. Boyte, *The Backyard Revolution, Understanding the New Citizen Movement,* Temple University Press, Philadelphia, 1980.

gerçekte, kendi için çalışmadan daha fazla "onlar için çalışma" gerçekleştirir.

Kadınlar bu durumun bilincine vardığında ve bunu kabul etmekten vazgeçtiklerinde sorulan soru bu durumun hangi yönde aşılacağıdır: *a)* "birlik" olarak kavranan ailenin çözülüşü yönünde mi, yoksa *b)* aile birliğinin gerçekleşmesi yönünde mi?

a) Kadın Kurtuluş Hareketi, 1950'li yıllardaki canlanmasından itibaren, çekirdek ailenin çözülmesini savunan militan, radikal bir kanada her zaman sahip olmuştur. Kadın, artık "bütün yeniden üretim çalışması"nı "bedava" yerine getirmek zorunda değildir. Erkeğin, babaerkil ailenin ve bunun aracılığıyla kendisini ezen ve sömüren bir toplumsal sistemin "hizmeti"nde olmak zorunda değildir artık. İktisadi anlamdaki çalışmayı ve toplumun fiziksel yeniden üretimini mümkün kılan "ev işi çalışması" iktisadi yararlılığı ve toplumsal saygınlığı içinde kabul edilmelidir. Bu kabul etme "*her* kadının *her* çalışmasının gerektiğince ücretlendirilmesi" biçimini almalıdır. Bu ücretlendirme sayesinde kadın erkek karşısındaki iktisadi bağımlılığından kurtulacaktır. İstemediği halde, çocuklarının çıkarını düşünerek, erkekle birlikte kalmaya artık mahkûm olmayacaktır. Başta kendi hayatı olmak üzere "her şeyi" onunla paylaşmak zorunda kalmayacaktır. Tıpkı erkeğin çalışması karşılığı ücretlendirilmesi gibi o da ev içindeki görevlerini yerine getirmesi karşılığında ücretlendirilir. "Ev kadınlığı" veya "annelik" toplumsal olarak kabul edilen bir meslek olur. Böylece karı kocanın her biri kendi faaliyet alanında gelişir; her birinin alanı ancak çok kısmi olarak iç içe girer. Karşılıklı görev ve yükümlülükleri iyice sınırlanır. Ev içi alanı kadının özel alanı olur ve orada egemen olarak ve tek başına hüküm sürer. Görevlerden bir bölümünü erkeğin üstlenmesi söz konusu olmaz. Zaten kadının ev işi ücretinin sonucu ve ek işlevi onu bundan caydırmaktır.

Bu düşünce, ailenin kapitalizm–öncesi biçimini yeniden geçerli kılmak için, kadının tam özgürlüğü idealinden kasıtlı olarak ayrılır. Özellikle Federal Almanya Cumhuriyeti'ndeki kadın hareketinin oldukça etkili bir akımının yanında bu düşünceyi antropolojik uslamlamalarla savunan Ivan Illich, kadını bir "işgücü" olarak kabul ederek erkekle aynı yere yerleştirme niyetinin sonucunun kadını aşağı kılmak olduğunu savunur.[24] Kadının erkekle rekabette olduğu her yerde çalışmasına her zaman daha az değer biçilir ve daha az ücret ödenir. Oysa bu iktisadi aşağılık konumu her zaman var olmamıştı: Kapitalizmin (modern iktisadi anlamdaki) *çalışan* insandan ayrılabilir, niceliksellleştirilebilir bir uygulama olarak *çalışma*'yı icat etmesiyle ortaya çıkmıştır. Illich'in tanım olarak *bireşey* (üniseks) olduğunu söylediği çalışmanın icadından önce erkek ve kadın, birbirinden tamamen ayrı, her birinin egemen olduğu alanlarda gelişiyorlardı. Birbiriyle hiçbir ortak yanı olmayan, tamamlayıcı nitelikteki uğraşları "türleştirilmişti" (İngilizcesi: *gendered*). Birinin diğerinin yaptığına ne ortak olması söz konusuydu ne de sahiplenmesi. Bölünmez birlik olarak aile kırdaki ve ardından şehirdeki aile işletmesinin hukuksal temelini oluştursun diye, modern çağın başında, gecikmiş olarak, sadece Avrupa'da icat edildi.

Oysa aile birliğinin sonucu, der Illich, çalışmanın tekeşeyliği düşüncesini ev içi alana kadar sokmaktır, bu alanda "ev işi çalışmasından" paylarını aldıkları gerekçesiyle [erkekler] cinsiyetler arası rekabete ve hınca yeni bir alan açarlar." İş kıtlığı ile birlikte, kadının egemenlik alanı olan yeri erkeklerin işgal etmesi ve kadınla kendi alanında rekabet etme eğilimi "kendi yuvalarında kadınların zararına ayrımcılığı daha çekilmez hale getirecektir."[25]

Demek ki, bu düşüncede, kadına erkeğin "işi"ni yasaklayarak kadının egemenliğini ev işi alanında yeniden oluşturmak söz konusudur. Bir ev işi ücreti talep etmenin (genellikle gizli) anlamı budur. Bu, kadının ev içi çalışmasının yararlılığının toplumda itibar görmesine yol açacak, kadının yuva içindeki bağımsızlığını garanti edecektir, denir.

Madalyonun tersi, elbette, kadının özel alana hapsedileceğidir: Toplum ona evinde kalsın diye para ödeyecektir. İşin kıt olduğu koşullarda, toplumsal ve politik olarak orada en yararlı olduğu dü-

24. Bkz. Ivan Illich, *Le genre vernaculaire*, Paris, Le Seuil, 1983.
25. *A.g.e.*, s. 40. Aynı tez Federal Almanya'da Claudia von Werlhof tarafından savunuldu.

şünülecektir. Bununla birlikte, bu toplumsal yararlılık sadece *işlevsel* olacaktır. Kadın, kamusal alana ve yurttaşlığa girmesini sağlayan iktisadi faaliyetin dışında kalarak kurulu düzene *hizmet edecektir*. Dolayısıyla, kamusal alandan ve yurttaşlıktan yeniden dışlanma riskini taşır. Kadınlar sürekli eylemde bulunabilecek, düzenli örgütlenmeleriyle özerk politik güç olarak örgütlenirse bu riskten kalıcı biçimde kurtulurlar.

Bu durumda, VI. Bölüm'de anılan "ikileşme" biçimlerinden daha karmaşık ve daha radikal biçimde toplumun parçalanmasına varılır. Toplumun bu "türleştirilmiş" alanlara bölünmesinin ve bunun da alt bölümlere ayrılmasının feminizm içindeki bu akımın hedefi olduğu doğrudur.

b) Illich tarafından savunulan teze karşı şimdi, *Gender*'da kullanılan malzemelerin farklı bir yorumunu önererek ters bir düşünce çıkaracağım. Tezim şu olacak: Kadının aile içinde sömürülmesini açıklayan şey modern çağın başındaki evlilik birliği değil, bu birliğin tamamlanmamış olmasıdır. Ve çare, erkeğin ve kadının karşılıklı alanlarının birbirinden ayrılması değil, kadının ev içi alanındaki ilişkiler de dahil, [bütün ilişkilerde] özgürleşmesidir.

Eğer evlilik birliği modernliğin gecikmiş bir icadıysa, bunun nedeni antropolojik bir saçmalık olmasından değildir[26] (eskiden "gayri tabii" bir şey denirdi); bunun nedeni, ancak eşler özel alanlarında karşılıklı olarak birbirlerine aitse ve mükemmel bir karşılıklılık içerisinde birbirlerine karşı görevleri varsa ailenin özerk ve bölünmez bir birlik olarak görülebilmesidir. Erkek ve kadın her şeyden önce feodal senyöre, klana veya köy cemaatine ait olduğu sürece, karşılıklı türlerine özgü evlilik–dışı yükümlülükleri, *iktidarın* birbirlerine ait olmalarına getirdiği aşılmaz engeldi. Topluluğun veya senyörün çıkarı için yapmaları gereken şey, ortak çıkarları için yapabilecekleri şeye baskın geliyordu. Karşılıklı görevlerini belirleyen gelenek görenek ve/veya hukuksal kurallar aile ocağının içine kadar etkili oluyordu ve birbirlerine karşı görevlerini *toplumsal olarak* belirliyordu. Ortak bir girişimde bulunabilecekleri dü-

26. *A.g.e.*, s. 68.

şüncesi kabul edilemezdi. Faaliyetlerini ve ilişkilerini kişisel arzularına ve koşullara göre özgürce belirlemekte özgür değillerdi.[27] Aile alanı kelimenin gerçek anlamıyla özel alan değildi.

Demek ki, erkek ve kadın sadece feodal egemenlikten (ve onu devam ettiren geleneklerin egemenliğinden) özgürleşmeleriyle bir birlik oluşturabildiler ve ortak bir egemenlik alanında faaliyetlerini ortak kılabildiler: Özel alanda. Bu, kapitalizmin bir icadı değildi. Köylü savaşlarıyla birlikte ortaya çıktı ve ailenin ve aile işletmesinin özerkliğine zemin hazırladı: Çalışmanın meyveleri üretene ait olmalıdır; bir aile topluluğunun üyeleri birbirlerine borçludurlar (ve ancak birbirlerine borçlu olmalıdırlar); birbirleriyle ilişkileri özel ilişkilerdir, hukuksal ilişkiler değil; aile alanı toplumsal denetim ve politik iktidar alanının dışındadır; yuvanın eşiğinden geçer geçmez kişiler arasındaki ilişkiler, anlaşma, karşılıklı rıza ve gönüllü işbirliği temelinde kurulur, hukuk tarafından biçimlendirilmiş yükümlülükler temelinde değil.

Aile topluluğunun özü budur. Bu topluluğun özüne uygun olması için, üyelerinin yaptığı her şeyin *her bir üye tarafından* bölünmez topluluk için ve bu topluluk tarafından yapılmış olarak kabul edilmesi gerekir. Ama bu elbette her üyenin topluluğun çıkarını kendi çıkarı olarak kabul etmesini ve topluluğun da her üyenin çıkarını kendi çıkarı olarak görmesini gerektirir. Ve ancak eşlerin birliği gönüllü bir birlikse ve işbirlikleri kendilerini ortak amaçlara özgürce veren ve görevlerin dağılımı üzerinde özgürce anlaşan *eşitler arasındaki gönüllü bir işbirliği* ise durum böyle olabilir.

Demek ki, eşlerden biri bir diğerinin iradesine yasa tarafından boyun eğdirilirse aile birliği yoktur. Eşlerden biri diğeriyle ilişkilerini düzenlemek için yasaya başvurursa aile birliği gerçekte var olmaktan çıkar: Bu durumda, karşılıklı rıza ve gönüllü işbirliği eksik olduğundan, birlik, hukuksal olarak feshedilmeden önce fiilen fes-

27. Martine Segalen, *Mari et femme dans la société paysanne* (Flammarion, 1980) adlı kitabında (aktaran Ivan Illich, *a.g.e.*, s. 72), daha XIX. yüzyılda Fransız köylerinde erkeklerin ve kadınların gündelik görevlerini evlilikle birleşmiş eşler olarak değil, karşılıklı türlerin üyeleri olarak yerine getirdiklerini belirtir. "Köylü ailesinde çiftin ağırlığı pek azdır..." Ailenin üyeleri "karşılıklı türlerinin gereklerine uygun davranmadıklarında, hatalı bireyi doğrudan köy cezalandırır."

hedilmiş olur. *Kadın, erkeğe itaat ve sadakate zorunlu olduğu veya belki onun tarafından zorlandığı sürece reisi erkek olan bir topluluğun kölesidir ve evlilik birliği hukuksal bir hayaldir.*

Bir kadınla bir erkeğin gönüllü olarak her şeyi ortaklaşa yaptıkları özel egemenlik alanı olarak aile, demek ki, modernlik-öncesi dönemin bir kalıntısı değil, *modernliğin tamamlanmamış bir başarısıdır.* Ancak kadının özgürlüğü son sınırına vardırıldığında tamamlanmış olur ve bu da uygulamada şu anlama gelir: Erkek ve kadın özel alandaki ve kamusal alandaki görevleri gönüllü olarak paylaştıklarında ve birbirlerine *eşit olarak* ait olduklarında tamamlanacaktır. Sadece bu anda evlilik ilişkisi özüne uygun olacaktır. Erkekle arasındaki ilişki eşitler arasındaki işbirliği ilişkisi olan kadın, sadece bu anda, aile topluluğunun huzuru için sergilediği faaliyetleri de hem yararlandığı hem de zanaatçısı olduğu faaliyetler, yani kendi için çalışma gibi yaşayabilir.

Bu, eşitler arasındaki birlik *düşüncesinin* kadınların ve erkeklerin kendiliğinden özlemlerine de denk düşmesi önemlidir. Gerçekleştirmeyi arzuladıkları yaşam modelini tanımlamaları istendiğinde, çoğunlukla, ideal model olarak, "erkeğin ve kadının yarım gün çalıştıkları ve boş zamanlarında *birlikte* ikinci bir faaliyet uyguladıkları"[28] bir modeli savunurlar. Bu modelde, "ev işi ücreti" elbette gereksiz kalır, çalışma süresinin adım adım ve programlı olarak azaltılması gelir kaybına yol açmaz. Tersine, "ev işi ücreti" verilmesi kadınları iktisadi alandaki çalışmadan dışlar ve erkekleri *tam-gün çalışma zorunluluğunu sürdürmeye* yöneltir. Burada söz konusu olan temel bir toplum tercihidir.

2. *Özerk faaliyetler*

Yunan felsefesinde, özgürlük ve zorunluluk birbirlerine karşıttı. İnsan, gündelik zorunlulukların yükünden kurtulduğunda özgür oluyordu. Bu zorunlulukların alanı ihtiyaçların alanıyla çakıştıkça kendi kendini sınırlama ve azla yetinme özgür insanın vazgeçilmez erdemleri oluyordu. Bu erdemler yeterli değildi. İnsanı zorunlulu-

28. Bu konuda bkz. Guy Aznar, *Tous à mi-temps!*, Paris, Le Seuil, 1981.

ğun köleliğinden kurtarmak için, bunların tanım gereği özgür olmayan insanlar, yani köleler ve kadınlar tarafından özgür insanın hesabına üstlenilmesi gerekiyordu. Demek ki, bir yanda özgürlük alanı ve diğer yanda zorunluluk alanı vardı. İnsan ya birinde ya da diğerinde gelişiyordu. Ya birine ya da diğerine ait oluyordu. Zamanı iki alan arasında paylaştırmak rastlanan bir durum değildi.

Marx'ın "iki alan" teorisini yeniden gündeme getirdiği Kapital'in III. cildindeki ünlü bölümde, Aristotelesçi kavram esnekleştirilir, ama aşılmaz: Bir zorunluluk alanı ve bir özgürlük alanı her zaman vardır. İkincisi, "ancak ihtiyaç ve dış hedefler tarafından belirlenen çalışma ortadan kalktığında başlar." Aristoteles gibi Marx da, "zorunluluk", "ihtiyaç" ve "dış hedefler"i aynı plana koyar: Bunlar, öznenin özgür biçimde kendi varlığından çıkaramadığı belirlenimlerdir, dolayısıyla, özgürlüğünün yadsınmalarıdır. Özgürlük alanı "zorunluluk alanının ötesinde" başlar ve "kendi içinde bir amaç olan insani faaliyetin geliştirilmesi" ile iç içe girer (*der kraftentfaltung die sich als Selbstzweck gilt*): İyi'nin, Güzel'in, Doğru'nun aranışıyla. Aristoteles'ten tek önemli fark, Marx'ta, –ya da üretici güçlerin tamamen geliştiği komünist bir toplumda– özgürlüğün açılımının, zorunlulukların yükünün özgür olmayan toplumsal tabakaların sırtına yıkılmasını gerektirmemesidir. Makine kölelerin yerini alır ve "birleşmiş üreticiler" zorunlu çalışma zamanını "asgariye" indirecek düzeyde örgütlenirler, böylece herkes çalışacak, ama az çalışacak ve çalışmasının *yanı sıra* kendi kendilerinin amacı olan faaliyetleri geliştireceklerdir. Herkes çalışmasını iki alan arasında pay edebilir.

Kendi kendilerinin amacı olan faaliyetleri özerk faaliyetler diye adlandırıyorum. Bunlar kendileri için ve kendileri içinde değerlidirler, ama bu değerin nedeni, sağladıkları tatmin veya zevkten başka hedefleri olmadığı için değil, *hem hedefin gerçekleştirilmesi hem de bunu gerçekleştiren eylem* tatmin kaynağı olduğu içindir: Amaç araçlara ve araç da amaçlara yansır; ikisinin arasında fark yoktur; hedefi gerçekleştiren faaliyetin özünde bulunan değerden dolayı hedefi isteyebileceğim gibi, faaliyeti de takip ettiği hedefin değeri nedeniyle isteyebilirim.

Marx'ın döneminde özgürlük zorunlulukla ilke olarak karşıtlık içindeyse, bu, iktisadi amaçlı çalışmanın ve ev içi alandaki kendi için çalışmanın esas olarak zorunluluğu üretmeye hizmet etmesi ve başka şeye pratik olarak zaman bırakmamasıdır. Zaman yokluğu nedeniyle kendi için çalışma da akılcılaştırılmalıdır: Özel alandaki zaman da dahil tüm zaman hesaplanmalı ve tasarruf yapılmalıdır. Özel alan iktisadi alan tarafından yutulduğundan ve sömürgeleştirildiğinden görevler özel alanda, Illich'in gösterdiği "hayalet çalışma" (*shadow work*) gibi, ev işi aletleri üreticileri tarafından önceden belirleniyordu.[29]

Oysa, Marx'ın dönemindeki zorunluluk alanıyla günümüzdeki zorunluluk alanının ne genişliği aynıdır ne de benzer özellikleri vardır. Üretimlerin ve yaşam için gerekli görevlerin hemen toplamı sanayileştirilmiştir; zorunluluğu bize özellikle heteronom çalışma sağlar; yani toplumsal olarak bölünmüş, uzmanlaşmış ve profesyonelleştirilmiş, ticari değişim amacıyla gerçekleştirilen ve ne değişim değeri, ne süresi, ne doğası, ne hedefi ve yönü tarafımızdan egemen olarak belirlenemeyen çalışma tarafından sağlanır. Dahası, bu heteronom çalışma,[30] –ki bunu satarak gerekli olan hemen hemen her şeyi sağlarız– hem artık üretmeye yarar hem de gerçek veya varsayılan sembolik değerinin tek işlevi, ürünün görünümünü değiştirerek değişim değerini (fiyatını) değiştirmek olan yararsızlıkları zorunlu ürünlerin içine yerleştirmeye yarar. Dolayısıyla, zorunlu olanı ve fazlalığı, iktisadı ve karşı–iktisadı, üretkeni ve yıkıcıyı ayrım yapmaksızın sağlayan toplumsal bir üretim ve örgütlenme aygıtının buyruklarıyla, yaşamın "zorunlulukları"ndan çok ya-

29. Bkz. Ivan Illich, *Le travail fantôme*, Paris, Le Seuil, 1981.
30. Hatırlatma: Bir çalışmanın heteronomisi sadece hiyerarşik bir üstün emirlerine veya aynı anlama gelen, önceden düzenlenmiş makinelerin çalışma hızına boyun eğmek zorunda olmamdan *kaynaklanmaz*. Çalışma saaatlerimin, tempomun ve yüksek düzeyde kalifiye, karmaşık bir görevin yerine getirilme tarzının efendisi olsam bile, çalışmamla rekabet eden çalışmamın hedefi veya nihai ürünü benim denetimimin dışında ise çalışmam heteronom olarak kalır. Heteronom bir çalışmanın özerklikten tamamen yoksun olması gerekmez; emekçilerin büyük ölçüde teknik özerkliğini gerektiren, uzmanlaşmış ve hattâ karmaşık faaliyetlerin işleyişi, bir makinenin çarklarıyla rekabet eden bir sistem (örgütlenme) tarafından önceden belirlendiğinden heteronom olabilir. Bkz. Bölüm 1/III, s. 48 ve Bölüm 1/VII, s. 101 ve devamı.

şamımızın ve faaliyetlerimizin dışardan belirleniminin kölesi oluruz.

Bu yüzden, gündelik deneyimimizde, belirleyici olan özgürlük/zorunluluk çifti değil, özerklik/heteronomi çiftidir. Özgürlük, bizi yaşamak için zorunlu çalışmadan kurtarmaktan çok (ya da daha ziyade) bizi heteronomiden kurtarmaktan ibarettir, yani *yaptığımız şeyi isteyebileceğimiz ve sorumluluğunu alabileceğimiz* özerklik alanlarını yeniden fethetmekten oluşur.

Olaylar öyle bir noktaya geldi ki, özerklik isteğinin bile zorunlu üretimin sanayi–öncesi tarzlarına dönerek gerçekleşebileceğine inanılıyor ve "özerklik" kimi zaman zanaatsal kendi kendine üretim biçimlerine uygulanırken, kimi zaman da ticari faaliyetin kendi kendine yönetilen ve kendi kendine belirlenen herhangi bir "alternatif" biçimine uygulanıyor. Demek ki tam bir karışıklık var. Aşağıdaki örnekler bunu gidermeyi amaçlıyor. Gerçekten de, bizim deneyimimizde, özerklik her şeyden önce heteronomiyle karşıtlık içerisinde diye, sorunun diğer boyutunu unutmamak gerekir: Özerklik zorunlulukla *da* karşıtlık içerisindedir, ama bütün zorunlu faaliyetler kaçınılmaz biçimde heteronom olduğundan değil (*hiç de böyle değillerdir*), zorunluluğun hükmü altındaki bir faaliyetteki özerkliğin biçimsel kalmaya mahkûm olmasındandır.

Öncelikle Marx'ta ve Aristoteles'te ortak olan tanımı hatırlatıyorum: Kendi kendilerinin amacı olan faaliyetler özerktir. Bu faaliyetlerde özneler kendi egemenliklerini yaşar, kişi olarak kendilerini gerçekleştirirler. Dolayısıyla, ticari faaliyetler özleri itibarıyla bunun dışında kalır: Bu faaliyetlerin amacı ticari değişimdir ve bunlar –yardım ve bakım faaliyetleri ve fahişelik konusunda gördüğümüz gibi– eylemin veya işin benzersiz, içkin değerini göreceleştirir ve bozar. Örneğin, ressam tablolarını satmak için yapmaz; onları göstermek ve resim yapmaya devam etmek için satışa çıkarır. Satmak için resim yaparsa, memnun etmek için resim yapması gerekir. Arayışı artık içkin bir zorunluluk yönünde değil, modanın, zevklerin ve tanıtım tarzının yönünde gider.

Haksız yere özerk faaliyetle özdeş tutulan zanaatkârlık ürünleri için de durum aynıdır. Pazara yönelik kazak üreten veya yaratan zanaatkâr veya moda yaratıcısının geniş bir teknik özerkliği vardır. Bununla birlikte, faaliyeti büyük ölçüde heteronom kalır: Tarzını, modellerini sanat eserleri gibi zevkine ve kendi düşüncesine göre değil, ama pazarda işgal etmeyi umduğu yere ("boşluğa") ve en iyi fiyat/maliyet ilişkisine göre belirlemek zorundadır. Dolayısıyla faaliyeti iktisadi ve teknik hesapların getirdiği zorlamalar tarafından büyük ölçüde belirlenecektir. Kendi kullanımları, kendi zevkleri için ve belki ticari amacı olmayan bir sergi ve yarışma için kazaklar üretmek amacıyla yarı–profesyonel malzemelerle donatılmış bir triko atölyesi kuran üyelerden oluşan mahalli derneğin durumu ise çok farklıdır. Boş zamanda gerçekleştirilen bu ürünlerin fiyatı yoktur: Yapılmaları için gerekli zaman hesap edilmemiştir; zaten zamanın büyük bölümü tartışmalarla geçmiştir. Her ürün, insanların gerçekleştirmekten zevk aldıkları ve giymekten veya vermekten zevk alacakları bir "eser"dir.

Bu elbette değişimin olmasını dışlamaz. Ama değişimin ticari bir karakterinin olmasını dışlar. Özerk faaliyetler alanında değişimin alabileceği tek biçim karşılıklı bağış biçimidir: Senden karşılık talep etmeden sana veriyorum; sen bağışı sevinçle kabul ediyor ve bana bir şey vermeye çalışıyorsun. Benden aldığının eşdeğerini vermen söz konusu değil; bu hakaret edici olur, biliyorsun. Bir cömertlik ilişkisi kurmak söz konusudur, burada herkes karşısındakini *koşulsuz* mutlak amaç olarak kabul eder. Bu tür ilişkiye eğitim veya tedavi ilişkisinde, yardım veya bakım ilişkisinde rastladık. Sanatsal (yorum ya da yaratım, fark etmez), militan, yardımlaşma, dinsel, bilimsel, felsefi faaliyetler özü gereği aynı türdendir. Bunlar yaşamı kazanma araçları değildir; koşulsuz bir kendinden bağış içerirler ve bu bağış kamu tarafından asla bir satın alma, yani bir değişim karşı-değeri anlamı olmayan bir ödemeyle "onurlandırılsa" da *başka bir şeyle kıyaslanamaz* değeri içinde kabul edilir: Kamu, sanatçıyı işitmek için para ödemiş olsa da, sanatçıyı kabulünü içten gelen candan gösterilerle belirtir.

Özerk faaliyetlerin değişim hedefi olamayacağını söylemek onları nitelemek için yeterli olmaz. Dahası, bu faaliyetlerin zorunluluksuz olmaları gerekir: Doğru'yu veya Güzel'i veya İyi'yi dünyaya getirmekten başka bir arzunun onları güdülendirmemesi gerekir. Başka deyişle, beni hiçbir şeyin zorlamadığı bilinçli bir tercihe göndermeleri gerekir. Ayrıca, yaşam için zorunlu olanın bir bölümünün öz üretimi, ancak zorunluluğa tabi ise özerk üretim olabilir. Böylece, neredeyse tamamlanmış otarşi durumunda olan ve geçimi için gerekli bütün ekmeği üretmesi gereken topluluk, en iyi durumda biçimsel özerkliğe sahip bir faaliyeti yerine getirir: Şöyle veya böyle yapılması gereken çalışmalar, aletler yontularak, somunlar süslenerek, şölen veya ibadet ekmeğinin fırından çıkarılmasına eşlik edilerek, vs hiçbir faydalı amacı olmayan, isteğe bağlı faaliyetler tarafından üst–belirlenir. Bununla birlikte, özerklik boyutu ikincil durumda kalır: Faaliyetin hedefi ekmek yapmaktır. Bu üretim, zevk almaya ve sanatsal faaliyetlere fırsat sunuyor olabilir; ama bunun *tersi doğru değildir*: Bu zevkler zorunlu çalışmadan tamamıyla bağımsızlaşamaz ve zorunlu çalışmayı kendinde bir amaç olarak ortaya çıkacak biçimde değiştiremez.

Buna karşılık, semtlerindeki fırıncıdan ekmeği ucuza satın almak yerine, odun fırını kurmak ve boş vakitlerinde katışıksız ekmek imal etmek için işbirliği yapan bir konutta veya mahallede oturanlar özerk bir faaliyete (biraz önceki triko grubu gibi) kendilerini verirler: Bu ekmek isteğe bağlı bir üründür, sadece bu ekmeği yapmanın, yemenin, vermenin, kurallarını bizzat belirledikleri bir mükemmelliğe yaklaşmanın zevki için onu yapmayı tercih etmişlerdir. Her ekmek bir üründen çok esere benzer; öğrenme, işbirliği yapma, mükemmelleşme zevki birincil, beslenme ikincil bir kaygıdır. Ekmek yapmaya ayrılan zaman –tıpkı bir çalgı çalmaya, bahçeyle uğraşmaya, mücadele etmeye, eğitmeye, vs ayrılan zaman gibi– kendini yaşama zamanıdır. Faaliyet, sonuçta tamamlanmasının bana kazandırdığı yeteneklerle, kendi ödülünü içinde taşır.

Bu ayrımların politik anlamı görülmektedir: Öz üretim ve işbirliği faaliyetleri, ancak herkes için zorunlu olan şey başka yerden sağlanırsa özerk faaliyetler olabilir. Özerk faaliyetler alanının gelişiminin iktisadi bir anlamı olamaz. Ticari veya heteronom bir sektörle özerk faaliyetlerin birlikte yaşadığı bir sektörü içeren "ikili ekonomi" düşüncesi yanlış yorumdur. Yukarda tanımlanan[31] modern anlamıyla iktisadi faaliyet, –işbirliği halinde, özörgütlü, özyönetimli olduğunda– kendisini geliştirici ve zevk verici kılan özerklik boyutları içerse de özü gereği kendinin amacı olamaz.

Ama, özerk faaliyetlerin kamusal alanının gelişimi, refah devletinin yükümlülük ve hizmetlerinde sınırlı bir indirime *yol açabilir*. Başka deyişle, kullanılabilir zaman az bulunur olmaktan çıktığında, bazı eğitim, bakım, yardım, vs faaliyetleri özerk faaliyetler alanı içine kısmen geri dönebilir ve kamusal ve ticari dış hizmetler tarafından sorumluluğun üstlenilmesi talebini azaltabilir. Buna karşılık, ters yöndeki gelişim dışlanmıştır: Özerk faaliyetler alanının genişlemesi, ilke olarak, devlet yükümlülüklerini ve hizmetlerini azaltan, böylece en yoksun tabakaları kendi başlarının çaresine bakmak zorunda bırakan bir politikadan *kaynaklanamaz*. Bir özerklik alanının genişlemesi, zaman artık hesaplanmadığından, bireylerin, zaman yokluğu yüzünden dış hizmetlere terk ettikleri faaliyetlerin bulunduğu ev işi alanına veya gönüllü işbirliğinin mikrososyal alanına geri dönmeyi seçmelerini gerektirir.

31. Bkz. s. 136-140, 168-170.

IV

Sosyolojinin ve toplumsallaştırmanın sınırları. "Yaşam dünyası" kavramı üzerine yöntembilimsel bir çıkma

İktisadi akılsallığın dört ölçüte cevap veren faaliyetlere uygulanabilir olduğunu ve özel alandaki faaliyetlerle amaçları kendileri olan özerk faaliyetlerin özleri gereği iktisadileştirilmeye boyun eğmediklerini gördük. İktisadileştirme bu faaliyetlere ancak bir karşı anlamla, asıl anlamları reddedilerek ve iktisadi akılsallığın iç mantığı ihlal edilerek yayılabilir.

Habermas'ın ardından[1] iktisadi akılsallığın uygulanabildiği faaliyetleri para tarafından düzenlenen veya düzenlenebilir faaliyetler olarak kabul edersek, o zaman, Habermas'ın büyük bir titizlikle ortaya serdiği bir sonuçla karşılaşırız: Para tarafından düzenlenme (yönetsel düzenlenme gibi), "yaşam dünyasının simgesel yeni-

1. *TKH* II, s. 175–226 (TAC II, bölüm VI).

den üretimi"nin yer aldığı "iletişimsel altyapı"yı parçalayan bir dışardan–düzenlenmedir. Başka deyişle, gerçeklikler, kesinlikler, doğal olarak var olan değerler ve kurallar dünyasındaymışız gibi dünyada yönümüzü bulmamızı sağlayan kültürel kazanımları –bilgiler, zevkler, tarzlar, dil, âdetler, vs– aktaran veya yeniden üreten bütün faaliyetler, para veya devlet tarafından ancak "yaşam dünyasının patolojisi", başka deyişle dağılması pahasına düzenlenebilir. Bu faaliyetler, elbette eğitsel, sanatsal, bilimsel ve teorik faaliyetlerdir.

Habermas esas olarak teorik bir yöntemle bu teşhise varır; bu yöntemde dışardan–belirlenmeye direnen faaliyetler asla özneler tarafından yaşanan ve sürdürülen faaliyetler olarak ortaya çıkmaz, sadece toplumsal sistemin *yeniden üretim işlevi* içinde ortaya çıkarlar. Oysa, aşkı, bilgiyi, ilgiyi, hakikat kaygısını veya tüm diğer çıkarsız davranışları satın almanın imkânsızlığı, yeniden üretim işlevini parayla düzenlemenin imkânsızlığından daha güçlü bir kesinliktedir. Başka deyişle, "yaşam dünyasının simgesel yeniden üretimi"ni para yoluyla düzenleme imkânsızlığı, sözü edilen "simgesel yeniden üretimi" üstlenen akılcı ve kültürel faaliyetlerde yer alan bireyler için taşıdığı *özel anlam* ışığında anlaşılabilir. "Simgesel yeniden üretimi" para yoluyla düzenlemenin imkânsızlığı akılcı ve kültürel faaliyetleri iktisadileştirmenin imkânsızlığının cılız bir yansısından başka bir şey değildir. Bu faaliyetlerin kendilerini, yani bireysel özne için sahip oldukları yaşanan anlam üzerine sorgulamalarını "unutan" pozitivist düşünce, teorik olarak temellendirmeye çalıştığı gerçekliklerin geldiği asıl kaynağı da "unutur", oysa aslında bu gerçeklikler bu teorik çabadan önce vardılar ve bu çabayı güdülemişlerdi. "Yaşananın saflığı"nın reddi, öznesiz, kendi için içine girilmez bir düşüncenin saflığına yol açar.

Bu yüzden, belli sayıdaki faaliyetin asıl anlamında (yani yöneliminde) onları iktisadi akılsallıkla bağdaşmaz kılan şeyi varoluşsal (fenomenolojik) tahlille kesin olarak açıklamak için yaşanan deneyimden yola çıkmayı tercih ettim. Bu yöntem farklılığı, iktisadi akılsallığın, *özne açısından* –yani yaşanan kavrayışta temellenen bir gerçeklikle– "yaşam dünyasının simgesel yeniden üretimi" veya "iletişimsel akıl" kavramlarına dahil olarak düşünmenin imkânsız olduğu faaliyetler ve ilişkiler toplamına uygulanamaz olduğunu düşündüğümüzdendir. Bu yaklaşım farklılığı, *toplumu yeniden üretmek* değil, aktarılan kuralların uzantısı olarak yer almayan yeni bir temel üzerinde ve bir perspektif içinde kavramak gerektiğinde önem taşır.

Faaliyetleri sadece toplumsal yeniden üretim işlevleri açısından inceleyen pozitivist sosyolojik düşünce, sanki bu faaliyetler salt işlevleriyle açıklanabilirmiş ve bireylerin de sadece toplumsal olarak oluşturulmuş gerçeklikleri varmış gibi davranır. Gerçekte, bireyler özerklikleri ve duyarlıklarıyla bu gerçekliği aşarlar. Dışardan düzenlenemeyen ve gönüllü olarak üretilemeyen faaliyet ve ilişkiler sözün hem ötesinde hem berisinde yer alır. Sözel iletişim bunun tamamıyla farkına varmakta güçsüzdür. Anne çocuk ilişkisi ve tersi, seven sevilen ilişkisi, arkadaşlar arası ilişki, tedavi edenle hasta ilişkisi, öğretmen öğrenci ilişkisi ve tersi, dilin aracılık ettiği kültürel kazanım aktarımıyla ve karşılıklı bir anlayış veya anlaşmayla tükenmez. Tersine, karşılıklı ilişki, söz düzeyinde olduğu kadar, bu düzeyden daha fazla değilse de söylenmeyen ve sözle anlatılamayan düzeyinde cereyan eder.

Konuşmanın hedefi, kendinin ötesine, herkesin içkinlik olarak kendi olduğu iletilemezin kökensel sessizliğine göndermektir. Ancak başkasının gövdesinin yaşamını benim gövdemde (dünyada onun var olma tarzını; dünyaya *sahip olma* tarzını; sadece söylediğini değil sesinin tınısını, vs) canlı bir biçimde kavrayışımı her zaman içeren duygusal ilişki düzeyindedir ki insanlar arasında bağlar oluşur. Pratik görevler veya eylemleri düzenlemesi gereken değerler üzerinde anlaşma ve uyumdan daha derin olan bu bağlarla herkes başlangıçtan beri kendine kavuşur ve başkasına kavuşarak da dünyaya kavuşur. Böylece, sözün öğrenilmesi çocuğun anneye veya anne yerini tutan kişiye duygusal bağlılığına bağlıdır; bilgi edinme (bellekte tutmaktan ve sıkı terbiyeden farklı olacaksa) kişinin ustasına bağlılığına bağlıdır; tedavinin başarısı, asla ihmal edilemeyecek ölçüde, tedavi edenin ufkuna bağlıdır, vs.

Kişiler arasındaki bu duygusal ilişkiler hem toplumsallaşmanın koşuludur ve hem de toplumsallaşmaya direnir. Toplumsallaşmanın koşuludurlar, çünkü bir kişinin bir gruba aidiyeti bu grubun üyelerine duygusal bağlılıkta kökleşmemişse kimse kendini toplumsal bir gruba ait *hissedemez*. Buna karşılık, tersi doğru değildir: Kişilere bağlılık kişilerin toplumsal aidiyetlerine bağlı değildir. Bu yüzden, bir birey dostluk, aşk veya insanlık adına kendi kökensel grubundan kopabilir –bütün zamanların efsaneleri olan Hero ve Leandros, Tristan ve İsolde, Romeo ve Juliet'te olduğu gibi, grubuna "ihanet edebilir"– ve anne sevgisinde gördüğümüz gibi, sevgi, özünde, bütün düzenler için bir tehlikedir. Kısacası, gerçekleştiği kadarıyla bireyin toplumsal bütünleşmesinin kökleri toplumsallaşabilir olmayan bir bağlılıktadır: Kıyaslanamaz biçimde eşsiz bireyler olarak birbirimizi severiz, veya anne babayla çocuklar birbirini sever. Çocuk, anne babasının sevgisi koşullu, kendinin dışında bir hedefin (toplumsallaştırmanın) hizmetinde olduğu için değil, anne babası onu *olduğu gibi, koşulsuz sevdikleri için* onların bazı istekleri olduğu duygusunu edinirse, aile yoluyla toplumsallaşma, özel olarak, bir özerklik eğitimi olur. Tek kelimeyle, sevilen kişi benim bir gruba aidiyetimin zorunlu aracı olabilir, ama ona olan sevgim hiçbir aracı kabul etmez.

Bu tartışmada söz konusu edilen şey, bireysel özerklikten ve bunun doğal sonucu olarak sosyoloji veya toplum karşısında felsefenin veya kültürün özerkliğinden başka bir şey değildir. Felsefe Doğru'nun ve İyi'nin arayışı olamaz; özne, toplumsal davranışları düzenleyen kural ve değerlerden kurtulabilir ve kabul edilen doğruları sorgularsa, ancak o zaman felsefe değerlerin değeri ve hedeflerin anlamı sorusunu sorabilir. Ancak toplumsal aidiyetinin bireye verdiği "kimlik"le bireysel öznenin çakışmasını engelleyen bir boşluk varsa, özerk düşünme, sanatsal veya entelektüel yaratma, ahlâki isyan olabilir. Duygularımın karşılığında para ödenmesini veya hizmetçi kullanmayı reddediyorsam, bunun nedeni özü gereği her zaman kuşkuyla iptal edilebilecek ve aşılabilecek toplumsal kurallar veya yorumlar değil, bu ilişkinin yaşanan eğilimindeki mutlak kesinliğinde sahip olduğu anlamdır (veya "cogito"dur). Bu anlamda, sosyolojik yorumun dikkate alması gereken belirlenimler de her zaman oldu, ama bu anlam son çözümlemede bundan kaynaklanmaz.

Demek ki sosyoloji kendi sınırlarını aşar. Tıpkı, Mead'ı yorumlarken, Habermas'ın dediği gibi:

> Açıkçası, bireysellik de toplum tarafından yaratılmış bir görüngüdür, toplumsallaştırma sürecinin kendisinin sonucudur... Mead, kişisel kimliği tam Durkheim gibi kavrıyor; toplumsal olarak genelleştirilmiş davranış beklentilerinden kaynaklanan bir yapı olarak: "Ben" referans kişilerinden devralınan tavırlardan oluşan düzenli bir kümedir. Ama Durkheim'dan farklı olarak Mead, kimlik oluşumunun dilsel iletişim aracılığından geçerek meydana geldiği ilkesinden yola çıkıyor...[2]

Öz olarak, toplum, toplum olarak işlemek için ihtiyaç duyduğu bireyleri üretir ve onlar aracılığıyla kendini yeniden üretir. İlk veri olarak toplumdan –yaşanan kişisel deneyimden yola çıkarak farkına varamayacağı bir veridir bu– yola çıkan sosyolog, sonuçta, toplumu bireyin anlaşılırlık ilkesi olarak ortaya koyar, bu da onu toplumun kendi kendini anladığını; toplumun hakiki özne olduğunu ilke olarak ileri sürmeye mecbur eder (sosyolog bile olsa toplumun birey için anlaşılırlığına ilişkin çözümsüz sorunu ortaya atar). Böylece, her bireyin kendi için de bir gerçeklik olduğunu, bu gerçekliğin toplumun bireye söylemesi ve yapması için verdiği araçları aştığını ve sosyologların bireyin toplumsal "kimliği" veya "bireyselliği" veya "kişiliği" olarak adlandırdıkları şeyle hiç kimsenin çakışmadığını anlamayı imkânsızlaştırır.

Bunun nedeni, toplumsallaşmadan önce gelen ve her türlü toplumsallaşmaya karşı çıkan bir "doğa"nın varlığı değil, içselliği dışsallaştırmanın, öznel olanı nesnelleştirmenin imkânsızlığıdır. Her birey bunun deneyini başlangıçtan beri yapar: Dil, her zaman, hissettiğim şeyden daha fazlasını veya daha azını söylemeye beni zorlayan bir filtredir. Dilin öğrenilmesi, yaşanana uygulanan, başlangıçtan gelen bir şiddettir: Sözcüklerin olmadığı yaşanmışlar için beni susmaya zorlar, benim deneyimime uymayan içerikleri söylemeye zorlar, bana ait olmayan niyetlere sahip olmaya zorlar. Bana yasakladığı bir söylemin yerine bana ait olmayan bir söylemi koymaya beni zorlar. Dil disiplindir, sansürdür, gerçek olmayana, ben-

2. *TKH* II, s. 92-93 (TAC II, s. 68).

zeyene, yapmacıklı davranışa alışmaktır.

Her eğitim şiddettir ve daha da kötüsü tecavüzdür. Bunu anlamak için herhangi bir "insan doğası"na gönderme yapmaya gerek yok. Eğitimin tecavüzü, doğal varlığımıza yapılan bir şiddetten değil, *mümkün olan bütün kalıplar gibi* içsel deneyimimizle tamamıyla uyuşmayan, önceden belirlenmiş bir kalıba kendimizi uydurmamız için yapılan zorlamadan gelir. Toplumsallaştırma kendimize tamamıyla ait olmamızı engeller, ama toplumsallaştırma farklı olsaydı veya –imkânsız ama– hiç olmasaydı da kendimize ait olmayacaktık. Toplumsallaşma, kendimizle çakışmamızın imkânsızlığının olumsal biçimidir; veya doğal olarak bize ait olmayan olanakları öğrenme yolundaki genetik olarak programlı yeteneğimizin ve doğal olanaklara sahip olmadaki genetik yeteneksizliğimizin olumsal biçimidir. Kendimizi doğal olarak olmadığımız şey yapma zorunluluğuyla kendimize verildik (Sartre'ın formülüne göre, "özgür olmaya mahkûmuz"). Eşi benzeri olmayan özne olarak kendimize ait olduğumuzu ve kendimize ait olmanın bize yasaklandığını aynı eğitim süreci içinde öğreniriz; hem kendimiz olmaya mahkûm olduğumuzu ve hem de kendimiz olmanın imkânsızlığı içinde olduğumuzu öğreniriz.

Birey–öznenin toplumsal varlığıyla uyuşmaması, örneğin daha "hissettiğimi ifade edemiyorum," "söylemek istediğimi anlamıyorsunuz," derken ifade edilir. Verili bir kültür çerçevesinde ifade edilemez, sözle anlatılamaz olma olgusu, yaşanan bir deneyimin, örneğin, "yanılgılar", "sapmalar", "nevrozlar", "skandallar", "ihlaller", vs. yoluyla veya sanat eserlerinde var olmasını ve ortaya çıkmasını engellemez. George Orwell'ın *1984*'ünün anlamlarından biri budur ve Çin'de, devrimden otuz yıl sonra, ancak yasadışı, genellikle tek başına bir arayışın ürünü olabilecek sanatsal yaratıların ortaya çıkışının içerdiği şaşırtıcı derslerden biri de budur.

Birey–özne ile toplumun zorunlu kıldığı veya ifade etme araçlarını verdiği "kimlik" arasındaki uyuşmazlık hem bireysel özerkliğin hem de bütün kültürel yaratının kaynağındadır. Dile karşı çıkarak, klişelerin yıkılmasıyla, bütün söylemlerin ötesinde bir anlamın ve bütün söylemlerin önüne katıp sürüklediği anlam–olmayanın açığa çıkarılması yoluyla, kısacası sanatsal veya entelektüel yaratı yoluyla, kabul edilmiş kural ve değerlerin sorgulanmasında veya reddinde tematize edilen bu uyuşmazlıktır. Uyuşmazlık bütün kültürlerin bağrındaki olumsuzluğun mayasıdır, pratik kesinliklerin bağrındaki kuşkunun mayasıdır, alışkanlığın içindeki yabancılığın ve anlamın içindeki anlam–olmayanın mayasıdır.

Dünyanın yaşanan deneyimi, demek ki, sosyologların kavradığı biçimiyle "yaşam dünyası"yla uzak bir ilişki içindedir. (Varoluşsal) fenomenolojiden farklı olarak bu terimle ifade etmek istedikleri, gerçekten de, başlangıçtaki yaşanan deneyimin dünyası değil, özellikle olumsuzluğundan yoksun bırakılmış, dilin klişeleri aracılığıyla biçimselleştirilmiş ifadesinin toplumsal araçları tarafından dolayımlanan yaşananın dünyasıdır. Habermas, "yaşam dünyası'nı, bu şekilde, "kültürel olarak aktarılmış ve dil içinde örgütlenmiş yorum modellerinin... dokunulmamış gerçeklik veya inanç dağarcığı" olarak tanımlar.[3] Tanımın idealizmi, yaşanan dünyanın onun hakkında söylenebilecek ve bilinebilecek her şeyi her zaman aşmasını sağlayan duyulur özdekliğini ortadan kaldırır: Hem (fenomenolojik düşünce böyle kavrar) bütün kesinliklerin toprağıdır, hem de tükenmez bir belirsizlik ve kuşku dağarcığıdır. Öyle ki, Merleau–Ponty şu sonucu çıkarabilmiştir: "Kesinlik kuşkudur."[4]

Sosyolojinin "yaşam dünyası" olarak adlandırdığı şey, Heidegger'in *Varlık* ve *Zaman*'ında "onlar alanı"nın, gündelik yaşamın bayağılığının, otantik-olmamanın dünyasına çok daha iyi denk düşer. Bu kavramın ödünç alındığı fenomenolojiye göre, yaşam–dünyası, kuşkusuz, bilgilerimizin, alışkanlıklarımızın, alışılmış ilişkilerimizin, tanıdık tekniklerimizin örgütlediği, bilgilendirdiği, yorum-

3. *TKH* II, s. 189 (*TAC* II, s. 137). Aynı şekilde, Pierre Bourdieu de, "tanıdık çevreyle yakınlık ilişkisini, dünyanın apaçık doğal dünya olarak kavranışını, yani toplumsal dünyanın ilk deneyiminin hakikatini kesin olarak belirten" bilgiyi "fenomenolojik" diye adlandırır... (*Esquisse d'une théorie de la pratique*, Paris, Droz, 1972, s. 163.) Oysa, apaçık dünya ile yakınlık ilişkisi asla çocuğun ilk deneyimi değildir. İlk ilişki, şeyler ve yaşayan varlıklar ile pek az doğal olduklarından büyük güçlüklerle öğrenilmesi gereken kültürel keyfilikler karşısındaki şaşkınlığın ilişkisidir.
4. Maurice Merleau–Ponty, *Phénoménologie de la perception,* Paris, Gallimard, 1945, s. 454.

ladığı dünyadır, ama *sadece bu olmadığının* ve bildik gerçekliğinin sürekliliğini ve bütünlüğünü tehdit eden farklılaşmamış bir zeminden alınan ve bu gerçekliği sonsuza dek aşan duyulur maddiliğin düşey olarak biçimlendirilmesi olduğunun kesinliği içerisindedir. Yaşam dünyası, onu tanıdık kılan örgütlenmeyi sürekli dağıtacak yeterliliktedir, tıpkı her bilginin onun yetkinlikten uzaklığının ve elden geçirilmesi imkânının kesinliğini içermesi gibi.

Bu "yaşam dünyası" kavramında neyin söz konusu edildiği görülmektedir: Kavramın sosyolojik düşüncesi ile yetinirsek, bu öz olarak modernlik–öncesi ve akılsallık–öncesi anlam ve ilişkilerin bir tortusudur. Bunun tartışma konusu edilmesi, "kimlikleri" içindeki bireylerin ve temel inançlarının tartışma konusu edilmesidir. Demek ki, yaşam dünyası, aktarılan alışkanlıklara, geleneklere, göreneklere ve kurallara uygunlukları ortadan kaldıran değişimlere karşı savunulacak bir mirastır. Bu düşüncede, "yaşam dünyası"nı oluşturan geleneklerin, kuralların, alışkanlıkların, vs içeriği ayrımsızdır ve sorun *nasıl* yaşandığını bilmek değildir; yani bireylerin yaşadıkları deneyimleri dolayımlamak isteyen toplumun önceden belirlediği kalıba, baskı, kendini inkâr, kendine ve başkasına karşı şiddet, sansür ve nevroz terimleriyle bireysel varlıkları ne pahasına soktuğunu bilmek değildir. Öznenin olumsuzluğuyla ve yaşam dünyasının olumsuzluğuyla birlikte, gelenekselci ve tutucu bir eleştiriden başka bir eleştiri yapma imkânı ve özerk faaliyetlerde bulunma imkânı da ortadan kalkar.

Oysa, "katı olan her şeyin buharlaştığı"; geçmişten miras alınan gelenek, değer ve kuralların hükümsüz kaldığı; hiçbir şeyin apaçık olmadığı; korunacak ve savunacak hiçbir "gerçekliğin" olmadığı bir durumda, bu "yaşam dünyası" düşüncesi ne anlamlıdır ne de işlemseldir. Toplumun aletler tarafından sömürgeleştirilmesi ve bu aletlerin krizi tanıdık gerçeklikleri yıktığında; düzenlenmesinin ve sürekli mega-teknolojik altüst oluşunun duyularımıza, gövdelerimize ve içinde bulunduğu biyosfere yaptığı yapısal şiddet nedeniyle, yaşam dünyası duyulur maddiliği içinde yaşanamayan bir dünya haline geldiğinde; kültürel olarak aktarılan söylemin basmakalıp düşünceleri iletişimin engelleri haline geldiğinde ve geleneksel yorumlar bilgiden ve eylemden yoksun bıraktıkları gerçeklerin çarpıtılması olduğunda; tek kelimeyle, kabul edilmiş ifade biçimleri yaşananı sessizliğe indirgediğinde ve parçalanmış toplumsal ilişkiler dokusu şekilsiz parçalara indirgendiğinde, o zaman, pozitivist sosyolojinin konusu bile parçalanır ve mistifikasyona dönüşür.

Çünkü toplum artık varlığını kurumsal olarak ilan ettiği yerde olmadığı gibi, politika da çeşitli aygıtların diğer aygıtları denetlemek için giriştikleri mücadelelerde değildir. Toplum, yeni ilişkilerin, yeni dayanışmaların oluştuğu ve mega-makineye ve yıkımlarına karşı mücadele etmek için yeni kamusal alanlar yarattığı sistemin zaman aralıklarından başka bir yerde değildir; toplum ancak bireylerin özerkliği üstlendikleri yerde var olur ve geleneksel bağların parçalanması ve aktarılan yorumların çöküşü bireyleri mahkûm eder; ve bireylerin, kendilerinden yola çıkarak, gelecekteki bir toplumun tohumu olabilecek toplumsal hedeflerin, ilişkilerin ve değerlerin yaratılmasını görev edinecekleri yerde var olur. Bu durumda, önemli olan sahnenin önünde cereyan eden değil, sistemin zaman aralıklarında meydana gelen ve dilin zaman aralıklarında ifade edilen şeydir. Ayrıca, Alain Touraine'in mükemmel biçimde gösterdiği gibi, bu önemli–olan nesnel bilginin erişebileceği bir şey değil, sadece bir araştırma–müdahalenin erişebileceği bir şeydir;[5] bunun aracılığıyla, açıkça görülmeyen ve başlangıçta şekilsiz olan bir söylem, eylemin nihai kozlarının eklemli, yöntemli bilinci ve sözü haline gelir. Günümüzde bu kozlar, toplumsal işbirliği kipliklerimizin özdüzenlenmesinin ve yaşamımızın içeriklerinin özbelirlenmesinin üstün geleceği bir alanı korumaktan ve savunmaktansa yeniden fethedecek ve genişletecektir.

---

5. Konunun canlı bir özeti için bkz.: Alain Touraine (der.), *Mouvements sociaux d'aujourd'hui, acteurs et analystes*, Paris, Les Editions ouvrières, 1982.

Üçüncü Bölüm

Anlam Arayışı 4: Yönelimler ve öneriler

Önceki bütün tahlillerin satır arasından, bir başka toplum imkânının görüntüsü ortaya çıkar. İktisadi amaçlı çalışmanın adım adım azalması özerk faaliyetlerin baskın çıkmasına imkân tanır; "serbest zaman zorunlu zamana, boş vakit çalışmaya egemen olacaktır"; "boş vakit sadece dinlenme veya telafi değil, temel zaman ve yaşama nedeni olacak ve çalışma da araç düzeyine indirgenecektir." "Böylece bu boş zaman ortak değerlerin taşıyıcısı olacaktır. Yaratıcılık, birlikteyaşama, estetik ve oyun, çalışmaya bağlı etkinlik ve verimlilik değerleri üzerinde egemen olduğunda ortaya çıkacak karışıklığı bir hayal edin." "İşin önemli noktası budur... Gerçekten de bu bir yaşama sanatı, keşfedilmesi gereken toplumsal yaratıcılığın yenilenmiş biçimidir."[1] Tek kelimeyle, üretici bir toplumdan veya bir çalışma toplumundan kültürel ve toplumsal olanın iktisadi olan üzerinde egemen olduğu serbestleşmiş zaman toplumuna, Almanların "*Kulturgesellschaft*" dedikleri topluma geçiş söz konusudur. (Devrimci terimi bayağılaştırılmış ve moda tarafından mahkûm edilmiş olmasa devrimci denmeyi hak eden) bu temel değişim, mevcut dönüşümlere bir anlam verebilecek tek olgudur. Bu temel değişim olmadan, yaşanan dönüşümler korkunç teknik barbarlıklar kadar ezicidir. Bu temel değişim olmadan, yeni tekniklerin hızlandırılmış gelişiminin yarattığı çalışma tasarrufları ve zaman kazançları bir yandan sadece toplumsal dışlanma, yoksulluk ve kitlesel işsizlik, diğer yandan da "herkesin herkese karşı savaşı"nın yoğunlaşmasını getirir.

> Ücretli çalışma daha az zaman talep edeceğinden, insanların eğlence ve boş vakit sanayileri tarafından sömürülmesini engelleyen ve merkezini insanların kendilerinin belirlediği faaliyetlerin oluşturduğu bir kültür geliştirmek kaçınılmazdır. Evde kendi için çalışma, bahçe bakıcılığı, yaşam çerçevesine yönelik bakımlar, ayrıca yardımlaşma faaliyetlerine toplumsal katılım değer yaratıcı olabilir ve özellikle bireylerde ücretli çalışmanın yok ettiği veya en azından talep etmediği yetenekleri ve eğilimleri geliştirebilir. (...) Komünlerde bir birlikte yaşama, şenlik ve düşünme kültürünün oluşmasını istiyoruz.

SDP program tasarısının[2] sonucu olan bu bölümler ve *La révolution du temps choisi* yazarlarının aşağıdaki saptamaları arasındaki ortaklık dikkat çekicidir:

> Boş zamanın yarattığı insan faaliyetlerinin serpilebileceği bazı temel alanlar olacağını düşünmemizi yasaklayan bir neden yok: Yerel yönetim veya mahalli görevlerin bunlardan yararlananlar tarafından kolaylıkla yeniden mal edilebileceği; bireysel veya kolektif nesnelerin veya malvarlığının bakım çalışmalarının yeniden değerlendirilebileceği; çe-

1. Echanges et Projets, *La révolution du temps choisis*, Paris, Albin Michel, 1980, s. 107.
2. SPD, *Entwurf für ein neues Grundsatzprogramm der Sozialdemokratischen Partei Deutschlands*, bölüm XII, "Auf dem Weg zur Kulturgesellschaft", Irsee, Haziran 1986.

şitli derneklerin militan faaliyetinin genişleyebileceği; sonuçta amatörler tarafından yapılan sanatsal ve kültürel faaliyetin genişleyebileceği ve medyalar tarafından imal edilen güncel standart dokudan anlam olarak daha doğurgan mikro–kültürleri destekleyebileceği düşünülebilir. Bu dolaysız kültür, saygın sosyologların (Moscovici, Touraine) bize uygun gördükleri cemaatçi yaşamı, "dünyanın büyüsünü yeniden kazanmasını", "duyguların yeniden doğuşunu" teşvik eder. (...)
Bu toplumsal dinamikler... modern çalışmanın unutturduğu bu güzel faaliyet ve çalışma kavramlarının yolunu açacaktır. Bu dinamiklerin toplumun yeniden toplumsallaşmasını ve herkesin çevresiyle daha geniş ölçüde bütünleşmesini destekleyeceğine bahse girebiliriz.[3]

Kasıtlı olarak (ütopya terimine Fransızca'da artık eklenen küçümseyici anlamı vermeden, diğer dillerde "somut ütopya" diye adlandırılan) bu temel bakış açısını sentetik bir biçimde sergileyerek işe başlıyorum; gerçekleştirilebilirlik sorunlarını ise daha ileriye bırakıyorum. Gerçekten de, önemli olan, bu bakış açısının uygulanmakta olan teknik dönüşümlerin *mümkün olan anlamını* belirtmesi ve bu dönüşümlerin başka bir anlamının da olamamasıdır: Çalışma zamanından yapılan tasarruflar, zamanı serbest bırakmaya yaramazsa ve serbest zaman "bireyselliklerin özgür gelişimi"nin[4] zamanı değilse, o zaman, bu çalışma zamanından yapılan tasarruflar anlamdan tamamen yoksundur.

Buna karşılık, uygulanmakta olan süreçlere sahip olabilecekleri özgürleştırici anlamı *vermeyi* seçersek, araçlar sorunu somut ve olumlu biçimde konmuş olur: Sorun, eğer bir yere doğru gidiyorsak, güçsüz ve spekülatif soru olan "nereye gidiyoruz?" sorusunun cevabını bilmek değildir; sorun, eğer yön diye bir şey olacaksa, bize sunulan tek yönde *nasıl* gidileceğini bilmektir. Ve bu sorunun cevabı, ilke olarak, bilinmektedir: Bu, programlı, kademe kademe, gerçek gelir kaybı olmadan, çalışma süresinin azaltılmasıdır; bu boş zamanın herkes için serbest gelişme zamanı olmasını sağlayan politikalar bütünü ile birlikte mümkündür.

Öz olarak, uygulamadaki süreçleri, eğilimlerine denk düşen bir yönde yönlendirmek için ele geçirmek gerekir. Bu yön, hiçbir du-

3. Echanges et Projets, *a.g.e.*, s. 109.
4. Bkz. bu eser, 1/VIII. Bölüm.

rumda, tek başına gerçekleşemez. Nedeni bilinmektedir: Üretici güçlerin kendi gelişimi, gerekli çalışma hacmini azaltabilir; ama bu çalışma tasarrufunu herkes için özgürlük haline getirecek koşulları, kendi başlarına yaratamazlar. Tarih, daha büyük bir özgürlüğün imkânlarını ayağımıza getirebilir; ama bu imkânları egemenliğimiz altına almaktan ve yararlanmaktan bizi uzak tutamaz. Maddi bir determinizm, haberimiz olmadan bizi kurtaramaz. Bir sürecin içerdiği özgürlük potansiyeli eğer insanlar kendilerini özgür kılmak için bu süreci ele geçirirlerse gerçek olabilir.

Demek ki sorun özünde politiktir. Gelecekte sol, esas olarak teknik değişimleri yönlendirmeye çalıştığı özgürleştirici hedeflerle; veya, Peter Glotz'un yazdığı gibi, "teknikten bir ütopya çıkarma" kapasitesiyle sağdan ayrılacaktır. Çalışma zamanından tasarrufları, iktisadi amaçları ikinci plana atmayı gerektiren toplumla ilgili ve kültürel amaçlarla birlikte kullanma isteğiyle sağdan ayrılacaktır. Karl Polanyi ile birlikte tanımladığımız sosyalizmin özüyle burada tekrar karşılaşırız: İktisadi faaliyetlerin toplumla ilgili amaçlara ve değerlere tabi kılınması.

Bu tanımıyla sosyalizm hiçbir zaman bu kadar gündemde olmamıştır. Gördüğümüz gibi, güçlük, uygulanan değişimlerle, sosyalist solun geleneksel sınıf tabanının bütünlüğünün parçalanmasından ve *emekçilerin* çıkarı ile toplum ihtiyaçları arasındaki doğrudan bağın kopmasından gelir. Ama bu toplum ihtiyacı, sosyalist teoriye göre alması gereken biçimi asla almadı. Emekçilerin iktisadi akılsallığı engellemek, çalışmalarını pazar yasalarına tabi kılarak satmak gibi besbelli bir ihtiyaçları vardı. Burada, sınıf örgütlenmelerinin inşa edileceği bir sınıf ihtiyacı vardır. Ama, pazar mekanizmalarının işleyişine bu örgütlenmelerin dayattığı sınırlar bir başka *toplum* bütününün düşüncesini asla ifade etmedi. Sınıf mücadelesi, liberal kapitalist toplum-olmayanın yerine üreticilerin birliği ve gönüllü işbirliği üzerinde yükselen bir toplum kurmak için açıkça devrimci bir girişim niteliğini (İngiltere'deki Owenci hareketin doruk noktası hariç) asla almadı.

İşçi hareketinin bu politik (daha doğrusu, toplumla ilgili) eksikliğinin nedenini gördük: Üretim araçlarının ve (bir üretici güç olan) işbölümünün kıta çapındaki örgütlenmesinin kazanmış olduğu yapı ve karmaşıklık, birleşmiş emekçilerin kendi amaçlarına tabi kılmak için üretim araçlarını yeniden sahiplenmelerini maddi olarak imkânsız kılmaktadır. Sınıf mücadelesi, *toplumu* yaratsa da, bir üreticiler toplumunun yaratıcısı olamaz.

İşçi hareketinin ve solun "Fordist uzlaşma"yı tedricen benimsemesinin nedeni budur. Bu uzlaşma, işçi hareketini farklı bir toplum yaratmaya çalışmaktan uzak tutuyor ve liberal kapitalizme özgü toplumun eksikliğini gizliyordu. *Özerkleşmiş sistem olarak* toplumsal sistemi düzenleme görevini, mücadele içindeki hiçbir sınıfın çıkarıyla uyuşmayan akılcılık ölçütlerine göre, devlete –büyük ölçüde toplumsal ve politik denetimden sıyrılmış düzenleme aletlerine ve eylem biçimlerine sahip bir devlete– devrediyor, ama aynı zamanda bu sınıflara elle tutulur kazanç ve tatminler sağlıyordu.

Jacques Juillard'ın daha uygun biçimde sosyal–devletçilik diye adlandırdığı[5] refah devleti, demek ki, *toplumun vekili* olarak anlaşılmalı.[6] Bu devlet, kendi kendini düzenleyebilen bir toplumun yokluğunda, Fordist uzlaşmanın yirmi beş yılı boyunca, iktisadi yayılmayı ve pazarın işleyişini düzenledi, uzlaşmanın iktisadi akılsallığa dayattığı kurallar ve sınırlar sayesinde iktisadi akılsallığın açılımını toplumsal olarak katlanılabilir ve maddi olarak yaşanabilir kılan ("toplumsal partnerler" olarak yeniden adlandırılan) sınıflar arasındaki uzlaşmanın kolektif pazarlığını kurumsallaştırdı.

Bununla birlikte asla *toplum* üreticisi olmadı ve olamazdı da. "Büyümenin meyveleri"nin vergilerle yeniden dağıtımı, toplumsal yardım, zorunlu sigorta, koruma sistemleri, vs toplumsal bağların ve dayanışmaların ortadan kalkmasını az çok telafi eder, ama yeni dayanışmalar yaratmaz: Devlet, mümkün olduğunca görünür ve doğrudan olmamak kaydıyla, toplumsal olarak üretilmiş zenginliğin bir bölümünü bireyler, tabakalar ve sınıflar arasında hiçbir *yaşanan dayanışma* bağı yerleşmeden yeniden dağıtıyor veya yeni-

5. Pierre Rosanvallon, *Pour une nouvelle culture politique*, Paris, Le Seuil, 1977.
6. Bkz. s. 164.

den tahsis ediyordu. Yurttaşlar, toplumsal–devletçiliğin hareket halindeki özneleri değillerdi; onlar, yardım alan, aidat ödeyen ve vergi yükümlüsü sıfatıyla yönetilenler, yani nesnelerdi.

Refah devleti ile yurttaşlar arasındaki bu ayrılık kaçınılmazdı, çünkü pazar kapitalizmine özgü toplumun başarısızlık nedenlerine dokunulmuyordu. Gerçekten de, toplumsal–devletçilik kendini pazar kapitalizminin politik yönetim biçimi olarak görür ve bu kapitalizmin ne toplumsal ilişkiler üzerindeki hegemonyasına ne de özüne zarar vermek ister. Toplumsal ilişkilerin içinde faaliyet gösterdiği pazarlar devletin düzenleyici müdahaleleriyle uzaktan ve yukardan yönetilse de, esas olarak ticari ilişkiler olarak kalmalıydı. Oysa pazar, esas olarak, her biri kendi yararının peşindeki dağılmış bireylerin karşı karşıya geldikleri yerdir. Pazar ve toplum temelde çatışkılıdır. Herkesin kendi yararını başına buyruk biçimde sürdürme hakkı, "toplumun yüksek çıkarı" veya aşkın değerler adına hiçbir zorlamanın veya kısıtlamanın dayatılmamasını gerektirir. "Pazar toplumu" terimlerde bir çelişkidir: Her bir bireyin herkese karşı savaşının sonucu olduğu kabul edilir. Bireysel davranışların dışsal bileşkesi ve insanın tüm iradesinden bağımsız olarak ancak istatistiki değeri vardır.

Bununla birlikte pazar, özerk işleyişinin koşullarını kendi başına sürdüremez; ve herkesin kendi yararını başına buyruk sürdürme hakkı ancak hukuksal kurallarla sınırlandırılma koşuluyla genelleştirilebildiğinden "pazar toplumu" devletten vazgeçemez: Her bir bireyin egemenliğinin sınırını başkasının hakkıyla çizen bir hukuk aygıtından vazgeçemez. Bu hukuk aygıtı bireylerin kendisinden ve politik iktidardan zorunlu olarak bağımsız olmalıdır. Demek ki, "pazar toplumu" doğası gereği, hukuk ile alışkanlıkların birbirinden kopmasını, devletin sivil toplumdan ayrılmasını ve devletin bireyler ve politik iktidar karşısında özerkliğini gerektirir. Liberal ideolojiye özgü *devlet reddi*, bu durumda, liberal kapitalizme içkin *toplum reddinin* dolaylı ifadesi olarak kavranmalıdır.

Dolayısıyla, "Fordist uzlaşma" temelde dengesiz bir düzenleme oluşturuyordu. Devlet, müdahale ve düzenleme aletlerine sahipti; bunlar, topyekün olarak ele alınan pazar kapitalizminin çıkarına uygun olarak, her bir özel kapitalistin çıkarına daha çok bağlıydı. Teknokratik ve müdahaleci bu mağrur devlet, görece bir toplumsal barış içinde iktisadi büyümeyi sağlama kapasitesi nedeniyle burjuvazi tarafından kabul edildi. Gerçekten de, sürekli büyümekte olan bir sistemde, her bir bireyin çıkarı herkesinkiyle uyuşur: Herkes kazanır. Ama büyümenin yokluğunda, pazar ekonomisi yeniden hiç para getirmeyen bir oyun haline gelir: Kimse, başkasına zarar vermeden bir çıkar sağlayamaz. Demek ki, iktisadi büyümenin durması "Fordist uzlaşma"yı geçersiz kıldı. Bu uzlaşmanın zorunlu zanaatkârı olan teknokratik devlet, burjuvazinin gözünde meşruluğunu kaybetti. Devlet, o zamana kadar, pazar kapitalizminin yerine devlet kapitalizmine çok daha yakın yönetilen bir kapitalizmi koyarak yaptığından daha fazla pazar kurallarını sınırlandırarak düzenleme ve hakemlik gücünü koruyabilir. Bu, burjuvaziyle birlikte güç sınama anlamına geliyordu.

Sonrası bilinmektedir. Güç sınama denenmedi veya birden yön değiştirdi. Çünkü, sermayenin uluslararasılaşması ve özellikle mali pazarın dünya çapında gelişmesi ulus–devletlerin düzenleyici gücüne arkadan bir saldırıydı. Ulusal teknokrasiler, iktisadi müdahale güçlerini korumak için sadece ulusal burjuvaziye karşı koymak değil, sanayileşmiş kapitalist ülkelerin bütününün mali burjuvazilerine ve merkez bankalarına da karşı koymak zorundaydılar. Ulusal ekonomilerin dünya pazarına açılması ve uluslararası rekabetin şiddetlenmesi ulusal burjuvaziler için, her bir ülke ölçeğinde devlet müdahalelerine karşı egemen bir silah haline geliyordu. Sadece ortak politik hedeflere dayalı uluslararası bir sol koalisyon sermayenin uluslararasılaşmasına karşı koyabilirdi. Bu koalisyon ortaya çıkmadı: Sol partilerin çoğunun tek isteği devlet aygıtını ele geçirmek veya denetimini korumaktı. Parti aygıtları, ulusal iktidar yapıları içindeki iktidar konumlarının terimleriyle düşünüyorlardı ve bu ulusal yapıların özlerini yitirdiğini ve karar alanlarının yer değiştirdiğini görmüyorlardı.

Ulusal ekonomilerin bir dünya pazarına açılmasıyla pazar ulusal devletlerin düzenleyicilik gücünden kurtulur, böylece başlangıçtaki politik işleyişini bulur: Ekonomi üzerinde politik denetimi engellemek. Görünüşte karşı konulmaz biçimdeki pazar yasasından başka bir şey olmayan "dışsal zorlama" bireylere, halklara ve devletlere "temel güç" olarak dayatılmış gözüküyordu.[7] "Dışsal zorlama" insanların iktidarından görünüşte kurtulduğundan, onun önünde eğilmekten başka yapacak bir şey yoktur. Dünya pazarındaki rekabetin getirdiği kısıtlamaların sorumlusu hükümetler, patronlar ve mali sermaye değildir.

Bernard Manin'in çok iyi açıkladığı gibi, pazar ve "dışsal kısıtlılık" "düzenin ve yönetilebilirliğin ilkeleri" haline geliyordu. "İnsanlar kaderlerinin sorumlusu olarak kimseyi gösteremezlerse, başlarına gelen ne olursa olsun, toplumsal failler sorumlu olur. (...) Demek ki pazar, politik iktidarın sınırlanmasında çok etkili bir ilke sağlar, çünkü farklı görevlilerin ellerinden kaçan bir düzenleme mercii oluşturur."[8]

Avrupa solunun krizinin, gerilemesinin ve sıkıntısının açıklaması buradadır. Pazarın, "rekabet gücü"nü ilk ve karşı konulmaz buyruk olarak dayatmasını kabul ettikten sonra, Karl Polanyi'nin belirttiği gibi, "toplumu pazarın yardımcısı olarak yönetmek" gerekir. Dolayısıyla, refah devleti dağılmak, ekonomi "düzensizleşmek" zorundadır, liberal–kapitalist ideoloji hegemonya kurmak eğilimindedir ve sol da, sosyal–devletçilikle özdeşleştiği ölçüde, programsız, projesiz, perspektifsiz, savunmada kalır. Sol, iktidarı ele geçirdiğinde, bunu genellikle liberalleştirici reformların (veya karşı–reformların) gerekliliğini işçi hareketine kabul ettirme yeteneğine (İtalya'da, Avusturya'da, İspanya'da) borçludur. Teknokratik verimlilik ve birlik adına yönetir. Bir yandan "dışsal kısıtlama" ile diğer yandan ücretli tabakaların çıkarları arasında aracılık etme sanatının temsilcisidir. Kısacası, adından başka solluğu veya sosyalistliği kalmamıştır, saygınlığını yitirmiştir. Yeniden doğuşunun

7. Görünürdeki bu politik zorlamadan kurtulmanın imkânı ve politik araçları üzerine bkz. Alain Lipietz, *L'audace ou l'enlisement,* Paris, La Découverte, 1984, bölüm 10 ve 11.
8. Bernard Manin, "Les deux libéralismes: marché et contre–pouvoirs", *Intervention*, 9, Mayıs–Haziran 1984.

koşulları bu tahlilden çıkar.

Bu koşullardan ilki enternasyonalizmdir, veya başka deyişle, sürdürülen politikaların ve eylemlerin uluslar –üstü, –aşırı ve –arası kavranmasıdır. Peter Glotz şöyle der: "Sol ya bir *Avrupa gücü* olarak yeniden canlanacaktır ya da şeref tablosuna yazıldıktan sonra yok olacaktır."[9] Başka deyişle, ya bütün ülkelerde ortak yasama, koruma ve sosyal politikalar sistemi temelinde bir "Avrupa toplumsal uzamı"nın doğmasını dayatmak için birleşir, ya da "dışsal kısıtlama"nın kandırmaca olmaya devam edeceği toplumsal gerilemeye her ülkede maruz kalmak veya benimsemek zorunda kalır.

İkinci koşul, solun, emekçiler ve işsizlerden oluşan çeşitli tabakasının farklı dolaysız çıkarlarını ortak çıkarlara doğru aşan bir toplum projesi sunmasıdır. Bu, yeni bir görev değildir: İşçi hareketi ve bundan doğan politik sol, başlangıçtan itibaren bu görevi üstlenmek zorundaydı. İşçi hareketi ve politik sol en dolaysız ortak çıkarların ötesinde, insanların ahlâki, kültürel ve politik güdülenimlerine, anlamlandırma ihtiyaçlarına ve "ideal" ihtiyaçlarına başvurarak bunu başarabilir. Bu ihtiyaç, günümüzde, ancak solun temel değerlerini (barış, kişilerin özgürlüğü ve bütünlüğü, hakların ve imkânların eşitliği, vs) ortaya çıkarmayı hedefleyen kampanyalarla ifade edilebilir. Bu, toplumsal hedefler üzerindeki bütün tartışma imkânlarının gelişimini engelleyen yönetme ve idare etme makineleri ile iç içe girdikleri sürece politik partilerin çerçevesi dışında ifade edilemez. Böylece, yönetici değeri olmayan politik aygıtların karşısına politik geleneği olmayan yönetici değerler çıkarılır. Solun temel değerleri kendine kiliselerde ve derneklerde bir yer arama eğilimindedir.

Oysa, (yine Peter Glotz'dan aktarıyorum)

> Avrupa solunun elinin altında milyonlarca insanı seferber edebilecek somut bir ütopya vardır: Sadece çalışmanın daha adil olarak yeniden dağılımı için değil, insanlara daha fazla *kullanılır zaman* sağlayan farklı bir topluma doğru yol olarak kavranan çalışma süresinin azaltılması. Bize burada sunulan tarihsel fırsat insanlık tarihinde asla daha

9. Peter Glotz, "Die Malaise der Linken", *Der Spiegel*, 51, 1987. Kısaltılmış bir çevirisi *L'Evénement européen*, 1, 1988'de çıktı.

> önce ortaya çıkmadı: Herkesin kendi anlam arayışı için sahip olduğu zaman, çalışması, eğlenmesi ve dinlenmesi için gerek duyduğu zamandan daha önemlidir. Solun artık hedefi yok mu? İşte biri; kağıt üzerinde değil, çoktan toplumsal mücadelelerin kozu haline geldi... Çalışma süresinin ücret *kaybı olmaksızın* sistematik olarak azaltılması için Alman demir–çelik sanayisi işçilerinin sürdürdüğü mücadeleyi bütün Avrupa solunun konusu yapmak mümkün olmalıdır; bunu sadece toplumsal politikanın özel bir sorunu değil, politik, kültürel, toplumsal nitelikli temel bir girişim alanının sorunu yapmak mümkün olmalıdır. Yeni bir zaman politikası: İşte, kategorik bir mücadelenin özel bir kozu değil, toplumsal ayrılıkları aşan hümanist bir düşünce. Özgürlük düşüncesi talep etmekten utanmayan politik bir hareketin programının en önemli hedefi bu olur.[10]

Burada, Alman SDP ile İKP ve yüzyıl sonuna doğru 30 saatlik haftayı hedef olarak seçen belli başlı İtalyan sendikacıları arasındaki çakışma hemen hemen mükemmeldir;[11] iktisadi hedefi olmayan faaliyetlerin gelişimi ve kadınla erkek arasında ev işi görevlerinin yeniden dağılımı ile 25 saatlik haftayı hedefleyen Hollanda sendikaları ve solu (sosyal–demokrasi de dahil) hemfikirdir.

Elbette, biçimler ve araçlar sorunu vardır. Bir yandan solu oluşturanlar arasındaki ve diğer yandan sol ile sağ arasındaki tartışma esas olarak bu sorun üzerindedir. Gerçekten de, çalışma süresinin azaltılması, alacağı biçime göre eşitsizlikleri azaltabilir veya çoğaltabilir, güvensizliği veya güvenliği artırabilir, toplumsal katılımın veya dışlanmanın unsuru olabilir. 1. Herkes için eşit veya farklı olabilir; 2. genel veya ayrımcı olabilir; 3. hafta, yıl veya faal yaşam ölçeğinde hesaplanabilir; 4. gelirin artışıyla, aynı düzeyde kalmasıyla veya azalmasıyla birlikte olabilir; 5. çalışma hakkıyla gelir hakkı arasındaki bağı koparabilir, esnetebilir veya koruyabilir. Çalışma süresinin azaltılmasının biçimleri, hangi toplumda yaşayaca-

10. Peter Glotz, "Die Malaise der Linken", belirtilen makale (A. Gorz çevirisi).
11. 3 Mart 1988'deki Kadın ve Erkek Emekçiler Konferansı'nda Antonio Bassolino, İKP adına, "bir Avrupa bakış açısı içerisinde" acil hedef olarak 35 saatlik iş haftasını ve yüzyıl sonu için de 30 saatlik iş haftasını belirtiyordu. Çalışma süresinin azaltılmasının, "iktisadın yaşam üzerindeki egemenliğinden bizi kurtarması için, çalışma *içindeki* özgürlük için mücadele ile *çalışmadan* özgürleşmek için mücadele arasındaki bağlantı" olduğunu belirtir.

ğımıza ilişkin temel toplum tercihlerini içerir. Yukardaki beş değişkeni art arda inceleyerek öne sürülen kozları aydınlatmaya çalışacağım.

A. ÇALIŞMA SÜRESİNİN AZALTILMASI, ÇIKIŞ YOLLARI VE POLİTİKALAR

1. Hedef–tarihler stratejisi

Şimdiye kadar, çalışma süresi aşırı ölçüde farklılaşmış biçimde azaltıldı: Bazıları için sıfıra indi; başkaları için değişmedi. Bu farklılaşma, işe alınmaların ve işten atılmaların aşırı seçiciliğinin sonucudur. Yeni toplumsal farklılaşma ve dışlanma biçimlerine yol açtı; eşitsizliği şiddetlendirdi. Her şey, sanki çalışma süresinin azaltılması nüfusun kısıtlı bir bölümü üzerinde yoğunlaşmış gibi geçer.

Elbette, farklılaşmanın daha az aşırı biçimleri de tasarlanabilir. Çalışma süresini çeşitli işletmelerde gerçekleştirilen üretkenlik kazançlarına bağlayan yazarların kesinlikle iktisadi bir bakış açısıyla yaptıkları budur. Onlara göre, üretkenliğin hızla büyüdüğü yerlerde çalışma saatleri bütünlüklü veya kısmi ücret telafileriyle azaltılabilir, ama büyümenin zayıf veya sıfır olduğu faaliyetlerde azaltılamaz. Böyle bir politikanın sonucu hayal edilebilir: Toplum, bir yanda, geleneksel tamgün çalışmaya zorunlu kalan emekçiler kitlesine ve özellikle hastanelerdeki, eğitim kurumlarındaki, restoranlardaki ve dağıtım servislerindeki kadın emekçiler kitlesi kadar veya daha fazla bir geliri haftada 20 ile 30 saatlik çalışma karşılığında kazanan bir işçi aristokrasisine bölünmeye devam edecektir.

Zaman politikasının görevlerinden biri, özellikle, çalışma zamanı tasarruflarını iktisadi akılsallığın ilkelerine göre değil, adalet ilkelerine göre paylaştırmaktır. Bu tasarruflar bütün toplumun ürünüdür. Politik görev, bütün erkek ve kadınların yararlanabileceği biçimde, tüm toplum ölçeğinde bu tasarrufları dağıtmaktır.

Bu dağıtım, başka deyişle *ortalama* çalışma süresinin herkes için eşit olarak azaltılması, elbette, işgücünün dallar arasında sürekli yeniden dağılımını gerektirir: Üretkenlik kazancı zayıf olan dallar çalışan sayısını artıracaktır, diğerleri azaltacaktır; *daha önce yaptıkları gibi. Ama, geçmişte olduğundan daha az hızlı azaltacaklardır, bununla birlikte düşük üretkenliğe sahip dallar çalışan sayılarını daha hızlı artıracaktır.*

Çalışan sayısının dallar arasında yeniden dağılımı elbette kendiliğinden olmayacaktır. Hedef– tarihlere göre planlanmış bir tahmin politikası ve bir geliştirme politikası gerektirir: Örneğin, her dört yıl için 4 saatlik kademelerde çalışma süresinin azaltılması gibi. Bu, farklı dallarda hangi niceliksel ve niteliksel personel ihtiyacına yol açacaktır? Hangi tür eğitime ve eğitim programlarına? İnsanlar gerekli nitelikleri kazanabilsinler ve kazanmak istesinler diye hangi eğitim, öğretim programı ve yöntem reformları gereklidir? Bu, bütün büyük programların (büyük savaşların başlangıcındaki silahlanma programlarının; askeri ve sivil atom programlarının; uzay programının; bilgisayar programının; Japonya'daki MITI'nin art arda gelen sanayi programlarının, vs) çözmesi gereken ve çözdüğü sorunlar bütünüdür. Günümüzde, *niceliksel ve niteliksel personel ihtiyaçlarını dört yıllık sürede planlamayan bu ada layık ne sanayi, ne yönetim, ne kamusal hizmet ne de işletme vardır;* eğer bu yetenekte olmayanlar varsa, planlamaya geçmelerinin zamanıdır.

Elbette, artık tecrit edilmiş programların olmaması, ama herkesi kapsayan bir müddet hedefi etrafında bütün toplumu harekete geçirmenin söz konusu olması başka bir şeydir. Programları ve hedeflerini, tepeden kararlarla, teknokratik olarak kararlaştıramayız ve gerçekleştiremeyiz. Atölyelerde, bürolarda, okullarda, belediye hizmetlerinde sendikal bölümlerde, kalite çemberlerinde, işyeri komitelerinde, öğrenci aile birliği toplantılarında, vs programların hazırlanmasında hayal gücüne, işbirliğine, her kademede yenilik ve özörgütlenme yeteneğine başvurmak gerekir: "35 (veya 32 veya 28) saatlik çalışma haftasına geçişten sonra işinizi, atölyenizi, büronuzu, servisinizi nasıl hayal ediyorsunuz? Muhtemel teknik dönüşümler dikkate alındığında çalışmanın örgütlenmesinde, malzemelerde, çalışma saatlerinde, çalışan sayısında hangi değişimleri arzuluyor, yararlı ve gerekli görüyorsunuz?" Bu tür soruları kolektif olarak tartışmanın sonuçları ücretlilerin politik tartışma ve katılımıyla birlikte, gizli kalmış yaratıcılık ve beceri hazinelerinin seferber edilmesi anlamına da gelecektir.

2. *Daha az, daha iyi, başka türlü*

Çalışma süresinin genel olarak azaltılması birbirinden ayrılmaz iki hedefli bir toplum tercihine denk düşer: *a)* Herkes çalışabilsin ve çalışmasında ifade edilemeyen kişisel potansiyelini çalışmasının dışında geliştirebilsin diye herkesin daha az çalışması; *b)* Nüfusun çok daha büyük bir bölümünün sürekli gelişmeyi ve yenilenmeyi sağlayacak nitelikli, karmaşık, yaratıcı, sorumlu mesleki görevlere girebilmesi. Gerçekte, üretkenlik kazançlarının en yavaş olduğu faaliyetler bunlardır. Çünkü, çalışma süresinin azaltılması nitelikli faaliyetlerde daha fazla ek iş yaratır ve bu işler aynı zamanda seçkinci birliklerin tekelinde tuttuğu yetkileri demokratikleştirmeyi sağlar.[12]

Elbette bu ikinci hedef için mücadele edenler profesyonel seçkinlerdir ve bunlar iktidarlarını ve imtiyazlarını bazı yetkiler üzerinde uyguladıkları tekelden alırlar. Örneğin Albin Chalandon gibi; Elf grubunun başkanı olduğu bir dönemde *Le Monde*'daki bir makalesinde, haftada altmış saat çalışmayan bir iş yöneticisinin işini düzgün yapamayacağını söylüyordu. Şunu kabul edelim: Sadece Taylorculaşmış ve rutin işleyişli işler için seçmeli bir indirim düşünülebilir. Oysa teknik devrim tam da bu işleri ortadan kaldırmayı düşünmektedir. Toplumun, bütün yetkileri ve bütün iktidarları elinde tutan aşırı faal seçkinler ve geçici, süreksiz ve verimsiz meşguliyetlere mahkûm bir kitle halinde ikiye bölünmesi, bu durumda, kaçınılmaz olacaktır.

Chalandon'un örtük biçimde savunduğu bu tez profesyonel seçkinlerin sendika temsilcileri tarafından açıkça savunulur. Onlara göre, görev içinde hazırlanma, yenilenme, sorumluluk ve personel yatırımının olduğu her yerde çalışma, profesyonellerin sahip oldu-

---

12. Yetkilerin bu demokratikleştirilmesinin (veya sıradanlaştırılmasının) teknik olabilirliği üzerine bkz. Bölüm 1/VII, s. 100-101.

ğu tüm zamanı işgal etmeye devam edecektir. Yaşamlarında başka hiçbir şeye yer yoktur. Yaratının, mesleki çalışma için özel bir tutku pahasına olması zorunludur. Demek ki, çalışma süresinin azaltılmasının sonucu, bir yandan yeniliği ve yaratıcılığı önlemek ve diğer yandan, görevlerin yeniden niteliklenmesini ve profesyonelleştirilmesini engellemektir; başka deyişle, Taylorizmin aşılmasıdır. Sonuç: Çalışma süresini azaltmamak gerekir; bu, "çalışmayı bir zevk olarak kabul edenleri" çalışmadan yoksun bırakmak olur.[13]

Böylece, profesyonel seçkinlerin çalışmasının yüceltilmesi, çalışmayı ve yetkileri daha iyi paylaşmayı reddetmenin bahanesi olur. Uzmanlıkları bütün zamanlarını alan uzmanların bölünmüş kültürü (Almanca: *Expertenkultur*) aşılmaz görülür ve "ruhsuz uzman, kalpsiz zevk düşkünü" figürü tek mümkün figür olarak kabul edilir. Sonuçta, sadece monoton, zahmetli, sağlığa zararlı veya sinirsel olarak dayanılması güç görevler için, yani özellikle niteliklerinin ve gelirlerinin cılızlığı nedeniyle kullanılabilir zamanlarından toplum ve kültür yaratıcı tarzda yararlanma konusunda en donanımsız olan kişiler için seçmeli çalışma süresi indirimi hesaba katılabilir.

Oysa, seçkinci uslamlamanın dayandığı merkezi tez yanlıştır. Sürekli çalışma hırsının mesleki başarı ve yaratıcılığın koşulu olduğu doğru değildir. Bir çalışma ne kadar nitelikli olursa, bu çalışmayı yapan kişi de bilgisini ortaya koymak, yenilenmek, ilgi merkezlerini çeşitlendirerek açık ve alıcı kalmak için o kadar zamana ihtiyaç duyar. Bu, öğretmenler, bakıcılar, bilim ve teknik adamları, işletme yöneticileri, vs için geçerlidir. Bu özellikle tepedeki işletmeler için geçerlidir. Tembelliği ve rutin ruhunu engellemek için yönetim, yer değiştirmeler, yaşam ritminde kopukluklar, tatiller koyar: Araştırma yolculukları, yurtdışındaki şubelerde staj, uluslararası seminerler, yedi yılda bir dinlenme ve araştırma izni. Stajların, seminerlerin, vs hedefi herkesi kendi uzmanlığında yetkinleştirmek değildir; tersine, çalışmayla doğrudan ilişkileri yoktur ve düşünce değiştirmek, biraz uzaklaşmak, ufku genişletmek, hayal gücünü canlandırmak amaçlanır.[14]

13. Özellikle bkz. Daniel Mothé, "Faut-il réduire le temps de travail?" *Autogestions*, 19, Nisan 1985, s. 16–17.
14. Bkz. Bruno Lussato, *Bouillon de culture*, Paris, Robert Laffont, 1987.

Burada söz konusu olan biçim değiştirmiş bile olsa çalışma süresinin maddi olarak azaltılmasıdır. Gerçekten de, niteliklenme ve yaratıcılık düzeyi ne kadar yüksek olursa, çalışma süresi de o kadar azalma eğilimindedir (araştırmada ve özellikle düşüncede). Yüksek düzeydeki kişiler için yolculukların, seminerlerin, sanat uygulamalarının, el işi çalışmalarının, orman gezilerinin, bilim–kurgu kitaplarının çalışmalarının tamamlayıcı parçası olduğu düşüncesi savunulmuyor mu? Uslamlama yaratıcılarına karşı dönecektir. Çünkü bu, "işgücünün yeniden üretimi"ne gerekli faaliyetlerin ve zamanın –bu durumda, hayal gücünden, eleştirel düşünceden, vs oluşur– çalışmanın kendisinin bütünleyici parçası olduğunu özel olarak belirtmek anlamına gelir. Ve uyurken, gezerken, dostlarımla sohbet ederken, müzik dinlerken veya (Seymour Cray gibi) kazma kürekle yeraltı tünelleri açarken de çalıştığım anlamına gelir, çünkü kimi zaman düşünce bu anlarda aklıma gelir. Ve ücretin, *ölçülebilir doğrudan çalışma miktarına* değil, doğrudan mesleki çalışmasının dışında zengin ve karmaşık olan *kişinin ihtiyaçlarına* bağlı olduğu anlamına gelir. *Ama benim dediğim, şundan başka bir şey değil:* (Doğrudan mesleki çalışmaya ayrılan saat sayısı olarak) daha az çalışmak daha iyi çalışmaktır, özellikle yenilikçi veya sürekli gelişen mesleklerde. Dolayısıyla, çalışma süresinin azaltılması *bu mesleklerde de* mümkün ve arzulanır bir şeydir (elbette, kipliklerinin geniş ölçüde özbelirlenmesi ve özyönetilmesi koşuluyla. Bu konuya tekrar geleceğim). Bu mesleklerde de faaliyet, çok daha fazla sayıda kişiye dağıtılabilir.

Bu önemlidir, çünkü *başlangıçta*, iktisadi amaçlı çalışmayı yaşamın anlamına ilişkin daha geniş bir kavrayış içine yerleştirebilecek bir kültürün gelişimi daha nitelikli emekçilerin ilgi merkezlerinin farklılaşmasına bağlıdır.

3. Kesintili çalışma, zamana sahip olma

Çalışma süresindeki indirimin, zamanın gün, hafta, yıl veya faal yaşam boyunca serbest bırakılmasına; ve özellikle serbest zaman alanlarının her bir insan tarafından seçilebilmesine veya seçilememesine göre çok farklı bir niteliği vardır. Çalışma zamanının doğrusal olarak azaltılması, katı ve tekbiçimli gündelik çalışma saatlerinin sürdürülmesiyle birlikte, zamanı serbestleştirme imkânlarının en az etkili ve en az vaatkâr olanıdır. Çünkü, 35, 30 veya 25 saatlik beş günden oluşan haftayı herkes için tek bir biçimde işletmelere yerleştirmek imkânsızdır. Buna karşılık, herkes için yılda (şu anki 1600 saat yerine) 1400, 1200 veya 1000 saatlik çalışma süresi yerleştirmek ve bunu da her atölye, büro, servis veya işletmedeki personelin üç aylık veya aylık toplantılarda, teknik zorunluluklara ve herkesin ihtiyaç veya arzularına göre paylaşacakları 30, 40 veya 48 haftaya veya 120 ile 180 güne paylaştırmak tamamen mümkündür. Yaş, aile durumu, çalışma yerinin uzaklığı, yaşam projesi, vs. bazı zaman alanları üzerinde, haftanın bazı günleri veya yılın bazı ayları üzerinde öncelik hakkı verebilir.

Sonuç görülmektedir: Çalışma saatlerinin ve dönemlerinin *desenkronizasyonu* çalışma süresinin maddi indiriminin kaçınılmaz koşuludur. Azalan çalışma hacmi artan (veya sabit) sayıdaki kişi üzerinde paylaştırılmak istenirse, bu kişilerin hepsinin aynı günlerde ve aynı saatlerde çalışma yerlerinde hazır bulunmaları pratik olarak imkânsızdır.[15] Her bir insanın çalışma süresi azaldıkça, çalışma da, hafta (dört gün, ardından da üç gün) ölçeğinde veya ay, üç ay, yıl veya hatta beş yıllık plan ölçeğinde, *herkes için kesintili* ol-

15. Liberter bir neo-liberal olan ekonomist Jean-Louis Michau'nun eseri, desenkronizasyonun olabilirliği üzerine çok önemli ve temel bir eserdir: "İnşa ettiğimiz iğrenç sanayi aletlerinin kullanımı ve bireysel gelişme ortak hedefler olarak kabul edilirse, o zaman, çalışma ile diğer faaliyetler arasında zamanın paylaşımı konusunda tercih temel olur ve bütün özgürlüklerin ilkini temsil eder... Çalışmayı bireylere daha fazla özgürlük bırakacak şekilde örgütleyelim; bunun sonucu doğal olarak çok önemli değişimler olacaktır. Bu düzenleme yöntemine... modüler saat çizelgesi denir. Temel ilke, çalışmayı birbirinden bağımsız modüllere bölmek, böylece birçok emekçinin aynı görevi art arda yerine getirmesini sağlamaktır. Her emekçi, kendi zaman kullanımını boşta kalan modüllerden yola çıkarak oluşturur; hem modül sayısını, yani çalışmasının süresini, hem de modül dağılımını, yani saatlerin düzenlenmesini seçer. Başka teknikler de modüler saat çizelgesiyle uyuşur: Değişken çalışma saatleri, küçültülmüş çalışma haftası, ekip çalışmaları, kartlı tatiller veya yarım gün çalışma."
Yazar, şunu da özellikle belirtir: "Çalışma saatlerinin düzenlenmesi, çalışma zamanının azaltılması ve çalışmanın bireyselleştirilmesi ancak emekçiler ciddi olarak örgütlenmişlerse mümkündür." J.-L. Michau, *L'horaire modulaire*, Paris, Masson, 1981, s. 164 ve 150.

maya o kadar müsait olacaktır.

Tamgün çalışma olarak 600 saat olan şu anki *yıllık* ortalama çalışma süresi, normal tamgün çalışmanın dörtte birinde 200 güne veya 40 haftaya veya 9 aya denk düşer ve bu da ücretlilerin yıl boyunca her ay tam ücretlerini almalarını hiç engellemez. Çalışma süresinin yılda 1400, 1200 ve ardından 1000 saate indirilmesinin, zamanı kullanımlarını örneğin yıl ölçeğinde düzenlemek isteyenleri engellemesi için hiçbir neden yoktur; daha büyük miktarda sürekli kullanılabilir zaman dönemleri ortaya çıkarabilir ve bu dönemler boyunca tam gelirlerini tıpkı bugün ücretli tatilleri boyunca olduğu gibi koruyabilirler.

Bunun yararı ortadadır: Bölünmüş bir zamanın serbest bırakılması –haftada birkaç saat, ayda birkaç gün, tüm bir yıla paylaşılan birkaç hafta– özellikle pasif boş zamanların ve ev işi görevlerine ayrılan zamanın genişlemesine imkân tanıyacaktır; (birkaç hafta, birkaç ay) bir zaman süresinin kullanıma konulması bir projenin gerçekleşmesini veya yoluna konmasını sağlar. Ve bir "kültür toplumu"nun, özellikle yerleştireceği kültürel donanımlar ağıyla kolaylaştırmaya özen gösterdiği şey, bireysel veya kolektif, sanatsal veya teknik, aile veya toplulukla ilgili projelerin gelişimidir.

İktisadi amaçlı çalışmanın giderek daha fazla kesintiye uğramasını hedefleyen önerim radikal bir yenilik değildir. Bu artan kesinti çoktan uygulanmakta olan bir eğilimdir. Geçici ve mevsimlik çalışmanın, yetiştirme veya yeni mesleki koşullara uyma stajlarının, vekâlet kontratlarının, vs geçiciliği biçimini aldığı gibi, kısa hafta veya kısa ay biçimini de almaktadır: Örneğin, tamgün olarak ödenen üç günde haftalık 30 saat; veya iki günde (cumartesi ve pazar) 20 ile 24 saat tam bir hafta ücreti hakkı verir (özellikle öğrenciler ve sanatçılar tarafından önem verilen formül); veya ayda bir hafta izin, büyük Japon firmalarının yerleştirdiği formüldür. Benim önerim, sendikacılığın ve politik solun bu kesinti eğilimine egemen olması ve kolektif pazarlık ve mücadelelerin hedefi yaparak bu eğilimi yeni bir özgürlük kaynağına dönüştürmesidir; oysa şu anda bu kesinti eğilimi özellikle güvensizlik kaynağıdır.

Gerçekten de, Christian Topalov'un mükemmel bir incelemesinde görüldüğü gibi, 1910'lu yıllarda, işsizliğin keşfine kadar kesintili çalışma hakkı bir özgürlük olarak yaşandı:

> Aynı işletme tarafından sürekli olarak çalıştırılmak ve tüm bir yıl boyunca, hatta kimi zaman hafta boyunca düzenli olarak çalışmak büyük şehrin fabrikalarındaki işçilerin çoğuna yabancı bir deneyimdi... İş olmamasını protesto eden aynı işçiler yine de gelecekteki sanayi akılsallaştırmasının çokça üreteceği sürekli iş ve devamlı çalışmayı talep etmemekteydiler. Fransa'da Saint–Lundi, İngiltere'de "*St Monday*" kutlamalarına karşı patronların şikâyetleri çalışma dönemleri boyunca çok ortak olan devamsızlık uygulamalarının işaretlerinden biridir. Kimi mesleklerde, en iyi işçiler haftada üç dört gün yoğun çalışarak haftayı kapamaktadırlar ve ancak kendileri istediğinde atölyelerine veya şantiyelerine dönmekte kararlı gözükürler. Paris demir–çelik sanayisinde bunlar, Poulot'nun sözünü ettiği, paraları olduğu zaman çalışmayan "sıradan yüce gönüllüler" ve haftada üç buçuk gün çalışarak yaşamlarını kazanan "gerçek yüce gönüllüler"dir.[16]

İşsizlik kavramı, diye hatırlatır Topalov, özellikle sürekli olmayan çalışma uygulamasına karşı savaşmak ve genellikle "patron ve daha genel olarak ücretliler karşısında bağımsızlık kazanmak" için ücret kaybetmeyi tercih eden bu kesintili çalışan emekçileri ortadan kaldırmak için icat edildi. William Beveridge'in 1910 yılında kurulmasını önerdiği kamusal yatırım bürolarının ulusal şebekesinin hedefi, "çok basit olarak bir halk kategorisini ortadan kaldırmak"tı, yani kesintili çalışan emekçileri: Ya tamgün çalışan düzenli ücretliler haline gelmeleri gerekiyordu, ya da tam anlamıyla işsiz. Yatırım bürosu, sadece haftada altı gün çalışmayı kabul edenlere iş sağlayacak, kesintili çalışma isteyenlere iş vermeyi reddedecektir.[17]

16. Christian Topalov, "L'invention du chômage", *Les Temps modernes*, 496–497, Kasım–Aralık 1987, s. 65, 67–68. Burada şunu hatırlatmak gerekir ki, 1963 büyük madenci grevi sırasında, Heath hükümeti, yakıt tasarrufu yapmak amacıyla, bütün işletmelerin haftada dört gün kapatılmasına karar verdiğinde, Britanya işçileri üretimi alışılmış düzeyde tutmak için örgütlendiler. Sanayi tarihinin en şaşırtıcı özyönetim gösterilerinden biri budur.

17. C. Topalov ("L'invention du chômage", belirtilen makale, s. 60) bu konuda, William Beveridge'in çok aydınlatıcı ve şaşırtıcı şu metnini aktarır: "Haftada bir defa çalışmak ve geri kalan zamanını yatakta geçirmek isteyenin bu dileği, iş bulma kurumu açısından gerçekleşmesi imkânsızdır. Ara sıra çalışacağı geçici bir iş bulmak isteyen biri için iş bulma kurumu bu tür bir yaşam tarzını neredeyse im-

Patronların önerdiklerinin ve Beveridge'in telkinlerinin tersine, kesintili çalışan işçilerin zorunlu olarak tembel, "yeteneksiz ve değersiz" olmadıkları saptanır. Kesintili çalışma, birçok fabrika işçisinin zorunluluktan çok zevkten uyguladıkları bir "yaşam tarzı"dır. 1907 yılında, İşçi Partisi milletvekili olan bir sendika sekreteri Britanya tersanelerinde "kısa dönemlerde gece gündüz çalışmayı", ardından bir süre çalışmamayı tercih edenler arasında "çoğunlukla en iyi işçiler vardı" diye belirtir.[18] Günümüzde bilgisayarcılar arasında çok yaygın olan ara ara çalışma tercihi burada tekrar karşımıza çıkar. Kesintili çalışma hakkının ortadan kalkması özellikle işçilerin bir özgürlüğünü ortadan kaldırmayı hedefliyordu: Zamanın özyönetimini (*Zeitsouveränität*) ve herkesin kendi yaşam temposunu kendi belirleme özgürlüğünü.

Bu özgürlüğe duyulan özlem hiç ortadan kalkmadı. Örneğin, İtalyan gençleri üzerine yapılan bir araştırmada şu görülür:

> Son zamanlarda yapılan araştırmalar, mütevazı koşullardaki üniversite öğrencilerinde bile kendini yetiştirme arzusunun genellikle iş ve mesleki kaygılardan ilgisiz, bağımsız olduğunu ve en çok aranan mesleğin kültürel faaliyetler için en fazla boş zaman bırakan meslek olduğunu ortaya koymaktadır... Yine gençler yarım günlük işleri, geçici veya süresi belli sözleşmeleri, sık sık iş değiştirmeyi veya farklı işler yapmayı tercih ediyorlar... İşin belli bir geçiciliği artık sadece bir sıkıntı kaynağı değildir, aynı zamanda, gencin kendini daha özgür, değişime daha açık hissetmesini, ve onu yutmakla ve kimliğini dönüşsüz bir biçimde belirlemekle tehdit eden bir çalışmaya "hapsolmamış" hissetmesini sağlar.[19]

Yıl ölçeğinde zamanını kendi başına örgütlemek için geçerli olan

---

kânsız kılar. Kurum, sahip olunmak istenen haftadaki bu tek günü alır ve bu tek günü haftada zaten dört gün çalışana verir ve böylece, bu sonuncusuna yaşamını doğru dürüst kazanma imkânı sağlar. O sırada, birinci işçi, daha iyi yaşam tarzları için eğitilmek ve disipline edilmek amacıyla sizin ellerinize [burada Beveridge, Profesör Smart'ın bir sorusuna cevap vermektedir] bırakılacaktır." Royal Commission on the Poor Law and Relief of Distress, 1910, Ek V, 8, Q 78153, s. 35.

18. C. Topalov, "L'invention du chômage", belirtilen makale, s. 68.
19. Sergio Benvenuto ve Riccardo Scartezzini, "Verso la fine del Giovanilismo?", *Inchiesta* (Bari), Kasım–Aralık 1981, s. 72.

şey, gün, hafta, ay ölçeğinde kendini örgütleme özgürlüğü için, yani serbest çalışma saati özlemi için haydi haydi geçerlidir. Gerçekten de, gün, hafta, ay ölçeğinde zamanın en iyi örgütlenmesi yalnız yaşayan bir insanla genç bir çift için; okul yaşında veya okul öncesi yaşta çocukları olan anne babalar için; çalışmalarının yanında öğrenimine devam etmek veya yeniden başlamak isteyen kişiler için veya evlerini kendileri inşa etmek veya işleriyle bağlantılı olmayan sanatla, mücadeleyle ilgili, dernek çalışması, vs. türünden bir faaliyet sürdürmek isteyenler için aynı değildir.

Örneğin, Quebec'teki memurlar sonunda ayda 140 saatlik çalışmayı elde ettiler, günlük ve haftalık çalışma saatleri serbest kaldı. Kimi büyük Alman işletmeleri çalışanları üzerindeki her türlü zorunlu çalışma saatini ortadan kaldırdı: Haftalık iş cuma günü dağıtılır ve ertesi cuma alınmak zorundadır, hepsi bu. Tamamen özgür bir çalışma saati sistemi mekanik veya elektrik yapımına ilişkin orta işletmelere de sokuldu: Her vardiya diğerinden bağımsız kılındı ve her birine kendi malzemeleri verildi. Elbette, gündelik ve haftalık çalışma saati zorunluluklarının ortadan kaldırılması şimdilik genelleştirilebilir gözükmüyor. Buna karşılık, ay veya yıl ölçeğinde kesintili çalışma genelleştirilebilir ve zamanı serbestleştirme politikasını mümkün kılmak için genelleşmesi gereklidir.

Biliyorum: Sendikacılar, çalışmanın desenkronizasyonun ve kesintili olmasının sendikal faaliyeti imkânsız kılacağı itirazını yapacaklardır. Ama, sendikal faaliyet *alışılmış biçimi içinde* de her koşulda imkânsız hale gelmiştir. Desenkronizasyonun patronlardan yana yorumu olan çalışma saatlerinin "esnekleştirilmesi"; kesintili çalışmanın patronlardan yana yorumu olan vekâleten yapılan işlerin, geçici taşeronlukların, mevsimlik küçük işletmelerin çoğalması, çalışma alanında örgütlenmeyi, bilgilenmeyi ve toplantıyı giderek daha imkânsız kılıyor. Çünkü Taylorlaştırılmış büyük fabrika, bütün bir yıl boyunca aynı çalışma yerinde, aynı saatlerde hazır bulunan onbinlerce işçisiyle birlikte yok olma yolundadır; kitlesel sendikacılık, fabrika işgalleri, bir kesimden diğerine sıçrayan grevler yok olmaya mahkûmdur. Sendikacılık ancak değişirse ayakta kalabilir. Değişmek ise, çalışma saatlerinin bireyselleştirilmesi ve desenkronizasyon eğilimlerini, bunları patronlar için değil, emekçiler için yeni özgürlükler haline getirecek şekilde kolektif bir himaye ve güvenlik düzeni içerisine almaktır. Emekçileri sendikaların etkisinden çıkaracak diye bu özgürlüklere karşı çıkmak sorunu yanlış koymaktır: Sendika emekçilerin hizmetindedir, yoksa emekçiler sendikanın değil. Eğer sendika iş yerinde bütün emekçilere ulaşamıyorsa, başka yerde ulaşması gerekir: Mahallelere, şehrin dokusuna, insanların ihtiyaç duydukları kardeşliğe, karşılıklı görüşmeye, alışverişe, kültürel gelişme ve yaratıya denk düşen ve kendi eksiklerini, ilgilendikleri şeyleri buldukları için sık sık gittikleri alanlara yerleşmelidir. Dolayısıyla, belirli saatlerde açık olan can sıkıcı sürekliliklteki büyük işletmelerde ve şehirlerde bulunmakla yetinmemelidir. Halk üniversiteleri, Britanya'nın "*community centres*"ları, Danimarka'nın "üretim okulları" gibi emekçilere, işsizlere ve ailelerine, tatildeki insanlara, emeklilere, yeniyetmelere, genç anne babalara buluşma yerleri, hizmet ve ürün değişim bursları, tamir atölyeleri, dersler, konferanslar, stajlar, sinema kulüpleri, vs. sunan, gecenin geç saatine kadar faal olan, "herkese açık merkezler" gerekir. "Ücretli çalışmanın dışında ancak faaliyetsizlik ve sıkıntı olur," şeklindeki düşünceye sendikanın *uygulamada* karşı çıkması gerekir; sendika ticari kültürün ve eğlencenin tüketimine karşı olumlu bir alternatif sunmalıdır. Kısacası, sendika, geldiği yer olan geleneksel kooperatifler, dernekler ve işçi kültür çevreleriyle yeniden bağ kurmalıdır; yurttaşların kendi örgütledikleri faaliyetleri, kooperatif hizmetlerini, kendileri için ve kendileri tarafından gerçekleştirilecek ortak ilgi alanlarındaki çalışmalarını tartıştıkları ve bunlara karar verdikleri yer olmalıdır.

4. Gelir kaybıyla birlikte mi, yoksa gelir kaybı olmadan mı?

Günümüzdeki krizin başlangıcından beri, toplumsal üretim sürekli arttı, ücretli çalışma miktarı sürekli azaldı. Demek ki, azalan bir çalışma miktarıyla daha fazla zenginlik yaratıldı. Ama, zenginliklerin paylaşımı da çalışma zamanından tasarruflar da giderek daha kötü paylaştırıldı. Çalışma süresinin azaltılması *politikasının* hedefi, yaratılan zenginliklerden ve toplum ölçeğinde gerçekleştirilen çalışma süresi tasaruflarından bütün toplumu yararlandırmak olmalıdır. Başka deyişle, çalışma süresinin azaltılması ve ailelerin alım güçlerinin yükseltilmesi birlikte gitmeye devam edebilir, ki gerçekte de böyledir. Çalışma süresi her dört veya beş yılda bir % 8–10 arası azalabilir; gerçek gelirler aynı oranda artabilir.[20]

Ama, çalışma süresinin daha güçlü indirimi ve dolayısıyla toplumsal olarak gerekli çalışma niceliğinin giderek sayısı artan faal nüfus üzerinde dağılımı karşılığında gerçek gelirlerin daha cılız veya hatta sıfır artışı da düşünülebilir. Eğer bu sayı, toplumsal üretimle aynı tempoda (örneğin yılda % 2) artarsa, alım gücü artık artamaz; *ama aynı şekilde sürebilir*. Eğer faal çalışan sayısı, çalışma süresindeki güçlü indirimlerin ardından, toplumsal üretimden daha hızlı artarsa alım gücü azalmak zorundadır: Bu durumda, çalışmanın paylaşımı, yeni işe alınanların yararına, önceki gelirlerin (zaten çok küçük olan) bir bölümüne eşlik edecektir.[21] İşsizlik ortadan kalktığında ve çalışma süresi indirimleri, kullanılabilir üretkenliğe eşit, normal bir tempoya ulaştığında alım gücünün gelişmesi yeniden başlayabilir.[22] Ama, işsizliğin yeniden ortaya çıkmaması için *en*

---

20. Bkz. bu kitap, dipnot (3), s. 15.
Düşünceleri belirginleştirmek için şunu söyleyelim, krizin başlangıcından itibaren üretim yılda ortalama % 1 ile 3 ritminde artar; oysa, ekonominin tümü için çalışma saati başına üretkenlik yılda % 3 ile 4 artar. Çalışma hacmi olarak adlandırılan yıllık toplam çalışma saati miktarı, sonuç olarak, yılda ortalama % 1 ile 2 ritminde azalır. Azalmanın bir bölümü çeşitli hilelerle, özellikle hizmetçilik faaliyetleri gibi iktisadi akılsallığı olmayan ücretli faaliyetlerin yayılmasıyla gizlenir. Çalışma süresinin yaklaşık olarak yıllık ortalama % 2 azalması, yaklaşık % 2'lik bir alım gücü artışıyla birlikte gider. Ama, çalışma süresinin azaltılması üretkenlik artışını hızlandırdığından ve çalışma süresinin çok zayıf bir biçimde ve parça parça azaltılması (% 2, günde on dakikadan azdır) genellikle çalışmanın belli belirsiz yaygınlaştırılmasıyla telafi edileceğinden, çalışma süresini her dört beş yılda bir, kademe kademe azaltmak tercih edilir. Emekçiler ve işletmeler süre bitimine hazırlanmaya ve buna destek vermeye hazır olacaklardır.

21. Bu konuda bkz. Alain Lipietz, *L'audace ou l'enlissement*, s. 284–286. "Çalışma süresinin azaltılmasının gerçekten yeni bir yol açması ve işsizlere gerçekten iş sunması" koşuluyla "ücretin telafi edilmesi üzerine bir anlaşmanın pazarlık edilebileceği" üzerinde özellikle durur.

22. Üretkenliğin büyüme oranı (örneğin ekonominin tümü için % 4) ile toplam ekonomik üretimin büyüme oranı (örneğin % 2) arasındaki farklılığa kullanılabilir üretkenlik denir.

azından bu tempoda devam etmek zorundadır. Kısacası, çalışma süresinin azaltılması, *normal olarak* gelir kaybı olmadan sürebilmelidir. Gelir kaybı, ancak acil ve geçici durumlarda bir zorunluluk olarak düşünülebilir.

Dolayısıyla, bütünlüklü ücret telafisi makro-ekonomik planda aşılmaz sorunlar getirmez. Ama güçlük, bütün olarak ekonominin bakış açısıyla kendiliğinden ortada olan şeyi mikro–ekonomik plana yerleştirebilmektedir. Birçok sendikacının şaşkınlığı buradan kaynaklanır: Özel bir işletme gerçeğinden yola çıkarlar ve çalışma süresinin indirimini belli bir anda çok sayıda insan üzerinde belirli bir çalışma ve para miktarını yeniden dağıtacak tek amaca yönelik bir önlem olarak düşünürler. Çalışma süresinin azaltılması, özellikle ilave işler yaratması veya işten atılmaları engellemesi gerektiğinde, sendikacılara belirli bir çalışma ve kaynak hacminin *paylaşımı* gibi görünür. Bu bakış açısında ücretlerin azaltılması kaçınılmazdır.

Bu nedenle, gelir kaybı olmaksızın çalışma süresinin azaltılmasını bir önlem olarak değil, izlenecek bütünlüklü bir *politika* olarak anlamak gerektiğini baştan beri vurguladım. Var olan işleri ve kaynakları yeniden dağıtmak değil, *giderek daha az çalışma gerektiren, ama daha çok zenginlik yaratan bir süreci, dinamiği içinde yer alarak, yönetmek* söz konusudur. Mikro–ekonomik mantık çalışma zamanı tasarruflarının, bunu gerçekleştiren işletmeler için, *ücretler üzerinde tasarruflarla* ifade edilmesini ister: En az maliyetle üreten bu işletmeler daha "rekabet edebilir" olacaklar ve (belirli koşullarda) daha fazla satabileceklerdir. Ama, *makro-ekonomik açıdan*, giderek daha az işgücü kullandığından *daha az ücret dağıtan bir ekonomi, işsizlik ve yoksulluk yokuşundan acımasızca iner.* Onu bu yokuşta tutmak için, "çiftlerin" alım gücünün ekonominin tükettiği çalışma hacmine bağlı olmaktan çıkması gerekir. Nüfusun, daha az çalışma saati sağlasa da, üretilen zenginliklerden artan hacimde satın alacak şeyi kazanması gerekir: *Çalışma süresinin azaltılması alım gücünün azalmasına yol açmamalıdır.* Geriye, bu sonuca nasıl ulaşılacağı kaldı.

Birinci nokta, daha önce belirttim, çalışma süresindeki azalmanın, önceden saptanmış bir takvime göre, birden çok yıllık kademelerde yapılması gerekir. Dışardan ve önceden saptanması gerekir, dışardan ve sonradan değil. Toplumun kendine verdiği bir hedef olmalıdır, belirli bir zaman aralığında diğer değişkenlerin de eklenecekleri bağımsız değişken olmalıdır. Sekiz saatlik işgünü, ücretli tatiller, sosyal sigortalar, garanti edilmiş asgari ücret, ve başka alanlarda, Japonya ve Amerika Birleşik Devletleri'nde zorunlu olan kirlilik kontrol kuralları ve karar vermek için eğer herkesin hazır olması bekleniyorsa asla gün ışığına çıkmayacak olan "Avrupa Ortak Pazarı" bu şekilde hayata girmiştir. Dört veya beş yıl içinde çalışma süresinin haftada dört veya beş saat veya yılda iki yüz saat azaltılacağını duyurmak, eğer herkes önceki gibi çalışmaya devam ederse gerçekleşmeyecek hayal gücü, özörgütlenme ve yenilik çabalarını teşvik etmek olur.

İkinci nokta, giderek azalan çalışma yükümlülükleri için bütün işletmelerin sabit veya büyüyen miktarda ücret ödemelerini beklemenin elbette imkânsız olmasıdır. Ücret maliyetinin, başlangıçtan beri, toplam üretim maliyetinin ancak % 5 ile % 10'unu temsil ettiği büyük ölçüde otomatikleştirilmiş işletmelerde hiçbir sorun çıkmaz. Ama uzun vadede, çalışma yoğunluğu güçlü ve üretkenlik artışı zayıf olan üretim ve hizmetlerdeki, yani tarım ve hayvancılık, yapı sanayi, bakım, eğitim, belediye hizmetleri, tamir, otelcilik, vs. gibi alanlardaki *görece* fiyatları ölçüsüzce arttırır.

Fiyatlardaki bu dengesizlik ve emek yoğun işletmelerdeki handikap, Michel Albert'in yarım gün çalışma için önerdiği tür bir çözümle ortadan kaldırılabilir:[23] Çalışma süresinin her aşağıya çekilişinde ücretler de aynı oranda aşağıya çekilir. Ama, bundan kaynaklanan erkek veya kadın ücretlinin gelir kaybı bir garanti sandığı tarafından telafi edilir. Guy Aznar'ın "*ikinci çek*" diye adlandırdığı budur.[24]

Bu ikinci çek, çalışmadan kurtulmuş saatleri, çalışılan saatlerle aynı tarife üzerinden ücretlendirmelidir. Dolayısıyla, kolektif sözleşmeler, pratik olarak, çalışma süresi azaldıkça işletmelerin azalan

23. Bkz. Michel Albert, *Le parti français*, Paris, Le Seuil, 1982.
24. Guy Aznar, "Le deuxième chèque", *Futuribles*, 101, Temmuz-Ağustos 1986, s. 66-67.

miktarda aktardıkları bir gelir düzeyine dayanacaktır. Zenginliğin temel kaynağının çalışma olmadığı ve zenginliğin ölçüsünün de çalışma süresi olmadığı fazlasıyla otomatikleşmiş bir ekonomide ikinci çek, gelirin uzaktan en önemli kaynağı olma eğilimindedir. Nihayet, bu dolayımla, 1930'lu yıllarda Jacques Duboin ve dağıtımcı hareket tarafından teorileştirilen "dağıtım parası"nı ve "herkese çalışmasına göre" vermeyi değil, toplumsal olarak üretilmiş zenginliklerin dağıtımını sağlamayı görev bilen "toplumsal gelir" düşüncesini[25] hatırlatan bir sistemle karşılaşılır. Toplumsal gelir ve çalışma arasındaki ilişki ve günümüzde hemen hemen bütün sanayileşmiş ülkelerde şimdiden şu ya da bu biçim altında mevcut bu gelirin verilmesinin koşulları üzerinde daha ilerde tekrar duracağım. Solu sağdan ayıracak olan şey, bu toplumsal gelirin tutarı değil, çalışma hakkıyla olan bağı veya bağ yokluğu olacaktır.

Toplumsal bir gelirin veya ikinci çekin finansmanı için değişik formüller düşünülmüştür. Fransa'da Taddei raporunda açıklanan ve örneğin Avusturya'da Sosyal Hizmetler Bakanı Alfred Dallinger'in savunduğu "robot geliri" düşüncesini Guy Aznar yeniden gündeme getirmektedir. "Makine tarafından ödenen ve toplanmasını ve dağılımını devletin örgütlediği bir gelir" söz konusudur:[26] Başka deyişle, robotlaşmadan kaynaklanan üretkenlik kazançlarından alınan

25. İlk bakışta bu formül ticaret ilişkilerini devam ettirir; oysa sosyalist (daha doğrusu komünist) bir ekonomi, ürünlerin bedava olmasıyla bu ilişkileri yıkacaktır. (Bu konuda Ernest Mandel ile Alec Nove arasındaki son tartışmaya bkz.: *New Left Review,* 159 ve 161, Eylül–Ekim 1986 ve Ocak–Şubat 1987.) Kendi için çalışma konusunda şunu belirttim ki, zamanın serbest bırakılması, bireysel olmayan tüketim biçimleri gibi, malların ve hizmetlerin ticari olmayan değişimlerinin ve üretimlerin alanını büyük ölçüde genişletme eğilimi gösterirken, iktisadi anlamdaki çalışma ek bir faaliyet olmaya yönelecektir. Sorunun özü buradadır. Geçiş sorunu, bu ikinci perspektifte, bir Kibbutz federasyonu biçiminde yapılanmış bir toplumun bağrında kendini güçlü biçimde örgütlemiş devrimci bir işçi sınıfı gerektiren komünist bir ekonomideki bedava mal ve hizmet terimleriyle açıklanmaz. Oysa, bu eserin birinci bölümünde gösterdiğim gibi, sanayileşmiş toplumlar daha uzun süre büyük iktisadi uzamlar ölçeğinde işbölümündeki ve çalışmadaki uzmanlaşmanın egemenliğinde, ve dolayısıyla, (terime Marx'ın verdiği anlamda) *soyutlama yoluyla* iktisadi amaçlı çalışmanın egemenliğinde kalacaktır. Bu koşullarda, Ivan Illich'in ifadesiyle, para, en ucuz değişim akçesi (*the cheapest currency*) olarak kalır ki bu, nihai fiyatların pazar fiyatları olması gerektiği anlamına gelmez.
26. Guy Aznar, "Le deuxième chèque", belirtilen makale.

bir vergi söz konusudur. Ama benzer vergi, elbette, robotlaştırılmış ürünlerin işletmeleri için bedeli yükseltmek anlamına gelir: Sanki her şey, robotlaştırılmış alana yatırım yapan işletmeler, daha sonra da, herkes için ikinci çeki finanse etmek zorundaymış gibi cereyan eder.[27] Bu sistemin, üretkenlik yatırımları üzerinde caydırıcı etkisi olabilir; ayrıca, maliyetin saydamlığını da engeller.

Bu nedenle, benim önerim, alkollü içkiler, yakıtlar, tütünler, motorlu araçlar, vs üzerinden alınan vergiler veya KDV tarzında, üretim araçlarından değil, ürünlerden ve hizmetlerden farklı oranlarda alınan dolaylı bir vergidir.[28] Bu vergilendirme sistemi, hızla otomatikleştirilebilir üretimlerin görece fiyatlarının sürekli düşmesini engelleyecektir. Bu üretimler, toplumsal arzulanırlıkları ne kadar düşük olursa (ister yabancı ister yerli kaynaklı olsunlar) o kadar yüksek oranda vergilendirilir. Vergiler ihracat fiyatlarından indirilebildiğinden, rekabet bundan etkilenmeyecektir.

Böylece, pazar fiyatları sisteminin yerine yavaş yavaş fiyat politikası sistemi geçecektir. Burada söz konusu olan, bütün modern ekonomilerde çoktan uygulanmakta olan pratiklerin yaygınlaştırılmasıdır. Bütün bu ülkeler, (yakıtlardan, arabalardan, lüks ürünlerden, vs) alınan vergi uygulaması ve (toplu taşımacılığa, tarımsal ürünlere, konutlara, tiyatrolara, hastanelere, kreşlere, okul kantinlerine, vs) desteklerle pazar fiyatları sistemini düzenler. Otomatikleşebilir üretimlerin birim maliyetleri ihmal edilebilir olduğunda ve değişim değerleri yıkımla tehdit edildiğinde, toplum, kaçınılmaz olarak, bireysel ve kolektif tüketim maddelerindeki tercihlerini ve önceliklerini yansıtan bir fiyat politikası sistemiyle donanmak zorundadır. Sonuçta, üretim tercihleri ürünlerin kullanım değerine göre yapılacaktır ve fiyat sistemi bu tercihlerin ifadesi olacaktır.

---

27. İkinci çeki sadece robotlaştırılmış işletmelerin ücretlileriyle sınırlamamak koşuluyla. Bu durum bizi, ikiye bölünmüş bir topluma götürür.
28. Çalışma hacminin ve doğrudan çalışma gelirlerinin azalmasıyla tüketim üzerine vergilerin gelişimi, her koşulda, kaçınılmaz olacaktır. Sadece ücretlere dayalı kesintilerle yaşlılık ödeneğini finanse etmek şimdiden imkânsızdır.

Üretim süreci daha az çalışma gerektirdiğinde ve daha az ücret dağıtıldığında, gerçeklik adım adım herkese kendini dayatır: Gelir hakkını sadece bir işte çalışan insanlara saklı tutmak ve gelir düzeyini de özellikle herkesin sağladığı çalışma miktarına bağlı kılmak artık mümkün değildir. Bütün erkek ve kadın yurttaşlara çalışmadan veya çalışma niceliğinden bağımsız olarak garanti edilmiş bir gelir düşüncesi buradan kaynaklanır.

Bundan böyle, bütün sanayileşmiş kapitalist dünyada bu düşünceye sık rastlanmaktadır. Hem sağda hem de solda yandaşları vardır. Sadece yakın tarihi ele alırsak, 1950'li yılların sonunda Amerika Birleşik Devletleri'nde bir yanda solcu demokratlar ve liberterler, diğer yandan da neo–liberaller (özellikle Milton Friedman) tarafından (yeniden) ortaya atılmıştır. 1960'lı yılların sonuna doğru, Amerika Birleşik Devletleri'nde, garanti edilmiş asgari gelir yerel olarak birçok kez denendi. Nixon'ın bu yönde verdiği bir yasa tasarısı 1972 yılında kıl payı reddedildi. Aynı yıl, Demokratların başkan adayı George McGovern garanti edilmiş asgari geliri programına aldı. Amerika Birleşik Devletleri'nde bütün ülke çapında zorunlu sosyal yardım sistemi olmadığından, başka yerlerdekinden daha görünür olan yoksulluğa çare bulmak amaçlanıyordu. Garanti edilmiş asgari gelirin sosyal yardım sisteminin yerini tutması kabul edilmişti. Avrupa'nın neo–liberalleri de bundan böyle var olan sosyal himaye sisteminin yerine bunu koymayı hayal ediyorlar.

Avrupa'da, çalışmayla bağlarını koparmış bir gelir üzerine tartışma 1980'li yılların başlarında alevlendi. Hollanda, Danimarka ve Büyük–Britanya bu hakkı zaten elde etmişti. En verimli tartışma, 1982'den itibaren, Yeşiller'in teşvikiyle Federal Almanya'da gelişti ve muhafazakârlar ve sosyal demokratlar da hızla katıldılar. Claus Offe tarafından formüle edilen şu düşüncede herkes ilke olarak hemfikirdi: "Nüfusun çoğunluğunu, geçim derdi nedeniyle, çalışma pazarına bağlanmaya yönelten bir gelişmeden koparmak gerekir." Hiç kuşku yok ki, bu çalışma pazarı geçimi garanti edemiyordu. Başka deyişle, gelir hakkı artık ücret hakkıyla çakışmıyordu.

Yine de, gelir hakkını (iktisadi anlamdaki) çalışma hakkından ayırmak gerekip gerekmediğine karar vermek gerekiyordu.

Sağ/sol ayrılığı, en azından Almanya'da bu son soru üzerinde adım adım yeniden ortaya çıktı. Garanti edilmiş gelirin daha 1983'te (sözcüğün küçümseyici anlamında) bir "ütopya" olarak görülerek reddedildiği Fransa'da, solun, merkezin ve sağın büyük bölümü bunun (biçimi üzerinde değilse de) gerekliliği üzerinde aniden birleşti: Bütün Felaketlere Yardım (ATD), Rahip Pierre, "Restaurants du Coeur",* dilenciliğin ve yoksulluğun yaygınlaşması bu birleşmeyi etkilemişti. Asla çalışmamış olan oldukça çok sayıda erkek ve kadın vardır; 45 yaşında, bir daha asla çalışmayacak olanlar vardır; sakatlar, hastalar, anormal çocuklar, tek çocuklu aileler, vs., vs. vardır. Bütün bu insanların yok olmasına izin verilemez; dolayısıyla "bir şeyler yapılacaktır" ve aciliyet adına, nedenlerle ilgilenmeden sonuçlara saldırılacaktır.

Böylece, aciliyet, burada söz konusu edilen toplum tercihleri üzerine bütün tartışmalarından yan çizmek için kandırmaca olarak hizmet eder: Çalışmanın yeniden dağılımı politikalarının meyvelerini vermesini beklerken, garanti edilmiş asgari gelir geçici bir önlem mi olacaktır? (İktisadi anlamdaki) çalışmanın kesintili olacağı ve çalışılmayan dönemler boyunca "ikinci çekin" normal bir yaşam düzeyi sağlayacağı bir topluma doğru geçişin başlaması gerekmiyor mu? Yoksa "ikinci çek", "nüfusun üçte ikisinin toplumsal gelirden sakince yararlanabilmesi için geri kalan üçte birini faaliyetsizliğe ve sessizliğe mahkûm etmeyi sağlayacak halkın afyonu"[29] mu olacak? İktisadi akılcılaştırmanın kaçınılmaz sonuçları (hatta koşulları) olarak kabul edilen işsizliğin ve toplum dışına itilmenin genişlemesini toplumsal olarak hoşgörülür kılmaya mı yarayacak?

Sorun, sanayi devriminin kendisi kadar veya toplumun kapitalizm tarafından parçalanması kadar eskidir. Çünkü, garanti edilmiş asgari gelir biçimleri sanayileşmenin başlarına kadar uzanır:

* Fransız yardım örgütü. Özellikle 1970'lerin sonu ve 1980'lerin başındaki işsizlik krizi sırasında öne çıktı. (ç.n.)

29. Alfred Dallinger, "Basislohn/Existenzsicherung, Garantiertes Grundeinkomme für alle?", Giriş bölümü, *Forschungsberichte aus Sozial–und Arbeitsmarkspolitik,* 16, Frauenrat des Bundesministeriums für Arbeit und Soziales, Viyana, 1987.

1795'teki Speenhamland kararlarının ardından çok sayıda değişiklik geçiren[30] ve Britanya toplumsal yasamasında hâlâ izleri bulunan "*poor laws.*" XVIII. yüzyılın sonundan itibaren gündeme gelen yoksullara yönelik bu yasa, kırsal bir toplulukta oturan herkese ekmek fiyatına göre hesaplanan asgari bir geçim geliri sağlayacaktı. Tıpkı bugün, neo–liberaller tarafından hayal edilen toplumsal asgari gelirin bazı biçimleri gibi, Speenhamland kararı da, kırsal komünlerdeki topraksız emekçilerin o zamana kadar yararlandıkları toplumsal himayelerin ortadan kaldırılmasına eşlik eder. Bu emekçilerin, geçmişte, komün toprakları üzerinde biraz buğday ve sebze yetiştirmeye ve bir iki koyun otlatmaya her zaman hakları vardı. Ortak mülkiyet yıkıldığında bu hak onlardan alındı ve mülk sahiplerine verilen topraklar çitle çevrildi. Bu önlemin ikili bir amacı vardı: Yaşamak için gerekli ekin ve öz–tüketimin zararına ticari ekinleri geliştirmek; ve topraksız köylüleri mülk sahiplerine kiralanmak zorunda bırakmak.

Bununla birlikte bu mülk sahiplerinin, ilave bir işgücünü sürekli kullanmaya hiç ihtiyaçları yoktu. "*Poor laws*" onları bundan kurtaracağı gibi, işsizlerin ayakta kalmasını sağlayarak, mülk sahiplerini de tedirginliklerinden kurtaracaktı. Daha iyisi (veya daha kötüsü): Geçmişte, toprağı sürme ve hasat zamanı işgücü eksik olmasın diye oldukça bol bir işgücü beslerlerken, "*poor laws*" mülk sahiplerinin sürekli işçilerin yerine gündelik işçileri koymasını sağlar; hasat kaldırıldığında, kilisenin muhtaçlara verdiği asgari geçimle yaşasınlar diye onları evlerine gönderirler. Şu anki durumla paralellik görülmektedir. Çünkü günümüzde de sürekli ücretlilerin oranındaki azalma ve yılın bir bölümünde işsiz kalacak geçici işçilerin ve vekâleten çalışanların çoğalması, işsizlik tazminatını hak etmek için yeterince sağlam iş bulamayan insanlara asgari bir geçim gelirinin sağlanmasını gerektirir.

Bu yüzden, garanti edilmiş gelir üzerindeki tartışma, "akılcılaştırma"nın kurbanları için ne kadar önemli olursa olsun, bu tür bir garanti ilkesinin derin anlamını gizler. Gerçekten de bu garanti da-

30. Bu konuda bkz. E.P. Thompson, *The Making of the English Working Class*, Pelican Books, 1980, ve Karl Polanyi, *La grande transformation.*

yanışmadan değil, kurumsal yardımseverlikten kaynaklanır. Ve bütün yardım kurumları gibi tutucu bir eğilim içerir: Toplumun parçalanmasıyla, Güney Afrikalılaştırılmasıyla mücadele etmek yerine, bunları kabul edilir kılma eğilimindedir. Garanti edilmiş asgari gelir, marjinalleşmenin ve toplum dışına itilmenin ücretidir. Geçici bir önlem olduğu açıkça belirtilmedikçe (ve geçişin neye doğru olması gerektiğini de belirtmek gerekir) garanti edilmiş asgari gelir sağcı bir düşüncedir.

Solun alternatifinin ne olması gerektiği buradan itibaren ayırt edilebilir. Sol, işsizliğin artmasını kaçınılmaz bir veri olarak kabul etmez ve bu işsizliği ve beraberinde getirdiği marjinalleşme biçimlerini tahammül edilebilir kılmayı kendi hedefi olarak görmez. Toplumun bütün haklara sahip emekçiler ve dışlanmışlar olarak bölünmesinin reddi üzerinde temellenir. Dolayısıyla, sol bir projenin merkezinde bulunacak olan şey, her türlü çalışmadan bağımsız bir gelir garantisi değil, *gelir hakkıyla çalışma hakkı arasındaki kopmaz bağdır. Her yurttaşın normal bir çalışma düzeyine hakkı olmalıdır; ama her erkeğin ve kadının tükettiği şeye eşdeğer–çalışmayı topluma sağlama imkânı (hakkı ve görevi) de olmalıdır:* Özet olarak, "hayatını kazanma" hakkı; kendi geçimi için iktisadi karar vericilerin iyi niyetine bağlı olmama hakkı. Gelir hakkıyla çalışma hakkının bu ayrılmaz birliği her erkek ve kadının yurttaşlığının temelidir.

Gerçekten de, bu birliğin özgürlük olduğunu iktisadi anlamdaki çalışma konusunda gösterdim:[31] İnsan topluma aittir (daha doğrusu, modern demokratik topluma, köleci topluma değil) ve toplum üzerinde hakları vardır, veya tersine, bütün toplum ölçeğinde örgütlenmiş üretim sürecine katılmasına veya katılmamasına göre kısmen toplumdan dışlanmıştır. Bütün olarak toplumla değil, özel bir topluluğun (aile, konut, köy, mahalle, vs) üyeleriyle değiş tokuş edilen çalışma, özel güç ilişkilerinin, özel çıkar ve bağların sonucu olan, özel kurallara tabi, özel bir çalışma olarak kalır. Tersine, toplumsal olarak belirlenmiş ve ücretlendirilen iktisadi anlamdaki çalışma, bireyi özel bağımlılık ilişkilerinden kurtaran ve onu evrensel birey,

31. Bkz. s. 170-172.

yani yurttaş olarak tanımlayan evrensel kural ve ilişkiler tarafından yönetilir: Ücretli faaliyet, *genel toplumsal yararlılığı* olan *genel anlamda çalışma* olarak, toplumsal olarak kabul edilir. Bu çalışmayı sonsuz sayıdaki işletmeye satabilirim ve karşılığında ücretimi ödeyenlerle kişisel ve özel ilişki kurmam gerekmez. Onlar benim becerimin genel toplumsal yararı için para öderler, yoksa onlara yaptığım kişisel hizmet karşılığı değil. Onlar, bir anlamda, (ister pazar, ister plan veya kamusal bir sipariş tarafından ifade edilmiş olsun) bütün toplumun *gayri şahsi talebi* ile bunu tatmin etmek için katkıda bulunabileceğim çalışma arasında aracılık yaparlar.

İktisadi anlamdaki çalışmanın özgürleştirici özelliği buradan kaynaklanır: Bana toplumsal üretim sürecindeki bir görevi başka herhangi biri gibi yerine getirebilecek, soyut, herhangi bir bireyin gayri şahsi gerçeğini verir. Ve tam da özünde gayri şahsi[32] bir *görev* söz konusu olduğundan, ben de diğer insanlar arasındaki herhangi biri gibi bu görevi yerine getiririm; çalışma, varsayıldığı gibi, bana "kişisel bir kimlik" vermez, tersine: Bütün kişiliğimi, bütün yaşamımı çalışmama katmak zorunda değilim; yükümlülüklerim mesleğimin doğasıyla, çalışma sözleşmemle ve Toplumsal Hukuk'la sınırlıdır. Topluma neyi borçlu olduğumu ve buna karşılık toplumun bana borcunu biliyorum. Sözleşmeyle sınırlanmış bir süre boyunca, benim için kişisel olmayan toplumsal yeteneklerle topluma aitim ve sözleşmeye bağlı yükümlülüklerimi yerine getirdiğimde sadece kendime, aileme, tabandaki cemaatime ait olurum.

Bu iki anın diyalektik birliğini asla gözden kaybetmemek gerekir: İktisadi anlamdaki çalışma, gayri şahsi soyutlamasıyla, mikrososyal ve özel alanın ilişkilerini yöneten özel bağlılık ve karşılıklı aidiyet bağlarından beni kurtarır. Bu alan, *iyice tanımlanmış* toplumsal yükümlülüklerin iyice sınırlı alanının tersi ise egemenlik ve gönüllü karşılıklılık alanı olarak var olabilir. Eğer her türlü toplumsal yükümlülükten ve özel olarak, ne kadar az olursa olsun çalışarak "yaşamımı kazanma" yükümlülüğünden kurtulmuşsam "herhangi biri kadar yetenekli herhangi bir toplumsal birey" olarak var olmaktan çıkarım: Sadece özel veya mikro–sosyal olarak var olu-

32. Bkz. Bölüm 1/III, s. 48.

rum. Bu özel varlık zorlayıcı toplumsal yükümlülüklerin negatifi olmaktan çıktığı için, bu özel varlığı artık kişisel egemenliğim olarak yaşamam. Dolayısıyla, toplum içindeki yaşamla makro–sosyal örgütlenmenin alışılmış dengesi bozulur: Özel birey olarak genel anlamdaki çalışmamla kendimi inkâr etmediğim gibi, özel faaliyetimle de genel olarak varlığımı inkâr etmem. Hiçbir genel toplumsal yükümlülüğe, toplumsal kabul görmüş bir gerekliliğe hizmet etmeyen varlığım özel olanın içinde yok olur, hiçbir şey olamam ve yapamam veya kendime hiçbir şey soramam: "Bütün gruplardan ve bütün işletmelerden dışlanmış, sadece hava, su ve başkasının çalışmasının tüketicisi, olumsallığımın derin bilincinde, yaşama sıkıntısına mahkûm biri olarak" ben, "insan soyunun fazlalığıyımdır."

İradesi dışında işsiz kalan kişinin durumu budur ve asgari bir toplumsal gelir garantisi de burada bir şey değiştirmez (ne de bir *sahte iş* verilmesi yani gerçek anlamda iş bulunamayan insanlar meşgul olsunlar ve onlara verilen ödenek haklılık kazansın diye kasten yaratılmış, toplumsal gerekliliği olmayan küçük bir iş). Garanti edilmiş asgari gelirin önemi ne olursa olsun, toplumun benden bir şey beklememesi olgusunu hiç değiştirmez, dolayısıyla genel olarak toplumsal birey gerçekliğimi yadsır. Hiçbir şey sormadan bana bir ödenek verir, dolayısıyla *kendim üzerinde bana hak tanımaz.* Bu ödenekle beni kendi iktidarında tutar: Bana bugün verdiğini yarın kesebilir veya tamamen ortadan kaldırabilir, çünkü ben ona mecburken o bana mecbur değildir.

Bütün bu nedenlerle, gelir hakkı ve makro–sosyal çalışma hakkı birbirinden ayrılamaz. Veya, aynı anlama gelmek üzere, gelir hakkı, bu geliri üretmek için, ne kadar az olursa olsun çalışma ödevine bağlı olmalıdır. Bütün bunlar "çalışma toplumu"nu, çalışma etiğini veya İncil ahlâkını kurtarmak için değildir; hak ve ödev arasındaki ortadan kaldırılamaz diyalektik birlik içindir. Karşılıksız hak olmaz. Benim görevim hakkımın temelidir ve beni görevlerimden yoksun bırakmak, benim hak sahibi kişi olma niteliğimi de inkâr etmektir. Hak ve görev her zaman birbirinin tersidir: Benim hakkım ötekilerin bana karşı görevleridir; bu ötekiler karşısında da benim görevimi gerektirir. *Onlardan biri* (ötekiler arasındaki öteki) olarak onlar üzerinde haklarım vardır; *onlardan biri* olduğum için onların benim üzerimde hakları vardır. Beni onlardan biri olarak tanımaları için bu haklar –dolayısıyla benden istedikleri görevler– gerekir. Ben topluma ait olduğumdan, toplumsal olarak üretilmiş zenginlikten payımı talep etme hakkım vardır; ben topluma ait olduğumdan, toplumun benden buna denk düşen çalışma payını talep etme hakkı vardır. Toplum kendisine ait olduğumu bana verdiği görevle kabul eder. Eğer toplum benden hiçbir şey istemezse beni dışlar. Çalışma hakkı, çalışma görevi ve yurttaşlık hakkı ayrılamayacak şekilde birbirine bağlıdır.[33]

Solcu bir düşünce içinde, bütün çalışmalardan bağımsız bir geliri garanti etmek söz konusu değildir; söz konusu olan, *hem* geliri *hem de* buna denk düşen toplumsal çalışma niceliğini garanti etmektir. Başka deyişle, toplumsal olarak gerekli olan çalışma süresi azaldıkça düşmeyen bir geliri garanti etmek önemlidir. *Gelirin çalışmanın kendisinden değil, çalışma süresinden bağımsız olması gerekir.*

Bu şekilde, çalışma ne kadar kesintili ve süresi de ne kadar az olursa olsun, herkese tüm yaşamı boyunca garanti edilen gelir ve karşılığında buna denk düşen çalışma, çalışmayla elde edilen hak üzerinden kazanılan bir gelir olmaktan asla çıkmayacaktır.

Bu öneriyi, garanti edilmiş asgari ücret ve evrensel ödenek biçimlerinden ayırt etmek için daha iyi belirtmeye çalışacağım.

a) Garanti edilmiş gelirin sağcı yorumu: Garanti edilmiş asgari gelir, doğrudan gelirlerden vergi alınmasıyla finanse edilen ve devlet tarafından *verilen* bir gelirdir. Bir yanda, çalışan ve yaşamını iyi kazanan ve diğer yanda çalışma pazarında yer bulamadıkları

33. Toplumsal *bütünleşme*'den değil topluma *aidiyet*'ten kasten söz ediyorum. Gerçekten de, toplumsal olarak bölünmüş ve uzmanlaşmış biçimiyle çalışmanın *toplumsal* bütünleşmenin değil, işlevsel bütünleşmenin kaynağı olduğunu uzun uzun gösterdim (Bölüm 1/III, s. 49 ve devamı): Çalışma, bizi, dışımızda kalan toplumsal bir sistemle bütünleştirir, yoksa ortak amaçları olan işbirliği ilişkileri dokusuna dahil etmez. Bize, herkesle birlikte izlenen amaçları kendi amacı olarak benimseyen "üyeler" sıfatını değil, kodlandırılmış haklar ve ödevler bütünü tarafından tanımlanan yurttaşlık sıfatını verir. En iyi durumda, ancak mikrososyal bütünleşme (dostluk, yardımlaşma ilişkileri) sağlar.

veya çalışamaz olarak kabul edildikleri için çalışmayan insanlar olduğu düşüncesinden yola çıkar. Birincilerle ikinciler arasında yaşanan hiçbir dayanışma görülmez. Bu dayanışma yokluğu (toplumun bu eksikliği) bir vergi aktarımıyla düzeltilir. Devlet, birilerinden alır, diğerlerine verir.

Bu aktarımın meşruluğu, açık veya gizli, sürekli tartışma konusu edilir. Çünkü, her şey sanki çalışmayanlar kendi yerlerine diğerlerini çalıştırıyormuş gibi cereyan eder. Dolayısıyla, devletin başkasının sırtından geçinmeyi ve tembelliği desteklediğinden her zaman kuşkulanılır. Devlet toplumsal gelir hakkını yeterince küçük düşürücü ve incitici denetimlerle donatarak bu kuşkuyu gidermeye her zaman çalışacaktır. Ödeneklerden yararlananlar, vergi mükelleflerinin veya politik bir değişimin insafına kalmıştır. Garanti edilmiş bir gelir, Charles Fourier kolektifinin[34] veya Alman eko–liberterlerinin önerdiği gibi evrensel ve koşulsuz bir temel gelir ödeneği biçimini alsa bile böyle kalacaktır. Ayrıca bu temel gelir, işverenler tarafından "yan gelir" kaynağı olarak görülen küçük işlerin ve boğaz tokluğuna çalışmanın artmasının bahanesi olma tehlikesi taşır. Diğer yandan, kadınlar karşısında şiddetli bir ayrımcılığın onaylanmasına da hizmet etme riskini taşır. Kadının ev içi alanda tutulmasını ve (1987 yılında Jacques Chirac tarafından kullanılan bir formüle göre) "aile ocağındaki annelik mesleği"nin resmen kabulünü onaylayan bir "ev işi" veya annelik ücretiyle karıştırılma eğilimi gösterir.[35]

Garanti edilmiş asgari gelir veya evrensel ödenek, demek ki, ücretli toplumun çözülmesine karşı bireyleri korumayı vaat eden, ama

34. Bkz. "L'allocation universelle, une idée pour vivre autrement?", *La Revue nouvelle* (Bruxelles) 4, 1985. "Evrensel temelde ve koşulsuz bir yurttaşlık geliri (her birey için asgari ücretin % 70'i) ve güncel faaliyete bağlı bileşenler"i ve "çalışma niceliği ve niteliği"ni içeren daha karmaşık bir sistem Bernard Guibert tarafından önerilmiştir: "Un revenu minimum, et après?", *Projet* içinde, 208 (Kasım–Aralık 1987) ve benzer bir biçim altında, Michael Opielka tarafından önerildi (kişi başına 1000 DM ve herkes için haftada yirmi saat çalışma). Özellikle bkz. Michael Opielka ve Georg Vobruba (der.), *Das garantierte Grundeinkommen*, Fischer alternativ, 1986.
35. "Annelik ücreti" ile anneye özel ödenek arasında yapılması gereken ayrım konusunda bkz. s. 198-199 ve 185-186.

bu bireylere gelecek için özgürleştirici perspektifler açan toplumsal bir dinamik geliştirmeyen, geçici bir politik önlemden kaynaklanır.

b) Garanti edilmiş gelirin solcu yorumu: Sol bir bakış açısıyla, toplumun dışladığı insanlara yeterli bir gelir garantisi, politik projenin ne nihai amacı ne de çıkış noktası olmalıdır. Çıkış noktası, iktisadi açıdan gerekli çalışma hacminin azaltılması olmalıdır; hedef, hem irade dışı yoksulluk ve işsizliği hem de zaman yokluğunu, verimlilik yarışını, bütün faal yaşam boyunca tamgün çalışma zorunluluğunu ortadan kaldırmak olmalıdır. Geçici biçimler hariç, üretim sürecinden dışlanmış olanlar için bir ödenek sağlamak söz konusu değildir; önemli olan onları dışlanmaya götüren koşulları ortadan kaldırmaktır.

Gördüğümüz gibi bu hedef, iktisadi olarak gerekli çalışma hacminin yeniden dağıtılması politikasını gerektirir; bu politika, onbeş yirmi yıllık bir süre içerisinde, yılda 1600 saat olan bugünkü *tamgün kuralını,* kademe kademe, ortalama 1400, 1200 ve nihayet bin saate indirecektir. Bu yıllık bin saat, nitelikli işe denk düşen normal gelir hakkını veren tamgün bir çalışmanın *normal* süresi olarak kabul edilecektir; tıpkı bugünkü yıllık 1600 saatin tam gelir hakkı veren (bu gelir, yüzyılın başında yılda yaklaşık 3200 saat çalışan bir işçinin alım gücünden dört veya beş misli daha fazla bir gelirdir), normal tamgün olarak kabul edilmesi gibi.

Çalışma süresi azaldıkça, çalışmanın da giderek daha kesintili olma eğiliminde olduğunu yukarda gösterdim. Yılda bin saat ya haftada iki gün çalışmaya, ya ayda on gün, veya üç ayda iki defa on beş gün, veya iki haftada bir hafta, iki ayda bir ay, yılda altı ay, vs, vs çalışmaya denk düşebilir; ve tam gelir de ("iki çek" biçiminde), bugün yılda iki yüz günden 1600 saatin geliri gibi kavranmaya devam edilebilir.

Çalışma süresini yıl ölçeğinde değil, beş yıl, on yıl, faal yaşam ölçeğinde tanımlama düşüncesi de zamanın bu yeni örgütlenmesindeki mantığın devamıdır. Bu düşünce Fransa'da genellikle sanıldığı gibi (küçümseyici anlamda) "ütopik" değildir. 1960 yılında İsveç'teki eski sigorta sisteminin reformu dolayısıyla bu düşünceyi ilk ifade eden kişi, ekonomist Gösta Rehn'di: Herkesin, her yaşta, uzun süreli izin almakta özgür olmasını öneriyordu; bu süre emeklilik yaşamından sayılacak ve emekliliğin başlangıcı da o kadar geriye atılacaktı. Bu "kura çekme hakkı," diye belirtiyordu, "benim için, seçilmiş dönemlerde, bir yaşam biçimini bir başkasıyla değiştirme hakkı anlamına gelir... Benim için önemli olan, erkeği [kadını] her zaman "verimli" olma zorunluluğundan kurtarmaktır."[36]

Sonuçta, tamgün kuralı büyük ölçüde azaldığında çalışma süresinin bir yıl, beş yıl, faal yaşam ölçeğinde tanımlanmasını sağlayacak olan bu kurtuluştur. Tıpkı yılda bin saatin bütün yıl boyunca tam gelir hakkı veren normal tam zaman çalışma olması gibi; tıpkı çalışma altı aylık veya hatta iki yıllık aralıklarla kesintili biçimde gerçekleştirilse bile üç yılda 3000 saatin, beş yılda 5000 saatin, üç veya beş yıl boyunca tam gelir ödenmesi hakkını vermesi gibi. Bu kesintiler boyunca gelir, normal bir çalışmanın hak olarak verdiği normal gelir olacak, kimi zaman sonradan kimi zaman önceden ödenecektir ve ilke olarak, finansman biçimi farklı olsa da, örneğin ücretli izinlerin günümüzde hak olarak verdiği gelirden hiç farklı olmayacaktır. Mesleki faaliyete, her yaşta, düzenli olarak, altı ay veya iki yıl ara verme imkânı her erkek ve kadına (tekrar) öğrenim görme; yeni bir meslek öğrenme; bir orkestra, tiyatro topluluğu, semt kooperatifi, bir işletme veya bir sanat eseri yaratma; bir yenilik yapma; çocuk yetiştirme; militanca çalışma; bir Üçüncü Dünya ülkesinde gönüllü hizmet yapma; günleri sayılı olan bir akrabaya veya dosta bakma, vs. imkânı verecektir. Üç veya beş yıl için geçerli olan uslamlama, yirmi veya otuz yıllık çalışmayla tüm yaşam ölçeğinde de geçerlidir (20 bin ile 30 bin saat): Çalışmanın yaşamın kırk veya elli yılına dağılmasını –veya on ya da on beş yıla toplanmasını– düşünmemek için bir neden yoktur; bir "yaşam" projesi, hayatta ikinci veya üçüncü bir şans, ikinci veya üçüncü başlangıç tasarlamamak için hiçbir neden yoktur.

---

36. Kişisel mektup, Nisan 1982. Daha fazla ayrıntı için bkz. Gösta Rehn, "Vers une société du libre choix", *L'Observateur de l'OCDE*, 1972, ayrıca *On Incomes Policy*, Stockholm, 1969, s. 167 ve devamı.

Bu tür bir sistem sonsuza kadar süslenebilir, iyileştirilebilir, fazla kesintili veya fazla kesintisiz çalışma üzerinde primler ve indirimler, vergi teşvikleri veya engellemeler tasarlanabilir; ikinci çekin olabildiğince yüksek olması veya olmaması, çalışma kesintisi belli bir sürenin ötesine taşarsa bir indirime uğrayıp uğramayacağı, vs özel koşul olarak belirtilebilir. Bir yığın itiraz da ortaya atılabilir: "Aşırı bürokratik ağırlık"tan çekinmek (haksızdır, çünkü çalışma zamanı hesabının yönetilmesi bir emeklilik sandığından, aile ödenekleri sandığından veya bir banka cari hesabından farklı değildir); sanki hiçbir şey yapmamak için ücret alma hakkı yerleşmiş bir anayasal özgürlükmüş de bunu ihlal etmek istemekle kötü niyet gösteriyormuşum gibi "hiç çalışmak istemeyenler"den endişe duymak ve garanti edilmiş gelirin "zorunlu çalışma"yı ortadan kaldırmasından kuşkulanmak.

Bu sonuncu itiraz ("hiç çalışmak istemeyenleri ne yapacaksınız?"), her türlü yükümlülük karşısında ortaya atılabilir (restorandaki hesabı ödemek, kırmızı ışıkta durmak, havuza girmeden önce duş almak, vs). Burada çalışma zorunluluğu *yaratılmadığı, hafifletildiği* ölçüde bu itiraz yanıltıcıdır ve dayatılması için hiçbir baskı veya denetim aygıtına ihtiyaç yoktur. Eğer biri yüksek bir çalışma saati borcunu haksız yere biriktirirse, şu şu tarihten itibaren "ikinci çekin" verilmeyeceğini bildiren bir uyarı mektubu ve ardından da muhtemelen ikinci bir mektup alacaktır. Mektup, ilgili kişinin toplumsal hesabını yöneten bilgisayar tarafından gönderilir ve bütün banka hesaplarında olduğu gibi ona düzenli olarak bir çizelge sunar. Kural herkes tarafından bilinmektedir: Bankadan sınırsız avans çekilemez; "ikinci çeki" hazırlayan Toplumsal Sandık'tan da çekilemez. Bu kuralın açıklığı ve dürüstlüğü baskıcı ve otoriter olarak kabul edilmesini önler. Ortak kuraldır bu. Bu kuralın anarko–liberal toplum–olmayanın kör zorlamalarına ve herkese bir "yurttaşlık geliri" veren "ve en iyilerin kazandığı" sosyal–devletçiliğe tercih edileceğini düşünüyorum.

Garanti edilmiş tam gelir karşılığında çalışma yükümlüğü düşüncesindeki temel yan, bu yükümlülüğün buna denk düşen hak üzerinde temellenmesidir: Bireyleri çalışmalarıyla kendilerine garanti edilen geliri üretmek zorunda bırakan toplum da bireylere çalışma imkânını garanti etmek ve onlara bunu isteme hakkı sunmak zorundadır. Toplumun bireylere getirdiği yükümlülük bireylerin toplum üzerindeki haklarına dayanır: Bütün haklara sahip yurttaşlar, ihtiyaçların ve özgürlüklerin yükünden giderek hafifleyen paylarını üstlenen ötekilerle eşit bireyler olma hakkı ve böylece, zamanlarının geri kalanında, eğer arzu ediyorlarsa, çok sayıdaki yeteneklerini geliştiren karşılaştırılamaz kişiler olma hakkı.

Burada, bütün sorulara ve itirazlara cevap verme iddiasında değilim. Faal yaşama girmenin sınır yaşını tanımlamak gerekir mi, bilmiyorum; 35 yaşında bütün çalışma borcunu tamamlamış olanı aynı tarzda yaşamaktan caydırmak mı gerekir; yoksa, Gunnar Adler–Karlsson'un peşinden giderek iki iktisadi sektör önermeye devam etmek mi gerekir (bunlardan biri, emekçiler ve tüketiciler için gerekli olan her şeyi en ekonomik koşullarda sağlayan toplumsallaşmış sektör, diğeri yetenekle ilgili işler sağlayan özgür sektör olacaktır),[37] vs. Ama, herkesin çalışarak, ama giderek daha az, giderek daha kesintili çalışarak yaşamını kazanabileceği; herkesin çalışmanın sağladığı tam yurttaşlık ve mikro–sosyal veya kamusal, özel, "ikinci bir yaşam" hakkının olduğu bir toplum görüşünün emekçilerin ve işsizlerin, yeni toplumsal hareketlerin ve işçi hareketinin birliğini sağladığını biliyorum.

Merkezi iktidara tamamen bağlı olan evrensel ödenekten veya emekçi–olmayanlara toplumsal yardımdan farklı olarak, herkesin çalışabileceği, ama daha iyi yaşayarak daha az çalışabileceği bir

37. İki sektörlü bir modeli *Elveda Proletarya*'da ve ardından daha gelişmiş biçimiyle *Cennetin Yolları*'nda tasarladım (işbirliği halindeki mikro–sosyal bir sektör diğer iki sektör arasında denge unsuru ve hakem olarak hizmet görecektir). O dönemde, Joseph Popper–Lynkeus'un *Die allgemeine Nährpflicht* içinde, (Leipzig, 1912; ve Norbert Preusser [der.] tarafından *Armut und Sozialstaat,* c. III, Münih, 1982 kısmen tekrar aktarır) yakın bir çözüm önerdiğini bilmiyordum (toplumsallaştırılmış temel üretim sektöründe, yaşam boyu garanti edilmiş gelir karşılığında zorunlu çalışma hizmeti önerdiği doğrudur). İsveçli ekonomist Gunnar Adler–Karlsson'un 1977 yılında Danimarka'da "Tam Gün Çalışmaya Hayır – Taban Geliri Garantisine Evet" başlıklı bir broşür yayımladığını da bilmiyordum. Bu broşürde, birçok önemli noktada benim "model"im geride bırakılır. Bu broşürün İskandinavya'da ve *Mitteilungen zur Arbeits–und Berufsforschung* içinde, 4, 1979, s. 481–505'te "Gedanken zur Vollbeschäftigung" adıyla yayımlandığı Federal Almanya'da önemli bir etkisi oldu.

toplum projesi bir kolektif eylem ve halk inisiyatifi stratejisiyle sürdürülebilir. Garanti edilmiş asgari gelir veya evrensel ödenek formüllerinden farklı olarak, bu proje, bayram günleri, yıllık tatiller, babalık veya annelik tatilleri, eğitim stajları, vs için tam ödeme talebiyle sendikal mücadelenin geleneksel mantığından kopmaz ve bazı toplu iş sözleşmeleri de bu projenin ön habercisidir. Nihayet, bir gelir garantisi ile donanmış çalışma süresinin kademe kademe indirilmesi politikasının, işletmeler, servisler ve dallar düzeyinde emekçilerin düşünmesini, tartışmasını, deneme yapmasını, inisiyatifini ve özörgütlenmesini canlandıracağını ve diğer bütün sosyal–devletçi formüllerden daha fazla toplum ve demokrasi yaratacağını biliyorum. Burada esas olan şey budur, canlanmış bir toplum ekonomisi üzerindeki bu denetimdir.

İşte, benim önerilerimin nedeni budur. Ama tek mümkün öneriler bunlar değildir. Başka nedenlerden yola çıkarak başka önerilerde bulunabilirsiniz. Ama, içinde bulunduğumuz bu toplumun, bölünerek, sefalet, hüsran, saçmalık ve şiddet yarattığını kabul etmiyorsanız, gerçekçilik adına, bir çalışma toplumu olmayacak olan gelecek toplum üzerine tartışmaktan kaçamazsınız. Bir sendikacılar seminerinde[38] Gunnar Adler–Karlsson şöyle diyordu: "Gorz'un veya benim modelimi kabul etmiyorsanız, o zaman, kendi modellerinizi inşa edin. Ama, lütfen, yeni bir şey önerin. Benim ve Gorz'un teorilerini hazırlamak için bana klasik iş teorileriyle ilgilenen personel ve ekonomistin yüzde birini verirseniz yığınla soruya çözüm buluruz."

38. Bkz. G. Adler–Karlsson, *Weniger arbeiten, anders arbeiten, besser leben? Zukunft der Gewerkschaften* içinde, Protokoll des 4. Hattinger Forums, 20–24 Kasım 1985, DGB–Bundesschule Hattingen, s. 47–48.

Ek Bölüm

Sendikacılar ve diğer sol militanlar için özet*

* Bu metin, Aralık 1986'da Brüksel'de Hıristiyan Sendikalar Konfederasyonu (CSC/ACV) tarafından örgütlenen "2000 Yılında Sendikacılık" üzerine uluslararası kolokyumda, "Yeni–Korporatizm ve Görevlerinin Genişlemesi Arasında Sendikalar" başlığı altında, tartışmalara temel oluşturdu.

A. ÇALIŞMANIN KRİZİ

1. Çalışma ideolojisi

İktisadi amaçlı çalışma her zaman insanlığın egemen faaliyeti değildi. Ancak sanayi kapitalizminin gelişiyle birlikte, yaklaşık iki yüz yıldır tüm toplum ölçeğinde egemendir. Bundan önce, modernlik–öncesi toplumlarda, ortaçağda ve antikçağda ve günümüzde süren prekapitalist toplumlarda da, daha az çalışılıyordu; günümüzden çok daha az. Öyle ki, XVIII. ve XIX. yüzyıllarda, ilk sanayiciler işçilerini her gün, gün boyunca çalışmaya gelmeye zorlamakta çok büyük güçlük çekiyorlardı. İlk fabrika patronları bu nedenle iflas ettiler.

Demek ki, Anglo–Saksonların ve Almanların "çalışma etiği" ve "çalışma toplumu" diye adlandırdıkları şey yenidir.

"Çalışma toplumları"nın özelliği çalışmanın aynı anda hem ahlâki bir görev hem de toplumsal bir yükümlülük ve kişisel başarı *yolu* olarak kabul edilmesidir. Çalışma ideolojisi,

— herkes ne kadar fazla çalışırsa, kendini o kadar iyi hissedeceğini;

— az çalışanların veya hiç çalışmayanların topluluğa zarar vereceğini ve topluluk üyesi olmayı hak etmediğini;

— iyi çalışanın toplumsal olarak başarılı olacağını ve başarısız olanın hatayı kendinde araması gerektiğini,

kabul eder.

Bu ideoloji çoğumuzun içine derinlemesine işlemiştir ve sağcı veya solcu herhangi bir politikacının bize bugünkü krizi ancak çalışarak aşacağımızı iddia ederek bizi çalışmaya teşvik etmediği gün yoktur. "İşsizliği yenmek için", diye eklenir, "daha fazla çalışmak gerekir, daha az değil."

2. Çalışma etiğinin krizi

Gerçekte, çalışma etiğinin hükmü kalmamıştır. Daha fazla üretmek için daha fazla çalışmak gerektiği doğru değildir; daha fazla üretmenin daha iyi yaşamaya yönelttiği de doğru değildir.

Daha fazla ile *daha iyi* arasındaki bağ kopmuştur; çünkü birçok ürün veya hizmet için ihtiyaçlarımız geniş ölçüde sürmektedir, oysa ki tatmin olmamış ihtiyaçlarımızın çoğu *daha fazla* üreterek değil, *başka türlü, başka şey* üreterek, hatta *daha az* üreterek karşılanacaktır. Bu, özellikle, hava, su, uzam, sessizlik, güzellik, zaman, insani ilişki ihtiyaçlarımız için geçerlidir.

Herkes daha fazla çalışırsa, herkesin kendini daha iyi hissedeceği doğru değildir. Bugünkü kriz, eşi benzeri olmayan boyutta ve hızda bir teknolojik değişime yol açmıştır: "Mikro–elektronik devrim." Bunun sonucu ve hedefi, hem sanayide hem de yönetimde ve hizmetlerde hızla artan *çalışma tasarruflarıdır. Daha az miktarda çalışmayla daha çok üretim gerçekleştirilir.* Bunun sonucu, toplumsal üretim sürecinde herkesin tam gün çalışmasına ihtiyaç duyulmamasıdır. Çalışma etiği uygulanamaz hale gelmiş ve toplum krize girmiştir.

3. Yeni–muhafazakâr çok çalışma ideolojisi

Herkes bu krizin farkında değildir; kimileri farkındadır ama inkâr etmekte çıkarları vardır. Özellikle, çok sayıdaki "yeni–muhafazakâr"ın durumu budur. Ücretli çalışmanın giderek daha az bulunduğu koşullarda çalışma ideolojisini sürdürmeyi savunmaktadırlar. Öyle ki, insanları birbirleriyle daha sert rekabet edecek ücretli bir çalışma aramaya iterler. Bu rekabetten, çalışma fiyatının (yani ücretin) düşmesini ve "güçlüler"in "zayıfları" ortadan kaldırmasını beklerler. "En yetenekliler"in bu yeni–Darwinci seçilmesinde, döküntülerinden ve toplumsal yasalarının tümünden veya bir bölümünden kurtulmuş dinamik bir kapitalizmin yeniden doğuşunu umarlar.

4. Herkes çalışabilsin diye daha az çalışmak

Ücretlilerin ortak çıkarı, tersine, rekabet etmemek, patronlar karşısında birliklerini örgütlemek ve iş koşullarının patronla pazarlığını hep birlikte yapmakta yatar. Sendikacılık bu ortak çıkarın ifadesidir.

Herkes için tamgün ücretli çalışmanın olmadığı koşullarda, çalışma ideolojisinin terk edilmesi sendikal hareket için bir ayakta kalma gereği olur. Bu terk etme, bir inkârdan başka bir şey değildir. *Çalışmadan* özgürleşme teması, "herkes çalışabilsin diye daha az çalışma" teması gibi başlangıçtan itibaren işçi hareketinin mücadelelerini güdülendirmiştir.

5. Çalışma biçimleri

"Çalışma" denince, üçüncü bir şahsın (işverenin) hesabına, insanın kendisinin seçmediği amaçlarla ve size ücret ödeyenin belirlediği biçimlere ve çalışma saatlerine göre gerçekleştirilen *ücretli* bir faaliyeti anlama alışkanlığındayız. "Çalışma" ve "iş" arasındaki karışıklık yaygındır, tıpkı "çalışma hakkı", "ücret hakkı" ve "gelir hakkı" arasındaki karışıklık gibi.

Oysa, gerçekte, her faaliyet çalışma değildir ve her çalışma da ücretli değildir ve bir ödeme karşılığında gerçekleştirilmez. Üç tür çalışmayı ayırmak uygun olur.

İktisadi amaçlı çalışma: Bir ödeme *amacıyla* gerçekleştirilen çalışmadır. Temel hedef para, yani *ticari değişimdir.* Önce, "yaşamını kazanmak" için çalışılır ve ardından sadece tatmin veya zevk için ve bu durumda bu çalışmadan çekilinir. Bunu, *iktisadi amaçlı* çalışma olarak adlandırıyoruz.

Ev içi çalışma ve kendi için çalışma: Ticari değişim amacıyla değil, temel hedefi ve yararlanıcısı doğrudan insanın kendisi olan *bir sonuç* amacıyla gerçekleştirilen çalışmadır. "Yeniden üretim çalışması"nın, yani yaşamın doğrudan gerekli temellerini her gün sağlayan ev içi çalışmanın durumu, bunun bir örneğidir. Yiyecekleri hazırlamak, gövdenin ve konutun temizliğine dikkat etmek, dünyaya çocuk getirmek ve yetiştirmek, vs. Bu çalışma, genellikle kadınlara iktisadi amaçlı çalışmanın üstüne dayatıldı ve dayatılmaya devam edilmektedir.

Ev içi topluluğunun (aile veya genişlemiş aile), ticari değişim ve hesaplanabilirlik üzerinde değil, *ortaklaşma* üzerinde temellenen bir topluluk olmasından dolayı, ev içi çalışmanın ücretlendirilmesi bu son zamanlara kadar düşünülmemişti. Tersine, ev içi çalışma bölünmeyen ev içi topluluğu *tarafından ve bu topluluk için* yapılan bir çalışma olarak kabul edildi. Belirtmek gerekir ki, eğer topluluk üyeleri görevleri adil biçimde paylaşırsa bu bakış açısı meşrudur. Bazı militanların, bu çalışmanın toplumsal yararlılığı adına kadın için talep ettikleri kamusal bir ödenek aracılığıyla ev içi çalışmanın ücretlendirilmesi, görevlerin adil paylaşımına yol açmadığı gibi, ayrıca şu uygunsuzluklara yol açar:

— Ev içi çalışmayı iktisadi amaçlı çalışmaya dönüştürür, yani hizmetçilerin *işine*;

— Ev içi çalışmayı *topluma yararlı* bir çalışmayla özdeşleştirir, oysa ki bu çalışmanın amacı toplumsal yararlılık değildir ve olamaz, tersine, topluluk üyelerinin mutluluğu ve kişisel gelişimleridir; bu ikisi çok farklıdır. Kişilerin gelişimi ve toplumsal yararlılıklarını birbirine karıştırmak toplumun totaliter kavranışından kaynaklanır, burada her şahsın özgüllüğüne ve biricikliğine yer olmadığı gibi, özel alanın özgüllüğüne de yer yoktur. Özel alan, öz olarak, toplumsal denetime ve kamu yararı ölçütlerine boyun eğer ve boyun eğmek zorundadır.

Özerk faaliyet: Kendi başlarına, özgürce, zorunluluktan uzak bir amaç olarak gerçekleştirilen özerk faaliyetler. Burada söz konusu olan geliştirici, zenginleştirici, anlam ve sevinç kaynağı olarak hissedilen bütün faaliyetlerdir: Sanatsal, felsefi, bilimsel, ilişkisel, eğitsel, iyilikseverlik, yardımlaşma, kendini yenileme, vs gibi faaliyetler. Bütün bu faaliyetler çaba ve yöntemli uygulama anlamında bir "çalışma" isterler, ama anlamlarını ve ödüllerini sonuçlarında olduğu kadar gerçekleşmelerinde de taşırlar: Yaşama zamanıyla birdirler. Bu zamanın cimrice ölçülmemesi gerekir. Gerçekten de, aynı faaliyet —örneğin çocuk yetiştirmek, yemek hazırlamak, yaşam çerçevesinde bakım— zaman yokluğu nedeniyle bıkkınlık vermesiyle zorlamalarına bir baskı olarak katlanılan bir çalışma veya boş zamanda, görevlerin işbirliği ve gönüllü paylaşım içinde gerçekleştirilmesiyle, zevk alınan bir faaliyet olabilir.

6. Ütopyanın sonu

İktisadi amaçlı çalışma kapitalizmle ve ticari değişimlerin genelleşmesiyle birlikte adım adım egemen olmuştur. İktisadi amaçlı çalışma ile güzel olanı yaratma zevkinin ayrılmaz biçimde iç içe girdiği ticari olmayan birçok değişim ve zanaatkâr üretimi özel olarak ortadan kaldırılmıştır. Bu nedenle, sanayi kapitalizminin ücretli çalışmaya ve iktisadi hedeflere verdiği öncelik işçi hareketi tarafından baştan itibaren tartışma konusu yapılmıştır. Ücretlilik sisteminin yıkılmasını ve üretim araçlarının sahibi olan özgürce bir araya gelmiş emekçiler tarafından toplumun yönetimini veya özyönetimini talep eden işçi muhalefeti, bununla birlikte, mevcut gelişimin tersine gidiyordu. İşçi muhalefetinin ütopik bir özelliği vardı, çünkü onun gerçekliğini ortaya koyma imkânları gözükmüyordu.

Oysa, geçen yüzyılın başlarında ütopik olan şey, günümüzde ütopik olmaktan kısmen çıktı: Toplumsal üretim süreci, ekonomi, daha az ücretli çalışma talep ediyor. İnsani amaçlı tüm diğer faaliyetlerin ücretli çalışmaya ve iktisadi hedeflere bağlı olması anlamını ve gerekliliğini kaybetti. İktisadi ve ticari akılsallıktan özgürleşme mümkün hale geldi. Özgürleşme sadece özgürleşmeyi açıkça hedef olarak alan eylemlerle değil, özgürleşmenin imkânlarını da gösteren eylemlerle gerçekleşecektir. Kültürel eylem ve "alternatif faaliyet"in gelişimi bu koşullarda çok özel bir önem kazanır. Bu konuya tekrar döneceğim.

B. ÇALIŞMANIN KRİZİ, TOPLUMUN KRİZİ

1. Değişime bir anlam vermek: Zamanın serbest kalması

Sendikacılık, eğer görevini sadece ücretli çalışanların özgül çıkarlarını savunmakla sınırlandırmazsa geleceği olan bir *hareket* olarak sürebilir. Hem sanayide hem de klasik hizmet sektöründe talep edilen çalışma miktarındaki daralma artarak sürmektedir. Bir Alman sendikasının değerlendirmesine göre, yüzyılın sonunda kullanılabilir hale gelecek yeni teknolojilerin sadece % 5'i günümüzde kullanılmaktadır. Üretkenlik rezervleri (yani öngörülebilir çalışma tasarrufları) hem sanayide hem de klasik hizmet sektöründe oldukça geniştir.

İktisadi amaçlı *çalışmanın* süresini azaltarak serbestleştirilmesi ve kendi kendini düzenleyen ve belirleyen diğer faaliyet türlerinin gelişimi, mevcut teknolojik devrimden kaynaklanan ücretli çalışma tasarruflarına olumlu bir anlam vermeye uygundur. Herkesin çalışabileceği, ama iktisadi bir hedef yönünde daha az çalışabileceği bir serbest zaman toplumu projesi, bugünkü tarihsel gelişimin *mümkün anlamıdır*. Bu proje toplumsal hareketin farklı bileşenlerine bir bütünlük ve birleştirici bir perspektif verebilir, çünkü: 1) geçmiş işçi mücadelelerinin ve deneyiminin devamından gelmektedir; 2) bu deneyimi ve bu mücadeleleri çalışanların ve çalışmayanların çıkarlarına uygun olarak aşar, ve dolayısıyla, ortak politik iradelerini ve dayanışmalarını sağlamlaştırabilir; 3) insanların giderek daha çok hayatlarının üzerindeki ve içindeki iktidarı (yeniden) ele alma özlemlerine denk düşer.

2. *Kendi hayatı üzerindeki iktidarı sahiplenmek*

Çalışma yerlerinde sürdürülen mücadele bütün önemini korumaktadır, ama işçi hareketi, başka alanlarda sürdürülen başka mücadelelerin toplumun geleceği ve insanların yaşamları üzerindeki iktidarı yeniden fethetmeleri için büyüyen bir önemi olduğunu bilmezlikten gelemez. Özel olarak, ücretli çalışma süresinin azaltılması için sendikal hareketin mücadelesi, özel alanda kadınlar tarafından gerçekleştirilen ücretli olmayan çalışma zorunluluklarının erkeklerin ve kadınların mesleklerinde karşılaştıkları zorluklar kadar ağır olduğunu bilmezlikten gelemez. Dolayısıyla, çalışma süresinin azaltılması için mücadele ev içi alandaki ücretli olmayan görevlerin yeniden adil dağılımı ile birlikte gitmek zorundadır. Sendikal hareket kadın hareketinin bu yönde sürdürdüğü özgül mücadelelere ilgisiz olamaz ve özellikle çalışma saatlerinin düzenlenmesi ve özyönetimi konusunda, bunları özel yönelimleri içinde hesaba katmak zorundadır.

Sendikal hareket, insanları ülkelerinden atan, çevreyi insanlıkdışı isteklere göre kullanan veya yok eden, her türlü denetimden kurtulmuş teknokratik bir iktidarı, güvenlik veya lojistik buyruklarına göre yerleştiren megateknolojik sistemlerin yaşam alanlarını işgal etmesine karşı toplulukların mücadelesine de ilgisiz olamaz.

İnsanların yaşamlarını egemen biçimde yönetme hakkı ve birbirleriyle işbirliği tarzları bir bütündür. Bu hak, diğer alanlarda sürdürülen mücadelelerin zararına çalışma alanıyla ve çalışma ilişkileriyle sınırlanamayacağı gibi, çalışma mücadelelerinin zararına diğer alanlarla da sınırlandırılamaz.

3. Nüfusun % 50'sinin toplumdışına atılmasına doğru

Çalışma süresinin gelir kaybı olmaksızın adım adım ve kitlesel olarak azaltılması, ücretli çalışmanın çalışmak isteyen bütün erkek ve kadınlara dağılımının ve özel alanın ücretli olmayan çalışmasının adil dağılımının zorunlu koşuludur (ama yeterli koşulu değildir; bu konuya döneceğim). Herkesin daha iyi yaşayabilmesi ve yaşamını çalışarak kazanabilmesi için herkesin daha az çalışması gerekir. Toplumun giderek derinleşen bölünmesi, çalışma pazarının parçalanması ve kitlenin giderek marjinalleşmesi ancak böyle önlenebilir, ardından da tersine çevrilebilir.

Wolfgang Lecher'in WSI'deki (DGB Ekonomik ve Toplumsal Araştırmalar Enstitüsü) bir çalışmasına göre, mevcut gelişmenin devamı, on yıl sonra, faal nüfusun aşağıdaki oranlarda bölünmesine yol açacaktır:

— % 25 sürekli emekçi; bunlar büyük işletmelerde kolektif anlaşmalarla korunan ve vasıflı işçilerdir;

— % 25 periferik emekçi; bunlar işverenin keyfi ve pazar çalkalanmalarıyla değişen çalışma saatlerine göre çalışırlar, düşük ücret alırlar ve yeterince vasıflı değillerdir, taşeron veya hizmet işletmelerinde geçici işlerle uğraşırlar;

— % 50 marjinal emekçi, işsiz veya yarı–işsiz tesadüfi veya mevsimlik işler veya "küçük işler" yaparlar. Daha şimdiden 18 ila 24 yaşındaki Fransızların % 51'i bu durumdadır (% 25'i tam işsiz, % 25'i "küçük işler"dedir); özellikle İtalya, İspanya, Hollanda ve Büyük–Britanya'da bu oranlar çok daha yüksektir.

Bu gelişmenin yönü sağcı ideoloji tarafından kabul edilmiş ve tanınmıştır. "İnsan kaynakları" denen yeni bir patron ideolojisi, "entelektüel ve kişisel gelişme yerleri" olarak sunulan modern işletmelere vasıflı sürekli emekçilerden oluşan düzenli çekirdeği sokmaya çalışmaktadır ve diğer emekçilere hizmet işletmelerinde ve özellikle "kişiden kişiye" hizmetlerde "mütevazı ücretli" "mütevazı işler" önermektedir.

Genellikle model olarak alınan Amerika Birleşik Devletleri'nde, on yıldan beri yeni yaratılan 13 ila 15 milyon istihdam genellikle geçici olan, kötü ücretli, kalifiye olma ve mesleki ilerleme imkânı olmayan kişisel hizmetler sektörüne aittir: Konut bekçileri, gece bekçileri, temizlikçi erkek ve kadınlar, erkek ve kadın hizmetçiler, "fast foods" çalışanları, yardımcı–hemşireler, eve teslim görevlileri, seyyar satıcılar, ayakkabı boyacıları, vs.

Bu "kişiden kişiye" hizmetler, gerçekte, modernleşmiş ve toplumsallaşmış biçimlerdeki *hizmetçi veya kişisel kölelerin* yaptığı işlerdir. Ev işçilerine iş verilmesinin bu faaliyetleri kullananlardan yana bir vergi sistemiyle teşvik edilmesini öneren Fransa Sosyal İşler Bakanı bu gerçeği kabul etmiştir.

Bu durumda, tarımsal yoğunlaşmanın ve tekstil sanayiinin mekanikleşmesinin ardından milyonlarca erkek ve kadın işsizin ev işçisi olarak işe alındığı geçen yüzyıl meydana gelen evrimle çarpıcı bir benzerlik vardır: 1851 ile 1911 arasında "kişisel köleler ve hizmetçiler" Britanya faal nüfusunun % 14'üydü. "Kişiden kişiye" hizmetlerin –masaj ve gevşeme salonları, terapi grupları, psikolojik danışma kurulları, vs– günümüzde, özellikle Amerika Birleşik Devletleri'nde, faal nüfusun % 14'ünden fazlasını teşkil etmesi muhtemeldir.

Geçmişin sömürgeleri ve günümüzün birçok Üçüncü Dünya ülkesinde olduğu gibi, sanayileşmiş ülkelerde de, rahat bir kazancı elinde bulunduran kişilere, kişisel hizmetleri satma "imtiyazı" için çekişmek zorunda olan büyüyen bir kitle vardır.

Gerçekleşen bölünme toplumsal sınıflar arasındaki sınırları aşacak biçimdedir. Wolfgang Lecher'in önceden belirttiğimiz araştırmasında görüleceği gibi: "Emek ile sermaye arasındaki çelişki bir yanda sürekli ve güvenceli emekçiler, diğer yanda periferik emekçiler ve işsizler arasındaki uzlaşmazlık tarafından giderek daha açık olarak kapsanmaktadır... Sendikalar, görece dar ve sürekli çalışan emekçilerin imtiyazındaki bir tür karşılıklı yardım gruplarına dönüşerek yozlaşma riski taşımaktadır." Sendikalar tek görev olarak, düzenli bir işi olan insanların çıkarlarını savunmayı üstlenirlerse, bazı Latin Amerika ülkelerinde olduğu gibi yeni–korporatist ve tutucu bir güce dönüşme riskini taşırlar.

Sendikacılık ayakta kalmak ve kişisel ve toplumsal kurtuluşun taşıyıcısı bir hareket olarak gelişmek istiyorsa, çalışma alanlarındaki emekçilerin dar çıkarlarını savunmanın ötesine geçmiştekinden daha kesin olarak geçmesi gerekir. Toplumun parçalanması ve giderek daha çok insanın marjinalleşmesi engellenebilirse sendikalar yeni–korporatist ve sekter bir güç olmaktan çıkar. Çalışma süresinin sürekli ve programlı bir şekilde azaltılmasına ilişkin iddialı bir politika kaçınılmazdır. Tek başına sendika, böyle bir politikayı dayatamaz ve sürdüremez. Ama, mücadelesiyle, bu politikanın gerekliliğini kabul ettirebilir ve özellikle, eylemlerinin ve toplum projesinin yönlendirici hedefi olarak bunu seçebilir. Herkes daha iyi çalışabilsin ve daha çok yaşayabilsin diye herkesin daha az çalışabileceği bir toplum projesi günümüzde toplum bütünlüğünün belli başlı bağlarından biridir.

Şunları incelemek gerekiyor: 1. düşünülen çalışma süresi indiriminin boyutu; 2. değişimler ve değişimler karşısında sendikaların görevleri; 3. bu indirimin herkesin yaşamında neleri değiştirebileceği; nasıl programlanabileceği, gerçekleştirilebileceği ve yaşam düzeyinin iyileştirilmesiyle nasıl uyumlu kılınabileceği.

C. HERKES ÇALIŞABİLSİN DİYE DAHA AZ ÇALIŞMAK

1. Yılda bin saate doğru

Günümüzdeki teknolojik devrim, boyutları genellikle küçümsenen çalışma tasarruflarına yol açmaktadır. Sanayide üretkenlik, 1978'den beri, yılda % 5 ila 6 artmaktadır; ekonominin bütününde, yılda % 3 ila 4 artmaktadır. Ticari mal ve hizmetlerin , , i yılda yaklaşık % 2 büyümektedir. Başka deyişle, hafifçe büyümekle birlikte, ekonomi ihtiyaç duyduğu çalışma miktarını her yıl yaklaşık % 2 azaltmaktadır.

Bu *net çalışma tasarrufu* günümüzden yüzyıl sonuna kadar, özellikle robotlaşma ve büro çalışmalarının otomatikleşmesi alanındaki görünür mükemmelleşmeler sayesinde daha da hızlanacak gibi görünmektedir. Ama hızlanmasa bile, ekonomideki çalışma ihtiyacı günümüzden on yıl sonraya kadar en azından % 22 azalacaktır; on beş yıl sonra ise yaklaşık üçte bir azalmış olacaktır.

Dolayısıyla, günümüzden XXI. yüzyıl başına kadarki perspektifler şöyledir: Ya mevcut tamgün çalışma normları korunur ve bugünkü % 10 ila 20'lik işsize ilave olarak % 35 eklenir; veya iktisadi amaçlı çalışma süresi öngörülen çalışma tasarrufları oranında azaltılır ve % 30 ila 40 saat daha az çalışırız —hatta, herkes ücretli bir iş bulabilirse yarı yarıya daha az. Ara çözümler elbette düşünülebilir; ama en uygun çözüm elbette herkesin çalışmasını, ama daha az çalışmasını, daha iyi çalışmasını ve *toplumsal olarak üretilmiş büyüyen zenginlik payını büyüyen gerçek gelir* biçiminde almasını sağlayan çözümdür. Bu çözüm, günümüzde yılda yaklaşık 1600 saat olan çalışma süresinin, kademe kademe ve programlı biçimde on beş ile yirmi yıl içinde yaklaşık bin saate indirilmesini, yaşam düzeyinde ise düşme olmamasını gerektirir. Bu, özgül politikalar bütününü ve özellikle, alım gücünü *sağlanan çalışma niceliğine değil, toplumsal olarak üretilmiş zenginlik miktarına* bağlayan toplumsal bir politika gerektirir. Bu konuya tekrar döneceğim.

Modern tarihte ilk kez, *ücretli çalışma zamanımızın ve yaşamımızın en önemli bölümünü işgal etmekten çıkabildi. Çalışmanın* özgürleşmesi ilk kez elle tutulur bir perspektif oldu. Ama bunun her birimiz için getirdiği içerimleri küçümseyemeyiz. Ücretli çalışma süresinin sürekli ve maddi olarak azaltılması için mücadele, çalışmanın yaşamımızın tek ve hatta esas meşguliyeti olmaktan adım adım çıkmasını gerektirir. Çalışma, kimliğimizin ve toplumsal katılımımızın temel kaynağı olmaktan çıkmalıdır. Toplumsal aygıt ve kurumların bize dayattığı iktisadi değerlerin dışındaki değerler, iktisadi, işlevsel, araçsal, ücretli faaliyetlerin dışındaki faaliyetler herkesin yaşamında egemen olmalıdır.

Toplumun ve kültürün bu değişimi herkesin kendi için çalışmasını gerektirir; herkes buna teşvik edilebilir, ama hiçbir devlet, hükümet, parti veya sendika bunu bizim yerimize yapamaz. Yaşamda, ücretli çalışmadan, meslek etiğinden, verimlilikten başka bir anlam bulmamız ve ücret ilişkisi dışında içeriği olan mücadelelerin önem kazanması gerekir. Bu kültürel değişimlerin toplamı o boyuttadır ki, *şimdiden yürürlükte olan bir değişimin hizmetinde değillerse* bunları önermek boş olacaktır.

Çalışma içinde özgürleşme ve çalışmaktan özgürleşme: Ücretli çalışma karşısındaki hoşnutsuzluk son yirmi yıldır artmaya devam ediyor. Özellikle Alman ve İsveç enstitülerinin düzenli olarak gerçekleştirdiği kamuoyu yoklamaları bunu kanıtlamaktadır. Özellikle genç emekçiler arasında gözle görülür olan bu durum, bir ilgi eksikliğinin veya çaba sarf etmeyi reddetmenin ifadesi değil, yaşamın çalışmaya kurban edilmesi veya tabi kılınması yerine çalışmanın yaşamın parçası olması isteğinin ifadesidir. İnsanın kendi yaşamına (yeniden) egemen olma özlemi emekçilerde, özellikle genç emekçilerde görülür ve onları bu yöndeki özgül hareketlere duyarlı kılar.

Çalışmaktan özgürleşme veya çalışma karşısında özgürleşme özlemi, bununla birlikte, geleneksel sendikacılığın çalışma *içinde* özgürleşme hedeflerine aykırı olmamalıdır. Tersine, her ikisi de birbirini karşılıklı olarak koşullar. Geçmiş deneyimler göstermiştir ki, çalışma emekçilere kişisel bir yaşam için zaman ve güç bıraktığında emekçiler çalışma koşulları ve ilişkileri karşısında daha talepkâr olmaktadırlar. Kişisel gelişme, süresi ve doğasıyla, emekçinin fiziksel ve psişik yeteneklerini sakatlamayan bir çalışmayı koşul olarak gerektirir. Dolayısıyla, sendikal mücadele, geçmişte olduğu gibi, aynı anda iki planda mücadele etmek zorundadır: Çalışmanın "insanileştirilmesi", zenginleştirilmesi için ve çalışma süresinin, gelir kaybına yol açmadan azaltılması için.

Sendikanın bu geleneksel görevi, güncelliğinden bir şey kaybetmedi. Çünkü, patronların ideolojisi teknolojik devrime bağlı olan çalışmanın yeniden niteliklendirilmesine, sorumlulaştırılmasına ve kişiselleştirilmesine önem veriyor olsa da, işçi çalışmasının bu değer kazanması gerçekte, az sayıdaki imtiyazlı seçkini kapsar.

Bunun arka yüzü ise, işsizliklerin dışında, bu zamana kadar nitelikli olan çok sayıda görevin niteliksizleşmesi ve standardizasyonu ve çok sayıda sanayi ve hizmet ücretlisinin verimliliğinin ve davranışının sürekli olarak elektronik gözetim altında tutulmasıdır. Bilgisayarlaşma, bir özgürlük getirmek yerine, "ölü zamanlar"ın ortadan kaldırılmasıyla ve çalışma hızını artırma zorunluluğuyla birlikte genellikle çalışmanın "yoğunlaşmasını" beraberinde getirir.

Genellikle çalışma saatlerinin azaltılması ve "esnekleştirilmesi"ne eşlik eden çalışmanın bu "yoğunlaşması", insan çabasının yoğunluğunun üretkenlik artışının *ilave bir unsurundan* başka bir şey olmadığı olgusunu kasten gizler: Temel unsur, kullanılan malzemelerin özel uygulayımından kaynaklanan insan çalışması tasarrufudur. Bu malzemeler yorgunluğu, monotonluğu ve çalışma süresini hafifletmeye hizmet *edebilir*. Çalışmanın yoğunlaştırılmasının keyfi ve baskıcı özelliği ise ancak daha hissedilir olabilir.

Yeni çalışma biçimleri, yeni sorumluluklar: Genel bir biçimde, malzemelerin gücü, otomatikleşmesi ve karmaşıklığı ile kıyaslandığında çalışma ikincil bir üretici güç olma eğilimindedir. Kişisel çaba ve verimlilik kavramlarının bir anlam taşıdığı, ürünlerin nicelik ve niteliğinin emekçilerin uygulamasına bağlı olduğu ve iyi yapılmış ürünün gururunun toplumsal ve kişisel bir kimlik kaynağı olabildiği işlere giderek ender rastlanmaktadır.

Özellikle robotlaşmış fabrikalarda ve yapım sanayilerinde çalışma, esas olarak, otomatik sistemlerin işleyişini denetlemekten, (yeniden) programlamaktan ve gerektiğinde düzeltmek ve tamir etmekten oluşur. Emekçiler, bu sektörlerde, *çalışmaktan* çok, *hizmet etmektedirler*. Onların çalışmaları esas olarak kesintilidir. Onların çalışması bir memurunki gibi malzemesizdir ve iyi işlemesini sağladığı sistem için işlevseldir ve memurların durumunda olduğu gibi, çok ayrıntılı biçimde önceden hazırlanmış olan ve inisiyatifi ve yaratıcılığı dışlayan yöntemlere genellikle uymak zorundadır. Emekçiler, "ürün"ü ve hizmet ettikleri amacı asgari ölçüde sahiplenirler. Meslek bilinci çalışma *ürününün* değeriyle değil, sadece uğraşılan *işin* değeri ile özdeşleştiği oranda çalışmanın geleneksel etik ve erdemleri çalışmayı bir hizmet etiğine ve muhtemelen topluluk karşısında bir sorumluluk etiğine boyun eğmek zorunda bırakır.

Dolayısıyla, "çalışma"da yerine getirilen işlevle hizmet edilen amacı soruşturmak kaçınılmazdır. Mesleki bilinç, teknik, iktisadi, ticari tercihlerin içerdiği toplum etkileri ve kozları ile uygarlığın etkilerini ve kozlarını incelemeye uzanmalıdır. Bu özellikle teknik ve bilim emekçileri için geçerlidir; bu emekçiler arasında, zaten, programların hedef, değer ve sonuçlarının etik veya politik bir bakış açısından açıkça tartışma konusu edildiği birlik veya gruplaşmalar istisna değildir.

Mesleki bilincin bu yayılması, mesleki faaliyetin içerimleri karşısındaki bu eleştirel ve düşünümsel geri çekilme, kuşkusuz ki düşünme grup veya derneklerinde gerçekleşebilir, ama sendikal harekete de yabancı olmamalıdır. Sendikaların yokluğunda, profesyonellik ve teknik ihtiras adına yurttaşlar üzerinde ekonomik güçlerin ve devletin güçlü bir denetim ve egemenliği amacıyla yeteneklerini kullanan veya kullandıran teknokratik bir kastın ortaya çıkması riski büyüktür.

Tamgün çalışmanın ekonomiye daha az gerekli olduğu bir dönemde "niçin çalışıyoruz? Ne yapmak için çalışıyoruz?" sorusu merkezi bir önem kazanır. Bizi, savaş ekonomisinin ve savaşın kendisinin kabulüyle tamamlanan "çaba için çaba" etiğinden, "üretmek için üretmek" etiğinden sadece bu soru koruyabilir.

İktisadi olmayan hedef ve eylemlerin önemi: Kapitalist ekonomi, herkese iktisadi olarak yararlı ve ücretlendirilebilir *çalışma hakkını* garanti edecek durumda değildir. Bu nedenle, herkese çalışma hakkı ancak 1. *ekonomi içindeki* çalışma süresi azalmışsa ve 2. iktisadi amacı olmayan *ekonomi dışı* çalışma imkânları gelişmiş ve herkese açık ise garanti edilebilir.

Çalışma süresi yılda yaklaşık bin saat civarına adım adım indirilmedikçe ekonomi içinde çalışma imkânının herkese sağlanamayacağını gördük. Bu durumda, *ücretli* çalışma yaşamın temel içeriği olamaz. Bireyler bir sürü medyatik oyun, mesaj ve programa boğulan ve manipüle edilen eğlencelerin edilgen tüketicisi olmadıkları sürece, üretken faaliyetler de dahil özerk faaliyet ve ilgi merkezleri geliştirebilirler. Bireylerin toplumsallaşması, yani topluma katılımları ve bir kültüre aidiyet duygusu edinmeleri bir işverenin veya bir kurumun onlar için tanımladığı çalışmadan çok bu özerk faaliyetlere bağlı olacaktır. (Aynı saptamalar, ayrıca, çalışma süresini azaltmak yerine toplumun az çok tanzim edilmiş bir işsiz kitlesini tercih etmesi varsayımı için de geçerlidir.) İşçi hareketi, bu konuda, kökeninin işçi kültür dernekleri olduğunu hatırlamalıdır. Hareket olarak devam etmesi için insanın çalışma içindeki gelişimi kadar çalışma dışındaki gelişimiyle de ilgilenmesi, insanların kendi sorumluluklarını üstlenecekleri ve toplumsal ilişkilerinin özörgütlenmesinin gelişebileceği yer ve mekânların yaratılmasına yardım etmesi veya katkıda bulunması gerekir: Halk üniversiteleri, "herkes için evler" ve Britanyalıların "*community centres*" diye adlandırdığı şeyler; hizmet değişim kooperatifleri ve karşılıklı yardım dernekleri; tamir ve özerk üretim kooperatif atölyeleri; tartışma, düşünme, bilgi alışverişi, sanatsal ve zanaatsal yaratı çevreleri, vs.

Burada söz konusu olan şey uzak bir gelecekte gerçekleştirilecek görevler değil, iki nedenle acil öncelikli görevlerdir:

— Büyük işletmelerin azami üretimi ve hizmeti, değişken ve geçici işgücü kullanan, hatta evde çalışan kadın ve erkek emekçiler kullanan çok küçük işletmelerde taşeron olarak yaptırmaları, sendikaların, şehirdeki ve şehir yöresindeki herkes için mevcut ve erişilir olmasını gerektirir. Sendikalar, değişken işgücü ve genel olarak nüfus üzerinde, ücretlileri çalışma alanlarında örgütleme yeteneklerinden bağımsız bir çekim uygulamalıdırlar.

— Başka herhangi bir dönemden farklı olarak sendikal hareketin etkisi, bilinç oluşumu, gelecek toplum, yaşam ve öncelikleri düşüncesi üzerinde kültür sanayiinin, eğlence ve boş vakit tüccarlarının elde etmeye çalıştıkları tekeli tartışma yeteneğine bağlıdır. Sendikaların bu kültürel amacı, "politika"yı "site"nin örgütlenmesi, geleceği ve yararını içeren faaliyetlere ilişkin kökensel anlamında anlamak koşuluyla, gerçekte, politik bir amaçtır.

Sendikal hareket, on beş yıldan bu yana işletmeler dışında gelişen mücadeleleri bilmezlikten gelemez. İçerikleri çok farklı olan bu mücadelelerin ortak noktası, bireylerin ve toplulukların varoluşsal egemenliklerini, yaşamlarını kendilerinin belirlemesi gücünü elde etme özlemidir. Bu mücadelelerin ortak hedefi, sağlık, eğitim, enerji ihtiyaçları, şehircilik, tüketim modeli ve düzeyi, vs kadar çeşitli alanlarda bilgi tekeline sahip olduklarını ileri süren mesleklerle ittifak halindeki bürokrasi ve sanayinin ihtiyaçlar üzerinde uyguladığı diktatörlüktür. Bütün bu düzlemlerde, özgül hedefleri olan "yeni toplumsal hareketler", karar gücünü bilirkişiliği genellikle ekonomik ve politik güçleri meşrulaştırmaya yarayan bir teknokrasinin ellerinde yoğunlaştırmaya yönelten bilimcilik biçimlerine ve megateknolojiye karşı kendilerini belirleme hakkını savunmaya çalışırlar.

Yaşamın profesyonelleştirilmesine, teknokratikleştirilmesine ve parasallaştırılmasına karşı bu mücadeleler temel bir özgürlük mücadelesinin özel biçimleridir. Çalışma mücadeleleri üzerinde etkili olan bir radikallik potansiyeli içerirler ve artan sayıdaki yurttaşın bilincini biçimlendirirler. Sendikal hareketin, bu hareketlerin taşıyıcısı olduğu isteklere açık olması ve onları bütünleştirmesi gerekir; aynı zamanda, kendini bireysel ve toplumsal özgürlüğün daha geniş ve çokbiçimli bir hareketinin tamamlayıcı parçası olarak kabul etmesi de temel önemdedir. Bu hareketin en örgütlü bileşeni olarak kalması, ona özel bir sorumluluk verir: Toplumsal hareketin diğer bileşenlerinin başarısı veya yenilgisi büyük ölçüde ona bağlıdır. Bu bileşenlerle mücadele etmesine veya onlarla ortak eylem veya ittifak çabasında olmasına göre, bu diğer bileşenler solun içinde veya kıyısında yer alacaklar, kolektif eylemler sürdürebilecek veya şiddetli, azınlık eylemlerine yöneleceklerdir.

Sendikal hareketin gelişimi diğer toplumsal hareketler ve hedefler karşısındaki tavrına da bağlıdır. Eğer onlardan kopar ve daha geniş bir hareketin bileşeni olmayı reddederse, görevinin ücretlilerin savunulmasıyla sınırlı olduğunu kabul ederse, yeni–korporatist ve muhafazakâr bir güç olarak zayıflamaktan kurtulamayacaktır.

3. Daha az çalışmak, daha iyi yaşamak

Özerk faaliyetler alanı: Çalışma süresinin yılda bin saate veya daha aza adım adım indirilmesi, kullanılabilir zamana tamamen yeni boyutlar verir. Çalışma için olmayan zamanın dinlenme, kendini yenileme, eğlenme ve tüketim zamanı olması zorunlu değildir; çalışma zamanının yorgunluğunu, zorunluluklarını, mahrumiyetini *telafi etmeye* hizmet etmez. Serbest zaman, her zaman daha kısa olan bu "kalan zaman"dan başka bir şey olmadığından bu süreden yararlanmak için acele edilmesi gerekir ve bu süre zarfında bir şeye girişmek söz konusu olamaz.

Çalışma süresi haftada 25 veya 30 saatten daha aza indirildiğinde, kullanılabilir zaman iktisadi amacı olmadan girişilen ve bireyin ve grubun yaşamını zenginleştiren faaliyetlerle doldurulabilir: Sevinç vermeye ve hissetmeye, yaşam alanını güzelleştirmeye ve "geliştirmeye" yönelik kültürel ve estetik amaçlar; mahallede veya komünde toplumsal dayanışma ve ilişkiler ağı kuran yardım, bakım ve yardımlaşma faaliyetleri; dostluk ilişkilerinin ve duygusal alışverişin gelişimi; eğitsel ve sanatsal faaliyetler; kendi başına yapmanın ve korumanın, bağlanılan şeyleri aktarmanın "zevki için" nesnelerin tamiri ve besinleri kişinin kendinin üretmesi, hizmet değişim kooperatifleri, vs. Günümüzde profesyoneller, ticari işletmeler veya kamusal kurumlar tarafından yerine getirilen hizmetlerin oldukça önemli bir bölümü, böylece, bireylerin kendileri tarafından, kendi belirledikleri ihtiyaçlara uygun olarak ve gönüllü biçimde, tabandaki topluluklarının üyesi olarak üstlenilebilir. Bu konuya tekrar döneceğim.

Bu faaliyetler toplamı, "ikili ekonomi"yi oluşturan *alternatif bir ekonomik* sektör olarak anlaşılmamalıdır. Bu faaliyetlerin özünde iktisadi akılsallık yoktur ve iktisat alanının ötesinde ve dışında yer alırlar. Bunların gerçekleşmesi bir sonuca, bir tatmine ulaşmanın *aracı* değildir, bu sonucu, bu tatmini doğrudan üretir. Müziğe, aşka, eğitime, düşünce alışverişine, bir hastaya güç vermeye, yaratıya, vs adanan zaman yaşam zamanının kendisidir, bunun satılıp alınabileceği fiyat yoktur. Yaşam zamanının genişletilmesi ve zorunlu veya iktisadi amacı olan çalışmalara adanan zamanın azaltılması insanlığın değişmez hedeflerinden biri olmuştur.

Zamanın özyönetiminden yaşamın özyönetimine: Ücretli çalışma süresinin azaltılmasını gündelik veya haftalık çalışma süresinin azaltılması biçiminde düşünmenin hiç gereği yok. Çalışma süresinin bireysel ve/veya kolektif özyönetim imkânları ademi merkezileştirilmiş üretim birimlerinin bilgisayarlaştırılması ve daha büyük esnekliği ile yaygınlaşır. Günümüzde bile, Québec'teki görevliler, ayda üstlerine düşen 140 saatlik çalışmayı isteklerine göre paylaştırabilirler. Fabrikalar ve yönetimler her türlü gündelik saat zorunluluğunu ortadan kaldıracak şekilde yeniden örgütlendi, çalışma vardiyaları artık birbirlerine pek bağlı değildir. Çalışma süresinin patronlar tarafından esnekleştirilmesinin karşısına, emekçilerin kendi zamanlarını kendilerinin yönetmesinin imkânlarını çıkarmak gerekir.

Yılda bin saat, haftada iki buçuk günden 20 saat, veya ayda on gün, veya yılda yirmi beş hafta, veya iki yıla yayılmış on ay, vs olabilir; elbette gerçek gelir kaybı olmayacaktır (bu konuya tekrar döneceğim). Çalışma süresi tüm yaşam ölçeğinde de tanımlanabilir: Örneğin potansiyel olarak faal yaşamın elli yılında yerine getirilecek yaşam boyunca 20 000 ila 30 000 saat; ve herkes yaşamı boyunca günümüzde faal yaşamın bir yılında 1600 saatten ücretlendirilen tam geliri alacaktır.

Yaşam ölçeğindeki benzeri bir özyönetim aşağıdaki avantajları nedeniyle İsveç'te tartışılmıştır: Herkesin yaşamının belirli dönemlerinde az çok çalışmasına, böylece yıllık çalışma süresi üzerinden avans çekmesine veya geri kalmasına; yeniden öğrenim yapmak, bir başka meslek öğrenmek, işletme kurmak, çocuk yetiştirmek, ev inşa etmek, sanatsal, bilimsel, insanlığa hizmet amacı güden, işbirliğine dayalı, vs bir proje gerçekleştirmek için birçok ay veya birçok yıl boyunca, *gelir kaybına uğramadan*, profesyonel faaliyetine ara vermesine imkân tanır.

Ücretli bir çalışmayı özerk faaliyetlerle birlikte sürdürme veya birinin yerine diğerini koyma imkânı ücretli çalışmanın değer kaybı olarak anlaşılmamalıdır. Özerk faaliyetlerle kişisel gelişme mesleki çalışmada her zaman etkili olur, onu verimli kılar ve zenginleştirir. Tek bir çalışmada başarılı olmak veya yaratmak için bütün zamanını o işe vermek gerektiği düşüncesi yanlış bir düşüncedir. Yaratıcılar ve öncüler genellikle çok çeşitli ve değişken ilgi merkezleri ve meşguliyetleri olan, her işe el atan kişilerdir. Einstein, izafiyet teorisini Berne Patent Bürosundaki tamgün çalışmasından kalan boş vaktinde tasarlamıştır.

Yenilik ve yaratıcılık genellikle düzenli ve sürekli bir çalışmadan değil, kesintili bir çalışma döneminden ve onun ardından gelen düşünme, okuma, ufak tefek işler, yolculuklar, duygusal ve entelektüel alışverişin üstün geldiği dönemlerden çıkar (bilgisayar programcılığında 20 saat durmadan veya daha fazla çalışma; bir işletmenin kurulmasında veya yeni bir tekniğin, yeni bir tesisatın uygulamaya konmasında, aralıksız birkaç ay, ayda 300 ila 500 saat çalışma gibi).

Çalışmaya sürekli dört elle sarılma ne yaratıcılığa ne de verimliliğe yarar; çalışma sayesinde işgal ettikleri iktidar konumunu ve sırasını savunanların güç iradesine hizmet eder. Üst düzeydeki öncülerin, yaratıcıların, araştırmacıların yılda 1000 saatten fazla *çalıştıkları* enderdir. Zaten deneyim göstermiştir ki, her biri iki buçuk gün çalışan iki kişi aynı sorumluluk mevkiini paylaştıklarında (üniversite dekanı, personel şefi, adli danışman, belediye mimarı, doktor, vs) yapılan iş bir kişinin tamgün çalışmasından daha iyi ve daha etkili olur.

Yeteneklerin demokratikleştirilmesi: Çalışma zamanının azaltılması politikası nitelikli olmayan işlerle sınırlı tutulursa, özellikle engellenmesi gereken toplumun bölünme ve parçalanmasının önüne geçilemez; sadece ayrılma çizgilerinin yeri değişir. Bir yanda, sorumluluk ve iktidar konumlarını tekelleştiren profesyonel "seçkinler" ve diğer yanda, çalışma süresi azalmış, vasıfsız, periferik, iktidarsız emekçiler kitlesi ortaya çıkar. Vasıflı, yaratıcı, sorumlu işlere ne kadar çok insan girebilirse çalışma süresinin de o kadar azaltılması gerekir. Bu işlerin günümüzdeki azlığı, eğilim ve yetenek yokluğundan değil, vasıflı, yaratıcı, sorumlu işlerin mesleki ve sınıf imtiyazlarını ve güçlerini savunan profesyonel "seçkinler" tarafından gaspedilmesindendir. Daha çok oranda faal insanın bu işlere girmesi, bu işlerin "demokratikleştirilmesi" çalışma zamanının azaltılmasıyla kolaylaştırılacaktır, böylece yeni yetenekler kazanmak ve her yaşta eğitim görmek isteyenlere imkân sağlanacaktır.

D. ÇALIŞMA MİKTARINDAN BAĞINI KOPARAN GELİR

Ekonomi, artan üretim hacmi için, daha az çalışma istediğinde daha az ücret dağıtır, yurttaşların alım gücü ve bir gelir kazanma hakları sağladıkları çalışma miktarına bağlı olamaz. Gerekli çalışma miktarı azalsa da dağıtılan alım gücü artmalıdır. Dağıtılan gerçek gelirin önemi ve sağlanan çalışmanın önemi birbirinden bağımsız olmalıdır, yoksa üretim yeterince alıcı bulamaz ve ekonomik çöküntü şiddetlenir. Bütün sanayileşmiş ülkelerde sorun, ekonomide istenen çalışma miktarının gelişiminden bağını koparmış bir gelir dağılımı ilkesi değil, bunun koşullarının yaratılmasıdır. Üç formül düşünülebilir:

1. Sosyal demokrat mantıkta

Kelimenin tam anlamıyla ekonomi dışı iş alanları yaratılması, özellikle solcu ideoloji tarafından, genellikle şu gerekçeyle savunulur: "Eksik olan çalışma değildir, çünkü tatmin edilecek ihtiyaç miktarı pratikte sınırsızdır." Bununla birlikte sorun, bu hedefte istihdam edilen kişilerin ücretli çalışması tarafından bu ihtiyaçların en iyi biçimde tatmin edilip edilmediğini bilmektir. Doğası gereği ödeme gücü olmayan iki ihtiyaç bütününü ayırt etmek gerekir:

—Birinci ihtiyaçlar bütünü yaşam niteliğinin bağlı olduğu çevreyle ilgilidir: Alan, temiz hava, sessizlik, insan ilişkilerine uygun bir şehircilik ve mimari, vs gibi ihtiyaçlar. Bu ihtiyaçlar pazarda ödeme gücü olan kişisel bir talep tarafından ifade edilebilir ve arz açısından da karşılığını kışkırtır. Gerçekten de, bu ihtiyaçların yöneldiği kaynaklar, sunulan fiyat ne olursa olsun, ne üretilebilir ne satılabilir. Bu ihtiyaçlar daha fazla çalışarak ve üreterek değil, başka türlü üreterek ve çalışarak tatmin edilebilir. Bu amaçla, seçmeli bir teşvik ve destekleme politikası kolektif bir talebi ifade edebilir ve buna denk düşen arzı kârlı hale getirebilir (özellikle ağaçlandırma, çevreyi kirleten atıkların azaltılması, enerji tasarrufu, şehir düzenlenmesi, hastalıkları önleyici tedbirler, vs). Bunun sonucu sınırlı sayıdaki iş olacaktır. Bu şekilde yaratılan işlerin bir bölümü, enerji, sağlık hizmetleri, ilaç ürünleri ve diğer mal ve hizmetlerin en az tüketimi nedeniyle, yine de başka yerde ortadan kaldırılacaktır, çünkü kamusal talep tarafından yaratılan işler ekonomi üzerinde önceliği olan kamusal kaynaklar, vergiler tarafından finanse edilir.

— Ödenebilir ve ekonomik olmayan ikinci grup ihtiyaçlar, (yaşlı veya sıkıntı içindeki kişilere, çocuklara, hastalara, vs) yardım ve bakım faaliyetlerini içerir. Sanayileşme zaman ve özerklik yokluğu yaratmış; bunu da geleneksel olarak ailenin veya topluluğun özel alanıyla ilgili faaliyetleri profesyonelleştirerek ve parasallaştırarak telafi etmiştir. Bunun sonucunda insani ilişkiler yoksullaşır ve kişisellikten çıkar, tabandaki topluluklar parçalanır, bakım ve kişilere yardım standartlaşır ve teknikleşir; bütün bunlar "yeni toplumsal hareketler"in değişik düzeylerde tepki gösterdiği şeylerdir. Bundan böyle, kamusal veya özel hizmetlerin cevap verdiği kişilere yardım ve bakım ihtiyaçlarının hangi ölçülerde *zaman yokluğundan* doğduğunu sormak yerinde olur; çocuklarımıza, yaşlı akrabalarımıza, yolunu şaşırmış gençlere, dertli dostlara, vs bizim yerimize baksın diye ücretli personelin işe alınması yerine, kullanılabilir zamanı genişleterek kendimizin bakmamızın hangi ölçülerde daha tatminkâr olacağını kendimize sormak doğru olur. Çalışma zamanının gelir kaybı olmadan azaltılması tabandaki topluluklara yeniden kavuşmayı sağlayabilir, böylece devlet tarafından belirlenen kurallara ve yöntemlere göre bize hizmet eden ücretli profesyoneller yerine, biz birbirimize yaptığımızda ihtiyaçlara daha uygun ve daha tatmin edici olacak artan hizmetler toplamını gönüllü işbirliği, mahalle veya site düzeyinde karşılıklı yardımlaşma ilişkileri biçimine sokar. Söz konusu olan, refah devletini dağıtmak değil, iktisadi amaçlı çalışma süresi azaldıkça, devleti bu çalışmanın maliyetlerinden kurtarmanın yanı sıra bu görevlerin yerine getirilmesinden yararlananların vesayetinden de kurtarmaktır.

2. Liberal mantıkta

Gelir düzeyinin çalışma miktarıyla bağını koparan ikinci formül, bütün yurttaşlara koşulsuz olarak garanti edilen "asgari toplumsal"ın veya "toplumsal gelir"in inşasıdır. Bu formülün hem solda hem de sağda yandaşları vardır. Genel anlamda, artması kaçınılmaz kabul edilen bir işsizler kitlesini sefaletten korumayı amaçlamaktadır. En cömert türlerinde, bütün yurttaşlara garanti edilen toplumsal gelir yoksuluk eşiğinden yüksek olmalıdır.

Tersine, neo–liberal türdeki garanti edilmiş toplumsal gelir asgari geçime eşit veya hattâ düşük olmalıdır, öyle ki ödenek alanlar, pratik olarak "küçük işler" aracılığıyla, belli bir tutarı aşmadığı sürece garanti edilmiş asgari gelire eklenecek bir ek gelir edinmek zorunda kalırlar. Bu düşüncede, garanti edilmiş asgari gelir, çalışma fiyatının arz ve talep yasasına göre gelişmesini ve gerektiğinde geçim düzeyinin altına düşmesini sağlamalıdır.

Her durumda, garanti edilmiş toplumsal gelir, işsizlerin büyük bir oranının asla çalışmadığı ve düzenli bir ücretli iş bulma şanslarının az olduğu bir döneme uygun bir *işsizlik ödeneğidir.* Devlet tarafından ödenen ve işsizliğin artmasını engellemediği gibi, toplumun bir yandan tamgün çalışan faal bir sınıfa ve diğer yandan işsiz ve yarı-işsizlerin marjinalleşmiş kitlesine bölünmesini engellemeyen bir toplumsal yardım biçimi söz konusudur.

3. Sendikal mantıkta

Gelir düzeyini yapılan çalışma miktarından bağımsız kılmayı sağlayan üçüncü formül çalışma süresinin gelir kaybı olmadan azaltılmasıdır. Bu formül, herkese ücretli iş hakkını, herkes için daha büyük bir varoluşsal özerklik ve kişisel, ailesel ve topluluk yaşamlarındaki görevlerin sorumluluğunu kişilerin daha iyi üstlenmesi imkânı ile uyuşturur. Bu formül, sendikal geleneğe en yatkın olanıdır. Garanti edilmiş toplumsal gelir talebi devlete yönelik *toplumsal politika* talebiyken ve sendika işyerindeki mücadeleleriyle bunu destekleyemez ve bir *sendikal pratikle* kendi hesabına alamazken, gerçek gelir kaybı olmadan çalışma süresinin haftada 32, 28, 24, 20 saate indirilmesi talebi kolektif faaliyetlerle desteklenebilir ve özellikle emekçilerin, işsizlerin ve –kadınlar ve gençler arasında oldukça kalabalık olan– işlerinin yaşamlarından fedakârlık istemek yerine kişisel hayatlarıyla bütünleşmesini dileyenlerin birliğini gerçekleştirebilir.

Bir toplumsal ve ekonomik dışlanma durumunu az çok telafi eden toplumsal gelirden farklı olarak çalışma süresinin azaltılması üçlü bir adalet ihtiyacına cevap vermektedir:

— Teknik dönüşümün imkân tanıdığı çalışma tasarruflarından herkes yararlanmalı;

— Herkes çalışabilsin diye herkes daha az çalışmalıdır;

— Daha az çalışmayla daha çok zenginlik üretildiğinden çalışma süresinin azaltılması gerçek gelir azalmasına yol açmamalıdır.

Bu hedefler yeni değildir. Geçmişte çalışma süresinin adım adım azaltılmasını, alım gücü garantilerini ve istihdam edilen fiili çalışan sayısının dengelenmesini hatta artırılmasını öngörmüş kolektif uzlaşmalar, çalışma kolları veya işletmelerin anlaşmaları eksik değildir.

Günümüzde yeni olan şey, teknik devrimin bütün faaliyet alanlarını etkilemesi ve çok farklılaşmış çalışma tasarrufları dönemine yol açmasıdır. Üretkenliğin öngörülmüş büyümesine denk düşen çalışma süresindeki azalmayı elde etmek için sendikal eylem kaçınılmazdır; özellikle azaltılmış çalışma sürelerinin, işverenlerin keyfince çalışma saatlerinin esnetilmesine değil, ücretlilerin kendisi tarafından *zamanın özyönetimine* yöneltmesi için bu kaçınılmazdır. Ama sendikal eylem, bütün toplum ölçeğinde, kademe kademe, programlı biçimde çalışma süresinin azaltılmasını elde etmek için *yeterli değildir.* Sendikal hareketi çok ilgilendiren, ama sendika tarafından yönetilemeyen ve uygulanamayan özgül politikalar gerekir. Bu özgül politikalar dört alanla ilgili olmalıdır: Öngörü ve Programlama; İstihdam; Eğitim; Finansman.

4. Destekleyici politikalar

Üretkenlik sözleşmeleri: Üretkenlik artışları ne öngörülebilir ne de öngörülmüştür. İşletmeler, işkolları ve yönetimler genel olarak birçok yılı kapsayan yatırım programları belirler ve bunların sonucu, önceden belirlenmiş üretkenlik artışları olmalıdır. Teknik değişim üzerindeki toplumsal egemenlik bu üretkenlik öngörülerini, gerekli düzeltmeler ve uygulama yolları üzerinde sürekli bir pazarlığın çerçevesi olarak hizmet etmesi için işletme, iş kolu, kamu hizmeti, vs sözleşmeleriyle ifade etmeyi gerektirir.

İstihdam politikası: Kullanılabilir üretkenlik artışı bütün işkollarında, işletme ve kurumlarda elbette aynı değildir. Teknik değişim üzerindeki toplumsal egemenlik bir yerde işgücü fazlalığı ve diğer yerde azlığı olmasını, bir yanda işten atmalar ve diğer yerde fazla mesai olmasını engeller.

Dolayısıyla, kullanılabilir üretkenliğin hızla arttığı işletmelerden ve işkollarından az veya hiç artmadığı işletmelere doğru işgücü aktarımları kaçınılmazdır. Tam istihdama mümkün olduğunca yakın koşullarda, ekonominin *ortalama* üretkenlik artışıyla orantılı, herkes için aşağı yukarı eşit bir çalışma süresi azaltılmasının koşulu bu aktarımlardır. Demek ki, mesleki hareketliliği teşvik etmeyi de içeren bir istihdam politikası gereklidir. Bu elbette, gelir kaybına yol açmadan, bir mesleği her yaşta öğrenme veya yeniden öğrenme imkânı varsayar.

Eğitim reformu: Güncel eğitim yöntemleri genellikle pek uygulanmaz ve pek de güdüleyici değildir. Eğitimin her düzeyinde kendi başına öğrenmeye, birçok iş yapmayı ve bir meslekler grubunda gelişmeyi sağlayan bütün yetenekleri edinmeye dayanan pedagojik bir reform acilen gereklidir. Diğer yandan okul, önceliklerini tersine çevirmelidir: Hatırlama, tahlil, hesap, vs yetenekleri elektronik bilgisayarlar tarafından geride bırakılan ve büyük ölçüde gereksiz kılınan "insan bilgisayarlar" yetiştirmeyi desteklemek yerine, insanın yeri doldurulamayan yeteneklerini geliştirmeyi desteklemesi gerekir: El yetenekleri, sanatsal, duygusal, ilişkisel, ahlâki yetenekler, öngörülmemiş sorular sorma, anlam verme, mantıksal olarak tutarlı olsa bile saçmayı reddetme yeteneği, vs.

Vergi reformu: Yılda bin saatten az veya yaşam süresince 20 bin ila 30 bin saat çalışma, bugün yılda 1600 saatte veya faal yaşam boyunca 40 bin ila 50 bin saatte ürettiğimiz zenginlik kadar veya daha fazla üretmeye yettiğinde, her birimizin büyük oranda azaltılmış bir çalışma miktarı için bugünkü ücretlere eşit veya daha yüksek bir gerçek gelir elde etmemiz gerekiyor. Uygulamada bunun anlamı, tıpkı bugün ücretli izinlerimiz, eğitim stajlarımız, muhtemelen yedi yılda bir izinlerimiz, vs sırasında tam gelirimizi korumamız gibi, gelecekte, iki ayda bir ay veya on iki ayda altı ay veya hatta kişisel, aileyle ilgili, toplumla ilgili bir proje gerçekleştirmek veya başka yaşam tarzları denemek amacıyla dört yılda iki yıl çalışmayı seçtiğimizde de aylık tam gelirimizi korumamız gerekir.

Burada söz konusu olan, garanti edilmiş toplumsal asgari gelirde olduğu gibi, düzenli ücretlendirilen iş bulamayan erkek ve kadınlara devlet tarafından verilen bir gelir değil, ekonominin herkesten ihtiyaç duyduğu normal çalışma miktarını ücretlendiren normal gelirdir. Çalışma kesintili ve diğer faaliyetler arasında bir faaliyet olduğu sürece, bu çalışma miktarının çok düşük olması, bütün yaşam boyunca, aylık tam gelirle ücretlendirilmeye engel değildir. Bu gelir, herkesin toplumsal üretim sürecine katılımı dolayısıyla geri gelen toplumsal olarak üretilmiş zenginlik payına denk düşer. Yine de bu gelir gerçek bir ücret değildir, çünkü (ay veya yıl içinde) sağlanan çalışma miktarına bağlı değildir ve bireyleri emekçiler *olarak* ücretlendirmez. Ayrıca, bu gelirin, çalışılan saat başına ücret artışları biçiminde veya toplumsal ödenti biçiminde de olsa, ekonomik birimler veya işletmeler tarafından, ücret biçiminde aktarılması ve garanti edilmesi de pratik olarak imkânsızdır. Her iki durumda da, gerçek gelir kaybı olmadan, çalışma süresinin yarı yarıya azaltılması, çalışmanın saat maliyetini, bugünkü düzeyine göre, iki katına çıkaracaktır.

Rekabet edebilirlik sorunlarından başka, çalışma yoğunluğu güçlü inşaat, tarım, bakım ve tamir çalışmaları, kültürel ve eğitsel faaliyetler, vs gibi hizmet veya üretimlerin *görece fiyatlarında* sınırlayıcı bir artış ortaya çıkar. Bu güçlük şu çözümle giderilebilir: İşletmeler, pazarlık konusu edilen bir bareme göre, sadece çalışılan saatler için para öderler; dolayısıyla, üretimin gerçek maliyetinin bilgisi sağlanmış olur. Çalışma süresinin azaltılmasından kaynaklanan ücret kaybı, çalışılan saatlerle aynı fiyatta, teknik dönüşüm sayesinde tasarruf edilen çalışma saatlerini ödeyen bir garanti sandığı tarafından denkleştirilir. Bu garanti sandığı KDV veya alkol, tütün, yakıt, taşıt, vs üzerinden alınan vergiler tarzında, farklı oranlarda, otomatikleştirilmiş üretimleri, üretim maliyetleri azaldıkça vergilendiren bir verginin alınmasıyla beslenir. Bu ürünlerin arzulanırlığı veya toplumsal yararı zayıf olduğu ölçüde, daha fazla vergilendirecektir. Vergiler ihraç fiyatlarından düşürüldüğünden rekabet edebilirlik bundan etkilenmez. Kişilerin gerçek gelirlerine gelince, bu, doğrudan bir ücret ve özellikle çalışılmayan dönemlerde normal yaşam düzeyini garanti edecek olan toplumsal bir gelirden oluşur.

Toplumun tercihlerini yansıtan politik bir fiyat sisteminin kurulması ve sağlanan çalışma miktarından bağımsız bir toplumsal gelirin yaratılması, giderek sayısı artan robotlaştırılmış üretimlerde emek maliyeti ihmal edilebilir olduğu sürece her durumda kendilerini dayatacaktır. Dağıtılan ücret miktarının çökmesi ve otomatikleştirilmiş üretim fiyatlarının çökmesi ancak bir fiyat ve gelir politikasıyla önlenebilir; bu politika sayesinde toplum öncelikleri onaylar ve teknolojik gelişime bir anlam verir. Bununla birlikte, bu anlamın ve bu önceliklerin, kişiler üzerindeki egemenliğin ve denetimin güçlendirilmesinden çok kişilerin özgürlüğü ve özerkliği olacağının bir garantisi yoktur. Mevcut değişimin yönü hâlâ belirsizdir; bu yönelim, bugünkü ve gelecekteki toplumsal hareket ve çatışmaların temel konusu olarak kalacaktır.

E. SONUÇ OLARAK

Tarihin sahip *olabileceği* anlamı, mevcut teknik devrimden insanlığın ve sendikal hareketin nasıl yarar sağlayabileceğini ortaya çıkarmaya çalıştım. Hangi yönde ilerlemek gerektiğini, bu yönün gerçekleşmesi için hangi politikaların uygulanması gerektiğini belirtmeye çalıştım. Yine de olaylar güncel teknolojik dönüşümün muhtemel anlamını gözden kaçıran bir mecrada akabilir ve bu durumda geriye tek bir şey kalır: Toplumlarımız ayrışmaya, parçalanmaya, şiddet, adaletsizlik ve korku yokuşundan inmeye devam edecektir.

Dizin

U-Ü

V-W

Y

Z

Benjamin Barber

Güçlü Demokrasi

YENİ BİR ÇAĞ İÇİN KATILIMCI SİYASET

İnceleme/Çev.: Mehmet Beşikçi/375 sayfa/ISBN 975-539-080-4

Güçlü Demokrasi hem liberal tahayyülün ufkunun ne kadar dar olduğunu gözler önüne sermesi, hem de alternatif bir doğrudan demokrasi tasarımı geliştirerek kamusallık, yurttaşlık ve cemaat kavramları etrafında yeni tartışmalar açması bakımından, Türkiye solunun gündemine önemli katkılarda bulunabilecek bir kitap. Barber kitabın ilk bölümünde, "cılız demokrasi" adını verdiği liberal demokrasi anlayışına felsefi ve siyasal açıdan çok sert eleştiriler yöneltiyor. Liberalizmin çıkış noktası bireyin tanımlayıcı özerkliği, mahremiyeti, yalnızlığı ve mutlak haklarıdır. Siyaset tasarımı "birey", "haklar", "özgürlük" ve "adalet" gibi, içeriği siyasal pratikten önce normatif olarak belirlenmiş soyut kavramlarla oluşturulur. Liberal, siyasal pratiğe hakikatin mutlak kesinliğini kazandıracak temeller arar. Bilgi anlayışı tekbencidir. Dünya kimsenin başkaları için varolmadığı bir dünyadır: Onun dünyasında kamusal hiçbir şey yoktur; verimlilik ve yarar hesabı her şeyin önüne geçmiştir. Kardeşlik duygusu, genel irade, bağış ilişkisi, özel alanın dışında sevgi, inanç ya da bağlılık yoktur. Liberalizmin insanı saldırgan, açgözlü, hedonist ve yalnızdır; ortaklaşmacılık, dayanışma ve birlikte varoluş potansiyelinden yoksundur. Barber'ın bunun yerine önerdiği "güçlü demokrasi" tasarımında siyaset, adalet ve özgürlük gibi kavramlara dayanmaz; bunları mümkün kılan pratiktir. İnsanlar belli soyut hakikatlere rıza gösterdikleri için yurttaş olmazlar, yurttaş haline geldikleri için uygun pratik hakikatler yaratmaya muktedir kişiler olurlar. Demokrasi bir araç değil bir amaç olduğu için siyaset de, yolculuğun varmak kadar önemli ve yolcular arasındaki ilişkilerin varacaklarını sandıkları hedefler kadar yaşamsal olduğu bir yolculuktur. Bu tasarım, yurttaşların siyaset sürecine aktif katılımını gerektirdiği için temsili dışlar. Güçlü demokratik cemaatte yurttaşlar birbirlerine kanla ya da sözleşmeyle değil, ortak çatışmalara ortak çözümler aramaya yönelik ortak ilgileri ve ortak katılımlarıyla bağlanan komşulardır. Demokrasinin görevi, yurttaşların siyasal yargı gücünü besleyecek kurumlar ve işleyişler bulmaktır. Barber son bölümde ise yurttaşlık tasarımının hayata geçirilmesinin önündeki engelleri inceleyip yurttaşlık eğitiminin önemini vurgular ve bir dizi somut, uygulanabilir öneri getirir: Semt birlikleri ve yurttaş iletişim kooperatifleri oluşturmak, evrensel yurttaşlık hizmeti, iş yeri demokrasisi; yeni bir mimari ve kamusal alan inşa etmek vb. İnsanı temel alan bir siyasetin imkânlarını düşünmeye çağıran bir kitap.

André Gorz

Kapitalizm Sosyalizm Ekoloji

İnceleme/Çev.: Işık Ergüden/161 sayfa/ISBN 975-539-046-4

Reel-sosyalizmin çöküşü ile solun kendini "yeniden tanımlama" süreci hızlandı... Bu sürecin yazarlarından olan André Gorz ise yeni bir sosyalizmin imkânlarını aktif bir biçimde düşünen, tartışan; klasik politika yapma kalıplarını sarsan biri...

Bu kitapta ise, "çalışanların" ve "çalışma"nın niteliğinin değiştiğinden hareketle yeni bir çalışma etiğinin oluşturulması gerektiğinden söz ediyor. Çalışmanın toplumsal bir kimlik oluşturmadaki rolünü reddederek yüzyıl önceki bir "düş"ü, "tembellik hakkı"nı gündeme getiriyor. Toplumsallaşmanın ve özgürleşmenin "boş zaman"a ihtiyacı olduğunu belirterek kendisini çalışmakla sınırlayan işçilerin talepleriyle sosyalist bir dönüşümün gerçekleşemeyeceğini söylüyor.

Ve sosyalizmi yeniden içeriklendirme çabasına girerek, onu "özgürleşme ve özerklik gereğinin ortaya çıkardığı anlam ufku olarak anlamak gerekir. Farklı bir ekonomik ve toplumsal sistem olarak değil, tersine, toplumu, bir sistem, bir mega makine yapan her şeyi ortadan kaldırmanın ve aynı zamanda, 'bireyselliklerin özgür gelişiminin' gerçekleşebileceği kendi kendine örgütlenmiş toplumsallık biçimlerinin pratik projesi olarak" tanımlıyor.

Verimlilik ve kârlılığın artırılmasına yönelik olarak kurulan kapitalizmin söylemi olan "ekonomik rasyonaliteyi" reddederek "toplumsal ve kültürel" gereksinimlerin temel alındığı bir sosyalizmden yana oluyor. "Ekonomik ve teknik" gelişimin "toplumsal ve ekolojik" bir temele oturması gerektiğini savunarak, yeni bir sosyalizmin, bireylerin "karşı-iktidarlar" olarak kendilerini örgütleyebildikleri oranda gerçekleşebileceğini söylüyor.

"Oysa sosyalist düşünce, sahici, ikna edici bir gelecek projesi oluşturabilmek için, her şeyden önce aynı ölçüde sahici ve ikna edici bir "şimdiki zaman politikası" oluşturmak zorunda. İşte André Gorz'un kitabı bu doğrultuda, yani "zamanın ruhu"nu yakalamaya, alternatif bir toplum projesi olarak sosyalizmin "şimdiki zaman"la referanslarını yeniden kurmaya, tanımlamaya yönelik önemli bir çabayı temsil etmektedir."

Şükrü Argın / *Cumhuriyet Kitap Eki*

André Gorz
Yaşadığımız Sefalet
KURTULUŞ ÇARELERİ

İnceleme/Çeviren: Nilgün Tutal/212 sayfa/ISBN 975-539-344-7

André Gorz, yeni bir yüzyıla girdiğimiz şu günlerde bizlere, yaşadığımız gündelik kâbuslardan çıkış kapılarını göstermeye devam ediyor. Bu yeni kitabında, önceki eserlerinde ele aldığı düşünceleri daha da olgunlaştırıyor ve kölesi olduğumuz "çalışma"dan kurtulmanın yollarına işaret ediyor.

Çalışma, yaratıcılığı ifade eden ontolojik, felsefi anlamından tamamen kopmuştur ve bugünkü anlamı yalnızca bir işe sahip olmaktır. Dahası, içinde bulunduğumuz bu dönemde çalışma ile yaşamlarımız arasındaki mesafe giderek açılmaktadır. Sahip olunan iş, toplumsal kimliği oluşturma işlevini yitirmektedir. Maddi olmayan entelektüel üretimle birlikte çalışma zamanı emeğin ölçütü olmaktan çıkmış; toplumsal zenginlik, o günden beri çalışma süresinden bağımsız dağıtılır hale gelmiş, değer yasası geçerliğini yitirmiştir. Diğer yandan, işsizlik büyüyen bir sorundur; bırakın geleceği bugününden bile endişe duyanlar hızla artmaktadır. İnsani yaşam standardına uygun bir gelir sağlayan kalıcı işler sadece bir avuç seçkine nasip olmaktadır.

Büyük çoğunluk ise ya geçici olarak ya da ara sıra iş bulabilmektedir. Geçmişte bir ütopya olarak görülen "boş zaman" kavramına yakınlaşıldığı yanılsamasını yaratan bu durumun, yaşamsal ihtiyaçları karşılayacak kalıcı bir gelirden yoksun olanlar açısından "boş zaman" ya da "yaratıcı faaliyet zamanı" terimleriyle ifade edilmesi mümkün değildir. "İşin önemi yok, yeter ki ay sonunda maaş ödensin" denen günler gerilerde kalmıştır, artık söylenen tek şey "maaşın önemi yok, yeter ki bir işimiz olsun".

Oysa sosyal haklar ve düzenli gelir gibi yaşamsal ihtiyaçlar hâlâ tam günlük işe bağlıdır. İşte Gorz, tam bu noktada, insanca yaşama hakkını, vazgeçilmez ve devredilmez bir hak olarak savunmakta ve "çalışma"yı iktisadileştirilmiş zihniyetten koparmanın yolları üzerinde düşünmektedir.

Bir işe sahip ayrıcalıklılardan beklenen şey de değişmiştir artık. Ne bir bandın parçası olması ne de yalnızca kendi işini yapması beklenmektedir çalışan kişiden; şirketle özdeşleşmesi istenir, ruhunu, benliğini şirkete katması. İnsanı tüm etkinliklerin hayatı kazanma araçları olarak değerlendirildiği bir çalışanlar toplumuyla bütünleşmeye zorlayan bu anlayış umutsuz,

uyumsuz, sersemlemiş bireyler üretmeye devam etmektedir.

André Gorz, yeterli ve düzenli bir gelir hakkının, sürekli ve düzenli bir işe bağlı olmaktan kurtarılması gereği üzerinde dururken; diğer yandan da, iktisadın ve "çalışma"nın öne çıktığı bir sosyalizm tahayyülü yerine, insani ve etik değerleri, işbirliği kurumlarını esas alan, yani "öteki kaygısı"nı, ötekine "özen gösterme"yi temel alan bir sosyalizmin imkânlarını tartışmaktadır.

George G. Brenkert

Marx'ın Özgürlük Etiği

İnceleme/Çev.: Yavuz Alogan/315 sayfa/ISBN 975-539-212-2

Ahlâkçıların amansız karşıtı Marx ahlâk sorununa kayıtsız bir düşünür ve eylem adamı mıydı? İnsanlığın geleceğiyle ilgili düşünce tarihinin gördüğü en kapsamlı proje olan Marksizm, geleceğe yönelik eylemlerin dinamiğini açıklarken, insani değerlere nasıl bakıyordu? Ahlâkçıları eleştirirken her koşulda doğru davranış kalıpları olduğu düşüncesine kökten karşı çıkan Marx, etik kaygılardan bağımsız mı hareket ediyordu?

George G. Brenkert'in kitabı Marksizmin tarihi boyunca ihmal edilmiş etik sorununa Marx'tan hareketle yanıtlar veriyor. Daha önce yayınevimizden çıkan ve Marksist etiğin her tür aracı meşrulaştırmaya izin vermediğini savunan Steven Lukes'ın *Marksizm ve Ahlâk* kitabından sonra elinizdeki kitapla Marx'ta etik sorunu felsefi temellerine oturuyor.

Brenkert'in Marx'ı derinlemesine kavrama çabasının ve bilimsel titizliğinin ürünü olan bu kitap, Marx'ı anlama uğraşlarında özel bir yeri hak ediyor. Yazar Marx'ın etikten bağımsız düşünmediğini ortaya koymakla kalmıyor, Marx'ın etiksiz olamayacağını tüm yönleriyle gösteriyor. Etik temeli olmayan bir tarihsel materyalizmin teknolojik belirlenimciliğe, tarihsel kendiliğindeliğe dönüşeceği uyarısında bulunan yazar, Marx'ı ululaştırmadan, onun derinliğini, düşünsel zenginliğini ve güncelliğini sabırlı bir incelemeyle ortaya koyuyor. Marx'ın bir etik kuramı ortaya atmamakla birlikte günümüz etik tartışmalarına katkıda bulunacak, hatta onun ötesine geçen geniş ufuklu ve sağlam bir etik temele sahip olduğunu; insanın kendi geleceğini kurmasına imkân veren bir özgürlük etiğini amaçladığını gösteriyor. Yazar böyle bir temelde Marx'ta toplum çözümlemesinden kapitalizm eleştirisine, değer kuramından üretim ilişkilerine, demokrasi sorunundan şiddet ve devrim sorununa kadar tüm alanların etikle doğal ilişkisine işaret ediyor. İnsani değerlere bağlılığın Marksizmin temelini oluşturduğu fikri, solun geçmişiyle hesaplaşması ve geleceğini çizmesi için hayati bir önem taşıyor. Düşünme gücünü yitirmeyen, Marx'ı okurken kendi varlık koşullarını dışlamayan ve Marksizmi ilkelere indirgemeyen bir sol çizgi için çok şey söyleyen bir kitap...

Steven Lukes
Marksizm ve Ahlâk

İnceleme/Çeviren: Osman Akınhay/206 sayfa/ISBN 975-539-183-5

Amaçlar araçları haklı çıkarır mı? Yüceltilen davalar uğruna yapılan her şey hoşgörülebilir mi? "Özgürlük", "adalet" ve "haklar" soyut; "tarihsel zorunluluk" ile "sınıf mücadelesi" ise somut kavramlar mıdır? "Vicdan", "onur" ve "insanca" gibi kavramlar, "entelektüel" yani "küçük burjuva" idealist önyargıları yansıtan zayıflıklar mıdır? Peki, Marksizm'in ahlâk hakkında söyleyecek bir sözü var mıdır ve eğer varsa ahlâkın sınıf mücadelesi içindeki "yeri" neresidir? Marksistlerin iktidarla ilişkileri neden sorunlu bir geçmişe sahiptir?

Steven Lukes, elinizdeki bu kitapta, Marx'ın ve Engels'in kurup haleflerinin geliştirdiği bir teori olarak Marksizm'in tarihi boyunca bir gezinti yaparken onun ahlâka karşı paradoksal görünen tutumunu ve genelde "adalet" ile "haklar" kavramına, özelde "insan hakları"na yaklaşımını irdelemektedir.

Lukes, örneğin, Marx'ın ve Engels'in yazılarının hem ahlâki yargılarla dolu olduğuna hem de yine aynı yazılarda ahlâkın oldukça hafife alınıp, ideolojinin yanında bir üvey evlat muamelesi gördüğüne işaret etmektedir. Ahlâkın küçümsenmesinin Marksizm'in sonraki takipçileri tarafından daha çok benimsenmesi, sonunda keyfi tutuklama ve yargılamalardan toplu sürgün ve katliamlara kadar bir dizi pratik kirliliğin sineye çekilip savunulmasına yol açmış; bunlar da sosyalist ve komünist hareketin ahlâk sicilinde temizlenemeyecek lekelere dönüşmüştür. Oysa, Lukes'un da özellikle vurguladığı gibi, Marx'ın bütün ömrü sivil toplumun veya somut haliyle kapitalizmin normlarına dönüşen ahlâki giysileri reddederken, özgürlük ahlâkını, eşitliği ve çeşitli özel hakları kararlılıkla savunmakla geçmiştir. Esas sorunu, herhalde, "tarihsel zorunluluğu" ifade eden "fi" tarihinde gerçekleşecek amaçla, "pratik eylem"in bugünkü araçları arasındaki gerilimin yarattığı paradokslarda aramak gerekir.

Nedenleri ne olursa olsun, Marksizm'in takipçilerinin "Ne yapılmalı?" sorusuna verdikleri kestirme cevap ve pratiklerle gelinen yer ortada: İktidar güdümlü pratikler yüzünden ikna ediciliğini büyük oranda yitirmiş bir sol! Artık "Ne yapılmamalı?"nın uzun ve dolambaçlı yolunda, kendini bugünde somutlaştıran bir sosyalist hayat tarzının ilkelerini tartışmayı denemek zamanı geldi: Bu da mümkün!..

Günümüz (dünün ya da yarının değil!) muhalifinin, "bir başka hayat tarzı"nı inşa ettiği oranda düzen dışına çıkabileceğini ve gerçekten devrimcileşebileceğini, böylece yeryüzünde anlamlı bir yer edinebileceğini; iktidar arzusu ile etik tavır arasındaki gerilimi her hissedişinde, kendini "ille de iktidar" tutkusuna kaptırmadan, etikten (ve gerekirse yenilgiden) yana saf tutma bilgeliğiyle var olabileceğini düşünenler için...

Michel Henry
Barbarlık

İnceleme/Çev: Işık Ergüden/185 sayfa/ISBN 975-539-131-2

Barbarlık çağını yaşıyoruz. İnsanlık tarihinde ilk kez bilgi ve kültür birbirinden ayrıldı. Canavarlaşan bilim bütün hissi özellikleri ve yaşamı dünyamızdan kovdu. Yaşamın kendini geliştirmesinden başka bir şey olmayan kültür, modernliğin beşiği Avrupa'dan dışlandı. İdeolojiler insanın yok oluşuna övgüler yağdırıyor. Yaşama ıstırabını dindirmenin tek çaresi medyatik evrene sığınmak...

Yaşayan en önemli düşünürlerden Michel Henry'nin *Barbarlık* adlı bu güçlü ve kışkırtıcı eseri, çağımızda insanın yok edilişine bir karşı çıkıştır. Ama ümitsiz ve çaresiz bir karşı çıkıştır, çünkü insanlığın yaşadığı bugünkü kriz ne geçicidir, ne de yeni bir uygarlığın kaotik başlangıcına işaret etmektedir. Yaşamın ne olduğunu anlamadan bu barbarlığı anlamak mümkün değildir. Yaşam, kendini hissetme, duyma, duyarlı olma halidir. Kendini doğrudan hisseden, bilen bu yaşamın biyolojik araştırmanın keşfettiği hücresel faaliyetle bir ilişkisi yoktur. Yaşam, herhangi bir nesneyle olası tüm ilişkilerden ve tüm kavramlardan önce, içerden yaşanır. Gözle görülmez ilk veridir, insanlık için bir dünya, bilgi ve yaratı bu veriden yola çıkarak mümkündür. Bizim dünyamız, terimlerin Yunanca anlamlarıyla estetik ve patetiktir, yani duyumlardan ve heyecanlardan ibarettir.

Kültür, gelişen, açılan, kendinden büyüyen yaşamın kendisidir. Sanat, etik ve din, yaşamın bu temel çehreleridir. Bu saptama, bilinen tüm uygarlıklar için geçerlidir. Ama modern toplumda; yaratıcılık yerini can sıkıntısına, kutsallık umutsuzluğa, eğitim uyuma bırakmıştır. Bu durumun nedenlerini araştıran Michel Henry, bilimin yaşamı unuttuğunu bizlere hatırlatmaktadır. Duyarlık ve duygular devre dışı bırakılırken nesnelliğin hükümranlığı başlamıştır. Bunun anlamı insan öznelerinin sahneden dışlanması, varlıklarının yadsınması, algılarının yanılsama olarak kabul edilmesidir.

Tekniğin özerk işleyişine; doğa bilimlerinin nesnelliğiyle büyülenmiş sözde insan bilimlerinin canlı bireyi unutmalarına; sanatın öldüğüne ve kutsalın yok olduğuna; üniversitenin memur üreten makinelere dönüştüğüne ve giderek tahrip olduğuna; yapaylıkların birbirini izlediği medyatik bir güncellik çılgınlığına dikkat çeken Michel Henry, bilimsel modelin ezici hegemonyasıyla mücadele etmektedir. Bu modelin, hiç gereği yokken, her yerde varolması Henry'ye göre bir insanlık suçudur.

"Enformatik çağın aptallar çağı" olduğunu söyleyen ve özün yaratıcıları marjinalleşirken eserlerinin de adım adım yasadışılığa itildiğini belirten Michel Henry de, Schopenhauer ve Nietzsche'nin ardından sormaktadır: Yaşam, nasıl oldu da kendi kendini yok eder hale geldi?

Philip Pettit

Cumhuriyetçilik

BİR ÖZGÜRLÜK VE YÖNETİM TEORİSİ

İnceleme/Çeviren: Abdullah Yılmaz/380 sayfa/ISBN 975-539-192-4

Cumhuriyet ve cumhuriyetçilik, ülkemizde sözü çok edilen ama üzerinde bir o kadar az düşünülen kavramlardır. Anayasanın birinci maddesine göre "Türkiye Devleti bir cumhuriyettir" ve bu yönetim biçiminin değiştirilmesi teklif edilemez. Siyasi partilerimizin hemen hepsi, Türk Silahlı Kuvvetleri, üniversiteler, sendikalar, dernekler ve medya cumhuriyete bağlılıklarını sık sık beyan ederler. Devlet dairelerinin girişinde, cumhuriyetin özünü ifade eden "Egemenlik kayıtsız şartsız milletindir" sözleri yazılıdır. Askeri darbeler cumhuriyeti koruma adına yapılır, parlamento ve partiler cumhuriyetçilik adına kapatılır. İşin tuhafı, parti kapatan da partisi kapatılan da cumhuriyetçidir. Peki uğruna "millet egemenliği"nin askıya alındığı; birçok şehrimizin ana caddeleriyle meydanlarına adını veren bu en faziletli yönetim biçimi gerçekten nedir? Politik olarak birbirine mutlak anlamda karşıt olan yapılar cumhuriyetçilikten aynı şeyi mi anlamaktadır?

Philip Pettit, siyaset teorisinin en yeni ama en olgun kitaplarından biri olan *Cumhuriyetçilik* ile bu ideolojik dağınıklığa entelektüel bir müdahale imkânı sağlıyor ve cumhuriyetçiliğin siyaset ve yönetim anlayışını, kurumsal önerilerini, "tahakkümsüzlük olarak özgürlük" ilkesi çerçevesinde işliyor. Cumhuriyetçilik, bir tür tılsımlı söz, merasim vesilesi olarak kullanılabilecek içi boş bir kavram değildir; tıpkı sosyalizm, liberalizm vb. gibi bir siyasi gelenektir ve kendine özgü bir tarihi, ilkeleri, demokrasi kavrayışı vardır.

Pettit, her türlü müdahaleyi toplu yaşamın bedeli sayarak kötü kabul eden liberal özgürlük anlayışının karşısına, "tahakkümsüzlük olarak özgürlük" anlayışını koyuyor. "Tahakkümsüzlük olarak özgürlük", her türlü keyfi müdahale ile tahakküm imkânının ortadan kaldırılmasını içerir. Bütün yurttaşlar birbirlerine eşit uzaklıkta ve yakınlıktadır. Özgürlük, hiç kimsenin başkasına keyfi müdahalede bulunacak güçte olmadığına dair ortak bir bilinçlilikle, tüm yurttaşların birbirlerinin "gözlerinin içine bakabilmesi"ni gerektirir ve bu da ancak sürekli "uyanık" durarak elde edilebilir.

Tahakkümsüzlük olarak özgürlük felsefesi, hem çoğunlukçuluğa hem bireyciliğe yönelttiği eleştirilerle, çoğulcu bir bakışı yansıtan kurumsal önerileriyle ve bir bütün olarak toplumu öne çıkaran itiraz temelli demokrasi anlayışıyla liberalizmin özgürlük perspektifine tutarlı biçimde yanıt vermektedir. Cumhuriyetin temel ölçütlerinden biri "halkın rızası" değil, "itiraz etme imkânı"dır. Halk, bireysel ve kolektif düzeyde sürekli bir itiraz imkânına sahip olduğu oranda kayıtsız şartsız egemen olabilir.

"İyisiyle kötüsüyle benim ülkem" değil, "özgürlükleri ve yarattığı değerler ile benim ülkem" diyenlere...

Will Kymlicka

Çokkültürlü Yurttaşlık

AZINLIK HAKLARININ LİBERAL TEORİSİ

İnceleme/Çeviren: Abdullah Yılmaz/350 sayfa/ISBN 975-539-209-2

Birkaç istisna dışında, yeryüzünde artık çokuluslu, çoketnikli, çokkültürlü, çokdilli olmayan ülke bulmak zordur. Bu çokluklar tekliğe evrilmek şöyle dursun, artan küreselleşme, yeniden yapılanma ve göçlerle birlikte daha bir iç içe geçerek örgütlü toplumların karşısına yeni taleplerle dikiliyorlar. Azınlık grupların bu talepleri yalnızca gelişmiş ülkeleri değil, gelişmekte olanları da "sancılı" bir yeniden yapılanma sürecine zorluyor. Tarih boyunca hareketli bir nüfusa sahip olan Türkiye de bu sorunlarla iç içe yaşıyor.

Bütün bu "sancılı" durumları deşerek sorunu evrensel ölçütler çerçevesinde "anlaşılır" hale getiren Will Kymlicka'nın *Çokkültürlü Yurttaşlık* kitabını okurlarımıza sunuyoruz. Çokkültürlülüğün en önemli metinlerinden olan ve gücünü teori ve pratiğin sentezini etkili bir biçimde yapmasından alan kitap esas olarak liberalizmin ulusal, etnik, kültürel, dinsel, cinsel farklılıkları nasıl anladığı, çözdüğü (ya da çözemediği) ve ne tür öneriler yaptığını ele alıyor. Will Kymlicka bu kitapta önce çokuluslu devletlerle çoketnikli ve çokkültürlü devletleri birbirinden ayırarak, birinciler için "özyönetim hakları", ikinciler için ise grup farkına dayalı haklar ve "özel temsil hakları" tanınmasının neden gerekli olduğunu açıklıyor. Ama, ona göre, bu haklar azınlık gruplarını çoğunluğu oluşturan toplumun karar ve eylemlerinden korurken, grup içi kişi ya da zümrelerin ellerine iç kısıtlamalar koymaları için kullanabilecekleri bir silah vermemelidir. Liberal görüş, "azınlık *için de özgürlük* ve azınlık ile çoğunluk *arasında eşitlik*"ten yanadır. Azınlıkların özgürlük istekleri ayrılık değil, çoğunlukla kimliklerini koruyarak yan yana durma talebidir. Özgürlük ve eşitlik ortak yurttaşlık duygularını zayıflatmaz, tam tersine pekiştirir.

Will Kymlicka şöylesi sorulara cevaplar arıyor: Kanada'da Quebecliler, Amerika'da Kızılderililer, Almanya'da Türkler ve Türkiye'de Kürtler hangi mekanizmalar yardımıyla çoğunlukla barış içinde bir arada yaşayacaklardır? Dinsel hoşgörüye dayanan Osmanlı "millet sistemi" günümüz toplumları için model olabilir mi? Özel hayatlarında özerk ve özgür olmayan kişiler, kamusal hayatlarında ne ölçüde özgür davranabilirler? Bir grup kimseyi sömürmüyor ve ezmiyor, ancak cemaatini bizim (ya da çoğunluğun) kabul etmediğimiz kurallara göre yönetmek istiyorsa ne yapılmalıdır? Kafamızı kuma gömüp çokkültürlülüğün sorunlarını görmezden gelmek ve "konuşmayı ertelemek" artık imkânsızlaşmıştır. Sadece ulusal azınlıklar değil; her tür dinsel, dilsel, kültürel, cinsel, etnik grup varlığını koruma, sürdürme ve geliştirme imkânını aramaktadır ve bu durum "özgürlük söylemi" açısından doğaldır.